More Gay Movie Moments

Paul Senftenberg ist ein niederösterreichischer Autor. In seinen Büchern beschäftigt er sich mit der Selbstfindung von schwulen Jugendlichen und Männern, die sich gefangen fühlen zwischen bürgerlichem Leben und ihren wahren Neigungen. Immer wieder spielen in den Geschichten auch Referenzen zu Filmen eine wichtige Rolle.

Veröffentlichungen bei HOMO Littera:
Der Stammbaum (Novelle, 2014)
Hände (Roman, 2015)
Gay Movie Moments (Sachbuch, 2017)

Informationen sowie Texte und Rezensionen zu weiteren Filmtiteln auf: **www.paulsenftenberg.at**

Paul Senftenberg

More Gay Movie Moments

Neue schwule Gänsehautmomente in Filmen und Serien

HOMO Littera

**„We as gay people find
ourselves enmeshed in a culture
that studiously ignores us or
radically misrepresents us;
thus, in order to compensate
for what the culture withholds from us,
we appropriate it (in fantasy, in subculture)
and make it say what we need it to say.“**

Patrick E. Horrigan, Widescreen Dreams

MORE GAY MOVIE MOMENTS

More Gay Movie Moments

Aufblende: Blicke

Diesmal begann alles mit einem Blick. Nicht mit einem aus Bette Davis' von Kim Carnes so poetisch besungenen Augen, sondern mit dem des von Timothée Chalamet verkörperten Elio, der, selbstvergessen und mit dem Schicksal der unglücklichen Liebe hadernd, ins flackernde Licht eines Kaminfeuers starrt.

Meine Anspielung auf die herzzerreißende Schlussszene von *Call Me By Your Name* ist wohl offensichtlich. Was sich in diesen über vier ungeschnittenen Minuten im Gesicht und darin primär in den von Tränen glänzenden Augen des ungemein talentierten jungen Schauspielers abspielt, sucht in Bezug auf die Tiefe von ganz widersprüchlichen Gefühlen seinesgleichen – dem Glück, echte Liebe gefunden, und der Traurigkeit, diese Liebe wieder verloren zu haben. Auch in meiner Brust wohnten zwei Seelen. Ich verspürte Freude, an dieser grandiosen Szene in Luca Guadagninos wunderbarer Verfilmung von André Acimans nicht minder gelungenem gleichnamigem Roman teilhaben zu dürfen, auf der anderen Seite Unzufriedenheit, nicht in der Lage gewesen zu sein, sie in die Reihe der Gänsehautmomente in *Gay Movie Moments* aufgenommen zu haben – schlichtweg aus dem Grund, dass der Reaktionsschluss für das Buch in seiner ersten Auflage lang vor dem Erscheinungstermin des Films lag.

„...With one look/I put words to shame/Just one look/Sets the screen aflame ..." In ihrer großen Arie beschwört Norma Desmond, der ehemalige Stummfilmstar in Andrew Lloyd Webbers Musicaladaption von Billy Wilders *Boulevard der Dämmerung (Sunset Boulevard*, 1950) ein letztes Mal ihre große Zeit herauf, als es nicht Worte, sondern Augen und Blicke waren, die Filmszenen zum Leben erweckten. Sie weiß um die damalige Wirkung ihrer Ausstrahlung: „One tear from my eye/Makes the whole world cry." Im Fall von Elios Blicken ins Feuer war mir gleich bewusst, dass ich über diese Szene und den Film schreiben würde, und wäre es auch nur für mich selbst. Dieser erste Filmtext gab den nächsten, und ohne zu diesem Zeitpunkt an die Möglichkeit eines zweiten Bandes mit meinen Essays über schwule Streifen auch nur zu denken, geriet ich abermals in den Bann großer filmischer Momente aus neuen Produktionen und älteren, die ich bis zu diesem Zeitpunkt noch nicht gekannt hatte. Dass daraus eine solche Vielzahl an Texten würde, die dieses vorliegende Buch mit dem Titel *More Gay Movie Moments* füllen, hätte ich am Startpunkt meiner neuerlichen Expedition in die Schätze des schwulen Films nicht gedacht.

Das Resultat von drei Jahren Arbeit liegt nun in Form von Essays zu rund fünfzig Filmen und Serien vor; sie verdienen hoffentlich mehr als einen flüchtigen Blick, so wie die Szenen, die sie analysieren, es definitiv wert sind, mit all der Lust und Hingabe betrachtet zu werden, die diese Themen, diese Geschichten und ganz besonders natürlich die Charaktere verdienen, die zu jenem filmischen Leben erweckt werden, zu dem wir im besten Fall so etwas wie einen persönlichen Bezug finden.

Im Nachwort zu der unter dem Titel *How to Write an Autobiographical Novel* (2018; *Wie man einen autobiografischen Roman schreibt*) veröffentlichten Sammlung von Essays des amerikanischen Autors mit koreanischen Wurzeln Alexander Chee interpretiert Daniel Schreiber dessen Texte als „safe space", als sicheren Raum für den Autor und seine queeren Leser:innen, der ihnen die Gelegenheit schenke, ihren vielen möglichen Ichs nachzuspüren und herauszufinden, wie es sich anfühlen könnte, die Masken zu tragen, die das Leben ihnen bietet – mit ihnen zurechtzukommen und vielleicht die richtige für sich selbst zu finden.

Chees beste Essays, so Schreiber, würden „die queeren Heranwachsenden in uns ansprechen, die sich in der Bibliothek verstecken und in Büchern Antworten auf die Fragen suchen, wie sich dieses schwierige Leben gestalten lässt." Oder – gespiegelt auf das Thema von schwulen Filmen – eben in einem dunklen Kinosaal, auf dessen hell erleuchteter Leinwand wir in die Seele von Protagonisten blicken, die der unseren ähnelt.

Ums Leben und Überleben inmitten von Gesellschaften, die dafür keine Vorbilder geben können, dreht sich auch der – thematisch nicht queere – Film *All Day and a Night* (2020), eine düstere Milieustudie von Joe Robert Cole, dem Co-Autor von *Black Panther*. Anhand der Geschichte eines jungen Schwarzen namens Jahkor, dargestellt von Ashton Sanders, den wir aus dem Oscar-Gewinner *Moonlight* kennen, befasst sich die Handlung mit Themen wie alltägliche Gewalt und soziale Verwahrlosung. Jahkor gerät in einen Bandenkrieg und wird wegen Doppelmordes zu einer lebenslänglichen Gefängnisstrafe verurteilt. Seine zynisch anmutende Selbstreflexion lässt uns aufhorchen: „Die Sklaverei hat Schwarzen Überleben beigebracht, aber nicht, wie man lebt – und das geben wir einander weiter." Dieses Narrativ, das Rassismus verhandelt, kann auf Homophobie umgelegt werden, ecken die Lebensentwürfe so mancher Betroffener doch oftmals an der Engstirnigkeit dessen an, was sich als Mainstream im alleinigen Besitz von Regeln und Wahrheiten wähnt.

In der Erfahrung von Akzeptanz und Wertschätzung gegenüber dem Weg jenseits heteronormativen Verhaltens, so desgleichen Alexander Chees Schlussfolgerung, werde man vielleicht auch „menschlicher" gegenüber sich selbst. Von der Gefahr des Selbsthasses zur Akzeptanz des eigenen Ichs: In der Entdeckung unseres Selbst waren es vor anderen Menschen für viele von uns Bücher, Filme und Serien, die uns diese ganz spezielle Form von Liebe entgegenbrachten, die das Ich im Wir zu stärken vermag.

„Die einzige Freude auf der Welt ist das Anfangen. Es ist schön zu leben, weil Leben Anfangen ist, immer, in jedem Augenblick", hat der italienische Schriftsteller Cesare Pavese einmal gesagt. Bezugnehmend auf die Arbeit an *More Gay Movie Moments* traf für mich die Freude zu, wieder mit dem Schreiben über Gänsehautmomente in schwulen Filmen und Serien begonnen zu haben; am Anfang jedes Textes stand ein Film, stand das Staunen über die so unterschiedlichen Herangehensweisen an eine Figur und ihre Geschichte, die die Kreativität der Beteiligten an jenen Streifen auszeichnen, die Eingang in diese Sammlung gefunden haben. Die Freude zu Beginn, aber auch die Freude, beim näheren Betrachten Neues, Fesselndes, Faszinierendes zu entdecken – diese Entdeckungen dann in die Sprache meiner Essays zu fassen, hat mich durch die gesamte Arbeit an dem Buch begleitet.

Noch ein Wort zu Zitaten und der Art und Weise, wie wir sie in diesem Buch anführen. Es steht außer Frage, dass allein die Originalversion eines Films dessen Atmosphäre authentisch zu vermitteln weiß. Man muss ja nicht so weit gehen wie beim Beispiel der

Verstümmelung von Hitchcocks berühmtem Thriller *Notorious* (1946) mit Ingrid Bergmann und Cary Grant, der 1951 unter dem Titel *Weißes Gift* (später: *Berüchtigt*) in einer deutschsprachigen Kinofassung herauskam. Da man so kurz nach dem Ende des Zweiten Weltkriegs dem Publikum keine Nazigeschichte zumuten wollte, wurden sämtliche diesbezügliche Referenzen entfernt und durch den Handlungsfaden einer Drogenstory ersetzt. Doch auch schlechte Synchronisation und – im Fall von schwulen Filmen wird oftmals in keine deutsche Fassung investiert – gar nicht so selten unkorrekte Untertitel vermitteln die Gewissheit, in der jeweiligen Originalversion besser aufgehoben zu sein. Für zusätzliche Verwirrung mögen zuweilen beträchtliche Diskrepanzen zwischen Untertiteln und Auszügen aus Drehbüchern oder Zitierungen sorgen, die im Internet allenthalben aufzuspüren sind. Aus diesen Gründen haben wir uns wie im ersten Band dazu entschlossen, wörtliche Zitate, wann immer möglich, im Original zu belassen – dies scheint uns in erster Linie, weil wohl weitgehend verständlich, in Bezug auf die englische Sprache zielführend und möglich zu sein. Da diese Annahme aber natürlich nicht auf weitere Sprachen ausgedehnt werden kann, haben wir Zitate aus anderssprachigen Büchern in der deutschen Übersetzung und aus Filmen, deren Originalversion abseits von Deutsch oder Englisch gedreht wurde, mangels praktikabler Alternativen in der deutschen Version der Untertitel verwendet.

Doch genug der Theorie. Löschen wir wie schon beim ersten Mal die Lampen im Saal und folgen wir mit unseren Augen voller Spannung dem Lichtstrahl, der auf die Leinwand fällt und sie mit dem Leben magischer schwuler Filmmomente erfüllt. Denn jede neue Geschichte beginnt mit einem Blick.

Paul Senftenberg, im März 2022

VERLEUGNUNG

Der abwesende Schwule

Parasiten der Seele

Aufbruch

Blicke ohne Worte

Die Fesseln der Stigmata

Das Haus unter den rauschenden Bäumen

Es war einmal im Westen …

Der abwesende Schwule

Beach Rats (2017)
Bent (1997)
Caracas, eine Liebe (2015)

Die amerikanische Schriftstellerin Lorrie Moore hat den von ihr so bezeichneten „Trost der Masken“ wie folgt definiert: „Wenn man sich einen Raum außerhalb des eigenen Lebens schafft, für das Leben, das im eigenen Leben keinen Platz hat, für alles aus dem Gedächtnis Verbannte.“ Es scheint, als würden die Charaktere des bedeutenden Theaterautors Tennessee Williams solche Masken tragen und ins weite Land ihrer zerrissenen Seelenlandschaften dahinter verbannen, was zu akzeptieren sie nicht über sich bringen. Messerscharfe Dialoge zerschneiden in diesen psychoanalytischen Achterbahnfahrten durch die Hölle von Hoffnungslosigkeit und leeren Existenzen die Seelen jener Figuren, denen sie Williams in den Mund legt, ebenso wie jener anderen, an die sie gerichtet sind. Viel deutlicher, als in ihren mit Stars wie Liz Taylor, Katharine Hepburn, Paul Newman und Marlon Brando prominent besetzten filmischen Adaptationen, die sich aufgrund der Angst vor der Zensur des „Hay's Code“ seltsam zahnlos gerieren, wird in den Bühnenfassungen das zur Zeit ihrer Entstehung noch absolute Tabuthema der Homosexualität deutlicher, wenngleich immer noch nicht dezidiert fokussiert. Vergewaltigung und Mord, Alkoholismus und Drogensucht, Kastration und sogar Kannibalismus sind nur einige der Themen in Williams' Stücken – doch mit der zentralen Darstellung schwuler Charaktere, zumal in positiver Konnotation, hätte sich der Pulitzerpreisträger und Meister im Sezieren von hinter Masken verborgener Wahrheiten wohl eine Blöße gegeben, die in den Vierziger- und Fünfzigerjahren des vergangenen Jahrhunderts wohl zum Entzug der Gunst eines breiten Publikums geführt hätte.

In diesem Sinne beschreibt der Literaturwissenschaftler William Mark Poteet in seiner Analyse *Gay Men in Modern Southern Literature* (2006) als Konstante in Williams' dramatischem Personal die sogenannten „absent gay men“. Diese abwesenden, meist toten Schwulen stehen nicht als Personen auf der Bühne – und bestimmen den Verlauf der Handlung und die Befindlichkeit und Entwicklung der Figuren doch entscheidend. Die Charakterdreiecke dieser Stücke sind um diese abwesenden Schwulen gewoben, und ihre Geister suchen die Lebenden geradezu heim. So nimmt Allan, der sich in *A Streetcar Named Desire* (*Endstation Sehnsucht*, 1947) erschießt, nachdem seine Frau Blanche seine Homosexualität entdeckt, in der Rekonstruktion durch diese und ihrer Schwester Stella teil am Verlauf des Stücks. In vergleichbarer Hinsicht erfahren wir vom brutalen Lynchmord an Sebastian in *Suddenly, Last Summer* (*Plötzlich letzten Sommer*, 1958) durch die Erinnerungen seiner Cousine Catherine und Mutter Violet. Und Skipper in *Cat on a Hot Tin Roof* (*Die Katze auf dem heißen Blechdach*, 1955) stirbt durch seine Alkoholsucht, nachdem ihm die Wahrheit seiner Gefühle für seinen Jugendfreund Brick klar wird.

Wirklich offen gesprochen wird über diese Männer, die noch aus der Vergangenheit die Gegenwart im Griff haben, nicht; hingegen umkreisen sie die Gedanken der anderen gepeinigten Figuren in geradezu magnetischer Anziehung. So ist es das ungeschriebene Gesetz, Stillschweigen über Bereiche zu bewahren, in denen gefährliche Untiefen des Uneingestandenen und Verleugneten lauern. Die Angst vor Heimsuchungen aus diesem Bereich des von Sigmund Freud bis Stephen King immer wieder verhandelten „Es" ist es etwa auch, die offene Worte in der Ehe von Brick und seiner Frau abwürgen – Verletzlichkeit, unerfüllte und unerfüllbare Begierden und die Angst vor der Realität haben aus Brick einen Alkoholiker und aus der doch eigentlich verführerischen Maggie jemanden gemacht, der sich wie die im Titel des Stücks angesprochene Katze fühlt, die in der Beziehung zu ihrem Mann jede Selbstachtung verloren hat: „What is the victory of a cat on a hot tin roof? Just staying on it. [...] I guess, as long as she can."

Skipper lauert als unausgesprochene Heimsuchung zwischen den Eheleuten – der Fluch einer Enthüllung, die die Lebenslügen in dem kaum noch aufrechten Gebäude ihrer Ehe zum Einsturz bringen könnte. „Brick's homosexuality must remain clouded in secrecy", drückt es Poteet aus, „but it must still be expressed." Williams' textimmanente Symbolik ist aus einer Zeit ihrer Entstehung zu verstehen, in der ein deutlicheres Ansprechen der Thematik eben selbst für einen so berühmten Autor nicht möglich war. Der Anglistikprofessor Thomas P. Adler fasst ihren Kontext denn auch kurz und bündig zusammen: „Williams encodes his own same-sex desire."

Vor dem Hintergrund, dass es sich bei dem abwesenden Schwulen und dem literarischen und filmischen Charakter einer Geschichte auch um ein und denselben Menschen handeln kann, möchte ich drei Filme betrachten. Sie zeichnen jeweils ein Dreiecksverhältnis und den Aufruhr, den die Verleugnung des schwulen Selbst darin verursacht – wenn nämlich die verstörte Psyche das Andocken der Gefühle verhindert. Die gedankliche Materialisierung des „absent gay guy" mag in einer Umarmung dieser Seite der eigenen Existenz oder in ihrer Zurückweisung, in Selbsterkenntnis oder Selbstverleugnung münden, in jedem Fall jedoch steht die Frage im Vordergrund, inwiefern sich der Protagonist auf die Schattierungen der eigenen Persönlichkeit einzulassen wagt. „Man hasst das, was man fürchtet, das also, was man sein kann, was man, wenn man fühlt, ein wenig ist", hat der italienische Schriftsteller Cesare Pavese einmal formuliert und zieht die Schlussfolgerung: „Man hasst sich selbst." Versiegelte Gefühle und wie sie losbrechen – eine filmische Erkundungsreise.

Der erste dieser drei Männer in der Verleugnung ihrer schwulen Identität ist der Teenager Frankie in Eliza Hittmans *Beach Rats*. Er verbringt den Sommer, in dem sein Vater an einer schweren Krankheit stirbt, zwischen dem Familienleben am Stadtrand von Brooklyn und den Stränden und dem Vergnügungspark auf Coney Island, wo er mit seinen Kumpels abhängt und vordergründig auf der Suche nach einer Freundin, in Wahrheit aber nach sich selbst ist. Der Darsteller von Frankie, Harris Dickinson, ist fast zu schön, um wahr zu sein, und macht doch mit seiner großen physischen und psychischen Präsenz die Unsicherheit und Verunsicherung seines Charakters als in seinem unausgesprochenen Gefühlsleben verlorener Junge nachvollziehbar.

Frankie und seine Gang, allesamt solch ziellos treibende, verlorene Jungen – das ist vergleichbar mit J. M. Barries Bühnenstück *Peter Pan* (1906) und dessen Romanversion sowie der Adaptation durch Disney und andere Filmemacher wie zum Beispiel auch Steven Spielberg (*Hook*, 1991). Peter und die „Lost Boys" leben in völliger Freiheit ohne die Aufsicht durch ihre Eltern oder andere

Erwachsene auf ihrer Insel in Neverland; echte Ziele gibt es in ihrem Leben scheinbar nicht. Frankies Neverland ist der Pier von Coney Island; das Feuerwerk, das es dort an jedem Wochenende zu bestaunen gibt, kann ihn aber nicht begeistern, es scheint immer gleich abzulaufen und wirkt für ihn so schal wie seine ganze Existenz. Frankie vermittelt nicht den Eindruck, als würde er sich selbst und seine Umgebung intensiv spüren. Er zieht mit anderen Burschen herum, die sich im Umgang miteinander gegenseitig ständig ihrer Coolness und Stärke versichern müssen und die alles, aber nur nicht ehrlich zueinander sind. Sie rauchen, konsumieren Alkohol und Drogen – eine Taktik, so hat es den Anschein, um die Zeit totzuschlagen, das Jetzt zu vernebeln und die Leere und Langeweile ihrer Lebensrealität auszublenden. Was zumindest in Frankies Fall wohl auch mit seiner Selbstverleugnung zu tun hat. „I don't think of myself as gay", versichert er noch im fortgeschrittenen Handlungsverlauf der zweiten Hälfte des Films einem älteren Mann – nachdem sie gerade Sex hatten. Nächtens flirtet Frankie online mit Männern und trifft sich ab und zu mit einem von ihnen in einem Cruisinggebiet an der Autobahn. Dabei fallen auch schon mal Dialoge wie „Do you like what you see?" – „I don't really know what I like." Es ist offensichtlich: Da gibt sich jemand große Mühe, die Fassade des heterosexuellen Jungen aufrechtzuerhalten, und wird doch gleichzeitig von Versagensängsten beim Sex mit einem Mädchen geplagt, das er als seine Freundin ausgibt.

Wenn Frankie zusammen mit seinen Kumpels einen Schwulen überfällt, um an Drogen zu kommen, handelt er im Grunde genommen gegen sein eigenes Ich, und im Verlauf der Handlung fällt es ihm immer schwerer, sein Doppelleben geheim zu halten. Er weiß nicht genau, wonach er sich eigentlich sehnt, es gelingt ihm nicht, die unbestimmten und widersprüchlichen Gefühle in seinem Herzen festzumachen. Was ihn davor wohl hindert, ist die geradezu panische Angst vor der Einsicht in sein wahres Selbst.

Wie mit Beiläufigkeit erzählt Regisseurin Hittman von Frankies Orientierungslosigkeit, sie ist jedoch ganz genau im Hinschauen und in der Analyse der inneren Zerrissenheit des jungen Mannes und der Anstrengungen, die es ihn kostet, sie nach außen hin zu verdecken. Mit seinen traurigen blauen Augen, dem verschlossenen Gesichtsausdruck und den zusammengepressten Lippen versucht Frankie, sich seine unterdrückten Emotionen, die Verwirrtheit, die Wut, die Angst, nicht anmerken zu lassen; doch sie drohen hochzukochen und auszubrechen.

Wie es für sie sei, wenn zwei Frauen miteinander rummachen, tastet er sich einigen Mädchen gegenüber vor. Die Antwort: Das sei heiß. Und, setzt er nach, wie es sich bei zwei Jungen verhalten würde? „It's not hot", meinen die Mädchen, „it's just gay."

Der slowenische Philosoph Slavoj Žižek, bekannt für seine Affinität zu kreativer kinematografischer Analyse, vergleicht in seinem dokumentarischen, mit unzähligen Beispielen gespickten Filmessay *The Pervert's Guide to Cinema* (2006) den dreigeschoßigen Aufbau des düster-gotischen Hauses aus Alfred Hitchcocks Klassiker *Psycho* (1960) und damit verbunden auch die gespaltene Persönlichkeit des Serienmörders Norman Bates mit Freuds bereits angesprochener Theorie von „Es", „Ich" und „Über-Ich". Der Ebene des „Ich" entspricht darin Normans alltägliches Leben im Parterre des Hauses, aus dem ersten Stock kommen die imaginierten Kommentare der eigentlich längst toten Mutter, der übergeordneten Instanz des „Über-Ichs" mit ihren Regulativen und gesellschaftlichen Vorgaben, gegen die Norman in den Disputen, die ebenfalls nur in seiner Vorstellung ablaufen, nur den Kürzeren ziehen kann. Im Keller aber lauern seine geheimen Wünsche, die verdrängten Sehnsüchte und auch Ängste, die er in den Bereich des „Es" verbannt zu haben glaubt, seines Unbewussten also, aus dem sie immer wieder unvermittelt und mit drastischen Folgen – der legendäre Mord in der Dusche lässt grüßen – hervorzubrechen pflegen. Nicht zuletzt verwendet die imaginierte Stimme der toten Mutter, als Norman den Leichnam von ihrem Schlafzimmer in den Keller trägt, das Vokabel „fruity" – früher ein abwertender Ausdruck für homosexuell.

Die Komponenten dieses Gedankengangs lassen sich auch in *Beach Rats* festmachen. *Zu ebener Erde und erster Stock* lautet der Titel einer als solche bezeichneten „Localposse" von Johann Nestroy aus dem Jahr 1835. Die Trennung funktioniert auch in Frankies Elternhaus: Das „normale Leben" mit seiner Mutter und der Schwester läuft hier ab, hier stellt ihnen Frankie auch ein Mädchen, das er in Coney Island kennengelernt und bei ihm die Nacht verbracht hat, als seine Freundin vor. Zu dieser Ebene steigt die Mutter als übergeordnete Instanz aus ihrem Schlafzimmer im ersten Stock herab, die sie als Oberhaupt der kleinen Familie darstellt. Wir wollen nicht übersehen, dass der heterosexuelle Geschlechtsverkehr, durch den nicht zuletzt Frankie entstand, wohl dort oben stattfand. Aufgrund seiner Krebserkrankung wurde der im späteren Verlauf des Films verstorbene Vater aus diesem dezidiert heterosexuell und regulativ konnotierten Lebensraum verbannt und sein Krankenbett mit den medizinischen Geräten im Erdgeschoß in einem Zimmer aufgestellt, das zu betreten Frankie sich zu Beginn von *Beach Rats* überwinden muss. Als dritte Ebene dient auch hier der Keller, Frankies Reich in diesem Haus. Hier erlebt er die Versagensängste beim Sex mit seiner vorgeblichen Freundin. So viel Mühe sich Frankie auch gibt, im Bereich seines ins Unterbewusste verdrängten Selbst scheint eine weibliche Sexpartnerin keinen Platz zu haben. Hier im Keller kommt er per Videochat – anfangs noch schüchtern, dann aber immer selbstsicherer – auch Männern näher: Sein Herantasten an den schwulen Mann, der in ihm lebt, findet demnach eindeutig im Keller des Gebäudes, Žižeks Interpretation von *Psycho* folgend also in seinem „Es“, statt. Wenn in einer späteren Szene des Films Gefahr droht, dass sein Doppelleben nicht mehr geheim gehalten und sein wahres Ich entdeckt werden könnte, löscht er panisch alle Computerdaten, die auf seine Homosexualität hindeuten könnten – es ist, als würde ein Verbrecher einen Tatort reinigen.

In seinem Erfolgsroman *Swimming in the Dark* (2020) beschreibt Tomasz Jędrowski in einer stimmungsvollen Szene, wie sich Ludwik und Janusz, die beiden Protagonisten, im konservativen Polen zur Zeit des Kriegsrechts auf einer abgeschiedenen Lichtung an einem Waldsee zum ersten Mal näherkommen. „I looked at the water, I couldn't see through its body, couldn't assess its contents. But I stepped in. And the water embraced me completely, softly and coolly. I felt myself anew, as if something in me had been switched on after a long time. It was a sensation of lightness and power and total inconsequence.“ Auch diesen beiden Burschen fällt es offensichtlich nicht leicht, den schwulen Mann in sich selbst zu akzeptieren. Ins dunkle Wasser zu steigen, dessen Grund nicht auszumachen ist, also sich der Umarmung der Sehnsüchte aus ihrem Unterbewussten preiszugeben, ohne die Folgen abschätzen zu können, macht ihnen Angst. Doch die Vorstellung in die

Tat umzusetzen, zahlt sich aus: Das Gefühl im Wasser des Sees, das fast einer Wiedergeburt gleichkommt, erleichtert ihnen, den für sie vorbestimmten Weg zu gehen. Es kommt zur ersten Umarmung und zum ersten Kuss und ist der Beginn einer dramatischen Liebesbeziehung. Der bereits im Vorwort angeführte Autor Alexander Chee beschreibt die Problematik für viele junge Schwule, ihren Platz im Leben zu finden, in seiner Sammlung von Essays *Wie man einen autobiografischen Roman schreibt* sehr treffend: „Es ist nicht einfach, sich selbst und sein Leben in einer durch und durch heterosexualisierten Welt neu zu erfinden. Vor allem, wenn man, wie es lange der Fall war, keine Vorbilder hat, niemanden, der einem vorlebt, wie man ein queeres Leben in einer Welt führt, die dafür keinen Platz vorgesehen hat."

Beach Rats entwickelt für diesen mitunter schwierigen Prozess eine unmittelbare, sehr direkte Herangehensweise. Düster, verträumt, poetisch, sinnlich, zärtlich ist der Ton der Erzählung, wenn wir Frankie auf seiner Suche nach sich selbst begleiten. Es gibt kein klares Happy End in diesem Film, doch in den letzten Einstellungen scheint mir, als wäre Frankie fast an diesem Punkt angekommen. Er befindet sich wieder auf dem Pier, im nächtlichen Himmel über ihm explodiert das Feuerwerk. Um ihn herum sind viele Menschen, die Lichter und der Lärm des Vergnügungsparks, und doch ist Frankie wie herausgeschält aus dieser Umgebung. Er starrt in den Himmel, als ob er das Feuerwerk zum ersten Mal sehen würde, er erblickt es mit anderen Augen, weil er nur noch um Haaresbreite davon entfernt ist, ein neuer Mensch zu sein – jemand, der den schwulen Mann in sich nicht tot sehen will, der die Chance hat, sich mit ihm und dadurch mit sich selbst zu versöhnen.

Ein Charakteristikum von *Beach Rats* ist der respektvolle Abstand, den die Augen der Kamera mit großer Stringenz halten, sie scheinen Frankie nie zu nahe treten zu wollen, sie beobachten nur und zeichnen auf, was sie sehen.

Auf eine sehr vergleichbare Weise arbeitet der venezolanische Regisseur Lorenzo Vigas in seinem mit dem Goldenen Löwen von Venedig ausgezeichneten Spielfilmdebüt *Caracas, eine Liebe* – und stellt wie auch Eliza Hittman in *Beach Rats* den Beweis an, dass mit Behutsamkeit eine große Nähe zu den Figuren und eine ebensolche Tiefe zu ihrem Innenleben herzustellen möglich ist. Wir müssen bei einem Film wie *Desde allá (Von fern, von Weitem)*, wie *Caracas, eine Liebe* weitaus treffender im Original heißt, eben vieles zwischen den Zeilen lesen. Der Streifen basiert auf einer Geschichte des mexikanischen Autors Guillermo Arriaga, der durch seine Drehbuchvorlagen zu *Amores Perros* (2000) und *Babel* (2006) internationale Wertschätzung errang, und zerlegt wie sie die Handlung in ein Puzzle aus einer Vielzahl von Steinchen, die zusammenzusetzen an uns liegt – der Film selbst gibt uns dazu bloß einige Hinweise.

Wir begleiten den einzelgängerischen Zahntechniker Armando auf seinen Streifzügen durch verarmte Viertel von Caracas. Seine Suche nach Straßenjungen hat fast den Charakter einer Jagd, er befindet sich sozusagen auf der Pirsch nach „frischem Fleisch“; und wenn sich Armando für einen der Burschen entschieden hat, geht er durchaus forsch zur Sache. Gegen Entgelt müssen sie ihn in seine gediegene Wohnung begleiten, die ganz im Gegensatz zu den ärmlichen Lebensverhältnissen dieser Burschen steht. Sie müssen sich halb oder ganz ausziehen und ihm den Rücken zukehren, während er sich selbst befriedigt. Dabei hält er zu ihnen jene Distanz, die offenbar sein gesamtes Leben kennzeichnet – er scheint zu allem und jedem auf eine sichere Entfernung bedacht. Armando tritt zu Beginn des Films aus der Unschärfe ins Bild und bewegt sich wie ein Gespenst durch die Straßen der Stadt, die so wie die Menschen um ihn herum in Unschärfe zerfließen. Wie einer der Figuren in Gus Van Sants *Elephant* folgen wir Armando und erleben die soziale Distanz zwischen ihm und seiner Umwelt mit. Er fühlt sich offenbar nirgendwo und niemandem zugehörig, und dieses Verhalten prägt sein Leben und die spärlichen sozialen Kontakte darin. Schweigen durchzieht den Film wie ein roter Faden, lange Blicke ersetzen viele Dialoge. In Armandos Augen liegen tiefe Verletztheit und große Vorsicht, Alfredo Castros minimalistisches Spiel setzt nur ab und zu Akzente in dieses unergründliche Gesicht; für kurze Momente fällt dann die Maske der äußersten Zurückhaltung.

Bei seiner beruflichen Tätigkeit muss Armando ganz genau hinschauen, er trägt dabei eine Brille, vor deren Gläsern eine Lupe hängt. Die Welt um sich nimmt er aber nur verschwommen wahr, und so verhält es sich wohl auch in Bezug auf ihn selbst. Wie Frankie in *Beach Rats* ist er der abwesende Schwule in seinem eigenen Leben und hat noch keinen Zugang zu diesem Teil seines Ich gefunden. Als er den siebzehnjährigen Elder (Luis Silva) kennenlernt, bricht die Chance auf etwas ganz anderes auf: auf Offenheit, auf Intimität, auf eine echte zwischenmenschliche Beziehung. „Was willst du von mir, alte Schachtel?“, herrscht Elder Armando anfangs an. Zwischen ihnen wird sich ein seltsames Verhältnis zwischen Anziehung und Verachtung, Begierde und Abscheu entwickeln, dessen Ausmaß und Intensität uns bis zum bitteren Ende ein Rätsel bleiben wird.

Kommen wir zum oben zitierten Text von Alexander Chee über die Schwierigkeiten schwuler Selbstfindung inmitten einer heterosexualisierten Welt und die Rolle von positiven queeren Vorbildern zurück. Darin zieht der Autor den folgenden Schluss: „Erst heute, fünfzig Jahre nach den Stonewall-Aufständen und dreißig Jahre nach dem Höhepunkt der Aids-Krise, gibt es eine Generation schwuler Männer, die ihre Erfahrungen und ihr Wissen offen und frei an die nächste Generation weitergeben kann.“ Mit seinem Alter um die fünfzig wäre Armando einer dieser Männer, doch mit dem Weitergeben läuft bei ihm nichts. Im Gegenteil, Armando sucht zwar immer wieder Elders Nähe, verweigert sich aber jeder emotionalen Tiefe und liefert Elder schließlich ans Messer. Bei ihrem ersten Treffen beschimpft Elder Armando noch als „Schwuchtel“, schlägt ihn bewusstlos und raubt ihn aus. Doch Armando lässt nicht locker, er lädt den jungen Mann zum Essen ein und unterstützt ihn finanziell. Als Elder von den Brüdern seiner schwangeren Freundin krankenhausreif geprügelt wird, kümmert sich Armando um seine medizinische Versorgung. Was folgt, ist ein Lernprozess, durch den die beiden so unterschiedlichen Männer im Kampf um das Ausreizen ihres gegenseitigen Vertrauensverhältnisses und um das fragile Gleichgewicht gegenseitiger Würde gehen: ob sie voneinander lassen oder einander doch annehmen können, wie sie sind. Elder bricht Armandos Safe auf und wirft ihm, als er von ihm überrascht wird, den Schmuck vor die Füße: „Ich bin vielleicht eine Ratte, aber keine Schwuchtel wie du!“ Nach einer neuerlichen Beschimpfung durch den Jüngeren rammt sich Armando als Männlichkeitsbeweis ein Messer in den Oberschenkel. Doch zusehends wird offensichtlich, dass das, was Elder für Armando empfindet, Liebe ist; und jetzt kommt Armandos Vater ins Spiel. „Dein Vater ist tot?“, will Elder von Armando wissen. Die Antwort: „Nein, aber ich wünschte mir, er wäre es.“

Wir erfahren bis zum Schluss des Films nicht, welche traumatischen Erlebnisse aus seiner Kindheit Armando immer noch heimsuchen und welche Rolle dabei sein Vater gespielt hat. Es braucht eine Weile, bis wir die Mosaiksteinchen, die uns der Film vorgibt, zu dem Fokus zusammenzusetzen vermögen, der uns den Weg zu den sperrigen Charakteren und ihrem zuweilen rätselhaften Verhalten weist. Dabei bleiben Armandos Gefühle bis zuletzt so rätselhaft, wie sie zu Beginn des Films schon waren. Doch die Dramaturgie des Streifens leidet nicht unter diesen Leerstellen, sie setzen die Charakterstudien von Armando und Elder unter geradezu elektrische Spannung. Als Elder Armando auf einer Hochzeit, zu der er ihn eingeladen und bei der er ihn seiner Mutter als Geschäftspartner vorgestellt hat, auf der Herrentoilette leidenschaftlich küsst, wird er von diesem geohrfeigt und brüsk zurückgewiesen. „Was machst du da? Komm mir nicht zu nahe!" Elders Mutter, durch Tratsch mit der Realität konfrontiert, setzt ihren Sohn angewidert vor die Tür. Abermals zieht Elder bei Armando ein und verspricht ihm den Mord am verhassten Vater als ultimativen Liebesbeweis.

Diesen scheint Armando dann auch als solchen anzunehmen. Als Elder mit drei leeren Patronenhülsen in die Wohnung zurückkehrt und angibt, Armandos Vater getötet zu haben, haben die beiden zum ersten Mal Sex und verbringen die Nacht miteinander; sie vermitteln den Eindruck eines Liebespaares. Doch der Einsturz der Distanz in diesen innigen Momenten vermag in Armandos Verhalten keine Änderung herbeizuführen; der verleugnete Schwule, so lange Zeit eingesperrt, bleibt ein Gefangener seiner selbst. Elder verlässt die Wohnung, um für ein gemeinsames Frühstück einzukaufen, während Armando die Behörden über dessen Rolle bei dem Mord informiert. Wir sehen ihm zu, wie er aus der Entfernung die Verhaftung des jungen Mannes beobachtet, der Farbe in sein graues Leben hätte bringen können. Die Erschütterung der eigenen Lebenslüge ist offenbar etwas, das Armando trotz der Möglichkeiten, die ihm Elder eröffnet hätte, nicht zuzulassen vermag.

Es ist die grausamste und ganz und gar menschenverachtendste dieser drei Filmgeschichten um den abwesenden Schwulen, die mit der deutlichsten Akzeptanz des wahren Ich endet. *Bent*, von Sean Mathias nach dem gleichnamigen Theaterstück von Martin Sherman adaptiert, mutet wie ein bitterer Kommentar zu Bob Fosses *Cabaret* (1972) nach dem Roman von Christopher Isherwood an. Funktioniert letzterer Stoff als Vorahnung der kommenden Gräuel und Schrecken des Naziterrors, sind diese für die Figuren in *Bent* bereits brutale Realität geworden. Max (Clive Owen), offen schwuler Lebemann im Berlin der Zwischenkriegszeit, wohnt mit seinem Freund Rudi (Brian Webber) in einem Abbruchhaus und verdingt sich mit dem Verkauf von Drogen. Es herrscht eine Atmosphäre zwischen Dekadenz und Weltuntergangsstimmung, die Regisseur Mathias mit großer Theatralik fernab jedes Anspruches auf historisch korrekte Rekonstruktion inszeniert. Mick Jaggers Auftritt als Travestiekünstler schwelgt noch einmal in einer lyrischen Ode an die „Streets of Berlin“, dann kommt es auch schon zu den ersten Verhaftungen im Rahmen des Röhmputsches und kippt die Szenerie in einen Kampf ums reine Überleben.

Max glaubt, sich durch Verleugnung seines Selbst vor dem Schlimmsten bewahren zu können. Auf dem Transport nach Dachau macht er alles, um an Stelle eines Rosa Winkels, dem Zeichen für Homosexuelle, einen gelben Judenstern an die Jacke geheftet zu bekommen – selbst unter den Gefangenen scheint es noch Hierarchien zu geben. Zum Beweis, nicht schwul zu sein, geht er zum Äußersten und erschlägt im Waggon auf Befehl eines Offiziers seinen Freund. Eine interessante Variante zu den Überlegungen über den verleugneten schwulen Mann im Homosexuellen: Gerade derjenige, der eigentlich mit sich selbst im Reinen gewesen zu sein schien und offen schwul gelebt hat, sucht nun Rettung durch die völlige Selbstverleugnung. Erst am Ende seines Lebens wird Max sein verlorenes Ich wiederfinden.

Die Szenen im Lager sind in extremer Abstraktion dargestellt, es ähnelt einem großen Industriegelände, und es gibt kaum Gemeinsamkeiten mit der Zeichnung von Konzentrationslagern in Produktionen wie *Schindler's List (Schindlers Liste*, 1993) oder *La vita è bella (Das Leben ist schön*, 1997). Max macht Bekanntschaft mit dem Mithäftling Horst (Lothaire Bluteau), der im Gegensatz zu ihm den Rosa Winkel trägt. Die beiden sind zu einer Art von Sisyphos-Tortur eingeteilt. Sie bewegen sich durch surreal ausgebleichte Szenerien von staubigem Geröll und haben Felsstücke und Steinbrocken von einer Seite einer freien Fläche oder einer Lagerhalle zur anderen zu schleppen – eine Schikane ohne jeden Sinn und allein zum Zweck der Demütigung der beiden Männer. Sie dürfen einander nicht berühren, noch miteinander sprechen und doch entwickelt sich zwischen ihnen ein Kammerspiel des Begehrens.

Horst erweist sich von Anfang an als der Stärkere; er ist eins mit sich selbst und bewahrt die Reinheit seines Innersten vor dem Schmutz der äußeren Gewalt, die mit aller Vehemenz auf ihn eindringt und ihn dennoch nicht zu korrumpieren vermag. In drei Szenen, die einander spiegeln und weiterführen, kommen die beiden Männer einander so nahe, wie es eigentlich nur Liebenden gelingt. Mit ihren kahl geschorenen Köpfen und ihren ausgemergelten Körpern stehen sie stramm nebeneinander in der grellen Sonne und brechen das Redeverbot. Wie schön er Max' Körper finde, beginnt Horst, wie gut sich seine Haut in seiner Vorstellung anfühle. Max steigt auf das Gedankenspiel ein. Anfangs ist es nur die aufgestaute Begierde, die sich ein Ventil sucht, später sind es auch die aufgestauten Gefühle. Max und Horst stehen getrennt voneinander und haben imaginierten Sex miteinander. Ihre Blicke sind nach vorn gerichtet, nur hin und wieder wandern ihre Augen, um einen kurzen Impuls vom anderen zu erhaschen. Ohne körperliche Berührungen tauschen sie Zärtlichkeiten aus und spüren den Körper und die Geschlechtsteile des anderen. Sie schlafen miteinander und sinken einander erschöpft in die Arme, ohne sich auch nur zu bewegen – der Triumph der Vorstellung gegenüber der Wirklichkeit, die nichts Lebenswertes mehr an sich hat.

In einer weiteren Szene werden Max und Horst durch die Brutalitäten, denen sie sich ohne Unterlass ausgesetzt sehen, und durch die Hoffnungslosigkeit, die sie längst fast aufgefressen hat, eigentlich schon ganz weit von einer menschenwürdigen Existenz fort- und hinein in die totale Verzweiflung getrieben. Doch abermals sprechen sie Worte der gegenseitigen Berührung aus: „gently, softly". Erneut haben sie Sex miteinander, der vielleicht intensiver ist als jeder reale Sex, den sie bisher in ihrem Leben hatten; und diesmal berühren sich dabei sogar ihre Seelen: „You are safe with me."

Und doch ist ihr Ende vorgezeichnet. Ein vor Sadismus triefender Offizier nimmt Horst kurze Zeit später die Kappe ab und wirft sie auf den elektrisch geladenen Zaun. Er befiehlt ihm, sie sich zurückzuholen, und schießt Horst, als dieser stattdessen brüllend auf ihn zuläuft, einfach nieder. Max bleibt mit dem Toten in den Armen zurück. Er bettet ihn in die Grube, aus der sie kurze Zeit zuvor noch Steine gehoben haben, macht sich daran, die sinnlose Tätigkeit wieder aufzunehmen, hält dann jedoch inne. In ihm, das ist zu erkennen, hat sich ein Prozess abgespielt, der zu einem Ende gekommen ist, einem Entschluss. Er zieht sich Horsts Jacke mit dem Rosa Winkel an, er knöpft sie sorgfältig zu und überprüft, ob sie denn auch gut sitzt. Dann schreitet er auf den elektrischen Zaun zu, man kann es nicht anders ausdrücken: nicht ohne Angst vor dem, was jetzt kommen wird, doch würdevoll und mit erhobenem Haupt. Max ist wieder eins geworden mit dem Schwulen, der er einmal war und den er für seine vermeintliche Rettung weggesperrt hat. Er holt ihn zu sich und in sich zurück, er umarmt ihn wie vorhin den niedergeschossenen Horst und schließt Frieden mit ihm. Er legt die Hände an den Zaun und der Strom fährt in seinen Körper. Der tote Max hängt an dem Gitter wie ein Christus am Kreuz. Er hat seine Passion überstanden; er hat wieder zu sich zurückgefunden.

Beach Rats (USA 2017, Drama)
Regie: Eliza Hittman
Darsteller: Harris Dickinson, Kate Hodge, Madeline Weinstein, Neal Huff, Nicole Flyus, Frank Hakaj, David Ivanov, Anton Selyaninov, Harrison Sheehan, Douglas Everett Davis, Erik Potempa

Bent (GB 1997, Drama)
Regie: Sean Mathias
Darsteller: Clive Owen, Lothaire Bluteau, Ian McKellen, Nikolaj Coster-Waldau, Mick Jagger, Jude Law, Rupert Graves

Caracas, eine Liebe (*Desde allá*, Venezuela/Mexiko 2015, Drama/Liebesfilm)
Regie: Lorenzo Vigas
Darsteller: Alfredo Castro, Luis Silva, Jericó Montilla, Catherine Cardozo, Marcos Moreno, Jorge Luis Bosque

Parasiten der Seele

Closet Monster (2015)

Zum Thema von Parasiten, die in menschliche Körper eindringen, sich darin ausbreiten und die Kontrolle über ihren Wirt übernehmen, gibt es im Kanon der Filmgeschichte unzählige Einträge. Im Streifen *Parasiten-Mörder (Shivers*, 1975) des kanadischen Horrorspezialisten David Cronenberg etwa steigern im Labor gezüchtete Würmer zum Zweck der rascheren Vermehrung den Sexualtrieb der Befallenen ins Extreme, in Philip Kaufmans *Die Körperfresser kommen (Invasion of the Body Snatchers*, 1978) bemächtigt sich ein außerirdischer Mikroorganismus schlafender Menschen und ersetzt sie in der Folge durch gefühllose, äußerlich aber völlig identische Doppelgänger. Wir alle haben auch noch die Bilder des vor Schmerzen schreienden John Hurt in Ridley Scotts *Alien – Das unheimliche Wesen aus einer fremden Welt (Alien*, 1979) vor Augen, als die durch einen Facehugger eingepflanzte todbringende Brut durch seinen berstenden Brustkorb den Weg ins Freie erzwingt.

Wie ein solcher Parasit lebt auch etwas in Oscar, dem jugendlichen Protagonisten in Stephen Dunns Film *Closet Monster*. Es ist Angst, die genährt wird durch ein Erlebnis aus seiner Kindheit, durch Bilder, die ihm längst ins Hirn gewachsen sind und in die Seele; und durch die Gewissheit, durch das, was er ist, mit diesen Bildern in direkter Verbindung zu stehen. Als Achtjähriger muss Oscar (Jack Fulton) im konservativen Neufundland mitansehen, wie ein Junge von Mitschülern auf einem Friedhof geschlagen und getreten und mit einer Eisenstange vergewaltigt wird. Einen spitzen Pflock in den Händen versucht Oscar einzuschreiten – er fühlt sich wie der Vampirjäger aus einer der Geschichten, die ihm sein Vater vor dem Einschlafen erzählt, ist aber zu jung, um die Natur und das Ausmaß der Geschehnisse ermessen zu können, die sich vor seinen Augen abspielen. Die Jungen werden aufgeschreckt und suchen das Weite, der Misshandelte, so erfährt Oscar später aus den Fernsehnachrichten, wird Zeit seines Lebens querschnittsgelähmt sein. Kein

Wunder, meint sein Vater Peter (Aaron Abrams) achselzuckend: Er sei eben ein Schwuler. Er rät seinem kleinen Sohn, sich die Haare schneiden zu lassen, um nicht auch wie ein solcher auszusehen.

Worte, die Oscar nicht vergisst. Immer wenn er sich zehn Jahre darauf mit seiner Homosexualität konfrontiert sieht, spürt er schreckliche Schmerzen im Bauch. Das Monster namens Furcht hat sich in ihm eingenistet, Unsicherheit und Selbstzweifel sind seine Tentakel, die Oscars Innerstes ausfüllen. Connor Jessup gibt dem Teenager ein Gesicht, das dem Kindlichen noch nicht ganz entflohen ist, Züge zwischen Naivität und Versuchen des trotzigen Aufbegehrens. Dabei vermischen sich für Oscar die Ebenen von Realität und Imagination. Wie als Kind führt er Gespräche mit seinem Hamster Buffy, der von Isabella Rossellini gesprochen wird. Vor dem „imaginary friend" kann er ganz er selbst sein – ebenso wie wenn er seine Freundin Gemma (Sofia Banzhaf) zur Figur aus Horrorfilmen schminkt. Dabei fühlt er sich seinem Ziel, auf einer Schule für Maskenbildner in New York aufgenommen zu werden und auf diese Weise der Beengtheit seiner Heimatstadt zu entkommen, zum Greifen nah.

Oscars Eltern sind seit seiner Kindheit getrennt, richtig entspannt ist Oscar weder, wenn er mit seinem Vater zusammen ist, noch bei der Mutter und ihrer neuen Familie. Während der Arbeit am Baumarkt treffen ihn die Stiche im Bauch unvermutet, als er einen neuen Kollegen, den coolen Wilder (Aliocha Schneider), kennenlernt – man beachte den Zusammenklang ihrer beider Vornamen, den Hinweis auf Oscar Wilde. Jedenfalls hat Wilder sein Shirt vergessen und bittet Oscar, der sich gerade umzieht, um das seine. Als Oscar am nächsten Tag mit Gedanken an den anderen Jungen onaniert, hat er auf einmal wieder die alten Bilder vom Friedhof vor Augen – und ihm ist, als hätte er selbst die blutige Eisenstange im Bauch.

Es kommt, wie es kommen muss. Oscar himmelt Wilder aus der Ferne an, die beiden freunden sich miteinander an und verbringen schließlich Zeit zusammen. Oscar ist sich sicher, dass auch Wilder schwul ist. Eines Abends lädt er ihn zu einer Kostümparty ein. Oscar probiert gerade eine Nietenjacke und die Pelzmütze an, die seine Mutter im Schrank des Vaters zurückgelassen hat, da wird er von ebendiesem überrascht. Der Vater hat mittlerweile erkannt, dass sein Sohn mit Gemma nicht auf eine Weise zusammen ist, die ihm als natürlich erscheint.

Wütend verbietet er seinem Sohn, zu der Party zu gehen. Da wehrt sich Oscar zum ersten Mal auf körperliche Art. Er stößt den Vater zurück, dieser stolpert in den Wandschrank, also genau dorthin, woraus Oscar soeben dabei ist, zu entfliehen: coming out of the closet. In der hereinbrechenden Nacht wird Oscar den Entschluss fassen, aus seiner Einsamkeit zu entfliehen und auszuprobieren, was ihm und für ihn möglich ist, wenn er ganz einfach nur er selbst ist. Indem er sich erstmals dem Vater entschieden entgegengestellt hat, hat er einen Prozess in Gang gesetzt, in dem es für ihn noch lang keine Sicherheit über sich selbst geben, in dessen Verlauf er aber gezwungen sein wird, sich seiner Angst zu stellen.

Auf der Party gestalten Mädchen zuerst einmal Oscars Kostüm in Richtung Coolness um und schminken ihm ein Brillenmuster um die Augen – er sieht klarer, realisiert, dass Wilder gar nicht schwul ist, nimmt eine Tablette und wird so high, dass er sich auf Sex mit einem Partygast einlässt. Doch die Szene gerät außer Kontrolle. Aus Oscars Bauch stülpt sich ein Wulst, als versuchte ein Alien aus ihm herauszukommen, er krümmt sich vor Schmerzen, er kotzt blutige Schrauben und Muttern in ein Waschbecken. Dann verliert er das Bewusstsein und bricht zusammen.

Wilder liest ihn auf. Er gibt ihm zu trinken und begleitet ihn dann durch die Regennacht nach Hause. Völlig durchnässt, klettern sie in Oscars Baumhaus. Sie ziehen die nassen Sachen aus und liegen beisammen. Oscars Herzklopfen ist fast spürbar. Er missversteht eine Geste Wilders und glaubt, er wolle ihn küssen. Die Peinlichkeit der Situation wird in einem sehr zarten, ganz leise gesprochenen Dialog aufgelöst. „Since when have you known?", fragt Wilder, und beiden ist klar, worüber hier gesprochen wird. „I don't", wehrt Oscar vorerst noch ab. „Have you ever kissed a guy?", insistiert Wilder. Er habe mit Jungen rumgemacht, meint Oscar zögernd, aber noch nie jemanden geküsst. „Do you want to?", will Wilder wissen. – „What?", ist Oscars Gegenfrage. Und Wilder: „Do you want to know?" Da setzen wieder Oscars Bauchschmerzen ein: „My stomach feels like it's on fire." Wilder nimmt einen Schluck aus einer Wasserflasche und beugt sich über Oscars Lippen. Er lässt Tropfen in seinen Mund fallen – und es kommt zu einem langen zärtlichen Kuss. Zum Einschlafen nimmt er seine Hand.

Die sanfte Stimmung dieser Szene

stellt Regisseur Dunn den erschreckenden Vorkommnissen des nächsten Tages gegenüber. Oscar bricht ins Haus der Mutter ein und wird von ihr überrascht. Endlich kommt es zu einer ehrlichen Aussprache. Oscar wirft ihr vor, damals nicht nur den Vater, sondern auch ihn verlassen zu haben. „I was dying in that house“, ist ihre Rechtfertigung. Sie gibt ihm den Ratschlag: „If you're forced to walk through shit, then you might as well grow a thick skin”, und äußert die Vermutung, dass es Oscar in seinem Leben nie leicht haben werde.

In Heinrich von Kleists Novelle *Die Marquise von O....* (1808) stellt sich die Titelfigur mit ungewohnter Heftigkeit dem Tötungsakt durch ihren Vater und seinem Ansinnen entgegen, ihr die eigenen Kinder wegzunehmen. „Durch diese schöne Anstrengung mit sich selbst bekannt gemacht, hob sie sich plötzlich, wie an ihrer eigenen Hand, aus der ganzen Tiefe, in welche das Schicksal sie herabgestürzt hatte, empor.“ In diesem Sinne reagiert auch Oscar, als er, getrieben von einem schrecklichen Gedanken, zum Haus seines Vaters läuft. Er steigt über eine Leiter in sein Zimmer ein und findet es völlig verwüstet vor. Viele seiner Sachen, darunter die Schminkutensilien und Buffys Käfig, hat der Vater vors Haus geworfen. Oscar findet den toten Hamster und daneben seinen zugespitzten Vampirjägerstock. Die Mutter ist ihm nachgefahren, er hört sie mit dem Vater streiten. Da krümmt sich Oscar unter Schmerzen so stark wie nie zuvor. Die Erinnerungen, die ihm zeitlebens zu Albträumen wurden, wallen auf: Wie er damals auf dem Friedhof mit dem Stock nichts mehr ausrichten, nicht mehr helfen konnte. Nun stürmt er statt auf die Vergewaltiger auf den Vater zu. Er halluziniert die Woge der Gefühle, die über ihm zusammenbricht, zur momentanen Wirklichkeit, er sieht die Spitze der Eisenstange seine Bauchdecke durchstoßen und zieht sie sich aus dem blutenden Leib. In zeitlupenverzerrtem Brüllen geht er damit auf den Vater los. Dieser flüchtet sich ins Haus, das Oscar mithilfe der Stange, die er biegt, als hätte er alle Kräfte dieser Welt, verriegelt. Dort, im Haus des Vaters, bleibt seine Angst zurück, der Parasitenwurm, der dem Kind einst durch die dummen Sätze eingepflanzt wurde.

> *„Have you ever kissed a guy?” – „Do you want to?“*
> *„What?“*
> *„Do you want to know?”*
>
> *Wilder und Oscar in:*
> *Closet Monster*

VERLEUGNUNG

Closet Monster (Kanada 2015, psychologisches Drama/Coming-of-Age)
Regie: Stephen Dunn
Darsteller: Connor Jessup, Aaron Abrams, Joanne Kelly, Aliocha Schneider, Jack Fulton, Sofia Banzhaf, Mary Walsh, Isabella Rossellini

Aufbruch

Departure (2015)

Es muss geradezu ein Crescendo an Tabubrüchen gewesen sein, als Frank Wedekinds gesellschaftskritisches Drama *Frühlings Erwachen*, das den Untertitel *Eine Kindertragödie* trägt, im Jahr 1891 erschien. Eine Gruppe Jugendlicher, die an der Enge und der Intoleranz der Wilhelminischen Zeit zu zerbrechen droht, der konsequente Blickwinkel aus der Sicht der Charaktere, der ihre psychische Instabilität und Gefühlswallungen der Pubertät, aber auch ihre Neugier und Unsicherheit hinsichtlich ihrer aufkeimenden Sexualität ernst nimmt und dabei auch vor Anspielungen auf Onanie und Homoerotik nicht zurückscheut – nicht von ungefähr kam es bei der Uraufführung 1906 an den Berliner Kammerspielen unter der Regie von Max Reinhardt zu einem handfesten Theaterskandal. In der letzten Szene des Stücks hält ein als solcher apostrophierter vermummter Herr Zwiesprache mit dem Protagonisten Melchior, einem verwirrten jungen Mann, der sich das Leben nehmen will, und weist ihm einen gangbaren Weg in die Zukunft.

In einer ähnlichen Situation befindet sich Elliot in Andrew Steggalls Coming-of-Age-Drama *Departure* – Alex Lawther spielt sein Erwachen aus dem Schlaf seines bisherigen Erlebens mit noch ein wenig kindlichem, altklugem Blick aus großen Augen und berührender Intensität. Im Grunde genommen ergeht es den Charakteren um ihn herum ähnlich wie ihm. Auch sie stehen an einem Punkt des Aufbruchs aus ihrem alten in ein neues Leben.

Sie würde sich fühlen, als müsste sie ertrinken, meint Elliots Mutter Beatrice (Juliet Stevenson) in einer Szene angesichts des Lügengebildes, das ihre Ehe ausmachte und nun zusammenstürzt. Elliot und sie sind mit dem Auto von England nach Südfrankreich gekommen, um ihr Ferienhaus zu räumen und letztlich zu verkaufen. Elliots Vater Philip (Finbar Lynch) hat nach Jahrzehnten des Versteckspiels mit sich selbst und seiner Familie einen Schlussstrich gezogen und endlich den Mut gefunden, zu seiner Homosexualität zu stehen – eine Tatsache, um die Elliots Eltern aber in der direkten Auseinandersetzung nur herumreden. Elliot selbst, eine poetische Seele voller Selbstzweifel und unausgesprochener Sehnsüchte, ringt in einem Gespräch mit dem Besitzer eines Cafés nach den richtigen Worten, wenn er über seine „Sehnsucht nach dem Menschsein" spricht.

Was er damit wirklich meint, wird bald offensichtlich. Er streift in seiner seltsamen Uniformjacke durch die Gegend, während seine Mutter die Erinnerungsstücke an ihr früheres Leben in Kartons packt. Bei einem dieser Spaziergänge durch den herbstlichen Wald beobachtet er einen französischen Jungen, Clément (Phénix Brossard), als dieser von einer Mauer ins Wasser springt. Ein verbotener Akt, denn in dem Staubecken zu baden, ist nicht erlaubt. Clément setzt sich einfach über die Regeln hinweg – ein Verhalten, das Elliot und seiner Mutter fremd ist. Bald ist Clément ihr Mittelpunkt, den sie umkreisen, fast möchte man sagen, umwerben, die Mutter als eine Art Ersatz für den verlorenen Ehemann, Elliot als Objekt seiner versteckten Begierde. Er führt Clément zum von Pflanzen überwucherten Wrack eines Lkw, seinem geheimen Zufluchtsort. Dort bricht es aus Clément heraus: Der Krebs im Kopf seiner Mutter habe sie verändert, er kenne sie nicht mehr wieder, sie sei wie ausgewechselt. Clément schlägt plötzlich in einem Anfall von Wut und Verzweiflung um sich und – als ihn Elliot tröstend berührt – auch nach ihm. Auf dem Heimweg offenbart sich ihm Elliot: „Je t'aime." Doch Clément gibt vor, ihn misszuverstehen und berichtigt ihn, es würde „Je t'aime bien" heißen: Ich mag dich, ich kann dich gut leiden. Natürlich hat Elliot das Gesagte durchaus als echte Liebesbezeugung gemeint.

In einer abendlichen Szene ist es Elliots Vater Philip, der nach den richtigen Worten sucht. Dass man im Leben nicht verdrängen dürfe, was einem wichtig sei, meint er, denn dann könne man kein Glück finden. Man könne so leicht vergessen, was man wirklich wolle, fügt er hinzu. „Certain things you put away don't really go away." Dabei betrachtet er Elliots Pinnwand mit Fotos von nackten Männern und daneben das Segelschiff und den Globus.

„Do you think you could know things before you know them?", fragt Elliot später Clément. All diese umständlichen Andeutungen und Umschreibungen – das, was sie tatsächlich sagen wollen, scheint den Figuren nicht über die Lippen zu kommen. Stattdessen kommt es zu Taten, die für sich sprechen. Eine idyllische Bootsfahrt, das Sonnenlicht bricht sich im Wasser, heimliche schmachtende Blicke auf Clément, der sich so selbstsicher gibt, wie Elliot gern sein würde. Clément zieht sich aus und springt ins Wasser. Elliot kriegt es mit der Angst zu tun, weil er so lang nicht auftaucht. Befreiendes Lachen, als er doch wieder an die Oberfläche kommt und ins Boot klettert. Clément legt sich auf der Ruderbank zurück, sein Brustkorb hebt und senkt sich, er zittert vor Kälte. Elliots Augen verschlingen ihn, und doch traut er sich kaum, ihn anzusehen. Er zögert noch, dann beginnt er ihn mit einem Tuch abzutrocknen. Clément nimmt es ihm aus der Hand, die nun über seine Gänsehaut streicht, ganz vorsichtig, ganz sanft. Die vibrierende sensuelle Spannung zwischen den beiden ist fast greifbar, und als er beginnt, Clément zum Höhepunkt zu streicheln, wird Elliots Gesicht ganz weich. Auf dem Heimweg jedoch stößt ihn Clément von sich; an Stelle der ersehnten Zuneigung stehen Aggression und Gewalt. Elliot irrt im Wald herum, ein Gefängnis wie das Labyrinth seiner Gefühle. Beim Abendessen eskaliert auch die Situation zwischen seinen Eltern, die in dem ihren gefangen sind. Als Elliot vom Tisch aufgesprungen ist und in seinem dunklen Zimmer sitzt, fallen herbstliche Blätter in Zeitlupe um ihn herum zu Boden: „les feuilles mortes“ – tote Blätter, entrücktes Entsetzen.

Wie Elliot stehen auch seine Eltern am Abgrund ihrer Existenz. „It’s not a marriage”, meint Philip zu seiner Frau. „It’s all I’ve got”, erwidert diese. Aber auch sie hält ihr Zusammenleben, wie es war und ist, nicht länger aus. „I saw you eyeing the waiters”, spricht sie davon, dass ihr die Begierden ihres Mannes nicht entgangen sind: „The looks, the longing.”

Derweil nimmt Elliot die Fotos der nackten Männer von der Wand seines Zimmers.

Später macht sich Beatrice daran, die Möbel aus dem Haus zu verbrennen. Elliot findet sie danach zusammengekrümmt in seinem Bett liegend vor. Dass sie seinem Vater nichts über ihn und Clément erzählt habe, wehrt sich die Mutter, als Elliot ihr Vorwürfe macht, sie habe auch Dinge verbrannt, die ihm gehörten. Und er nicht von ihrem von Clément gestohlenen Kuss unter einer Brücke, den er zufällig mitangesehen hat, entgegnet er ihr.

Bei der Fahrt zum Ferienhaus in der Nacht ihrer Ankunft hat sich Elliot eingebildet, sie hätten einen Hirsch angefahren. Nun läuft er über ein Feld in der

Nähe der vermeintlichen Unfallstelle. In seiner Vorstellung lebt das Tier noch und leidet. Clément rennt hinter Elliot her, die beiden geraten in Streit. Elliot wirft sich auf ihn, sie prügeln immer heftiger aufeinander ein. Es ist keine Rauferei unter Freunden, es ist bitterer Ernst. Schließlich kommt Elliot auf Clément zu knien. In seiner erhobenen Hand ist ein Steinbrocken, mit dem er zuzuschlagen droht. Ein Moment, in dem alles in Schwebe ist, doch dann die Entscheidung: Elliot wirft die Arme hoch und umarmt Clément, dieser zieht ihn an sich und es kommt zu dem Kuss, den sie in Gedanken schon so lange Zeit ausgetauscht haben.

Schwer atmend liegen sie nebeneinander im Feld, dann bleibt Elliot allein zurück. Es ist Nacht, ein Gewitter zieht herauf. Die Mutter ist allein im Haus, während Elliot zur Staumauer geht, auf der er Clément zum ersten Mal gesehen hat. Über ihm der Vollmond. „Silberner Mond du am Himmelszelt“, lautet der erste Vers aus Antonín Dvořáks „Lied an den Mond“ aus *Rusalka*, das nun zu hören ist. Und weiter: „Oh Mond, verweile, bleibe,/sage mir doch, wo mein Schatz weile./Sage ihm, Wandrer im Himmelsraum,/ich würde seiner gedenken: mög’ er,/verzaubert vom Morgentraum, seine Gedanken mir schenken.“ Elliot zieht sich nackt aus und springt von der Mauer aus in die Tiefe. Wir sehen ihn durchs Wasser brechen und unter einem Schwall aus aufsteigenden Luftblasen zu Boden sinken. Elliot ist ganz ruhig. Er blickt sich im Wasser um, als gäbe es darin Klarheit und Antworten zu entdecken. Still schaut er den letzten Luftblasen nach.

In der Zwischenzeit sitzt seine Mutter vor dem Haus, das bald nicht mehr das ihre sein wird. Im Wind und dem Regen und in der klaren Luft um sie herum taucht Elliot aus dem Wald auf und setzt sich neben sie. Sie sind zu erschöpft, um noch miteinander zu streiten. Sie haben Frieden geschlossen, mit sich selbst und miteinander, und legen ihre Hände aufeinander. Wir sehen, wie sich Elliot kurz zuvor im Wasser abgestoßen hat, wie er begonnen hat, aus der todbringenden Tiefe wieder nach oben zu schwimmen. Und die Arie vom Mond spricht vom Geliebten, wo immer er auch sei, seinem Traumgesicht und seinen Gedanken an den Liebsten. Die Zwiesprache mit dem vermummten Mann, hier in Gestalt des vollen Mondes, hat Elliot im Chaos seiner Gefühle Atem schöpfen lassen.

Departure (GB/Frankreich 2015, Drama/Liebesfilm)
Regie: Andrew Steggall
Darsteller: Alex Lawther, Phénix Brossard, Juliet Stevenson, Niamh Cusack, Patrice Juiff, Finbar Lynch

Blicke ohne Worte

Herzstein (2016)

Es beginnt mit Blicken ohne viele Worte. Drei Burschen, alle um die dreizehn oder vierzehn Jahre alt, genießen auf einem Pier die seltenen Sonnenstrahlen im isländischen Sommer. Thór drückt sich neben ihnen herum. Er trägt als einziger ein Shirt und betrachtet verstohlen die nackten Oberkörper. Dabei sucht er nach Anzeichen der aufkeimenden Männlichkeit, die er an sich selbst noch schmerzhaft vermisst. Seine Augen bleiben an Kristján hängen, seinem besten Freund, dessen Finger mit den ersten Achselhaaren spielen. Später wird Thór vor dem Spiegel im Badezimmer stehen und seine Muskeln anspannen, er wird sich mit einem Büschel aus der Bürste seiner Schwestern ein Schamhaartoupet basteln. Der liebevolle Spott der Kameraden tut weh und macht wütend, und als Thór unter dem Pier einen Fischschwarm entdeckt, ergibt sich die Gelegenheit, diese Wut, die aus Unsicherheit resultiert, an den geangelten Tieren auszulassen. Die Jungen zertrümmern und zertreten den Fischen die Köpfe. Den Stolz, den größten Fang aufweisen zu können, vermag Thór nicht auszukosten. Er solle die Fische vor dem Haus stehen lassen, meint die Mutter. Sie werden dort vergammeln.

Borgarfjörður eystri, ein kleines Fischerdörfchen irgendwo in Island, gibt den Schauplatz für Guðmundur Arnar Guðmundssons Langfilmdebüt *Herzstein*. Die Natur in ihrer wilden Schönheit ist viel mehr als reine Kulisse: Die karge Landschaft des Hinterlandes, die sturmzerzausten Weiden und eiskalten Seen, die steilen Klippen am Meer, das unablässige Brausen der Brandung – die Menschen, die hier leben, sind ständig Wind und Wetter ausgesetzt. Kaum ein Tag dieses Sommers, an dem sie der Regen nicht durchnässt, einmal schneit es sogar. In den kleinen, schachtelartigen Häusern finden sie nur scheinbar Zuflucht – die Familien, die darin leben, sind dysfunktional und zerrissen. Thórs Vater hat sich aus dem Staub gemacht, seine Mutter gibt sich Mühe, die Familie zusammenzuhalten, doch ihr macht die Sehnsucht nach einem Partner sehr zu schaffen. Kristjáns Vater ist ein brutaler Säufer, seine Mutter ist zu schwach, um sich ihm gegenüber zu behaupten. Mit den älteren Jungen gibt es bei jedem Aufeinandertreffen im und um den kleinen Dorfladen aggressive Auseinandersetzungen. Wann immer diese Figuren ihre Emotionen, die sie schier zu zerreißen drohen, nicht mehr zurückzuhalten vermögen, sucht sich die Gewalt ihren Weg und ihren Fokus. Dies trifft nicht nur auf Kristjáns Vater zu, der, wenn ihm etwas gegen den Strich geht, einfach zuschlägt. Als Thórs Mutter am Esstisch ihr Bedürfnis artikuliert, nicht länger allein bleiben zu wollen, während ihr Mann eine jüngere Freundin hat, kommt es zum heftigen Wortwechsel mit ihren Töchtern. Es fallen Sätze, die man innerhalb dieser Familie nicht für möglich gehalten hätte, und es bleibt nicht beim verbalen Streit.

In diesem klar und realistisch gezeichneten, zuweilen bedrohlichen Umfeld entwirft Guðmundsson sein vielschichtiges Bild der Freundschaft zwischen Thór und Kristján, ihrer Blicke und Berührungen und, wie sich bald zeigen wird, der ganz unterschiedlichen Bedeutung, die diese für die beiden Jungen haben. Guðmundssons Erzählduktus ist von einer bewundernswert natürlichen Geradlinigkeit; die Selbstverständlichkeit, mit der er den Schauplatz und die wichtigen Charaktere seines Films darlegt und in diese Informationen, die nie nur mit dem Kopf, sondern mit dem Herzen gegeben scheinen, die Einschreibung seiner zentralen Themen und Motive vornimmt, bestimmt den Ton und die Stimmung des Streifens, den ruhigen Fluss seiner Geschichte. Wenn darin zwischen Thór und Kristján Worte fallen, sind diese nicht immer dazu da, um ihre wahren Gefühle darzulegen, sondern eher, um sie zu verbergen. Die Zeichnung der Charaktere konzentriert sich auf die Ambivalenz in der Beziehung zwischen Thór und Kristján – Thórs Selbstzweifel, was seinen noch kindlichen Körper und seine aufkeimende Sexualität betrifft, ebenso wie Kristjáns zärtliche Zuneigung dem Freund gegenüber. Sie wollen ihre Unsicherheit dem anderen gegenüber nicht eingestehen, obwohl es doch sonst niemanden gäbe, dem sie solch intime Gefühle anvertrauen könnten. Wenn Thór wieder einmal von seinen Schwestern aufgezogen wird, legt Kristján seinen Arm beschützend um ihn. Doch meist wehren die Jungen, auch Kristján, die Berührungen des anderen als „schwul" und reines Spiel ab.

Der französische Soziologe und Philosoph Didier Eribon reflektiert in seiner autobiografischen Studie *Rückkehr nach Reims* (2009) seine Kindheit und Jugend in einem homophoben Lebensumfeld im Arbeitermilieu der Fünfziger- und Sechzigerjahre des vergangenen Jahrhunderts: „Mein Begehren und meine Sexualität allmählich zu entdecken hieß, mich dieser immer schon durch Schmähworte definierten und stigmatisierten Kategorie zuzuordnen und den Schrecken all derer zu durchleben, denen klar wird, dass solche Beleidigungen sie ein Leben lang bedrohen werden." Dass eine solche Einschätzung über die Schwierigkeit gegenüber einer Umwelt, die als feindlich charakterisiert werden muss, zu seinem wahren Ich zu stehen, auch auf eine Geschichte aus dem angeblich so fortschrittlichen Island von heute passt, mag verwundern. Doch Kristjáns Begehren ähnelt dem von Eribon, das „in der Furcht lebt, verspottet, stigmatisiert und analysiert zu werden." Ihre Suche nach dem, was Männlichkeit (auch) ausmachen könnte, führt Thór und Kristján in unterschiedliche Richtungen. Ohne es wahrhaben zu wollen, spürt Thór natürlich, dass Kristjáns Freundschaft zu ihm zu mehr wird, zum Brennen, zu Liebe. Die widersprüchlichen Empfindungen, die daraus entstehen, tragen nur noch zu Thórs Unsicherheit bei. Sein eigenes Begehren richtet sich auf ein älteres Mädchen, Beta, mit der er den ersten Kuss auszutauschen wagt, dennoch fühlt er sich dem Freund, dessen Schutz er sich immer sicher sein kann, sehr nahe und nimmt die Schwingungen von dessen heimlichen romantischen Gefühlen wahr. Diese unterschiedlichen Perspektiven im ungleichen Empfinden der beiden Freunde, die der Film ernst nimmt und gleichwertig entwickelt, machen *Herzstein* zu einem sensiblen Coming-of-Age-Drama jenseits der Klischees des Genres.

Zwei Jungen entdecken die Liebe, und im Zentrum dieses Zwiespalts steht eine wunderbar ruhige, wunderbar berührende Szene, in der Thórs Schwestern die beiden dazu gedrängt haben, der jüngeren von ihnen Modell für ein Gemälde zu sitzen. Warme, rötliche Farben – das Wohnzimmer des Hauses wird zum Sinnbild eines Refugiums. Die Mädchen schminken die Jungen, sie tragen Lippenstift, Lidschatten und Wangenrouge auf, dann sollen sie sich, fast nackt, aneinanderschmiegen wie ein romantisches Paar. Thórs Kopf ruht auf Kristjáns Schulter, dessen herzzerreißendes Schmachten dabei tausend stumme zärtliche Worte spricht. Die Kamera nimmt seinen Blick auf, wir sehen Thór so, wie

Kristján ihn sieht. Die schmalen Körper, die Sinnlichkeit der Berührungen, die Hände der beiden auf der Haut des anderen, die kindlichen Züge, die jetzt so offen und so verletzlich erscheinen, das heftige, fast keuchende Atmen, in dem sich das Rasen der Herzen einen Weg aus der engen Brust sucht. Kurz hebt Thór die Augen, da verkrampfen sich Kristjáns Finger um seinen Oberarm – der direkte Blick ist in diesem Moment einfach zu viel für ihn.

Plötzliche Geräusche von draußen sprengen die Nähe zwischen den Buben und legen die Tragik bloß, die sich zwischen ihnen entwickelt. Sie springen auf, als wären sie bei etwas Unrechtem, Verbotenem ertappt worden. Sie wischen sich die Schminke vom Gesicht und ziehen sich an, gehen dann durch den Regen und geben sich Mühe, den Knoten zwischen ihnen durch Lachen zu lösen. Daheim schaut sich Kristján im Spiegel an. Er fährt sich über die noch immer leicht roten Lippen und Wangen und betrachtet die Fingerspitzen, als ob daran etwas von seiner Seele haften geblieben wäre. Schließlich beginnt er zu lächeln – wie jemand, der im Spiegelbild sein Selbst gefunden hat. Woran er denkt, wenn er sich dann im Dunkeln streichelt, können wir erahnen; sein Atem ist so heftig wie vorhin beim Malen. „Ich konnte nicht mein ganzes Leben mit der Scham und der Angst verbringen, schwul zu sein", schreibt Eribon in seinem Text über diesen zentralen Moment der Selbstfindung: „Das war einfach zu peinvoll und zu mühsam." Auch Kristján, so hat es den Anschein, hat nun mit seiner Identität Frieden geschlossen.

Dass dies aber wohl nicht so bleiben wird, ist uns klar. Bei einem Reitausflug mit Beta und einem anderen Mädchen muss Kristján nachts im Zelt beobachten, wie sich Thór und Beta küssen und eng aneinanderschmiegen. Thór merkt, dass dies seinem Freund nicht entgangen ist und reicht ihm über Betas Kopf hinweg die Hand. Doch die Berührung ist nicht jene, die sich Kristján herbeisehnt.

Am nächsten Morgen steigt Kristján, nur mit der Unterhose bekleidet, in einen eiskalten Teich in der Nähe. Er holt tief Luft und taucht unter Wasser. Dort ballt er die Hände zu Fäusten und schreit seinen Schmerz hinaus – um seinen Körper und seine Seele, um sich selbst zu spüren. Die Gefühle, die er vor den anderen später wieder zu unterdrücken versucht, offenbaren sich schließlich auch vor Thór. Dieser gibt beim Ausmisten in einem Pferdestall damit an, bei einem Besuch bei seinem Vater Alkohol getrunken zu haben. Der habe doch gar keine Lust, ihn zu sehen, erwidert Kristján. Und Thór: Zumindest würde er ihn nicht schlagen. Eine Art Machtkampf, zuerst mit verletzenden Worten; dann beginnen die Jungen, einander mit Mist zu bewerfen und zu raufen. Ob er denn glaube, Beta wolle ihn jetzt noch küssen, keucht Kristján, als er auf Thór im Dreck liegt. „Küss du mich doch!", reizt ihn Thór an seinem wundesten Punkt. Und Kristján wird ganz sanft und neigt ihm die Lippen zu. Thór stößt ihn zurück, worauf die beiden wieder in die übliche Bewertung ihres Tuns als reines Spiel verfallen. Mehrmals, immer wieder, versichert ihm Kristján, dass er nur einen Witz gemacht habe. Viel mehr als die Be- und Abwertung in der Hierarchie der sexuellen Normen durch seine Umwelt fürchtet er schlicht und einfach, seinen besten Freund zu verlieren.

Kurz darauf liegen die Freunde einander in den Armen. Kristjáns Vater hat Thór auf der Suche nach Vogeleiern über eine Felsklippe abgeseilt, eine Mutprobe, die ihm im unausgesprochenen Sinne eines Männlichkeitsbeweises aufgezwungen wurde. Dabei ist der Junge um ein Haar abgestürzt und konnte nur mit Mühe wieder hochgezogen werden. Erleichtertes, keuchendes Umarmen unter Tränen, Finger, die sich in die Jacke des anderen krallen, ein intensives Band aus Blicken. Dem Vater, der dies misstrauisch beobachtet, ist klar, wie nahe die beiden Jungen einander stehen. Wie sehr Thór selbst von solchen Gefühlen verunsichert, geradezu überwältigt wird, zeigt seine Reaktion, als sie wieder zu Hause sind. „Heute Abend möchte ich gern allein bleiben", wehrt er das Angebot seines Freundes ab, nach draußen zu gehen. Und dann fällt der Zusatz: „Sei einfach wieder normal. Dann wird alles gut." Thór schaut Kristján durchs Fenster nach, als er aus dem Haus geht und sich nochmals nach ihm umdreht. Zwischen ihnen, auf dem Fensterbrett, ist Thórs Sammlung von Actionfiguren aufgereiht. Als er sich von ihnen abwendet, ist es, als würde er seine Kindheit endgültig hinter sich lassen.

In dieser Nacht, in der später auch Schnee fallen wird, verliert Thór seine Unschuld. Er hat Sex mit Beta, danach läuft er durch die Wiesen und lässt sich zwischen die Gräser fallen. Auf seinen Lippen ist ein Lächeln, er hat endlich die Unsicherheit, ob er nicht vielleicht doch so ist wie Kristján, zur Seite schieben können. Derweil sitzt dieser im Pferdestall und weint und brüllt sich um sein Seelenheil. Während sich Thór am Ziel seiner Träume wähnt, versucht sich Kristján mit der Pistole, mit der in einer früheren Szene Schafe zu Tode gebracht wurden, das Leben zu nehmen.

Herzzerreißend ist die Szene, in der Thór und Kristján zum letzten Mal zusammentreffen. Kristján ist aus dem Krankenhaus entlassen worden, doch seine Mutter will Thór nicht zu ihm lassen. Beta hat ihn wissen lassen, mit ihm nur noch gut befreundet sein zu wollen, und Thór ist all die schiefen Blicke im Dorf satt. Bei einer Party haben Jugendliche das Gemälde zu Gesicht bekommen, das Thór und Kristján wie ein Liebespaar zeigt – und jetzt Kristjáns Selbstmordversuch. Mit blutenden Wunden von einem Streit mit einem älteren Burschen fasst Thór einen Plan. Beta lenkt Kristjáns Mutter ab und Thór steigt durchs Fenster in sein Zimmer. Er versperrt die Tür und setzt sich auf den Bettrand. In seinem Werk *Wahnsinn und Gesellschaft* (1961) beschäftigt sich der französische Philosoph Michel Foucault mit den Mechanismen der Aussonderung von „Anderem" durch Gesellschaften und versucht dabei zu verstehen, „wie Subjekte sich mit der Macht der Normen auseinandersetzen und Wege entwerfen, auf denen sich die eigene Existenz neu erfinden lässt." Vielleicht befindet sich Kristján in diesem Moment genau am Anfang eines solchen Prozesses der Findung und Akzeptanz seiner schwulen Identität, Thór hat wohl schon ein genaueres Bild seiner eigenen heterosexuellen. Selbst mit einem großen Pflaster auf der Wange betrachtet er Kristján, der mit einem Verband um den Kopf ganz still daliegt. Wie es ihm denn gehe, fragt er, und ob er und seine Mutter wirklich nach Reykjavík ziehen würden – er könne ihn dort besuchen kommen. Kristján dreht weinend seinen Kopf zur Seite, da legt ihm Thór die Hand auf den Arm und der Freund die seine darauf. Wieder, wie in Schlüsselszenen zuvor, hört man in dem stillen Zimmer ihr heftiges Atmen, wieder ersetzen die ruhigen Blicke der Buben, in denen das tiefe Verständnis des anderen wohnt, ihre Worte. Auf einmal fängt Kristjáns Mutter an, gegen die verschlossene Tür zu klopfen. Panik liegt in ihrer Stimme, sie befürchtet neuerlich Schlimmes. Da beugt sich Thór zu seinem Freund und küsst ihn auf die Wange. Ein letzter Blick, dann klettert er aus dem Fenster und rennt auf dem Erdweg davon.

Es ist die raue Poesie dieses Films, die ihn von anderen Geschichten um die seelische Mühsal des Coming-out unterscheidet. Baldur Einarsson als Thór und

Blær Hinriksson in der Rolle von Kristján sind denn auch unverbrauchte Gesichter, die ihren Figuren mit großer Sensibilität, dem Mut, Weichheit und Verletzlichkeit zu zeigen, und, wenn es denn darauf ankommt, einer gehörigen Portion Trotz und wachsender innerer Stärke das echte, ungeschönte, authentische Leben von Jugendlichen verleihen, die im Spinnennetz ihrer Gefühle gefangen sind.

In der Schlussszene des Films starrt Thór unter fast bedrohlichen Wolken in die Brandung, als gälte es, darin Antworten auf all seine Fragen zu finden. Er beobachtet einen Buben beim Angeln mit einer Schnur, wie er es am Anfang des Films zusammen mit Kristján und den anderen Burschen gemacht hat. Wie sie damals, fängt auch das Kind einen Seeskorpion. Er agiert aber anders als Thór, der den Kopf des Fisches damals mit den Füßen zertreten hat, und wirft den Seeskorpion zurück ins Meer. In der bildhaften Sprache von Märchen, unter anderem etwa in jenem Grimm'schen mit dem Titel *Ferenand getrü un Ferenand ungetrü*, kann ein Fisch als Phallussymbol gesehen werden, somit ginge es in den beiden Angelszenen von *Herzstein* um die sich gerade entfaltende Sexualität der Jugendlichen. Das Zertreten seines Kopfes entspräche der (unbewussten) Weigerung, über die damit verbundenen Gefühle nachdenken zu wollen, weil sie Angst machen können, so wie man eben oft Angst vor dem Unbekannten hat.

Am Ende des Films driftet der Fisch, den der Junge ins Wasser zurückgeworfen hat, darin eine Zeit lang umher. Dann kommt wieder Leben in ihn, und er schwimmt davon. Dies sehen wir nicht mehr durch die Augen von Thór, der den angelnden Jungen beobachtet hat, sondern, da es sich unter Wasser abspielt, aus der Perspektive eines allwissenden Erzählers, der auch die innere Stimme der Jungen sein könnte. Es erscheint mir demnach legitim, sich auf eine Richtung der Interpretation einzulassen, wie sie Ueli Leuthold in seiner Abhandlung *Von Coming Out, Gay Pride und Stiefkind-Adoption. Männliche Homosexualität in den Märchen der Brüder Grimm* (2017), wenngleich auf andere Texte angewandt, nahelegt: Thór und Kristján sind nun, nach allem, was sie erlebt haben, bereit, die Gedanken in ihrem Kopf, was all ihre Sehnsüchte und Befürchtungen betrifft, zuzulassen und damit ihrer Sexualität den nötigen Freiraum zur Entfaltung zuzugestehen; sie sind in diesem Sinne eins mit sich selbst und unbeschwerter im Umgang miteinander geworden. In

Jean-Paul Sartres *Saint Genet* (1952) heißt es: „Es kommt nicht darauf an, was man aus uns gemacht hat, sondern darauf, was wir aus dem machen, was man aus uns gemacht hat." Didier Eribon nennt es „die metaphernreiche Sprache Genets", wenn dieser davon schreibt, dass irgendwann die Zeit kommen würde, „wo man den Rotz, mit dem man bespuckt wird, in Rosen verwandelt, die Beschimpfungen in Blumenkränze und Sonnenstrahlen". Das Ende von *Herzstein* erlaubt den Ausblick, dass auch Kristján sein ureigenstes Element gefunden hat oder zumindest eines Tages finden wird – und dass er darin aus dem, was die Sommertage mit Thór aus ihm gemacht haben, ein gutes Leben formen wird.

Herzstein *(Hjartasteinn*, Dänemark/Island 2016, Liebesfilm/Drama)
Regie: Guðmundur Arnar Guðmundsson
Darsteller: Blær Hinriksson, Baldur Einarsson, Diljá Valsdóttir, Katla Njálsdóttir, Rán Ragnarsdóttir, Jónína Þórdís Karlsdóttir, Nína Dögg Filippusdóttir, Nanna Kristín Magnúsdóttir

Die Fesseln der Stigmata

Luca (2021)

Da stehen junge Männer, Teenager und Twens unterschiedlicher Herkunft und Nationalität, am Rand der Bühne, einer neben dem anderen, und verknoten ihre Pullover miteinander. Jeder Knoten, so erzählen sie, ist ein Erlebnis von früher, ein kleiner Moment, der für sie selbst aber gar nicht klein gewesen ist, sondern eine prägende Szene, die ihren Beitrag dazu geleistet hat, sie zu dem zu machen, der und wer sie sind. Es sind intime Augenblicke des Erinnerns, die die Burschen in ihrer ganz eigenen Weise in unmittelbarer Authentizität und einer fast festlichen Stimmung an- und aussprechen. Sie bilden das Herz des berührenden Stücks *Boys Awakening* aus dem Jahr 2015, einer Frank Wedekinds gesellschaftskritischem Drama *Frühlings Erwachen* (1891) nachempfundenen Produktion des Theaters foXXfire und von Dschungel Wien. „There is always one moment in childhood when the door opens and lets the future in", hat der britische Schriftsteller Graham Greene einmal geschrieben. Ein solches prägendes, alles auf den Kopf stellendes Erlebnis, in dem einem Kind der erste Blick in seine mögliche Zukunft gelingt, beschreibt auch der Pixar-Film *Luca*. Natürlich kann dieser, ganz der Werbelinie von Disney entsprechend, auch bloß als ausgelassene, mit großer Detailfreude und in wunderbar nostalgischen und von passenden Schlagern dieser Zeit untermalten Bildern eines Italien der 1950er-Jahre animierte Geschichte einer Bubenfreundschaft gelesen werden; freilich setzt man sich im Rahmen eines solchen Verständnisses über das hinweg, was zwischen den Zeilen geschrieben steht und uns der queere Subtext der Dialoge und der Wendungen des Handlungsverlaufes mit erstaunlicher Deutlichkeit nahelegt.

Die heteronormativen Scheuklappen des Publikums müssen gewaltig sein, um diesen Film misszuverstehen. Tatsächlich dreht er sich um das Coming-out, das innere und jenes nach außen, von zwei Jungen, wobei Luca die Erkenntnis seines wahren Ich schwerer gelingt als seinem Freund Alberto. Wo immer er sich auch befinde, so lautet die lebensbejahende Coda am Schluss des Films, Luca könne ganz einfach er selbst sein. Von dem beschaulichen Dorf an der italienischen Riviera bricht Luca auf, er fährt in einem Zug in die Welt hinaus, um in der Stadt in die Schule zu gehen wie andere Kinder auch. Der Abschied von Alberto fällt beiden nicht leicht, und als der Zug schon losgefahren ist, beugt sich Luca nochmals aus dem Fenster, um zu seinem Freund, der am Bahnsteig steht, zurückzuschauen – eigentlich eine klassische Szene am dramatisch-aufgewühlten Ende zahlloser romantischer Liebesgeschichten. Doch Luca geht von der üblichen Rührung noch einen entscheidenden Schritt weiter. Wie immer, wenn er nass wird, verwandelt sich der Titelheld im einsetzenden Regen in das Meereswesen, das die Leute vom Festland den größten Teil der Geschichte über für ein Seeungeheuer gehalten haben, doch jetzt ist das kein Problem mehr, denn er hat gelernt, sich nicht mehr zu fürchten und zu verstellen; er ist ganz einfach er selbst.

Das Frühlingserwachen des Burschen beginnt rund neunzig Minuten zuvor, gleich zu Beginn des Films, als er auf dem Meeresgrund einen Wecker findet, also einen Gegenstand aus jener anderen Welt, vor der ihn seine Eltern immer gewarnt haben. Luca und seine Familie leben unter dem Meeresspiegel und das Bild, das die Mutter und der Vater von den Fische jagenden mörderischen Wesen zeichnen, die sich in Booten über ihren Köpfen bewegen, ist ein denkbar horribles. In Luca aber ist die Neugier geweckt, besonders, als er auf einen zweiten Jungen namens Alberto stößt. Er ist wie er, lebt aber auf dem Land und kehrt nur hin und wieder ins Meer zurück. Alberto ist ein liebenswertes Großmaul, das seine Unsicherheiten hinter angeberischem Gehabe zu verbergen sucht. Luca folgt ihm auf den Strand und erlebt zum ersten Mal die Verwandlung in einen Menschenjungen. Er macht seine ersten ungelenken Schritte auf zwei Beinen und erstarrt alsbald nicht mehr vor Schreck, wenn sich seine Schuppen in menschliche Haut verwandeln oder umgekehrt. Bei Luca handelt es sich im doppelten Sinne des Idioms um eine „Fish out of the water-Story“. Damit wird im Englischen eine Erzählung bezeichnet, in der eine Figur in eine völlig neue Welt gerät und sich dort mit der für sie ungewohnten Umgebung zurechtfinden muss. Für Luca ist diese Entdeckungsreise, als Suche nach dem wahren Ich, im wahrsten Sinne des Wortes so etwas wie eine Mensch-Werdung, und zwar infolge der Bewältigung des Stigmas der Homosexualität.

Der kanadische Soziologe Erving Goffman unterscheidet zwischen sichtbaren und unsichtbaren Stigmata. Zu den ersteren solcher Merkmale von als unerwünscht empfundenem „Anderssein" zählt die Hautfarbe, zu zweiteren die Homosexualität. Die Autonomie des Individuums erscheint in diesem Zusammenhang als überaus verletzlich. Die Drohung von Diskriminierung steht als immanente Gefahr ständig im Raum. Goffman spricht vom Selbst als Zuschreibungsprodukt, man ist sozusagen das, als was man von anderen wahrgenommen wird. Merkmale, die Randgruppen von der normativen Mitte unterscheiden, werden als negativ bewertet, woraus sich wiederum neuerlich Stigmatisierung ergibt – ein Teufelskreis.

Luca und Alberto haben einen Traum, nämlich einmal eine echte Vespa zu besitzen, und sie sehen sich darauf fahren wie wir einstmals Audrey Hepburn und Gregory Peck in *Ein Herz und eine Krone (Roman Holiday*, 1953). Aus diesem Grund verlassen sie den Zufluchtsort ihrer Insel, ihr persönliches kleines Paradies, das ihrer Freundschaft Schutz vor äußeren Einflüssen geboten hat, seien es die Eltern auf dem Meeresgrund oder die Menschen im nahen Küstenstädtchen. „You got me off the island", erinnert Alberto seinen Freund in einer späteren Szene an die Entscheidung, ihre Komfortzone hinter sich zu lassen. Das Basteln an einer Vespa aus Schrottteilen, das Herumtollen auf dem Land und im Wasser, ohne sich darum zu kümmern, in welchem Stadium der Verwandlung sie sich gerade befinden – ganz wie Peter Pans verlorene Jungen haben sie Tage der Unbeschwertheit, der Selbstvergessenheit, großer Vertrautheit und menschlicher Nähe erlebt. Doch auf die Dauer sind die Isolation und die Flucht vor der Auseinandersetzung mit den Konflikten mit sich selbst und um sie herum für sie auch zu einer Art Gefängnis geworden. Es gilt, die innere Stimme des Zögerns und Zauderns, die Alberto mit dem Namen Bruno benennt, zum Schweigen zu bringen. Wenn sie einander und nicht zuletzt sich selbst mit den geflügelten Worten „Silenzio Bruno!" Mut zusprechen, sind dies herrlich lebensbejahende Momente der Beschwörung einer Freundschaft, die daran wächst, dass sie ganz einfach kompromisslos für den anderen einsteht.

In dem Fischerdorf als Schauplatz der „realen Welt" mit all ihren Verlockungen (die Vespa, Eiscreme) und Gefahren (das

Wasser im Brunnen, der Morgentau), in das sie sich schließlich vorwagen, gewinnen sie in dem Mädchen Giulia, ihrerseits eine Außenseiterin, eine typische, unter Umständen lesbische „beste Freundin", wie sie im Standardpersonal queerer Figurenkonstellationen immer wieder auftaucht. Gemeinsam mit ihr nehmen sie am alljährlichen Triathlon der Disziplinen Schwimmen, Radfahren und Spaghettiessen teil – mit der Siegesprämie könnten sie sich endlich die ersehnte Vespa leisten. Und die ganze Zeit lang, wenn sie sich in ständiger Gefahr befinden, nass zu werden und sich wieder in die Meereswesen zu verwandeln, die sie ja eigentlich sind, geraten sie in Situationen und fallen Sätze wie in einem klassischen Coming-out-Drama.

Schon als Lucas Eltern seine Ausflüge aufs feste Land entdecken, rufen sie einen Onkel aus der Tiefsee zu Hilfe. Luca soll mit ihm eine Zeit lang in der Finsternis verbringen, fern von allen Anreizen und der Versuchung, fern vom Licht, das symbolisch für die Selbsterkenntnis stehen kann – nichts anderes als eine Art Konversionstheraphie haben die Eltern im Sinn. Wenn er wieder ins Meer zurückmüsse, stellt Luca später einmal fest, würde er alles verlieren, was er liebt. Also gilt es zu bleiben und zu kämpfen. „Some people, they'll never accept him. But some will", lautet demnach auch die weise Einsicht von Lucas Großmutter, die sich, wie wir erfahren werden, ihrerseits regelmäßig auf Landausflüge begibt. Albertos Eifersucht, als sich Luca auch mit Giulia anzufreunden beginnt, weist auf die Intensität ihrer Beziehung, die viel mehr als reine Freundschaft ist. Ihr Gefühl, gar nicht mehr ohne den anderen sein und sich ein Leben ohne ihn nicht vorstellen zu können, erinnert an die Radikalität der Liebe zwischen Elio und Oliver in *Call Me By Your Name* (2017). Die Idee, gemeinsam auf der Vespa diesen Ort zu verlassen, so viel Zeit wie nur möglich miteinander zu verbringen und sich ein gemeinsames Leben aufzubauen, spiegelt ihre unbedingte Verbundenheit und tiefe Verbindung. Doch für Luca ist der Weg zu sich selbst ein überaus steiniger. Als Alberto vor Giulia ins Wasser fällt und sich verwandelt, also sein eigentliches Selbst offenbart, lässt Luca die Gelegenheit verstreichen, auch seine Maske zu lüften. Er hält sein eigenes Ichbewusstsein im Dunkeln und outet stattdessen den Freund: „He's a sea monster!" In wie vielen queeren Filmen haben wir eine ähnliche Szene der Selbstverleugnung nicht schon gesehen!

Beim Triathlon schließlich bricht Regen aus und die wahre Identität der beiden Freunde wird für alle sichtbar – aber erst in dem Moment, in dem sie nach einem großen Streit wieder zueinanderstehen. So erstrahlen sie in den buntesten Farben ihrer Meeresschuppen, als sie zusammen die engen Gassen des Dorfes hinunterrasen – in der befreienden Erkenntnis, die beengenden Fesseln der Stigmata abgeworfen zu haben.

Luca (USA/Italien 2021, Komödie/Abenteuer/Animationsfilm)
Regie: Enrico Casarodsa

Das Haus unter den rauschenden Bäumen

Man in an Orange Shirt (2017)

„We didn't need dialogue. We had faces. There just aren't faces like that any more." – Auf diesen legendären Satz der Stummfilmdiva Gloria Swanson in Billy Wilders *Boulevard der Dämmerung (Sunset Boulevard*, 1950) bezieht sich der Filmkritiker und spätere Regisseur Hans-Christoph Blumenberg, wenn er in einem seiner Essays vom „unnatürlichen Umgang mit natürlichen Emotionen" spricht, von der „Fähigkeit zur Überlebensgröße". Er meint damit jene unbedingte Leinwandpräsenz, wie sie die wahren Königinnen und Könige des Kinos auszeichnet: „Wenn Garbo weinte, weinte die Welt: Das ist Star-Qualität." In der heute ziemlich ausgedünnten Riege solcher Leinwandtragödinnen, also von Schauspielerinnen mit einer solchen übergroßen Wirkung auf die filmischen Narrative, die sie durch ihre schiere Anwesenheit ausleuchten und zum Strahlen bringen, ist Vanessa Redgrave die vielleicht bedeutendste. Allein das Gesicht dieser großen Dame des Films mit den unzähligen Erlebnissen, die die Falten darin geprägt haben, das Wechselspiel von Melancholie, zuweilen von Verzweiflung, und einem leisen Lächeln in ihren Augen und den Winkeln ihres Mundes, erzählen Geschichten und Geschichte von großer emotionaler Tiefe. In Joe Wrights Adaption von Ian McEwans wunderbarem Roman *Abbitte (Atonement*, 2007) blickt sie als alte Frau, deren Erinnerungen in ihrer Alzheimer-Erkrankung zu zerrinnen drohen, auf ihre Kindheit und einen Fehler zurück, der das Leben mehrerer Menschen zerstörte. Auch in der BBC-Miniserie *Man in an Orange Shirt* stellt ihr Charakter namens Flora die Verbindung zwischen verschiedenen zeitlichen Ebenen der Erzählung dar.

Die Liebesgeschichte zwischen zwei Männern inmitten der sozialen und kulturellen Enge gegen Ende des Zweiten Weltkriegs und der Jahre danach füllt den Großteil der ersten Folge des Zweiteilers. Die Kriegskameraden Michael

(Oliver Jackson-Cohen) und Thomas (James McArdle) verleben ein Wochenende in einem kleinen Landhaus in geradezu irrlichternder Intensität, bevor Michael sich in die Ehe mit jener Flora flüchtet, die sich durch äußere Umstände als alte Witwe gezwungen sieht, sich an eben diese Zeit zu erinnern. Ihr bleibt gar nichts anderes übrig, weil sich im zweiten Handlungsstrang, der in der Jetztzeit angesiedelt ist, ihr Enkel Adam (Julian Morris) – schwul, der Großmutter gegenüber aber ungeoutet – nach unzähligen sinnentleerten Gelegenheitsbekanntschaften anschickt, eben dieses Cottage zusammen mit dem Architekten Steve (David Gyasi) zu renovieren.

So gibt es Momente von großer Klarheit, Szenen von menschlicher Zärtlichkeit, die unter die Haut gehen. Zum Beispiel, wenn Steve Adam bei der ersten Besichtigung des Landhauses unvermittelt fragt: „Do you mind kissing me?“ – und auf einmal absolute Stille eintritt und dieser Augenblick, der viel mit unterdrückten Sehnsüchten und Hoffnungen zu tun hat, aus der Zeit gehoben wird. Oder betrachten wir die Konfrontation zwischen Adam und seiner Großmutter, also von zwei Menschen, die bis zu diesem Zeitpunkt immer betont fürsorglich und liebevoll miteinander umgegangen sind. Der Enkel kommt müde und hungrig von einem Wochenende mit Entrümpelungsarbeiten im Cottage nach Hause und erzählt von der Vision, die Steve bezüglich des Gebäudes habe.

Ob der Architekt denn kein Leben in London hätte, ist Floras ungewohnt bissige Frage. Noch abweisender fällt gleich darauf ihre Reaktion aus, als ihr Adam ein Ölgemälde des Landhauses zeigt, das er dort gefunden habe. „I don't remember that“, wehrt sie ab, obgleich ihr Mienenspiel Bände von einer offenbar tiefen Verletzung spricht. Flora tut Adams Frage nach Thomas, dem Maler des Gemäldes, ab: Michael und sie hätten das Bild nie gemocht. Dabei scheint sie aber Adams Blick zu meiden. Der Enkel durchschaut sie. Weshalb sie vorgegeben habe, sich nicht an das Bild zu erinnern, will er wissen. Da bricht es, anstelle einer Antwort, aus der alten Dame heraus: „I can forgive“, fährt sie ihn an. „That's how you're made. But I wish you would be discreet.” Sie spricht zum ersten Mal in ihrem Zusammenleben Adams Homosexualität an: Sie hätte nicht erwartet, dass er seinen jüngsten Aufriss („latest pick-up“) ins Cottage bringen würde.

Jetzt redet auch Adam, außer sich, Klartext: „I'm 34 years old and I'm still living in your basement.“ Und dann: „It's no business of yours who I fuck." Da zuckt Flora zurück: „I don't need to hear this." Und Adam: Weshalb sie alles, was sich unter der Gürtellinie abspiele, verabscheue? Darauf Flora: „I loved your grandfather." Aber, dringt Adam weiter in sie, mit Leidenschaft? „Yes. I loved him." Sie schreit es heraus, als müsste sie für ihr ganzes Leben Rechenschaft geben: „With passion!" Adam darauf: „I was ashamed my whole life. And I wondered why that was." Ein Wort gibt das andere: Ja, er solle sich schämen, „because it is terrible, it's disgusting to live with other people as if you were animals." – „Animals?" – „Yes. Animals." Als Adam daraufhin aus dem Zimmer stürmt, krümmt sich die alte Frau zusammen: „It's not fair!"

In seiner Wut, die im Grunde genommen Verzweiflung an der eigenen Existenz ist, durchlebt Adam eine wahrlich schlimme Nacht, als letzter Zufluchtsort erscheint ihm das Cottage mit seinem derzeitigen Bewohner Steve. Dieser überrascht Adam im Badezimmer, als er sich wie panisch den nackten Körper abbürstet. Steve tritt hinzu und macht ein weiches Tuch nass; als er Adams Schulter damit berührt, zuckt dieser zusammen wie vorhin seine Großmutter unter seinen harten Worten. Adam hat die Arme vor der Brust verschränkt und zittert, Steve zieht seinen Bademantel aus und legt ihn ihm um die Schultern. „It's okay", versucht er ihn zu beruhigen. „It's not okay", wehrt ihn Adam ab. „It will be okay", erwidert seinerseits Steve und fragt ihn: „Don't you want to talk?" – „I wouldn't know where to start", ist Adams Antwort. Er dreht sich langsam zu Steve um und blickt ihn erstmals in dieser Szene an. Er hebt den Kopf zu einem Kuss. „Could you just hold me?", bittet er dann und legt den Kopf auf Steves Brust. „Until I sleep?"

In rascher Folge sorgen nun berührende Momente, dass uns das Herz auf- und übergeht. In Flora hat sich ein Wandel vollzogen. Sie kommt aufs Land, es ist ein sonniger Tag, ein leichter Wind weht über die Wiesen, in den Bäumen am Haus, unter dem Adam und seine Freunde sitzen, ein beruhigendes Rauschen: tatsächlich ein Ort, an dem man sich sicher, ja geborgen fühlen kann.

In den wenigen Tagen im Cottage konnten Michael und Thomas einst ganz sie selbst sein, da mussten sie sich nicht verstellen, da gab es keine Unehrlichkeit und keine Gefühle von Schande zwischen ihnen.

Flora ringt sich nun zu einem Schritt durch, der auch in ihre Beziehung zu ihrem Enkel wieder Frieden bringen soll. Noch zögert sie, weiß augenscheinlich nicht so recht, wie sie sich verhalten soll. Doch sie hat ein Geschenk mitgebracht, das Gemälde: „It belongs here with you." Als eine Freundin, die vor Kurzem Zwillinge geboren hat, meint, welches Glück Adam doch mit Steve habe, klingt Floras Kommentar fast entschuldigend: „I'm trying to adjust. I can't turn overnight into a liberal."

Steves ehemaliger Freund entdeckt unter dem Gemälde ein zweites, den titelgebenden Mann im orangeroten Hemd – Michael, der für Thomas während ihrer wunderbaren Tage Modell stand. In dieser Erkenntnis sinkt Flora schluchzend auf den Tisch. Später im Haus sind zwischen ihr und Adam auch die Masken der Sprache gefallen: „I thought I'd won", meint sie still. „Won what?" – „His love." Sie spricht zum ersten Mal die Liebesbeziehung zwischen Michael und Thomas an. Jetzt ist Adam perplex: „Grandpa was gay." Es ist keine Frage mehr, sondern eine Feststellung; und Flora wiederholt, unter größter Überwindung, diesen Satz. „He loved me but he married me to be like everybody else", stellt sie fest. „I ruined both of their lives." – „They hurt you, too", nimmt Adam sie in Schutz. Und Flora, aus tiefster Seele: „Yes."

Patrick Gale umriss die persönliche Bedeutung des von ihm zum Drehbuch verarbeiteten Stoffes, was die sexuelle Orientierung seines eigenen Vaters betrifft, in einem Interview folgendermaßen: „Writing it, I gave voice to my father's stifled passion and pain, but also came to understand the impossible burden my poor mother took on in marrying him." Es ist dieser Zwiespalt, dass wir auf der Seite von Michael und Thomas und ihrer wohl unmöglichen Liebe stehen, andererseits aber die Verletzung nachempfinden können, die seine Ehefrau erfahren muss, als sie die Wahrheit entdeckt, die die Geschichte für uns so interessant und tragisch macht.

„I'm just the sister that happened to bear your child", hat die junge Flora, hochschwanger, Michael einst unter Tränen vorgeworfen, als sie seine Liebesbriefe an Thomas gefunden und verbrannt hat. Ein Brief soll auch uns am Ende des Films zu Tränen rühren.

Briefe über verpasste Chancen und das Verrinnen der Zeit, an der richtigen Stelle einer Erzählung vorgetragen, sind ja prädestiniert zum Tränendrüsendrücken. Es ist denn auch ein solcher Brief, der gegen Schluss des zweiten Teils der Miniserie diese Funktion restlos zu erfüllen weiß. Michael hat ihn einst an Thomas geschrieben, der sich zu diesem Zeitpunkt aufgrund seiner Homosexualität für ein Jahr im Gefängnis befindet; den Schreibprozess konnten wir bereits im ersten Teil der Serie beobachten, wir werden aber bis zuletzt im Unklaren darüber gelassen, ob er ihn eingeworfen hat.

Hat er nicht, wie wir schließlich erfahren – und dadurch das Glück seines Lebens ungenützt verstreichen lassen.

Nachdem der Sommertag im Cottage so schön ausklang und sie schon zögerlich von einem Traum sprechen, nämlich jenem gemeinsamer Kinder, haben Adam und Steve einen schlimmen Streit – Adam hat, entgegen seinem Versprechen, offenbar doch nicht seinen Grindr-Account gelöscht. Erbost verlässt ihn Steve. Der Mensch, zu dem sich der verzweifelte Adam nun flüchtet, ist – seine Großmutter. Diese hat, das wird rasch klar, inzwischen ihren ganz persönlichen Zweikampf ausgetragen, und ihr ist es dabei gelungen, zu bewahren, was ihr besonders wichtig ist, ihre Würde und Menschlichkeit.

Die Qualität, Wahrheiten zu akzeptieren, so unbequem und belastend sie auch sein mögen, wird allenthalben als Zeichen der Reife angeführt. Wenn man denn ihr Bekenntnis zur Vergebung dessen, was vergangen ist, als solchen Sieg über die inneren Dämonen zu titulieren mag, hat es Flora geschafft, eben das zu besiegen, was ihr Zeit ihres Lebens die Seele schwer und krank gemacht hat. Sie holt eine Schatulle hervor und übergibt Adam den letzten existierenden Brief von Michael; und versichert ihm, dass sein Großvater sicherlich sehr stolz auf ihn wäre.

„My darling Thomas“, nennt er den Geliebten gleich zu Beginn und beklagt, dass er seine Besuche im Gefängnis zurückweise. Er würde wohl auch seine Briefe zerreißen: „So there's nothing else I can do but keep trying.” Und er geht mit sich selbst hart ins Gericht: „All those months ago, when I had nothing to lose really, I wrote to you in my head but was too cowardly to set more than lies on paper.” Doch nun, versichert Michael, würde ihn solche Feigkeit nicht mehr kümmern, und er spricht wörtlich von seiner Liebe zu Thomas: „Your face, your voice, your touch enter my mind at the least opportune moments and I find I have no power to withstand them.” In einem stimmigen Bild beschwört Michael die gemeinsamen Tage in dem Cottage herauf: Genauso wolle er mit Thomas zusammen sein: „Only forever, not just a weekend.“ Und es folgt ein wunderschöner Satz: „ I want it to go on so long that it feels normal." All die normalen, alltäglichen Dinge – von der Zubereitung von Toast bis zum Rechen von Blättern und: „Sitting in silence" – sie zu teilen, wird sich für Michael und Thomas nicht verwirklichen lassen. „Tell me I'm not too late", dringt Michael am Ende des Briefes noch in den Geliebten – und hat letztlich doch nicht den Mut, ihn an ihn zu senden.

Diesen Brief liest Adam laut vor, dazu eindringliche Musik der herzerweichenden Art, und wir sehen, wie er schließlich vor Steves Tür steht und dieser sie ihm öffnet; wir sehen die beiden Männer am Ufer der Themse spazieren gehen und dann nebeneinander auf einer Bank sitzen; und Adam nimmt Steves Hand in die seine und küsst sie. Zumindest für sie beide, so lautet die versöhnliche Botschaft des Films, scheint es tatsächlich nicht zu spät zu sein mit der Liebe.

Man in an Orange Shirt (GB 2017, Zweiteiliger Fernsehfilm)
Regie: Michael Samuels
Darsteller: Julian Morris, Oliver Jackson-Cohen, Vanessa Redgrave, Joanna Vanderham, James McArdle, David Gyasi

Es war einmal im Westen …

The Power of the Dog (2021)

Im Grunde genommen kommt der entscheidende Hinweis bereits ganz zu Beginn von Jane Campions Meisterwerk *The Power of the Dog*. „When my father passed", hören wir als Voiceover, „I wanted nothing more than my mother's happiness." Es folgt der vielsagende Zusatz: „For what kind of man would I be if I did not help my mother? If I did not save her?" Wer hier zu uns spricht, ist ein junger Mann namens Peter. Er ist seiner Mutter Rose eine Hilfe beim Betrieb eines Gasthauses und möchte, dem Vorbild seines verstorbenen Vaters folgend, Medizin studieren. Der kleine Ort, in dem sie leben, besteht nur aus ein paar Holzhäusern und einer Bahnstation, an der die Herden von Rinderzüchtern in Viehwaggons verladen werden. Und genau hier tut sich vor uns die Schnittstelle zwischen Peter und seiner Nemesis auf, dem Cowboy Phil.

C'era una volta il West lautet der Originaltitel von Sergio Leones im Deutschen als *Spiel mir das Lied vom Tod* bekannten Abgesang an den sogenannten Wilden Westen und das ihm immanente Figurenpersonal aus dem Jahr 1968. Es war einmal im Westen – ein Märchen vom Untergang einer Ära und gleichzeitig von der blutigen Rache eines Gedemütigten und Getretenen. Diesen Angelpunkt nimmt auch *The Power of the Dog* auf. Am Ende des Films liest Peter einen Bibelvers, eine inständige Bitte nach Beistand: „Deliver my soul from the sword; my darling from the power of the dog." Dieses Gefühl der Verlassenheit und der Hilflosigkeit angesichts des Schwertes eines Feindes und der Gewalt der Hunde, die sich in diesem Zusammenhang, Aasgeiern gleich, auf die Schwachen und Schutzlosen stürzen, kann Peter vom ersten Moment des Zusammentreffens mit Phil wohl nachvollziehen; es wird sich im Verlauf des Films steigern, bis in Peter ein Plan reift, eine Strategie der Notwehr, die für seine Mutter und ihn selbst die ersehnte Rettung bringt.

Ganz am Anfang des Films und dann

auch wieder gegen Ende schauen wir durch die großen offenen Fenster des Speiseraums der Cowboys ins Freie. Die Bergkette und der Ausschnitt der Farm wirken so wie eingerahmt, wie Tableaux vivants, lebende Bilder in Schaukästen eines Museums. Der Film spielt 1925, die Zeit ist wie eine Periode des Übergangs, und den Alten Westen gibt es eigentlich gar nicht mehr. Dies spiegelt sich in den Figuren der Brüder Phil und George. Ersterer ist ein Cowboy der alten Schule, mit seinen Chaps und den klirrenden Sporen mit dem Pferderücken fast verwachsen, jemand, der bei den Arbeiten auf der Farm keine Handschuhe trägt, sich seine Zigaretten mit einer Hand dreht und nie im Leben in eine Badewanne steigen würde. Ein interessanter Aspekt: Peters Mutter Rose hat in ihrer Jugend bei Kinovorstellungen Klavier gespielt. In den Westernfilmen jener Zeit war die geradezu archetypische Machofigur des Cowboys, wie ihn Phil verkörpert, gang und gäbe. Nicht zuletzt durch Roses Ankunft auf der Farm wird sie aber infrage gestellt.

Phils Bruder George seinerseits kennzeichnen weichere Züge, was seine stämmige Statur, aber auch sein stilleres Wesen betrifft. Er trägt bei festlichen Anlässen schon mal Anzug und Fliege, besitzt so etwas Neumodisches wie ein Auto und schätzt den Luxus des modernen Badezimmers in dem großen Herrenhaus, das sie zusammen bewohnen. Dort teilen sie sich, wie wahrscheinlich schon als Kinder, ein Zimmer. Phil tritt nicht nur dem Bruder gegenüber, den er wiederholt als „Fatso“ bezeichnet, ziemlich forsch auf. Sein Gehabe charakterisiert ihn als Menschenfeind, es ist von einem ständigen Lauern auf die Schwächen seines Gegenübers geprägt, von aggressivem Sarkasmus – der Vergleich mit dem Bellen eines gefährlichen Hundes scheint nicht weit hergeholt. Dass George eher langsam im Denken und Phil der intelligentere und gebildetere der Brüder ist, der aus Klassikern zitiert und etwa auch Miniaturmöbel tischlert, stellt in der Zeichnung seines Charakters jedoch einen interessanten Bruch mit unseren Erwartungen dar.

Phil verbindet mit George eine Hassliebe, die seltsame Art eines Abhängigkeitsverhältnisses, das sich zuweilen in nur mühsam unterdrückter Eifersucht manifestiert. Der nach außen hin so starke Mann wirkt fast verloren, wenn George etwa zu spät zum ersten Trinkspruch in den Saloon kommt. In der Nacht, in der der Bruder seine frisch angetraute Frau auf die Ranch bringt, sitzt Phil brütend auf dem Bett, zupft auf seinem Banjo herum und lauscht auf die Geräusche aus dem Nebenzimmer. In seinen Augen glitzern dabei Tränen. Auf einmal springt er auf und flüchtet in den Stall. Dort befinden sich, den Devotionalien in einem Heiligenschrein gleich, Erinnerungsstücke an Bronco Henry, sein großes Vorbild, den Lehrmeister und Freund, von dessen Taten er oft und gern erzählt. Phil streicht zärtlich über den Sattel – mehr an menschlicher Nähe scheint es für ihn nicht zu geben.

George jedenfalls hat in einem Versuch der Abspaltung aus der ungesunden Symbiose mit seinem Bruder Peters Mutter Rose geheiratet. Er lernt sie beim Abendessen im Gasthaus in einer der ersten Szenen des Films kennen. Schon hier kommt es zur Konfrontation zwischen Phil und Peter. „I wonder what little lady made these", macht sich Phil über die Papierblumen am Tisch lustig. „I did, sir", gibt Peter zu, und in seinem Gesicht spiegeln sich Stolz über sein Talent ebenso wie die Verletzung durch die Zurückweisung. Fortan ist der feminine Bursche, dessen ungelenk-schlaksige Bewegungen sein inneres Unwohlsein nach außen tragen, für Phil ein rotes Tuch. Phil hält eine der Papierblumen an eine Kerze und zündet sich daran eine Zigarette an. Peter wird sich später auf der Farm ständig Verhöhnungen wie „Miss Nancy" oder „faggot" ausgesetzt sehen. Peters Homosexualität steht als Möglichkeit im Raum, wird im Film aber nicht direkt diskutiert und festgeschrieben. Seine Art, mit dem ständigen Spott umzugehen, ist aber dazu angetan, Phils Interesse an ihm zu wecken. Die abwertenden Bemerkungen der Cowboys scheinen Peter nicht zu treffen, er steht Phil als jemand vor Augen, der offenbar eins ist mit sich und der Weise, wie er auf andere wirkt. Diese Qualität wird Phils Respekt gewinnen – schließlich ist er seinerseits mit sich selbst alles andere als im Reinen.

Peter bezieht eine Studentenwohnung in der nächsten größeren Stadt, derweil Phil seiner Mutter Rose auf der Ranch tagtäglich zu verstehen gibt, nicht erwünscht zu sein, und ihr das Leben wahrlich zur Hölle macht. Ein wichtiges Detail nimmt dabei die Melodie des „Radetzkymarsches" ein, die in der Romanvorlage von Thomas Savage nicht vorkommt. Das von Johann Strauss 1848 komponierte Musikstück zur Ehrung des Militärs in Person des Feldmarschalls Radetzky erzeugt eine fast gespenstische Atmosphäre, wenn Phil Roses Übungen auf dem Klavier, einem Geschenk von

George, durch sein Spiel auf dem Banjo stört und ihr in einer späteren Szene durch sein Pfeifen signalisiert, dass er sie beim heimlichen Trinken von Alkohol beobachtet. Dann kommt Peter zu Beginn der Sommerferien auf der Farm an und wird, mit seinen neuen steifen Jeans und dem zu großen Hut, vom ersten Moment an zum Gespött durch Phil und die Cowboys.

Doch bald scheinen sich die Dinge zu wenden. Phil beobachtet eines Tages die nackten Cowboys beim Baden und zieht sich dann in sein Versteck, eine abgelegene Stelle am Fluss zurück. Er legt sich ins Gras, es hat den Anschein, als würde die Sonne mit ihrem Licht über die Haut seines nackten Oberkörpers streicheln, so wie es Phil wie in einer heiligen Handlung mit dem Halstuch von Bronco Henry macht. Phil legt sich das Tuch aufs Gesicht, schiebt es sich schließlich in die Hose und masturbiert damit. Inzwischen stößt Peter durch Zufall auf den Zugang zu dem Versteck und findet in einer Schachtel Heftchen über die physische Ertüchtigung von Männern, die Pornohefte dieser Zeit. Der Name von Bronco Henry ist darauf vermerkt – für Peter hat sich in Phils rauen Schale jener Spalt aufgetan, an dem er den Hebel seiner Gegenwehr ansetzen wird.

„Did Bronco Henry teach you to ride, Phil?“, fragt Peter in einer späteren Szene in der Scheune. Phil hat ihn in einer Art von Sinneswandel inzwischen unter seine Fittiche genommen und ihm das Reiten beigebracht; die beiden sind einander in Gesprächen anscheinend nähergekommen. Er bejaht: „He taught me to use my eyes in ways that other people can't.“ Sie verlassen die Scheune und haben die Bergkette vor sich, die das Farmland wie ein Wall nach außen umgibt. Peter solle sich den Hügel ansehen, meint er. „Most people look at it and just see a hill. When Bronco looked at it, what do you suppose he saw?“ Peter antwortet, ohne nachdenken zu müssen: einen bellenden Hund. Phil kann es kaum glauben: „The hell, you just saw that now?“ Und Peters lapidare Reaktion: „No. When I first came here.“ In *The Power of the Dog* geht es nicht zuletzt darum, ganz genau hinzusehen, und um das Vermögen oder Unvermögen, hinter die Fassaden von Menschen und ihrem Verhalten zu blicken. In Phil machen wir großes Erstaunen ob Peters Einsicht aus – seine schützenden Schranken vor neugierigem Spähen in sein wahres Ich sind gefallen.

Dass er sich auf Peter einlässt, wird ihm zum Verhängnis werden. Nach einem Ausritt und der Reparatur eines Zaunes, bei der sich Phil an der Hand verletzt hat, entdeckt er, dass Rose, entgegen seiner Anweisungen, die zum Trocknen aufgehängten Rinderhäute an einen Indianer verkauft hat. Er gerät in Rage, da berührt ihn Peter am Arm und lässt seine Hand dort. Er habe noch Lederstreifen, meint Peter, damit könne Phil das Seil, das zu flechten er ihm versprochen habe, zu Ende bringen. „I wanted to be like you“, antwortet Peter auf die Frage, aus welchem Grund er denn diese Streifen aufgehoben habe. – „That's damn kind of you, Pete.“ Phil greift in Peters Nacken und hält ihn dort fest. Die Kamera umkreist die beiden, als sie einander mit glühenden Augen gegenüberstehen. „Tell you something“, versichert Phil dem Jüngeren. „Everything's gonna be plain sailing for you from now on in.“ Alles würde für ihn ab jetzt einfacher sein – in Phil ist offenbar die Gewissheit gereift, jemanden gefunden zu haben, der ihn versteht, so wie er ist. Und er verspricht ihm: „I'm gonna work. Finish up that rope straight.“ Fast wie in einer Umarmung stehen sie da, dann der Schnitt auf die Berge, der ihre Verbindung noch unterstreicht, schließlich haben nur sie beide und Bronco Henry den bellenden Hund gesehen. „You'll watch me do it.“ Was folgt, ist die anschließende Szene einer Verführung mit wenigen Worten und langen Blicken, mit leisen Andeutungen und dem Lauern der Stille: Es ist Abend und schon dunkel. Peter bringt eine Wanne mit den eingeweichten Lederstriemen in die von Öllampen erleuchtete Scheune. Ein Ballett, das ohne Schritte abläuft und stattdessen mit dem vorsichtigen Lüften von metaphorischen Schleiern, von Verhüllungen der eigenen Gefühle. Phil reicht Peter die Flasche, aus der er gerade getrunken hat, Peter beobachtet ihn dabei, wie er die Hände, auch die verletzte, ins Wasser taucht und die Schnüre herausnimmt. Phil beginnt mit dem Flechten des Seils und Peter sitzt dabei; die Kamera ist auf Phils Hände gerichtet. Da steht Peter auf und geht zu Bronco Henrys Sattel. Er streicht darüber wie in einer früheren Szene Phil, er bringt die Sporen zum Klingen. Dann entspinnt sich ein Dialog der Zwischentöne: „How old were you when you met Bronco Henry?“ Phils Antwort: „About the age you are now.“ Und Peter: „Was he your best friend?“ Phil wirft ihm sein Tabaksäckchen zu, und Peter macht sich daran, eine Zigarette zu drehen. „Yeah ... he was“, räumt Phil, noch zögernd, ein. „He was more than that“, und er erzählt von dem Vorfall, als Bronco Henry sein Leben gerettet habe. Sie seien in den Bergen auf Elchjagd gewesen, als das Wetter umgeschlagen sei. „Bronco kept me alive by ... lying body against body in a bedroll. Fell off to sleep that way.“ Peter leckt am Papier der Zigarette und stellt die Frage, die zwischen ihnen wohl alles sagt: „Naked?“ Er zündet die Zigarette an und zieht daran, dann tritt er näher und hält sie Phil hin, der – das hätte er bislang nie getan – dieses Angebot, diese Gabe, die einem Füttern, einem Umsorgen entspricht, annimmt und ebenfalls an der Zigarette zieht. Abermals treffen sich Peters und Phils Blicke, als bestünde eine stillschweigende Übereinkunft zwischen ihnen, ein Band, so fest wie das Seil, das Phils Finger fertig flechten und spannen. Es ist die für ihn wohl fast einmalige Situation, in der sich Phil einem anderen Menschen öffnet, die seine Niederlage gegen den jetzt stärkeren Peter bereits besiegelt hat.

Der Score des Radiohead-Gitarristen Jonny Greenwood, diese angerissenen mitunter experimental anmutenden Klänge, sind seit einigen Sequenzen immer nervöser, unheilvoller und beunruhigender geworden und haben eine Stimmung des jeden Moment bevorstehenden Kippens in die Katastrophe kreiert. Wenn Phil am nächsten Morgen fiebernd erwacht und bald darauf in einen Sarg gebettet wird, finden sie wieder zur Ruhe.

Schon in Jane Campions mit der Goldenen Palme in Cannes und dem Drehbuch-Oscar prämierten Film *Das Piano (The Piano*, 1993) ging es um den Transport eines Klaviers und das damit verbundene Sprengen von Stummheit. Auch in *The Power of the Dog*, für den Campion mit dem Regie-Oscar ausgezeichnet wurde, gewinnen die, die vorher kaum zu sprechen wagten, ihr Leben zurück. Mit einem Lächeln beobachtet Peter vom Fenster seines Zimmers seine Mutter und George, die von Phils Begräbnis zurück auf die Farm kommen und sich innig umarmen.

Die Hinweise auf Milzbrand finden sich immer wieder im Film, etwa wenn Peter allein in die Berge reitet und Gewebe von einem verendeten Rind entnimmt. Sein Befreiungsschlag und die Konsequenz, mit der er ihn plant und ausführt, hat uns beim ersten Ansehen trotzdem wie aus dem Hinterhalt überrascht. Dies ist wohl auf Jane Campions genial getimte Inszenierung zurückzuführen, die nicht mit groben Schritten operiert, sondern mit der Taktik schleichender, fast unmerklicher Veränderung, die die wahren Absichten der hochkomplexen Figuren meist in Schwebe lassen. Als „genialen Gegenentwurf zur Vereindeutigung“ der oft plumpen Erklärungsversuche pompösen Blockbusterkinos hat der deutsche Filmjournalist Wolfgang M. Schmitt den Film treffend bezeichnet. Mit höchster Finesse ihrer Kunst spinnt Campion ein feines Netz aus Andeutungen und Zwischentönen, die so subtil erfolgen, dass die Betrachtung des Films beim zweiten Sehen und dem Aufspüren der Hinweise fast noch mehr beeindruckt als beim ersten Mal. Mit seinen knappen Dialogen, in erster Linie durch Dinge und kleine Gesten, erzeugt der Film in Ari Wegners wunderbarer Kameraführung zum Niederknien schöne Bilder im Gegenlicht flimmernder Schattenspiele. Es mag wie ein Widerspruch klingen, ist es aber nicht: Zwischen großartig-weiten Panoramen der Prärie und der angrenzenden Bergketten entsteht in dieser Weise ein psychologisches Kammerspiel von unglaublicher Intimität. Campions Drehbuch befreit die ausführlichere Romanvorlage von allem Ballast, erzählt die Geschichte in ihrer nackten Essenz und bündelt sie zu elementaren Momenten, die das Eigentliche besagen und sonst nichts.

Natürlich hat das Ensemble seinen beträchtlichen Anteil, um diese einzigartige Mischung aus Spätwestern, Kriminalfilm, Liebesgeschichte und psychologischem Drama zum Leben zu erwecken. Da stehen die gewalttätige Unberechenbarkeit und gleichzeitig tiefe Einsamkeit von Benedict Cumberbatch in der Rolle des Phil, der sein schwules Begehren hinter ruppigen Machoposen verbirgt, auf der einen Seite, auf der anderen die großen tiefen Augen von Kodi Smit-McPhee in der Verkörperung des feingeistigen Peter, der doch auch, ohne mit der Wimper zu zucken, Hühner tötet und ein Kaninchen seziert.

Da sind aber auch Jesse Plemons sanftmütiger George, dem es schwerfällt, seine Gedanken in Worte zu fassen und der dennoch für echte Zuneigung bereit ist, und Kirsten Dunsts Rose, die ihre Hoffnungen auf ein neues Leben zunichtegemacht sieht.

Dass es so schön sei, nicht mehr allein zu sein, stammelt George mit Tränen in den Augen, als Rose auf der Fahrt der Neuvermählten für ihn ein kleines Picknick ausrichtet.

Thomas Savage, der Autor der Romanvorlage von 1967, war verheiratet und hatte drei Kinder. Er verließ 1960 seine Familie, um mit einem Mann zusammenzuleben, kehrte zwei Jahre später aber zu ihr zurück und widmete *Die Gewalt der Hunde* schließlich sogar seiner Frau. Seine Figuren sind Zerrissene, wie er selbst einer war; sie lassen uns in dieser brillanten Verfilmung direkt in ihre Seele schauen.

The Power of the Dog (Neuseeland/Australien 2021, Western/Drama)
Regie: Jane Campion
Darsteller: Benedict Cumberbatch, Kirsten Dunst, Jesse Plemons, Kodi Smit-McPhee, Thomasin McKenzie, Genevieve Lemon, Frances Conroy, Peter Carroll, Keith Carradine, Alison Bruce, Adam Beach

Von der Schönheit und den Schmerzen der Liebe

Dieses unerreichbare Objekt der Begierde

Ein Film, ein Liebesgedicht

Die Vielgestaltigkeit der Liebe

Arkadien in Yorkshire

Die Schönheit und die Hässlichkeit

Der ruhende Punkt im Drehen der Welt

Vertreibung aus dem Paradies

Vom Flüstern, vom Schreien

und vom Schweigen

Der Kuss der Küsse

Tatsächlich Liebe

Sie schlugen und sie küssten sich

Vom Festhalten des Augenblicks

Eine Reise durch die Nacht

Dieses unerreichbare Objekt der Begierde

The Blossoming of Maximo Oliveras (2005)
Herzensbrecher (2010)
Total Eclipse (1995)

Der gute Shakespeare mit seinem schier unerschöpflichen Reservoir an Versen und Zitaten für jeden auch nur erdenklichen Anlass hat es schon immer gewusst: „The course of true love never did run smooth." So heißt es im *Sommernachtstraum (A Midsummer Night's Dream,* 1999) und später im selben Stück: „Lord, what fools these mortals be!"

Um die oftmals verschlungenen Wege und Irrwege der Liebe drehen sich ja auch schwule Geschichten, und die damit verbundene verliebte Blindheit der Menschen trägt mitunter ihren Teil bei – gerade, wenn der Geliebte diese dann auch schon mal überbordenden Emotionen nicht erwidert. Es gibt einen Filmtitel, der in dieser Hinsicht geradezu zum geflügelten Wort geworden ist: *Dieses obskure Objekt der Begierde (Cet obscur objet du désir)* – allein die Schleife dieses Klangs vermag die unterschiedlichsten und wohl auch erotische Assoziationen auszulösen. Luis Buñuels Streifen aus dem Jahr 1977, der letzte Film des spanisch-mexikanischen Surrealisten, kreist um die unstillbare Sehnsucht, die der alternde Geschäftsmann Mathieu (Fernando Rey) gegenüber dem wesentlich jüngeren Dienstmädchen Conchita (Carole Bouquet) empfindet. Im ständigen Wechselbad der Gefühle, dem er sich in seiner Liebeskrankheit ausgesetzt sieht, brennt das Spiel aus Versprechungen und Versuchungen, aus Nähe und Verhöhnung als Fieberwahn des Verzehrens – bis die beiden in der Klimax ihres Sinnesrausches einander sogar mit Eimern Wasser übergießen. „Wir spielen immer, wer es weiß, ist klug." – Was als literarisches Motto des Wiener Dramatikers Arthur Schnitzler bezeichnet wird und – schon wieder – Shakespeare als Bewusstsein um die ganze Welt formuliert hat, die doch nur Bühne sei, steckt nicht selten die Stadien des Zugangs auf unerreichbar fern erscheinende Liebesobjekte ab, wie wir sie in filmischen Erzählungen des Öfteren verfolgen dürfen. Die schwärmerische Verliebtheit eines philippinischen Knaben zu einem strammen Polizisten, das glücklose emotionale Aufwallen eines jungen Kanadiers gegenüber einem begehrenswerten Beau sowie die Höhen und Tiefen in der Beziehung zwischen zwei französischen Poeten – die Grundlage unserer näheren Analyse, die Subjekte und die Objekte ihrer unerreichbaren Begierden sind definiert.

„Nichts ist wahrer als die Unvernunft der Liebe“ – Das kanadische Allroundtalent Xavier Dolan stellt seinem Film *Herzensbrecher* diese Worte von Alfred de Musset voran, keine intellektuell allzu sehr herausfordernde und dennoch als Motto des Films passende Bemerkung. Als Hauptdarsteller in dem von ihm auch geschriebenen und inszenierten Film macht sich Dolan in der Folge an die ironisch überhöhte Brechung üblicher Herzschmerz-Dramödien über die seelische Pein unerwiderter Liebe. Da ist also Francis (Dolan mit abgebissenen Nägeln und nervöser Manier), schwuler bester Freund von Marie (Monia Chokri), und beiden zieht der Auftritt eines blonden Lockenkopfs namens Nicolas (Niels Schneider) quasi von einem Moment auf den anderen den Boden unter den Füßen weg. *Herzensbrecher* führt also ein Dreieck des Begehrens vor, und nicht nur des frankophilen Ambientes wegen erinnern wir uns an François Truffauts *Jules und Jim (Jules et Jim)* aus 1962, einen Klassiker der Nouvelle Vague, in dem dereinst Henri Serre und Oskar Werner rund um die Wirren des Ersten Weltkriegs um die Gunst von Jeanne Moreau buhlten. Bei Truffaut geschah dies noch in Schwarz-Weiß, Dolan hingegen lässt seine wildwitzigen Bilder in einem Rausch der Farben wallen, der eines Pedro Almodóvar würdig wäre. Anordnungen von Versuch und Irrtum ob des Begehrens und des Umgangs mit der immer deutlicheren Gewissheit, dass dieses vom vergötterten Gegenüber wohl nicht erwidert wird: wenn sich Francis etwa Mühe gibt, einem von ihm penibel geplanten Zusammentreffen mit Nicolas das Mäntelchen reinen Zufalls überzuziehen; wenn er mit Marie im Beobachten, Umgarnen und Beschenken von Nicolas (ein ausgefallener Hut, ein teurer Pullover) wetteifert und es dabei zwischen den beiden zum Austausch von eifersüchtigen Blicken kommt, die töten könnten; wenn Marie und er sich in Zeitlupe und untermalt von einem in der Neuinterpretation zu einem veritablen musikalischen Drama gesteigerten Chanson wie Jägerin und Jäger durch die Straßen und Räume bewegen, die alles einsetzen, was sie aufzubieten haben, ihre Jugend, ihr Styling von Gewand und Haaren, ihre ungeteilte Aufmerksamkeit, die auf jemanden gerichtet ist, der diese nicht einmal zu bemerken scheint.

Bei einem herbstlichen Ausflug aufs Land kommen sich Francis und Nicolas zumindest verbal näher, der Triumph über Marie scheint greifbar. Anfangs sitzt Nicolas auf einer Schaukel noch zwischen den beiden Rivalen, deren Buhlen um seine Gunst kaum Grenzen kennt. Francis zieht den für ihn typischen Schmollmund, weil eben nicht alles so läuft, wie er sich das in der Dramaturgie seines eigenen Lebens zurechtlegen würde; noch beim Sammeln von Feuerholz sprüht Eifersucht aus seinen Augen. Doch dann sitzen die drei am Lagerfeuer, um sie herum die Dunkelheit der Nacht, das Holz knistert in den Flammen und Nicolas lehrt Francis, wie man am besten am Spieß gegrillte Marshmallows isst. Was im Lexikon als „Schaumzuckerware“ definiert wird, gibt für eindeutig zweideutige Symbolik ja einiges her, Nicolas Erklärungen treiben diese auf die Spitze. Als Francis das erste Marshmallow einfach mit einem Bissen verspeist, drängt ihn Nicolas, es nochmals zu versuchen. Man müsse den Moment genießen, insistiert er, denn „Marshmallows essen ist wie Striptease. Ganz langsam.“ Er hält Francis einen zweiten Holzspieß hin und dieser macht natürlich, wie geheißen. „Zieh ihm zuerst den Mantel aus, die Hülle“, meint Nicolas mit verschwörerischer Stimme und ebensolchem Blick. „Die dünne, verbrannte, goldene Schicht.“ Dann solle Francis mit Gaumen und Schneidezähnen die zweite Schicht lösen und dabei leichten Druck ausüben: „Aber lass noch einen kleinen Kern da.“

Kein Wunder, dass Francis ganz hin und her gerissen ist und dahinschmilzt wie die Süßigkeit in seinem Mund, und Marie die Sache auf ihre Weise dekodiert und, kochend vor unterdrückter Wut, Müdigkeit vorschützend, abzieht. Am nächsten Tag wird die Rivalität zwischen Francis und Marie zu einer veritablen Rangelei auf dem laubbedeckten Waldboden eskalieren.

Eigentlich hätten sie beide wissen müssen, dass es nichts werden kann mit diesem so anziehenden und gleichzeitig meist distanzierten schönen jungen Mann. In einer frühen Szene des Films verbringt Nicolas die Nacht im Bett zwischen Francis und Marie – selbst, dass nichts zwischen ihnen passiert, bringt sie nicht auf die Idee, Nicolas könnte vielleicht kein Interesse an ihnen haben. Selbstbetrug – oder nennen wir es eine ganz starke Determiniertheit für das Prinzip Hoffnung – ist für die zwei die Taktik im Umgang mit den eigenen Gefühlen. Schließlich aber muss es zu einer Entscheidung kommen, ein Bersten der von Liebe gemarterten Herzen wäre sonst wohl die unabdingliche Folge. Also verfasst Marie eine Liebeserklärung in Form eines Gedichts, das sie Nicolas zukommen lässt. Francis ringt sich zu einem direkteren Weg der Äußerung seiner tiefen Gefühle durch. Er gesteht diese Nicolas offen und ehrlich und kassiert die Abfuhr seines Lebens. „Ich bin gern mit dir zusammen", erklärt er sich ihm und flüchtet sich für den Moment nochmals in eine Hypothesenerzählung: „Stell dir vor", meint er zu Nicolas, der ihn mit einem recht hohen Grad an Unverständnis betrachtet, „wir hätten einen Freund und der trifft einen Typ, einen netten Typ, lustig, charmant, natürlich gut aussehend. Er ist intelligent, er ist kultiviert und ein sehr offener Mensch. So offen, dass es einem nahegeht. Das verführt und berührt einen so. Er ist zärtlich und lustig." Francis ringt sich zu einer direkten Frage durch: „Wenn du ihn triffst, wie reagierst du?" Doch auch jetzt kommt von Nicolas keine Reaktion außer einer gerunzelten Stirn – wie blind kann man denn überhaupt sein, fragen wir uns da schon mal. Also rückt Francis mit der ganzen Wahrheit heraus: „Ich liebe dich. Ich möchte dich küssen." Und wie, um eine drohende Ablehnung abzuwenden, hängt er eine Beichte an: Immer wenn er von einem Mann eine Ablehnung kassiere, mache er einen Strich im Badezimmer: „wie Robinson Crusoe – immer einen, wenn jemand sagt: Nein, danke." Francis schaut zu Boden und verdreht mit den Fingern seine Ohren. „Aber jetzt habe ich das satt", fasst er die Lage seines Innenlebens zusammen und möchte es wirklich wissen: „Sag etwas." – „Wie kommst du drauf, dass ich gay bin?", ist Nicolas' lapidare Antwort. Francis ist zerstört; in den folgenden Bildern steigt er in Zeitlupe eine schmale Treppe hinunter in ein schwarzes Loch.

Aber Rache ist süß, besonders für Dramaqueens wie Francis und Marie – denn auch sie wurde von Nicolas auf peinliche Weise zurückgewiesen. Nach einer achtmonatigen Asienreise kommt Nicolas auf einer Party auf sie zu. Er trägt eine schräge lila Haube mit einem Loch oben in der Mitte, durch das seine Haare sichtbar sind. Die Kommentare von Francis und Marie zischen vor Säure.

„Wer ist dieser hässliche Rockabilly?“, fragen sie einander, vergleichen Nicolas mit einem Krakauer Golem und schütteln sich vor Grausen: „Igitt.“ Nicolas versucht ein scheues Lächeln. „Ich freue mich, euch…“, setzt er zu sprechen an. Da gibt sich Francis ganz der ihm eigenen Theatralik hin, er schüttelt sich in einem gespielten Erstickungsanfall, er fängt an zu keuchen, zu gurgeln und stößt weitere seltsame Laute aus; dies begleitet von Maries überheblichem Starren – bis Nicolas einsieht, dass der Standardsatz vom Freunde-Bleiben in dieser Korrelation nicht von Erfolg gekrönt sein wird, und sich von dannen macht. Francis legt seinen Kopf auf Maries Schulter, sie krault seinen Nacken. Die Dreiecksgeschichte sieht sich wieder zu einer Erzählung zurechtgestutzt, in der zwei Menschen in ihrer fortgesetzten Suche nach der wahren Liebe übrigbleiben.

Das vermehrte Konfliktpotenzial in Dolans Fall des erotischen Knisterns zwischen drei Figuren sticht natürlich ins Auge. Die Geschichte des Wechselspiels aus Hass und Liebe, das die Beziehung zwischen den beiden französischen Dichtern Paul Verlaine und Arthur Rimbaud kennzeichnete, beweist allerdings, dass auch zwei in ihrer Kreativität besonders starke und in ihrer Hingabe auf das zwischenmenschliche Gefühlschaos nicht minder konsequente Persönlichkeiten genügen, um einander das Leben und die Liebe schwer zu machen. Die Liebe zum anderen empfinden die von David Thewlis und dem noch jugendlichen Leonardo DiCaprio verkörperten Poeten der Romantik denn auch als Fesseln, voneinander loszukommen gelingt ihnen freilich auch nicht. In der gegenseitigen Abhängigkeit ist das Scheitern vorprogrammiert. *Total Eclipse* ist der dazugehörige Film der polnischen Regisseurin Agnieszka Holland betitelt, ihre Inszenierung ist allzu brav und kulturspartenkanalkonform geraten und schafft es kaum, das Zusammenspiel der beiden Literaten und der Zeit, in der sie lebten und wirkten, nachvollziehbar zu machen. Anders die scharfen Dialoge, die Drehbuchautor Christopher Hampton basierend auf seinem eigenen Theaterstück den beiden brillanten Darstellern in den Mund legt. Wir sind das von ihm aus Scripts wie jenem zu Maximilian Schells Ödön von Horváth-Verfilmung *Geschichten aus dem Wienerwald* (1979), Stephen Frears *Gefährliche Liebschaften (Dangerous Liaisons*, 1988) und Joe Wrights *Abbitte (Atonement*, 2007) gewohnt, der Adaptation des gleichnamigen Romans von Ian McEwan.

Total Eclipse – eine totale Sonnenfinsternis ist ja ein Ereignis, bei dem die Natur den Atem anzuhalten scheint. Für den wesentlich älteren Verlaine ist der erst sechzehnjährige Rimbaud die Sonne, die er nach ihrem Kennenlernen in Gedanken, Worten und Werken umkreist. Die Gleichung funktioniert aber auch umgekehrt: Der junge Poet sieht im bereits arrivierten Dichter jenen Stern, der ihn anzieht und nicht mehr loslässt. Fern der Konventionen der Zeit geben sie einander in ihrer Amour fou Licht und Wärme, gemeinsam sprengen sie die Einengungen der Gesellschaft und entdecken neue Möglichkeiten ihrer Kreativität als Schriftsteller. Doch sie können miteinander ebenso wenig leben wie ohne den anderen. Gegenseitige Verletzungen, Erniedrigungen, wiederholte Trennungen und darauffolgende Versöhnungen, Aggressivität bis hin zur offenen Gewalt prägen ihre Beziehung. *Sie küssten und sie schlugen ihn* lautet der deutsche Titel für François Truffauts Klassiker *Les Quatre Cents Coups* aus 1959 – eine Wendung, die deckungsgleich auf die beiden Protagonisten von *Total Eclipse* umlegbar ist.

Eine besonders einprägsame Szene zeigt uns Verlaine und Rimbaud in einer armseligen Unterkunft in London. Die Ehefrau des Älteren hat gerade die Scheidung eingereicht, da sinniert der Jüngere über seine Suche nach dem Eigentlichen in ihrer Beziehung. „My search for universal experience has led me here“, fasst er seine Erkenntnisse zusammen. „To live an idle, pointless life of poverty as the minion of a bald, ugly, ageing, drunken lyric poet who clings to me because his wife won't take him back.“ Vom Geliebten als glatzköpfiger, hässlicher, alternder Trunkenbold bezeichnet zu werden, hört wohl keiner gern; dementsprechend Verlaines verletzte Frage: „How can you bring yourself to say anything like that?“ Und Rimbaud: „It's easy. It's the truth.“ Dass es ihm allein auf die Unterstützung durch den Älteren angekommen sei, sticht Rimbaud den Dolch weiter in Verlaines Herz und setzt mit bitterem Lachen nach: „Your mind is almost as ugly as your body.“ Da nimmt Verlaine seinen Hut und stürmt aus dem Zimmer. Er zieht durch die schmutzigen Gassen und kauft auf einem Markt einen Fisch. Rimbaud sieht ihn durch ein offenes Fenster zurückkommen: „God, you look like a cunt!“, ruft er ihm entgegen. Verlaines Antwort: Er schleudert den Fisch nach ihm, wirft damit eine Scheibe ein und läuft davon. Jetzt merkt Rimbaud, dass es für ihn eng wird, und er ändert sein Verhalten: Wohin er denn gehe? Er klettert durchs Fenster und folgt Verlaine bis zum Hafen, wo dieser schon ein Boot bestiegen hat, das ihn zum im Hintergrund ankernden Dampfschiff bringen wird. Er solle ihn nicht verlassen, schreit Rimbaud: „Don't go, come back, don't leave me!" Und er schluchzt: „I'm sorry!" Leonardo DiCaprios Spiel ist herzzerreißend, als er völlig verzweifelt „How am I supposed to live?" ruft und dass alles doch nur ein dummer Scherz gewesen sei.

Rimbaud folgt Verlaine bis nach Brüssel. Er betritt sein Hotelzimmer, als dieser sich gerade wäscht. Die beiden Männer stehen einander gegenüber und beginnen, aufeinander loszuschlagen. „It won't happen again!", verspricht Rimbaud schließlich, er wolle den anderen nie verlassen. Doch weiter geht die Eskalation der Gefühle und ihrer Folgen; Verlaine schießt Rimbaud mit der Pistole, die er eigentlich gekauft hat, um seinem eigenen Leben ein Ende zu setzen, in die Hand. Da versinken zwei Menschen im Abgrund der Zerstörung von dem, was ihnen an eigener Würde noch geblieben ist, und von der ihres Gegenübers. Das, was doch einfach auch nur Liebe sein könnte, hat keine Chance.

Wie leicht und auch naiv nimmt sich dagegen die unschuldige Schwärmerei aus, die der zwölfjährige Maxi für den muskulösen Polizisten Victor empfindet – zumindest zu Beginn des philippinischen Films *The Blossoming of Maximo Oliveros*, bevor sich jener Konflikt abzeichnet, der sich für Maxi in der Diskrepanz zwischen seinen Gefühlen der Liebe zu dem Gesetzeshüter und der Loyalität zu seiner Familie auftut, die sich mit Kriminalität durchs Leben in einem Armenviertel von Manila schlägt. Für diese Rolle von Regisseur Auraeus Solito entdeckt, erscheint uns Nathan Lopez wie geschaffen für die Verkörperung des femininen Burschen, der unnachahmlich in seiner fröhlichen Offenheit ist. Maxi verstellt sich nicht, er gibt sich mit seiner Vorliebe für die Farbe Rosa und ausgefallene Bekleidung samt Haarspangen, Armbändern und sogar Lippenstift einfach so, wie er ist, und schwebt auf einer Wolke der Liebenswürdigkeit durch die schmutzigen Straßen. Vom Vater und den Brüdern sieht sich Maxi im Ausdruck seines Selbst akzeptiert – er übernimmt für sie die Rolle der verstorbenen Mutter und stellt eine Art Gegensatz zur alltäglichen Gewalt im Viertel dar; selbst der Spott aus der Umwelt fällt sanfter aus, als man dies vielleicht erwarten würde. „He is the yin to everyone else's yang", hat es der Rezensent Jose Angelo Singson treffend ausgedrückt. Ganz klar, dass dies im Verlauf der filmischen Handlung nicht so weitergehen kann. Wie Maxi seine Unbedarftheit verliert und dabei so etwas wie Erlösung findet, entwickelt die Geschichte zwischen neorealistischem Setting und märchenhaftem Gestus und bringt sie in einem Finale zum Abschluss, das eines Italowesterns würdig wäre.

Dass Maxi aus diesem nicht gebrochen, sondern als selbstbewusster junger Erwachsener hervorgeht, ist zu Beginn der Geschehnisse nicht zwingend ersichtlich. Da wird er eines Nachts nämlich von zwei Männern belästigt – die Rettung durch einen edlen Ritter naht in Gestalt des Polizisten Victor (JR Valentin), und flugs mutiert dieser zum Objekt von Maxis kindlich-romantischer Schwärmerei, dem überallhin zu folgen und dabei anzuhimmeln nun oberstes Gebot zu sein scheint. Über Victors sexuelle Orientierung erfahren wir nicht viel, Freundin hat er jedenfalls keine, wie er auf Maxis Frage zugibt. Auf die Rückfrage, wie es denn mit einer Freundin für ihn selbst bestellt sei, schüttelt es Maxi vor Grausen: „Gross!" Das Unverständnis, wie Victor denn auf eine solche Idee kommen könne, steht ihm ins Gesicht geschrieben.

Es kommt, wie es wohl kommen muss: Maxis Vater und seinem Bruder Bogs (Ping Medina), der überdies einen Mord auf dem Gewissen hat, ist die enge Freundschaft zwischen dem Buben und dem erwachsenen Mann höchst suspekt, und sie machen sich daran, ihm eine Lektion zu erteilen. Abermals passiert die Gewalt im Schutz der Dunkelheit: Bogs und seine Freunde lauern Victor auf und schlagen ihn brutal zusammen. Diesmal ist es umgekehrt: Es ist Maxi, der zu Victors Rettung auftaucht.

Daraus entspinnt sich eine stille, in ihrer bewusst einfachen Gestaltung sehr liebenswerte und wunderbar poetische Szene. Blutüberströmt liegt Victor auf seinem Bett, nur ein Lichtkegel von draußen scheint durchs Fenster auf den malträtierten Körper, dazu hin und wieder ein angerissener Gitarrenakkord – im selben Produktionsjahr, aber unter völlig anderen finanziellen Bedingungen hat sich ja auch Gustavo Santaolallas mit einem Oscar ausgezeichneter Score für Ang Lees *Brokeback Mountain* auf ähnliche karge Klänge verlassen. Maxi, schluchzend in seinem übergroßen Mitgefühl für den Misshandelten, kommt mit einer Wasserschale und einem Tuch zum Bett. Er beginnt, die Wunden in Victors Gesicht zu säubern, richtet dann seinen Oberkörper auf und zieht ihm das Shirt über den Kopf. Er wischt mit dem Tuch über die blutenden Stellen und sich dann damit die Tränen von den Wangen; und bald sieht es aus, als hätte er selbst Wunden auf dem Gesicht. Schließlich kuschelt sich Maxi zu Victor aufs Bett, er legt die Arme um ihn und den Kopf an den seinen und schläft so neben ihm ein. Blut sickert aus dem noch feuchten Tuch in seiner Faust über Victors Haut – eine Vorahnung des kommenden, noch viel schlimmeren Blutvergießens.

Am nächsten Morgen wird Maxi vom Rauschen des Wassers geweckt. Als er Victor verstohlen beim Duschen beobachtet und dann seinen Kopf an die Wand lehnt und die Augen schließt, liegt in seinen Zügen der Ausdruck von jemandem, der an seinen Gefühlen fast verzweifelt. Auch bei der Zubereitung des Frühstücks ist Maxi abgelenkt; als sich Victor die Unterhose anzieht, vergisst er aufs Umrühren. „You know what?“, fragt ihn Victor schließlich beim Essen, das ihm sichtlich Schmerzen bereitet. „You're very pretty this morning.“ Maxi freut und geniert sich zur gleichen Zeit und spricht davon, dass es seine Schuld sei, dass Victor zusammengeschlagen wurde, schließlich habe er dem Vater und dem Bruder von ihm erzählt. Doch Victor meint, er solle sich keine Vorwürfe machen, legt den Arm um Maxis Schulter und streichelt seine Haare. Da vergisst der Bub jede Vorsicht und gibt ihm einen schnellen Kuss auf die Wange. Victor weiß damit nicht umzugehen, die Situation ist ihm merklich unangenehm und er schickt Maxi heim. Als dieser geht, ist ein Strahlen in seinem Gesicht, und auf der Straße schlägt er ein Rad vor Glück.

Dieses hält aber nicht lang an. Maxi erfährt von Victor in der Folge Zurückweisung, und das Faktum des Mordes, den sein Bruder begangen hat, drängt sich immer mehr in das Geschehen. Es mündet in der Nacht, in der Maxis Vater vom neuen Polizeichef des Viertels in einem Hinterhof erschossen, ja geradezu hingerichtet wird. Wie auf einer Bühne findet diese Szene statt, ausgeleuchtet vom vollen Mond darüber, der wie das Auge eines allwissenden Beobachters auf die Menschen und ihre jämmerliche Existenz blickt und dem dabei nichts verborgen bleibt. Der Vater und der Polizeichef stehen einander gegenüber, Victor hält sich ein wenig abseits, denn in die Abläufe der Gewalt einzugreifen, steht nicht in seiner Macht. Dass sie sich von früher kennen würden, meint der

Polizeichef, zwei Jahre sei das her. „Not long enough", stellt Maxis Vater fest. Er würde sicherlich einen Stern auf seiner Uniform bekommen, weil er ihn gefasst habe, ist die Antwort. Und Maxis Vater: „You have no star yet. And I have many." Er schaut zum Nachthimmel hinauf.

Maxi, der zu Hause entdeckt hat, dass der Vater seine Pistole mitgenommen hat, läuft indessen auf die Szenerie zu. Er steht direkt davor, als ein Schuss fällt. Maxi und Victor tauschen Blicke, der Vater schaut zum Mond hoch und sinkt nieder. Dann liegt er mit blutigem Shirt auf dem Boden, die Kamera fährt von ihm höher, wo Maxi klein und verloren vor einer dunklen Häuserfront steht, und zum Himmel hinauf.

Was *The Blossoming of Maximo Oliveros* auszeichnet, ist die erfrischende Ehrlichkeit, mit der der Film abseits jeder Sozialromantik die Lebensumstände im Slum zeichnet. Die Armut ist, was und wie sie einfach ist, der Film wurde genau in diesem Umfeld gedreht, die Schauplätze sind authentisch und die Menschen stellen sich quasi selbst dar – eine andere Herangehensweise wäre bei den praktisch nicht vorhandenen finanziellen Mitteln der Produktion wohl auch gar nicht möglich gewesen. Regisseur Solito hat diesen Makel an Budget zur großen Stärke seines Films gemacht. In solchen Gemeinschaften geht es oft ums tägliche Überleben, das wird uns beim Betrachten des Films klar, und genau eine solche Geschichte des Überlebens eines Jungen, der Maxi heißt und sich wie ein Mädchen gibt, schildert die Geschichte – und darin als zentrale Idee, dass das Leben weitergehen muss, auch wenn das Schlimmste passiert ist.

Eines Tages nach dem Tod seines Vaters klettert Maxi auf einen Baum, um Früchte zu pflücken, da entdeckt er unter sich Victor, dem eine Aussprache offenbar ein Bedürfnis ist. „This world is full of evil men", versucht er Maxi sein Verhalten zu erklären. „Sometimes you have to play their game. Or else nothing will change. Do you understand?" Dass es viele schlechte Menschen gebe, stimmt Maxi ihm zu: „But I only had one father." Und doch ist es die Qualität, verzeihen zu können, aus der Maxi seine größte Stärke gewinnt. Nachts steht Victor unter seinem Zimmer und pfeift, wie Maxi es ihn in einer früheren Szene gelehrt hat. Zuerst hört ihm Maxi von seinem Fenster aus nur zu, doch dann antwortet er ihm.

Dass er von nun an als gestärkter Mensch durchs Leben gehen wird, zeigt uns die finale Szene des Films, die eine wunderschöne Paraphrase der letzten

Einstellungen von Carol Reeds *Der dritte Mann (The Third Man)* darstellt. In dem Klassiker aus 1949, der neben der Wiener Kanalisation und dem Zentralfriedhof auch Anton Karas' Zitherspiel weltberühmt machte, sehen wir einen Schriftsteller namens Holly Martins (Joseph Cotton), der sich im besetzten Nachkriegswien auf die Spuren des angeblich verstorbenen Ganoven Harry Lime (Orson Welles) gesetzt hat, auf einer Allee zwischen den Gräbern auf seine Liebe, die Schauspielerin Anna (Alida Valli), wartend. Diese kommt auf ihn zu, geht dann aber an ihm vorbei, ohne ihn eines Blickes zu würdigen. An ein Motorrad gelehnt, zündet sich Holly eine Zigarette an – Abblende. In Maxis Fall spielt sich die Sache als Hommage an diese Szene folgendermaßen ab: Ein weißes Hemd, lange Hosen, zur Krönung ein rosa Rucksack – Maxi ist bereit für die Schule und damit sinnbildlich für ein Leben, das seinem Alter entspricht. Er verlässt das Haus und geht die Straße hinunter, da biegt Victor in einem Jeep um die Ecke. Er überholt Maxi und fährt den Gehsteig entlang, hält schließlich an einer Kreuzung. Victor steigt aus und zündet sich eine Zigarette an. An den Wagen gelehnt, wartet er auf Maxi. Dieser kommt heran – und geht hoch erhobenen Hauptes an ihm vorbei. Für einen Moment scheint er noch zu zögern, dann werden seine Schritte aber schneller und er überquert die Straße. Er geht seinen eigenen Weg und braucht keinen Victor mehr, um danach zu fragen. Er hat die Naivität abgelegt und ist aus seinem kindlichen Märchenland herausgetreten (worden). Ohne seine Verletzlichkeit völlig unter einem Panzer zu verbergen, hat er ein Bewusstsein für die Gefahren entwickelt, die die Gesellschaft regieren, in der er lebt. Nun strahlt er eine Stärke aus, die aus großem Lebensmut resultiert. All die negativen Erfahrungen haben ihn nicht bitter gemacht, sondern schlicht und einfach erwachsen werden lassen; der Titel des Films bewahrheitet sich, Maximo erblüht zu einem starken jungen Menschen, der – das haben wir im Gefühl, wenn wir ihn so sehen – sich seinen Sinn für die Wunder der Welt bewahrt hat. Das einst so unerreichbare Objekt seiner Begierde – es bestimmt nicht länger sein Denken, in dem nun auch das Verständnis für seine persönliche Würde viel Platz gewonnen hat.

The Blossoming of Maxino Oliveras *(Ang Pagdadalaga ni Maximo Oliveros,* Philippinen 2005, Drama/Coming-of-Age)
Regie: Auraeus Solito
Darsteller: Nathan Lopez, JR Valentin, Soliman Cruz, Neil Ryan Sese, Ping Medina

Herzensbrecher *(Les amours imaginaires,* Kanada 2010, Liebesfilm/Drama)
Regie: Xavier Dolan
Darsteller: Niels Schneider, Monia Chokri, Xavier Dolan, Anne Dorval, Anthony Huneault, Patricia Tulasne, Louis Garrel

Total Eclipse (GB, Frankreich/Belgien 1995, Drama)
Regie: Agnieszka Holland
Darsteller: Leonardo DiCaprio, David Thewlis, Romane Bohringer, Dominique Blanc, Felicie Pasotti Cabarbaye, Nita Klein, James Thiérrée

Ein Film, ein Liebesgedicht

The Cakemaker (2017)

Seit Erich Frieds berühmtem und oft zitiertem Gedicht von 1983 wissen wir: wenngleich zuweilen von Unsinn, Unglück, Angst und Schmerz gesprochen wird, von einer Lächerlichkeit oder mitunter sogar Unmöglichkeit – „Es ist, was es ist, sagt die Liebe.“ *The Cakemaker*, das Regiedebüt von Ofir Raul Graizer, ist ein Film, dem dieses im wahrsten Sinne des Wortes wohl unfassbarste aller Gefühle zur sanften, zarten, bittersüßen Poesie gerät. In seiner behutsam-sensiblen Inszenierung entwirft er eine Dreiecksgeschichte zwischen Deutschland und Israel, zwischen traditionellen Wertvorstellungen und Aufbruch, zwischen Melancholie und hoffnungsvollem Sehnen, eine Erzählung, der es nie um homo oder hetero geht, sondern um das, was man „fließende sexuelle Identität“ nennen mag, und immer nur um den einzelnen Menschen und seine verwirrten und verwirrenden Empfindungen.

Da ist Thomas, der in Berlin eine kleine Bäckerei betreibt, und da ist Anat, die in Jerusalem ein Café führt; zwischen ihnen steht Oren, Anats Mann und gleichzeitig Thomas' Liebhaber. Ihre oft widersprüchlichen und von Unsicherheit geprägten Empfindungen hat Graizer in Bilder gegossen, die meist ganz still sind und mitunter sogar schweigen, die aber zwischen den ungesagten Zeilen wunderbar beredt sind. Tim Kalkhof gibt dem Konditor Thomas das Gesicht eines zurückhaltenden jungen Mannes, der die meiste Zeit nur für sich ist, ich möchte fast sagen, in sich lebt. Allein in der Beziehung mit Oren (Roi Miller) öffnet er sich. Die kurze Zeit, die dieser auf Geschäftsreisen zusammen mit ihm verbringt, scheinen Thomas zu genügen. Er redet nicht viel, aber Oren gegenüber spricht er aus, was ihm wichtig ist. Im Grunde genommen sind sie dabei nie wirklich zu zweit, immer zu dritt – fast greifbar ist Anat (die ausdrucksstarke Sarah Adler) in ihrer Mitte. Ob Thomas nicht allein sei, wenn er sich bei seiner Familie in Israel befinde, will Oren vom Geliebten wissen. Er habe seine Arbeit, verneint dieser, die Wohnung: „Dich." Schon seine Großmutter, erklärt er, habe gemeint, man solle wertschätzen, was man habe. Die Erinnerung an Oren genüge ihm in den Wochen zwischen seinen Besuchen in Berlin. Wenn sie dann miteinander schlafen, begehrt Thomas von Orens ehelichen Zärtlichkeiten zu erfahren: doch nicht, um sich damit selbst zu quälen, sondern in dem Ansinnen, nichts von dem geliebten Menschen auszublenden, alles als gut und richtig zuzulassen, was diesen eben ausmacht. Wann er zuletzt mit seiner Frau zusammen gewesen sei, möchte Thomas wissen, wo er sie berührt und geküsst habe. „Und was hast du dann gemacht?" – „Liebe. Wir haben Liebe gemacht."

Diese Worte und dabei das Bild, wie Oren und er einander ganz nah sind, hat Thomas im Kopf, als er sich Monate später, als Oren längst tot und Thomas nach Jerusalem gegangen ist, in Anat verliebt und mit ihr schläft. Er trägt dabei ein Shirt aus dem Schrank seines Liebhabers – auch mit Anat ist Thomas nicht allein, Oren ist in ihren Gedanken bei ihnen. Erst Wochen nach Orens Tod hat Thomas die Wahrheit erfahren; dass Oren nach dem letzten Besuch nie ans Handy ging und seine Nachrichten nicht beantwortete, brachte ihn fast um den Verstand. Nun ist er auf den Spuren dessen, was Orens Leben ausgemacht hat, nach Jerusalem gekommen. Seine Arbeit als Küchenhilfe in Anats Café und dass er dabei Orens Frau und seinen Sohn Itai lieb gewonnen hat, scheint seine Art der Aufarbeitung seiner Trauer zu sein. Davon, dass sich der Verkehrsunfall just in dem Moment abspielte, als Oren von zu Hause ausgezogen ist, um mit Thomas ein neues Leben in Deutschland zu beginnen, wird er erst später erfahren. Ebenso hat Anat zu diesem Zeitpunkt keine Ahnung davon, dass es der Geliebte ihres Mannes ist, in den sie sich verliebt hat. Nun, in der Küche des Cafés, kommen die beiden verlorenen Seelen einander ganz nah; Anat legt den Kopf an Thomas' Schulter und ihre Hand in seinen Nacken, ihr Verhalten ist von großer Vorsichtigkeit geprägt, sie sind einsame und verletzte Menschen, die nur eines nicht wollen: den anderen verletzen.

Was so einfach natürlich nicht ist. Es ist die Suche nach einem selbstbestimmten Dasein, die Oren vor seinem Unfall zu einer Entscheidung trieb und die jetzt letztlich auch das Handeln von Anat und Thomas leitet. Erst durch die Beziehung zu Thomas findet Anat jenen entscheidenden Schritt ins Leben zurück, der ihr den Mut gibt, Orens Koffer zu öffnen. Sie findet darin Rechnungen aus Berlin, darunter auch jene von Thomas' Konditorei. Sie hört Orens Handy ab und vernimmt darauf Thomas' verzweifelte Nachrichten und seine Bitten, ihn doch zurückzurufen. Als sie die Worte „Ich liebe dich!" hört, scheint es eigentlich nur noch die Trennung von Thomas zu geben.

Die Schilderung von Orens Doppelleben, dazu Anats Konflikte mit Orens konservativem Bruder Moti, der im Café auf die Einhaltung der Gebote für koschere Speisen beharrt, und Thomas' widersprüchliche Gefühle, auch was seine Rolle eines schwulen Mannes an einschlägigen Treffpunkten in Jerusalem betrifft – dass diese Vielfalt an Problemkreisen, die der Film anreißt, nicht überfrachtet wirkt, ist auch der geradezu greifbaren Sinnlichkeit seiner Erzählweise zu danken, wenn es um die Zubereitung und den Verzehr von Essen geht. Am Spruch, dass Liebe (auch) durch den Magen gehe, kommt man bei diesem Film nicht vorbei. Schon bevor Oren den Mut findet, Thomas in seiner Konditorei anzusprechen, verspeist er mit höchstem Genuss eine Schwarzwälder Kirschtorte – in einer späteren Spiegelung schleckt Anat, als sie sich unbeobachtet fühlt, sogar den Teller aus. Wie hier Teig geknetet wird, wie Kekse verziert werden und allerlei anderes Backwerk zubereitet und verkostet wird, mit welchem sichtlichen Genuss die Kunden im Café die für sie so ungewohnten süßen Kreationen des deutschen Bäckers probieren, ist eine Vorwegnahme der Wärme der Blicke und der Erotik der Berührungen zwischen den Liebenden. Die verhaltene Melancholie und die Zärtlichkeit dieser Szenen sind es, die *The Cakemaker* zu einem Gedicht über die Liebe machen, zu einem wahren filmischen Liebesgedicht.

The Cakemaker (*ha'ofeh miberlin*, Israel/Deutschland 2017, Liebesfilm/Drama)
Regie: Ofir Raul Graizer
Darsteller: Tim Kalkhof, Sarah Adler, Roy Miller, Zohar Strauss, Sandra Sade, Tomer Ben Yehuda, Stephanie Stremler, Tagel Eliyahu, Eliezer Lipa Shimon

Die Vielgestaltigkeit der Liebe

Call Me By Your Name (2017)

In seiner Heidelberger Poetikvorlesung vom Mai/Juni 2010, zusammengefasst in dem Band *Gedanken über das Schreiben*, berichtet der bekannte Autor Bernhard Schlink von einem nicht selten geäußerten, ihm selbst jedoch nicht einsichtigen Vorwurf mancher Leser:innen. Im Rahmen von Veranstaltungen oder auch in schriftlicher Form würden sie an ihn mit der Frage herantreten, weshalb er – etwa in seinem Romanbestseller *Der Vorleser* – denn nicht über „normale" Liebesbeziehungen schreibe, wobei es besonders der zuweilen beträchtliche Altersunterschied zwischen seinen Liebenden sei, den sie zu monieren wüssten. Worauf er, so Schlink, stets den Satz des deutsch-baltischen Schriftstellers Werner Bergengruen zitieren würde, dass nämlich nichts von größerer Mannigfaltigkeit sei als die Liebe: „Nil pluriformius amore" – ein Motto im Sinne der Vielgestaltigkeit der Liebe, gerichtet gegen die Idee einer normativen Darstellung sogenannter „richtiger" Liebe. Ich empfinde es als indirekte Abwertung schwuler Erzählungen, wenn in manchen der durchwegs positiven Rezensionen zu Luca Guadagninos wunderbarem Film *Call Me By Your Name* dessen Qualität an dem Kriterium festgemacht wird, er lasse vergessen, dass es sich bei den beiden Liebenden um Männer handle – ganz so, als wäre die schiere Möglichkeit, dass sich auch ein heterosexuelles Paar im Narrativ dieser Geschichte finden könnte, ein Merkmal besonderer Raffinesse, quasi eine Art Gütesiegel. In dieselbe Richtung weist jene Werbelinie von Verlagen, die literarische Beziehungen unter Männern oftmals als „Freundschaft" apostrophieren, nur um das offenbar verkaufsschädigende Wörtchen „schwul" zu vermeiden. „Das Erzählen der Geschichte verträgt keine andere Absicht als die, die Geschichte zu erzählen und sie wahrhaftig zu erzählen", umreißt, ganz im Gegensatz dazu, Bernhard Schlink die offene Herangehensweise an seine Figuren und den Moment, an dem der Roman für ihn bereit ist, geschrieben zu werden: „Es ist das absichtslose Gefühl: Jetzt stimmt die Geschichte, jetzt kann ich sie erzählen. Es fühlt sich an, als hätte ich die Wahrheit gefunden."

Die innere Wahrheit des Erzählraums seines Films legt Regisseur Guadagnino bereits in den ersten Einstellungen fest. Wir befinden uns im Norditalien von 1983. Wie jedes Jahr verbringt der siebzehnjährige Elio zusammen mit seinen Eltern den Sommer auf dem gediegenen Landsitz inmitten eines weitläufigen Gartens mit Obstbäumen, einem Teich und Wasserbecken. Es ist, als würde die Familie ihre Kultiviertheit geradezu zelebrieren. Der Vater ist Professor für Archäologie, immer wieder wird die Perfektion antiker Skulpturen beschworen – „as if they're daring you to desire them". In einer Szene wird eine solche Statue aus dem nahen Gardasee geborgen – das liebevolle Streichen über die bronzene Oberfläche ist, als handelte es sich dabei um die Haut eines echten Menschen. Elios Mutter begeistert sich für philosophische Literatur, die Familie unterhält sich wie selbstverständlich in einer Mischung aus Englisch, Französisch und Italienisch. Es ist ein intellektuell inspirierendes Umfeld frei von einengenden Konventionen. „We almost had sex last night", erzählt Elio beim Frühstück seinen Eltern über nächtliche Erlebnisse mit seiner Freundin Marzia. Die Antwort des Vaters: „Why didn't you?"

Dienstboten nehmen der Familie die Arbeit ab, man liest, geht schwimmen, genießt das Essen und führt daneben anregende Gespräche. Elio hat Muße, sich auf das Transkribieren von Noten und seine Fertigkeiten beim Klavierspiel zu konzentrieren – und ist schon neugierig auf die Ankunft eines Studenten, den der Vater für die Assistenz bei seiner Forschungsarbeit ausgewählt hat.

Als der vierundzwanzigjährige Oliver aus dem Wagen steigt, ist es, als wäre Elio in einem langen Mittsommernachtstraum gefangen gewesen – und der Liebessaft, dem Schlafenden von Puck aufs Augenlid geträufelt, tut seine augenblickliche Wirkung: Die Szenerie um ihn herum wird zum Zauberwald aus Shakespeares Spiel. Elio, der dem Gast sein Zimmer abtreten muss, steht auf dem Balkon und begutachtet den Ankommenden misstrauisch und auf die ihm eigene kluge und selbstsichere Weise – da zieht es ihm den Boden unter den Füßen weg. Von diesem Moment an sind Elios Sinne in diesem langen, heißen Sommer in Aufruhr und wissen nicht mehr ein und aus vor Sehnsucht und Begehren. Elio betrachtet die Welt um sich herum und darin diesen älteren, großen, polternden Amerikaner, dessen Verhalten ihn gleichzeitig abschreckt und anzieht, mit der ungläubigen Unsicherheit eines verzagten Kindes, das kein Kind mehr ist, eines Taumelnden in einem verwirrenden Spiel mit Möglichkeiten, die zu ergreifen ihm schwerfällt – mit den Verführungen des Geistes und des Körpers des Gegenübers, von dem beide, Elio und, wie uns erst später klar werden wird, auch Oliver alles wollen und vor dem sie nichts auszusprechen wagen. Unbeholfen rasiert er sich vor dem Abendessen, um Oliver zu gefallen, doch dann taucht dieser gar nicht auf. Elio ist mürrisch, wälzt sich voller Eifersucht im Bett. Ein anderes Mal schleicht er in Olivers Zimmer und riecht an seiner Unterwäsche. Elio ist sich ungewiss, was dieses Brennen in seiner Seele für ihn bedeutet und wohin ihn sein Leben führen wird. In den Momenten, als er sich bewusst ist, keine Kontrolle darüber zu haben, wird seine Verletzlichkeit unübersehbar. Keine der bislang erprobten Andeutungen, der Gesten und vorsichtigen Berührungen scheinen zwischen Elio und Oliver die richtigen zu sein – und so liegt eine nur vordergründig sanftmütige Stille über dieser sonnendurchtränkten italienischen Landschaft, diesem Zaubergarten, diesen hohen Räumen voller Bücher, über der berauschenden Szenerie der brütenden Sommertage und der lauen Nächte; die Blicke über den Esstisch hinweg, die Akkorde, die Elio beim Klavierspielen anschlägt, die verstohlenen und dann immer offeneren Blicke lassen die Gefühle des aufblühenden Verlangens erahnen, die sich unter der Oberfläche in Wallung befinden.

From innocence to knowledge – selbst wenn es das Wissen ist, dass da etwas sein muss, das festzumachen jedoch noch unmöglich erscheint. Gleichzeitig behütet und doch frei zu tun, was ihm gefällt, glaubt Elio anfangs noch, sein Leben, damit auch seine Beziehung zu Marzia, im Griff zu haben. Heranzuwachsen bedeutet für ihn, sich selbst mit seinen Wünschen, so verwirrend sie ihm auch erscheinen mögen, gegenüber dem älteren Oliver zu behaupten. Als er für ihn Klavier spielt – „with playfulness and a sense of coyness that is rare" – ist das seine Art, ihn zu verführen. „Es ist ein Film über die unerbittliche Kraft des Verlangens und der Liebe, und auf welchen Wegen er oder sie diese finden können", sagt Regisseur Guadagnino selbst über seinen Streifen. Die flirrenden Bilder des thailändischen Kameramanns Sayombhu Mukdeeprom und die sanfte Lyrik der Musik von Sufjan Stevens lassen eine ganz eigene Atmosphäre entstehen, eine Stimmung, in der das Herzklopfen der beiden Männer, die Gier nach dem ersten Kuss und danach, das Gesicht des anderen endlich berühren zu dürfen, geradezu greifbar wird. Geräusche wie das Zirpen der Grillen, das Rauschen des Windes, das Klatschen schwerer Regentropfen aufs Dach, das Zwitschern der Vögel am nächsten Morgen kennzeichnen die Tageszeit und legen den Rahmen um all die ungesagten Worte zwischen Elio und Oliver. Staunend, fast ungläubig betrachten die beiden einander, sie umkreisen sich in ihrer Leidenschaft – und trauen sich doch die längste Zeit nicht, einander ihre Gefühle, die berauschend neu für sie sind, einzugestehen.

Ein Gespräch mit den Eltern gibt Elio zu denken. Ein Gewitter, Regenrauschen von draußen, leise Musik vom Plattenspieler im Wohnzimmer. Die Mutter nimmt Bezug auf das *Heptaméron*, eine Sammlung von Erzählungen der Königin Margarete von Navarra aus dem sechzehnten Jahrhundert, die sich primär um amouröse und sexuelle Verwicklungen drehen. Das Vorlesen ist ihnen allen wohl ein liebes Ritual, die Vertrautheit zwischen ihnen ist offensichtlich, die körperliche Nähe macht Elio nichts aus, im Gegenteil, er scheint sie sogar zu genießen. Er liegt auf dem Schoß seiner Eltern, die Mutter krault in seinen Locken, liest dabei auf Deutsch und übersetzt die Geschichte von einem gut aussehenden jungen Ritter und seiner Liebe zu einer Prinzessin ins Englische. Diese sei sich ihrer Liebe zu ihm jedoch nicht bewusst – trotz oder vielleicht sogar wegen der Freundschaft zwischen ihnen. Die Mutter liest weiter: „The young knight finds himself so humbled and speechless that he's totally unable to bring up the subject of his love." Und schließlich, zerrissen von seinen Gefühlen, die direkte Frage des Ritters: „Is it better to speak or to die?“ Worauf Elio seine Mutter anblickt: „I'd never have the courage to ask a question like that.“

Zu schweigen oder seine Gefühle auszusprechen – Elio findet bald darauf doch den Mut, sich für Letzteres zu entscheiden. Ein Radausflug mit Oliver, sie stehen bei einem Kriegerdenkmal, Elio protzt mit historischen Fakten und Oliver wundert sich: Ob es denn irgendetwas gebe, das er nicht wisse. Darauf Elio: „If you only knew how little I know about the things that matter." In einer der langen Einstellungen ohne Schnitt, die für den Film typisch sind, folgt ihnen die Kamera und ist – selbst, wenn sie die gesamte Szenerie betrachtet – immer ganz nah bei ihnen. „What things that matter?", entgegnet Oliver vorsichtig. – „You know what things." Und Olivers Drängen: „Why are you telling me this?" – „Because I thought you should know ... Because I wanted you to know ... Because there is no one else I can say this to but you." Dann die entscheidende Frage: „Are you saying what I think you're saying?" Die beiden stehen einander jetzt gegenüber, Elio schaut Oliver ins Gesicht, er beugt sich fast ein wenig zu ihm; alles ist in der Schwebe. Doch noch wehrt Oliver ab: Sie könnten nicht über solche Dinge reden.

Doch nur kurze Zeit später, am selben Tag noch, liegen sie nebeneinander in einem Feld. Der Blickwinkel der Kamera hat sie nun eingeholt, er befindet sich auf ihrer Höhe und ist auch auf diese Weise abermals ganz nah bei ihnen. „I love this, Oliver", meint Elio und antwortet auf die Frage, was er damit meine: „Everything." Jetzt ist es Oliver, der einen Schritt weiter wagt: „Us, you mean?" Elio grinst verstohlen: „It's not bad." Oliver richtet sich auf, er streicht mit dem Finger sanft über Elios Mund und dann über sein Gesicht. Elio beugt sich zu ihm, er leckt über seine Lippen, es kommt zu einem Kuss, zu einem zweiten, doch dann wendet sich Oliver ab. Sie hätten bis jetzt nichts getan, wofür sie sich schämen müssten, meint Oliver auf Elios Drängen, und das solle so bleiben. Forsch greift ihm Elio in den Schritt: „Am I offending you?" – „Just don't."

Der Sog, den Elio und Oliver aufeinander ausüben, lässt sich aber nicht mehr verleugnen; klar, dass nun alles auf die große Szene ihrer Liebesnacht zusteuert. Ein Treffen um Mitternacht ist vereinbart, die Zeit bis dahin scheint nicht vergehen zu wollen. Dann stehen sie nebeneinander auf dem nächtlichen Balkon. „I'm glad you came", sagt Oliver und legt seine Hand auf die von Elio. „I'm nervous", gibt Elio kurz darauf in Olivers Zimmer zu – als ob seine fahrigen Bewegungen, sein Herumzappeln, sein gesamtes Verhalten anderes gesagt hätte. Er legt den Kopf an Oliver, umarmt ihn, da nimmt dieser sein Gesicht zwischen die Hände: „Can I kiss you?" – „Yes, please", ist Elios Antwort, die wie eine Erlösung kommt. Später sitzen sie nebeneinander auf dem Bett und ihre Zehen berühren sich. „Does this make you happy?" Die Unsicherheit in diesen Worten ist imminent, aber auch das Wollen, das Sehnen. Keusch schwenkt die Kamera auf die Krone eines Baumes im Garten, dann liegen sie nackt beisammen, aus unserer Sicht kopfunter – ihr Leben ist nun auf den Kopf gestellt. Ihre Gesichter sind einander ganz nah, als Oliver flüstert, was man als Geniestreich eines Titels bezeichnen muss: „Call me by your name and I'll call you by mine." Indem sie genau dies tun, heißen sie den anderen in seinem Anderssein willkommen.

Am nächsten Morgen bezieht sich Elio auf Olivers blaues Hemd: „Will you give it to me when you go?" Die beiden haben zu viele Wochen der Unentschiedenheit vergehen lassen – schon im Anfang ihrer Beziehung liegt deren Ende; dass sich die beiden dessen nur allzu bewusst sind, verleiht der Zeit, die ihnen bleibt, dem Martyrium des unvermeidlichen Abschieds die Bittersüße eines großen Melodrams. Die böse Ahnung von Kitsch kommt dabei erst gar nicht auf. „Cinema is a mirror of reality and it's a filter." Dieser Satz Luis Buñuels, zitiert von einem Gast von Elios Familie bei einem gemeinsamen Essen im Garten, kennzeichnet den betörenden Stil des Films. Die Realität: das Läuten von Glocken in der Ferne, das Geräusch von Motoren, Hundebellen, Flugzeuglärm während des ersten Kusses – der Einfluss der Welt von außen ist Elio und Oliver meistens bewusst, doch was zeigen, was verbergen? Schließlich haben sie keine Erfahrung damit, wie sie mit ihren Gefühlen füreinander der Außenwelt gegenüber umgehen sollen.

Guadagninos Inszenierung ist von wunderbarer, zuweilen fast verspielter Leichtigkeit; der sparsame Einsatz von – meist klassischer – Musik, die im Übergang von einer Szene zur nächsten auch mal abrupt abbricht, gibt ihr in all der Märchenhaftigkeit der Welt, in der die Geschichte spielt, eine Struktur, die etwas mit der Vermittlung von realer Wirklichkeit zu tun hat. Mitunter setzt der Regisseur plötzliche Schnitte in Bild und Ton, er verwendet verwackelte Einstellungen und bewusste Unschärfen, wenn die Figuren allzu verwirrt sind von ihren eigenen Emotionen, wenn sie neben sich stehen und wie in Trance bei einer Umarmung reagieren, einem Kuss. Dann gibt es aber auch immer wieder diese wunderbar langen Sequenzen, die uns zusammen mit den Charakteren mit hineinnehmen in die freien Räume der sonnendurchfluteten Landschaft und die Innenräume des Landhauses, die den Figuren, die sie bewohnen, Zuflucht und Sicherheit bieten. Es ist eine trotz ihrer Schwerelosigkeit ganz konkrete und treffsichere, weil bis ins letzte Detail durchdachte und für uns deshalb unvorhersehbare Unmittelbarkeit der Bilder, in deren Rahmen Armie Hammer als Oliver eine ausgesprochen gediegene und Timothée Chalamet als Elio eine wahrhaft sensationelle Darstellerleistung bieten: die uns beim Zusehen zu Mitfühlenden ihrer Emotionen machen. Die Authentizität, die Zartheit und Zärtlichkeit und gleichzeitig die Verletzlichkeit und – sprechen wir das große Wort aus – Sinnlichkeit, mit der sie miteinander umgehen, verwehren ihnen, sich hinter leeren Worten oder falschen Gesten zu verstecken. Schon in seiner Forster-Adaption *Zimmer mit Aussicht (A Room with a View,* 1985) ließ James Ivory, damals der Regisseur der Literaturverfilmung, einen jungen Menschen, eine behütete Engländerin mit dem vielsagenden Namen Lucy Honeychurch (Helena Bonham Carter), in italienischen Gefilden die Konventionen, in ihrem Fall jene des beginnenden 20. Jahrhunderts, vergessen und sich zu einem – unerhört! – Kuss mit einem von Julian Sands gespielten nicht standesgemäßen Mann hinreißen. Bei *Call Me With Your Name* zeichnet Ivory (in dieser Funktion oscarpreisgekrönt) für die Drehbuchadaptation von André Acimans Roman aus dem Jahr 2007 verantwortlich und trifft die elegante Dialogführung auf den Punkt. So stehen Elio und Oliver in diesen Szenen nackt und bloß da in ihrer Menschlichkeit, in der sie erleben, wie es ist, sich zu verlieben und diese Gefühle nicht von sich zu weisen.

Elios Geschichte ist auch die des Heraustretens eines Heranwachsenden aus dem Paradiesgarten seines bisherigen Lebens. Sein Naschen an der in diesem toleranten Umfeld gar nicht einmal so verbotenen Frucht wird durch eine Szene mit einem Pfirsich versinnbildlicht. Elio ist allein und bohrt mit den Fingern ein Loch in die reife Frucht. Er entfernt den Kern und masturbiert dann mit dem Pfirsich. Als bald darauf Oliver dazukommt, errät, was es mit der Frucht auf sich hat und dann davon kostet, ist es Elio unangenehm. Mehr Kind als Liebhaber drängt er sich an ihn und beginnt zu weinen: „I don't want you to go." In dieser Nacht bedauern sie, einander ihre Gefühle nicht schon eher eingestanden zu haben; sie reden über die geschenkte und doch nur geborgte Zeit, die sie so sträflich vergeudet, und die Zeichen der gegenseitigen Begierde, die sie falsch gedeutet und sogar abgewehrt hätten. Am nächsten Morgen findet Elio das frisch gebügelte Hemd und dazu eine Widmung in der Spielart ihrer gegenseitigen Namensgebung: „For Oliver. From Elio." Die Tage vor Olivers Heimreise verbringen die beiden zusammen in Bergamo: Elio bezeichnet sich als „cursed by the love that I receive." Ein gefühlvoller Abschied am Bahnhof, eine letzte und dann eine allerletzte Umarmung – wehrlos, offen, ausgesetzt der Realität ist ihnen in diesen Berührungen das Endgültige bewusst. Später sitzt Elio, allein und in Olivers zu großem Hemd, am Bahnhof herum. Er ist völlig verzweifelt und ruft schließlich seine Mutter an: Ob sie ihn abholen könne, bittet er sie schluchzend.

Die amerikanische Schriftstellerin Flannery O'Connor entwarf in ihren Kurzgeschichten und Romanen das Konzept vom „Drachen, der am Wegesrand lauert". Jeder, der in seinem Leben zu innerer Reife gelangen und zu Erkenntnissen über sich selbst und die moralischen Prinzipien in der Welt kommen wolle, müsse an diesem Drachen vorbei, und sei die Furcht noch so groß.

Auch Elio ist seinem Drachen am Wegesrand begegnet. Die Erfahrungen mit Oliver werden für ihn zu Erfahrungen über sich selbst, über deren Wert das vielleicht schönste Gespräch zwischen einem Vater und seinem Sohn erzählt, das ich in einem Film kenne. Michael Stuhlbarg verleiht der Figur von Elios Vater dabei jene große emotionale Tiefe, die der stillen Intensität von Timothée Chalamets Schauspielkunst entspricht. Es ist Abend, draußen tobt ein Sturm, in der Ferne Glockenläuten. Elio betritt das Arbeitszimmer des Vaters, der dort mit einem Manuskript auf dem Sofa sitzt. Er hat das zu große Hemd getauscht, steht mit kurzer Hose und einem Shirt da und wirkt auf einmal wieder sehr jung. Dass er ihn beim Abendessen vermisst habe, beginnt der Vater das Gespräch; und, als sich Elio neben ihn auf das Sofa setzt: „Welcome home." Was folgt, sind unglaublich intime Momente, ist das Geschenk der unbedingten Ehrlichkeit, das der Vater seinem Sohn macht. „You two had a nice friendship", tastet sich der Vater an das heran, was er seinem Sohn mitgeben möchte. „You're too smart not to know how rare, how special what you two had was." Und: „You were both lucky to have found each other." In Elios Gesicht spiegelt sich die Trauer ob seines Verlustes. Er sitzt anfangs an der anderen Ecke des Sofas, dann rückt er näher an seinen Vater heran, der seinen Kopf streichelt, und beugt sich wie in einer Spiegelung der Szene, in der die Mutter die Geschichte vom jungen Ritter und seiner geliebten Prinzessin vorgelesen hat, zu ihm. Dieser melancholisch-liebevolle Ausdruck in den Augen des

Vaters, die Tränen, die darin schimmern, diese Nähe von Glück und Schwermut, die er nicht nur erkennt, sondern seinen Sohn zuzulassen drängt: „When you least expect it", meint er, „nature has cunning ways of finding our weakest spot." Im Moment, vermutet der Vater, würde sich Elio wohl wünschen, nichts zu fühlen: „But feel something you obviously did." Und er würde ihn für das, was da zwischen Oliver und ihm gewesen sei, beneiden. Er mutmaßt, dass die meisten Eltern sich wohl wünschen würden, dass ihre Söhne das Erlebte und damit verbundene seelische Leid vergessen. „But I am not such a parent. We rip out so much of ourselves to be cured of things faster than we should, that we go bankrupt by the age of 30 and have less to offer each time we start with someone new." Doch es sei eine Verschwendung, nichts fühlen zu wollen, um nicht leiden zu müssen. Als Elio die Frage, ob es denn in Ordnung gewesen sei, so mit ihm zu sprechen, bejaht hat, fällt die berührende Lebensbeichte des Vaters: „I may have come close, but I never had what you two have [...] our hearts and our bodies are given to us only once, and before you know it, your heart's worn out, and, as for your body, there comes a point when no one looks at it, much less wants to come near it." Wer bis jetzt noch nicht mit dem Vater und seinem Sohn mitweint, dem kann nicht mehr geholfen werden: „Right now, there's sorrow, pain", lautet der Ratschlag des Vaters: „Don't kill it and with it the joy you've felt."

So herzzerreißend wie diese Szene ist auch das grandiose Schlussbild des Films. Es nimmt uns nochmals tief hinein in die Empfindungswelt des jungen Mannes Elio, der nun kein Kind mehr ist. In einem Telefongespräch mit Oliver, das zum Lichterfest den Ereignissen des Sommers wie ein Epilog folgt, erfährt Elio, dass der Mann, den er immer noch liebt, heiraten wird. Oliver erlaubt Elio eine Ahnung davon, dass seine Selbstsicherheit nur aufgesetzt war und er sie als Schutz vor sich hergetragen hat: Hätte er sich seinem Vater anvertraut, hätte ihn dieser wohl in eine Anstalt gesteckt, meint er. Elio solle froh über den seinen sein. Oliver versichert ihm, sich an jeden Augenblick zu erinnern, den sie miteinander verbracht hätten, und an alles, was vorgefallen sei; und dann benennen sie einander über die Entfernung hinweg wieder mit ihren Namen.

Nach dem Gespräch kauert sich Elio vor den offenen Kamin im Speisezimmer und starrt in die Flammen. Diese letzte

Einstellung des Films dauert viereinhalb Minuten lang. Dabei blicken wir Elio direkt an und erleben, wie er den Schritt aus seiner Kindheit tut. Während hinter ihm das Leben weitergeht, hinter einem Fenster der Schnee fällt und die Haushaltshilfe und die Mutter den Tisch decken, spiegeln sich in seinem Gesicht die widersprüchlichsten Empfindungen, Trauer und Verzweiflung, das Bemühen, sich zusammenzureißen, dann wieder neuerlich Erinnerungen an den Sommer, die ihn in seinem Schmerz fortzuspülen drohen „How much sorrow can I take?/ Blackbird on my shoulder", heißt es in Sufjan Stevens' „Mystery of Love"; und dann die Andeutung eines Lächelns, die Ahnung, welches Glück es ist, eine solche Liebe erlebt haben zu dürfen: „Blessed by the mystery of love."

Es ist „die Kindheit, von der alles ausgeht und hinter die nichts zurückführt", formuliert Bernhard Schlink in seiner Poetikvorlesung, „der Anfang, an dem wir zwar Fragen haben, aber uns noch nicht fraglich geworden sind, an dem uns die Menschen und die Welt Rätsel aufgeben, aber noch keine, über denen wir an den Menschen und der Welt zweifeln oder gar verzweifeln würden." Dieses Stadium hat Elio passiert, er ist an der Beziehung zu einem Menschen und der Welt verzweifelt und daran stärker, erwachsener geworden. Die Liebe zu Oliver, die wie geschaffen schien für das Leben im Zaubergarten, hat Elio schließlich den Weg aus diesem Paradies seiner Kindheit gewiesen; hinausgestoßen in seiner Zerbrechlichkeit, steht er jetzt vor dem Kaminfeuer und all seinen Erinnerungen, genau an dem Punkt zwischen dem Gestern und dem Morgen. Die Gefühle im Heute drohen ihm das Herz zu zerreißen. Doch der letzte Blick in Elios Gesicht zeigt uns, dass es für ihn keine schlechte Entscheidung war, dem anderen seine wahren Gefühle zu offenbaren – dass er durch diese, seine Katharsis, zu sich selbst gefunden hat.

Call Me By Your Name (Italien/Frankreich/USA/Brasilien 2017, Liebesfilm/ Drama)

Regie: Luca Guadagnino

Darsteller: Timothée Chalamet, Armie Hammer, Michael Stuhlbarg, Amira Casar, Esther Garrel, Victoire Du Bois, Vanda Capriolo, Antonio Rimoldi

Arkadien in Yorkshire

God's Own Country (2017)

Pierre Lemaitres meisterhafter Roman *Drei Tage und ein Leben (Trois jours et une vie*, 2016) dreht sich um das Verschwinden des sechsjährigen Rémi in einem kleinen französischen Ort und den zwölfjährigen Antoine, der den kleinen Jungen ohne Plan zu Tode gebracht und seine Leiche in einem Erdloch versteckt hat. Antoines Bangen, während ein Jahrhundertsturm im angrenzenden Wald sämtliche Spuren verwischt, und das Gefühl, eine lebenslange Schuld auf sich geladen zu haben, durchzieht diese berührende Erzählung, in der mich ein ganz bestimmter Satz besonders beschäftigt hat: „Sie nahm das Zimmer mit einer Neugier in Augenschein, die nichts von Neugier hatte." Hier wird von einer Art von Interesse gesprochen, das sich sehr ernsthaft und tiefgehend mit der Person und deren Umfeld beschäftigt, auf die es sich bezieht. Wenn in Francis Lees international höchst erfolgreichem Filmdrama *God's Own Country* Gheorghe, der rumänische Wanderarbeiter, zum ersten Mal den Hof der Familie Saxby betritt, auf dem er die nächste Zeit verbringen wird, blickt er sich auf vergleichbare Weise um. Auf Johnny hingegen, der mit ihm zusammenarbeiten soll, treffen bei Gheorghes Anblick die Worte aus Alan Hollinghurts Roman *Die Verzauberten (The Spell*, 1998) zu: „Er hatte das beklemmende Gefühl, vor einem Rätsel zu stehen, als habe er einen Hinweis verpasst, eine Erklärung nicht verstanden, die nun nie mehr wiederholt würde."

Das größte Rätsel für Johnny ist wohl er selbst. Josh O'Connor (bekannt durch seine Verkörperung von Prinz Charles in der Serie *The Crown*) verleiht ihm das schmale Gesicht eines traurigen jungen Mannes, der mit seiner verschlossenen und launischen Art überall aneckt, sich jeden Abend bis zur Besinnungslosigkeit betrinkt und am nächsten Morgen die Seele aus dem Leib kotzt. Was in ihm nagt, wird in einem Gespräch mit einer ehemaligen Schulfreundin klar, die auf einem College studiert und nur in den Ferien in die Enge der Kleinstadt zurückkommt. Früher habe er oft gelacht, meint sie – doch Johnny, der sich an den Hof gefesselt und wie in einem Gefängnis fühlt, hat das Lachen und damit auch den entspannten und freundlichen Umgang mit anderen Menschen verlernt. Zu Beginn des Films treffen sich auf einer Viehauktion seine Blicke und die eines anderen Teilnehmers. Sie haben schnellen, ziemlich rohen Sex im Transportanhänger, Johnny schlägt das anschließende Angebot des anderen, zusammen etwas zu trinken, brüsk aus. Schuften bis zur Erschöpfung und ohne die Hoffnung, dass sich daran etwas ändern wird: „No one give a flying fuck what I think", bricht es aus Johnny bei einem späteren Gespräch mit seinem Vater Martin (Ian Hart) heraus. „I'm just here to slog me guts out cos you're fucking fucked."

Was Johnny mit letzterer Bemerkung meint, ist der Schlaganfall, von dem der Vater eine schwere Gehbehinderung davongetragen und Schwierigkeiten mit dem Sprechen hat. Tatsächlich liegt ein Großteil der Arbeit auf der Farm in Johnnys Händen. Die Mutter hat die Familie und das harte Leben auf dem armseligen Hof längst verlassen, das ständige Nörgeln der Großmutter Deidre (Gemma Jones) hört Johnny schon gar nicht mehr. Die Zurechtweisungen durch den Vater, der sich zerfressen fühlt von der wütenden Ohnmacht ob seines Schicksals, verschlechtern die Stimmung zusehends. Der Sex, den Johnny mit anderen Männern hat, dient wie der Alkohol nur dazu, Druck abzulassen; glücklich macht er ihn nicht.

Auftritt Gheorghe (Alec Secăreanu), der bärtige Farmgehilfe mit den großen dunklen Augen. Die Vorbehalte ihm gegenüber sind beträchtlich. Johnny nennt ihn einen Zigeuner und meint, er wäre besser in Rumänien geblieben.

Seine Einstellung ihm gegenüber soll sich schon bald ändern.

Trotz der großen Gefühle, die zwischen den beiden Männern aufzuwallen beginnen, gerät *God's Own Country* in keinem Moment seiner Erzählung in den Verdacht der oberflächlichen Romanze; die Geschichte entwickelt ihre Dramatik nämlich aus der ganz klaren Verankerung im Realismus des Alltags ihrer Figuren und des harten Lebens auf dem Bauernhof im Norden Englands. Die ruhige Stimmung, die gedämpften Farben, der sehr sparsame Einsatz von Musik, ganz konkrete Einzelheiten wie die Untersuchung einer trächtigen Kuh, die Geburt eines Schafes und die Arbeit an einer Trockensteinmauer – es ist so kalt und unwirtlich, dass man zuweilen allein beim Zuschauen zu frieren glaubt.

Die Szenerie ist Yorkshire, sind die windzerzausten Weiden und Hochmoore aus Emily Brontës Klassiker *Sturmhöhe* aus dem Jahr 1847. Dort trotzt das prächtige Gutshaus, das dem Roman den Originaltitel *Wuthering Heights* gibt, dem Wetter und dem Chaos der Emotionen, denen sich das viktorianische Figurenpersonal unterworfen sieht: „One may guess the power of the north wind blowing over the edge, by the excessive slant of a few stunted firs at the end of the house; and by a range of gaunt thorns all stretching their limbs one way, as if craving alms of the sun." In *God's Own Country* sind es die Ruinen eines Hofes fernab der Farm, wo Johnny und Gheorghe die trächtigen Schafe überwachen sollen. „It's beautiful up here, but lonely, no?", meint Gheorghe beim Blick über die Weite der wilden Landschaft.

Wenn die beiden Männer einander an diesem unwirtlichen Ort näherkommen, ist das für mich die schönste Szene des Films. Zuvor hat der fleißige Gheorghe sein Geschick bei der Arbeit mit den Tieren bewiesen; wir merken, dass er ganz genau weiß, was er tut, wenn er etwa auf effiziente, aber auch einfühlsame Weise ein leblos geborenes Lamm zum Atmen bringt oder einem toten Tier das Fell abzieht, um es einem anderen anzulegen, sodass es von einem Muttertier angenommen wird. Johnnys Umgang mit den Schafen ist hingegen genauso ruppig wie Gheorghe gegenüber, wenn er ihm beim morgendlichen Pinkeln jäh in den Schritt greift. Sie stürzen sich aufeinander und wälzen sich wie in einem Ringkampf auf dem schlammigen Boden. Zartheit zuzulassen, muss Johnny erst lernen, und Gheorghe ist ihm ein geduldiger Lehrer. Sie sitzen am offenen Feuer, wärmen sich die klammen Hände und beginnen ein Spiel der bewusst gesteuerten Provokationen: „Freak." „Faggot." – „Fuck off." Im warmen Schein von Petroleumlampen versucht es Johnny gleich darauf auf die bewährte Weise. Er greift Gheorghe zwischen die Beine, da packt dieser seine Hand und führt sie an seine Wange, streicht mit ihr über die bartstoppelige Haut und küsst sie. Den ersten Kussversuch auf die Lippen wehrt Johnny noch ab. Doch Gheorghe lässt nicht locker – mit dem Zähmen von Tieren, das hat er uns schon bewiesen, kennt er sich aus, da wird er mit diesem störrischen Landburschen auch noch fertig werden. Er streichelt Johnnys Hals und seine nackte Brust, nimmt dann wieder seine Hand in die seine und zieht sie zu sich. Ihr Keuchen klingt, als würde es aus Schmerzen entstehen; schließlich fällt eine unsichtbare Wand und es kommt zu dem schon längst ersehnten Kuss. Die beiden Männer sitzen einander gegenüber, jeder nimmt den Kopf des anderen zwischen die Hände, sie schauen einander intensiv in die Augen. Sie haben Sex mit einer Gier, die auch viel von ihrer Verzweiflung am Leben innehat, doch zum ersten Mal auch mit einer neuen, bislang ungeahnten Zärtlichkeit. An diesem unwirtlichen Ort, wo sie einander helfen, ihre Barrikaden einzureißen, und einander als Menschen nahekommen, haben sie die Magie ihres persönlichen Arkadiens auferstehen lassen.

Den Mythos von Arkadien finden wir in der Idealisierung des Hirtenlebens in der Schäferdichtung, einer beliebten Gattung der Barockliteratur. Ihre Verse drehen sich nicht selten um die Figuren einer abweisend-spröden Geliebten und des sich nach ihr verzehrenden Liebenden. Der Ort dieses wehmütigen Schmachtens wird zuweilen mit Arkadien benannt, dessen Einwohner sich als das älteste griechische Volk wähnten. Die Idylle der Natur, das Glück und die Zufriedenheit von Menschen, denen die Arbeit als Hirten keine Belastung darstellt, die Vorstellung eines goldenen Zeitalters – als Schäfer verkleidet, flüchten sich Adelige vor dem als unerträglich empfundenen Mühsal ihres sozialen Lebens aufs Land und in eine Existenz jenseits gesellschaftlicher Zwänge: Eskapismus pur, der mit den realen Lebensumständen der Hirten wenig bis nichts gemein hat, mögen sich diese auf dem amerikanischen *Brokeback Mountain* befinden oder auf den sturmumtosten Höhen Yorkshires.

Der zweite Schlaganfall des Vaters konterkariert Johnnys und Gheorghes ausgelassenes Plantschen in einem eiskalten Fluss. Während die Großmutter an seinem Bett im Krankenhaus wacht, verbringen die beiden einige Zeit allein in dem Farmhaus, das für sie eine Art richtiges Zuhause wird, mit allem, was dazugehört, angefangen vom Nudelkochen bis zu einem gemeinsamen Wannenbad. Ob er nicht länger bleiben könne als geplant, bringt Johnny im Pub endlich die Worte heraus, die ihm am Herzen liegen. Doch Gheorghe ist skeptisch, worauf sich Johnny wieder einmal betrinkt. Gheorghe wird von einem Einheimischen rassistisch beschimpft, rastet aus, macht sich auf die Suche nach Johnny und findet ihn auf der Toilette beim Sex mit einem Unbekannten. Als ihm Johnny mit dem Wagen folgt, hat er schon seine Siebensachen gepackt. Johnny will die Realität nicht wahrhaben: „What are you doing?“ – Gheorghes Faust ist geballt und schlägt um ein Haar zu: „Fuck you.“

Weitere sehr berührende Momente hält der Film für uns in der Auseinandersetzung zwischen Johnny und seinem Vater Martin bereit. Der junge Mann muss nun alle Arbeit auf dem Hof allein erledigen, auch nachdem er aus dem Krankenhaus zurückgekommen ist, ist ihm Martin keine Unterstützung mehr. An dieser Hilflosigkeit des Vaters, der schwerer als zuvor mit seinem Schicksal hadert, wächst Johnny – das trotzige Kind ist erwachsen geworden. Er kümmert sich um das Vieh, trinkt keinen Alkohol mehr, bleibt auch abends auf dem Hof, er wäscht Martin in der Badewanne, zum ersten Mal legt er seine Hand auf die des Vaters und es entsteht so etwas wie Nähe zwischen ihnen. Johnny wirkt die meiste Zeit sehr ruhig, in sich gekehrt, oder ist es Resignation? Eines Nachts jedoch verwüstet er den Caravan, in dem Gheorghe geschlafen hat, und findet dort seinen Pullover. Er zieht ihn sich an und streicht sanft darüber. Er ruft Gheorghes Nummer an und legt auf, als sich die Mailbox meldet. Dann macht er seinem Vater bei einer Ausfahrt auf einen Hügel verständlich, die Dinge in Zukunft auf seine Weise regeln zu müssen: Er wolle sich aufmachen, um Gheorghe zurückzuholen, verspricht aber wiederzukommen: „And I want it to be different.“

Vor einer Halle des Großbetriebs, in dem Gheorghe Arbeit gefunden hat, wartet Johnny lange Zeit, dann: die Aussprache zwischen den beiden jungen Männern. „Why did you just leave?”, dringt Johnny in Gheorghe, der ihm recht ruppig antwortet: „You shouldn’t have come. I’m not the answer.” Dass er ihn einfach sehen musste, beharrt Johnny. „I thought ... if I could see you, talk to you, I could make things better. Try at least.” Für einen wortkargen Menschen wie Johnny ist das schon viel, doch Gheorghe reicht es nicht. Ob das alles sei, pariert er. In Johnny toben die Gefühle, doch er schüttelt den Kopf: Was er wirklich sagen will, kommt ihm nicht über die Lippen. Da wendet sich Gheorghe zum Gehen. Johnny läuft ein paar Schritte in die andere Richtung, dreht sich dann aber abrupt um, rennt ihm nach und packt ihn an den Schultern: „I’m trying to do this. I’m trying to sort it out.“ Er sei den ganzen Weg zu ihm gekommen: „And I want you to come back.“ Wie ein Schluchzen brechen die lang aufgestauten Gefühle aus ihm: „With me. And I want us to be together. I don’t want to be a fuck-up anymore. I want to be near you. And that's what I needed to say.“ Als Reaktion könnte jetzt alles kommen, Gheorghe entscheidet sich für die Ironie ihres alten Spiels: „You're a freak.“ – „So are you.“ – „Faggot.“ Und unter Tränen: „Fuck off.“ Sie legen ihre Köpfe aneinander und es kommt zu einem Kuss – dabei wirken sie fast winzig unter dem Tor der riesigen Halle, doch nicht verloren, weil sie zusammengehören.

„He's more myself than I am“, heißt es in *Sturmhöhe* über den Protagonisten Heathcliff. „Whatever our souls are made of, his and mine are the same.” Patrick Wolf singt im Lied „The Days” über dem Abspann von *God's Own Country*: „[...] this heart starts pulling apart/This cold flesh and worn bones./And I long to be carried on/Once to be lifted strong/Out of the loneliness, and the emptiness of the days.” Die Einsamkeit und die Leere der Tage sind vorüber, die Ängste über die Zukunft und die Gefühle füreinander nicht länger unausgesprochen und vieles ist möglich. Es ist dem großen Einfühlungsvermögen von Drehbuchautor und Regisseur Lee in die Menschen, ihr Idiom und die Landschaft zuzuschreiben, die sie geprägt hat, dass in diesem Film trotz der zuweilen geradezu überbordenden Romantik immer gerade die richtigen Worte gesprochen werden und keines zu viel. So entsteht die herbe Poesie des Augenblicks, entstehen jene leisen Schwingungen und Zwischentöne, die keinen Kitsch zulassen, sondern echt empfundene Glücksmomente.

God's Own Country (GB 2017, Liebesfilm/Drama)
Regie: Francis Lee
Darsteller: Josh O'Connor, Alec Secăreanu, Gemma Jones, Ian Hart

Die Schönheit und die Hässlichkeit

Die Hütte am See (2017)

In Michael Ondaatjes Roman *Kriegslicht (Warlight*, 2018) erhalten zwei Kinder, als sie von ihren Eltern durch Umstände getrennt werden, die mit der Nachkriegszeit und Spionage zu tun haben, von ihrem Ziehvater eine Warnung. Gustav Mahler, so erzählt er ihnen, habe an manchen Stellen in seine Partituren das Wort „schwer" geschrieben. Auf solche Momente müssten sie sich in ihrem Leben vorbereiten: „... sodass wir richtig damit umgehen könnten, falls wir einmal von unserem Verstand Gebrauch machen müssten." Augenblicke wie diese, Hindernisse, die ihnen in den Weg gelegt werden, ob durch andere Menschen oder das Schicksal, und Schwierigkeiten, die es zu überwinden gilt, haben sich im Leben von Leevi und Tareq bereits zuhauf gefunden, als die beiden durch Zufall in Mikko Makelas wundersamem finnischen Sommermärchen *Die Hütte am See* aufeinandertreffen. Ein klassisches Kammerspiel – das kleine Ferienhaus, das zu renovieren der syrische Flüchtling Tareq gekommen ist, die Abgeschiedenheit, in der er und Leevi, der Sohn des Grundstücksbesitzers, einander näherkommen, wo sie in ihren Gesprächen miteinander so ehrlich sein werden, dass es fast wehtut. Die große, die übergroße, die schier unstillbare Sehnsucht nach menschlicher Nähe – in Leevis und Tareqs Augen, in ihren Blicken füreinander, wird sie auf zarte, zärtliche, zuweilen schmerzliche Weise spürbar.

Der Streifen wurde in diversen Besprechungen mit zwei anderen schwulen Filmen verglichen: mit Francis Lees *God's Own Country* (2017), weil sich darin ein Migrant in der Form eines rumänischen Saisonarbeiters und der Sohn des Besitzers einer Schaffarm in der kargen Schönheit des englischen Hochlandes näherkommen; und mit Andrew Haighs *Weekend* (2011), wegen der dokumentarisch anmutenden und gänzlich unaufgeregten Weise, wie hier zwei Männer und ihr Mut gezeigt werden, sich auf die Liebe einzulassen. *Die Hütte am See*, zum Teil durch Crowdfunding finanziert, geht jedoch einen Schritt weiter. Sehr leise, sehr poetisch, gleichzeitig verhalten und besonders in den Sexszenen auch wieder sehr direkt, entwickelt sich zwischen Leevi und Tareq eine Geschichte, als ob Regisseur und Drehbuchautor Makela sie einfach beobachtet und die Kamera draufgehalten hätte. Ein Ort, wie aus der Welt gefallen: In den Szenen, in denen Leevi und Tareq sich einander öffnen und die beinahe in Echtzeit vor uns ablaufen, bleibt die Welt außen vor; Tareqs Flucht aus Syrien, die Sehnsucht nach seiner Familie, die zurückbleiben musste, und doch auch die Angst, in ihrer traditionellen Lebensweise nie er selbst sein zu können auf der einen Seite, auf der anderen der Unfalltod von Leevis Mutter und seine ständigen Auseinandersetzungen mit dem Vater, von dem er sich überwacht fühlt und dem gegenüber er sich nicht zu outen wagt, werden nur am Rand gestreift – gerade so weit, wie sie bei den ersten Schritten, die die beiden jungen Männer aufeinander zugehen, von ihnen selbst angesprochen werden. Manche Rezensionen haben diese nur zuweilen blitzlichtartig erhellten Hintergründe moniert, doch es ist genau diese Erzählweise, es sind genau diese zum Teil von Janne Puustinen als Leevi und Boodi Kabbani als Tareq beim Dreh improvisierten Dialoge in Englisch, ihrer gemeinsamen Sprache, die dem Film seine zutiefst berührende Ehrlichkeit, seine Unmittelbarkeit und stille Intensität verleihen. Die Worte und die Pausen dazwischen, das Gesagte und das Ungesagte, die Leerstellen zwischen den Sätzen – in diesen Bildern, den Blicken und Gesten der beiden wunderbaren Darsteller liegt eine Art von sinnlichem Schwebezustand, eine große emotionale Wahrheit.

Die behutsame Annäherung der beiden, auf den ersten Blick so unterschiedlichen jungen Männer, ihr allmähliches Sich-aufeinander-Einlassen, vermittelt den Eindruck des Gegenteils einer stringenten Inszenierung – so, spüren wir, ist der natürliche Ablauf der Dinge auf diesem einsamen Grundstück am See. Die Renovierung der Hütte, das Roden des Unterholzes auf dem Weg zum Steg am See, abends die Zeit in der Sauna, dann das Bier auf der Veranda im Schein weniger Lichter, die zuerst zaghaften, dann immer ehrlicheren Erzählungen ihrer Lebensgeschichten bis zu dem Moment, an dem sie zueinander finden – ein Herantasten an die eigenen Möglichkeiten und jene des Gegenübers. Leevi legt Musik auf, ein finnischer Schlager, sie lachen, wie furchtbar er sei, dann werden sie stiller, ein ruhiges, fast feierliches Lächeln, die Augen flüchten nicht mehr vor dem Blick des anderen, sondern halten ihm stand; schon fallen Leevi und Tareq in einem ungestümen Kuss übereinander her. Am nächsten Tag, abermals nach dem Sex, liegen sie beisammen und nehmen den anderen im sanften Liebkosen der Wangen, der Brust, der Haut ganz anders wahr. Dass Tareqs Augen so unglaublich tief seien, meint Leevi, er müsse ihn immerzu anstarren; er liebe seine schöne Stimme, seinen Bart, die Haare auf seiner Brust. „I like you too", offenbart auch Tareq seine Gefühle: Leevi verstünde es so gut zu küssen.

Im Morgengrauen streifen sie dann durch das Schilf, ihre Hände streichen über die Halme, ihre Finger berühren einander. Die Poesie von Augenblicken, die die Welt bedeuten: *A Moment in the Reeds* heißt der Film in der englischen Fassung. In einer Umarmung genießen Leevi und Tareq diesen Moment großer Nähe, Worte sind überflüssig, um ihre Gesichter spricht der Wind und in ihnen sprechen ihre Herzen.

Das Wort „schwer" in Mahlers Partitur – es ist auch in Leevis und Tareqs Liebesgeschichte eingeschrieben: die Schönheit, die Hässlichkeit, das Leben. Am knisternden Kaminfeuer liest Leevi dem Geliebten von seinem Handy ein Gedicht vor, über den Ruf des Todes, „rau und unverschämt", über Augen, in denen der „Blick des schreienden Todes" lauere, „im Bauch die Flammen der Hölle". Er möge die Melodie des finnischen Textes, meint Tareq, fragt jedoch nach der Bedeutung. Ein Mann, erklärt ihm Leevi, verbringe die Nacht mit einem anderen Mann: „making love to him". Er tue es trotz seiner Bedenken: „Because he loves it." Eine Emotion, die beide nachempfinden können. Leevi flüchtete vor seinem Vater und der Enge seines bisherigen Lebens aus dem doch als so liberal geltenden Finnland nach Paris. Tareq seinerseits entkam seinem persönlichen Gefängnis, einem Land im Bürgerkrieg, dem religiösen Konservativismus der islamischen Gesellschaft und seiner Familie im Speziellen, und erlebte seine neue Existenz in Europa als bis zu diesem Zeitpunkt unvorstellbaren Befreiungsschlag.

Die Hütte am See verhandelt keinen Katalog an Motivationshintergründen, lässt sie nur hin und wieder leise anklingen, wenn sie mit der Entwicklung der beiden Protagonisten zu tun haben. Es gibt keinen ungewöhnlichen Plot und keine ausgefeilten Twists in der filmischen Erzählung, und genau das macht ihre kompromisslose Stärke und bestechend klare Einfachheit aus. Und doch wird das, was war und um sie herum immer noch ist, Leevis und Tareqs Liebe, ihrer gemeinsamen Zukunft zum Verhängnis. Im Boot am frühen Morgen, der Sonnenaufgang am See. Die beiden jungen Männer sprechen über vergangene Lieben, ohne sagen zu können, ob diese wirklich gewesen seien oder nur eingebildet. Er könne sich nicht erinnern, dass es hier jemals so schön gewesen sei, meint Leevi über seine Jugend an diesem fast magischen Ort: „I hated it. I was so focused on running away that I could only see the ugliness.“ Die Hässlichkeit der Realität bricht bald darauf über ihnen zusammen. Ein Anruf seiner Mutter aus Syrien, ihr Vorwurf, seine Familie zurückgelassen zu haben, bringt Tareq aus dem Gleichgewicht. „I want them to be safe and to be here“, beteuert er. Ein Doppelleben wie in Syrien zu führen, würde er aber nicht mehr ertragen können; gleichzeitig fehle ihm die Energie, seiner Familie sein wahres Ich zu offenbaren. „Your life, your dreams“ – der Geliebte sei so schön, so klug, er habe ihn so gern; doch Leevis weiteres Leben sei in Paris verortet, seines hier in Finnland: Er sehe dieses Land anders als Leevi, es sei jetzt sein Zuhause. In der Frage nach dem Suchen und dem Finden von Heimat entgleiten ihnen die Momente in der Hütte am Schilf und am See und verschwimmt die Vorstellung einer gemeinsamen Zukunft. Für eine kurze Zeit nur haben sie diese Art von Heimat gefunden, im Gegenüber und dadurch auch in sich selbst.

Die Hütte am See *(A Moment in the Reeds,* GB/Finnland 2017, Liebesfilm/Drama)

Regie: Mikko Makela

Darsteller: Janne Puustinen, Boodi Kabbani, Mika Melender

Der ruhende Punkt im Drehen der Welt

I Told Sunset About You (2020) I Promised You the Moon (2021)

Das psychologische Drama *Herr der Gezeiten (The Prince of Tides*, 1991) hält in der Regie von Barbra Streisand zu Beginn eine der schönsten Rückblenden bereit, die ich kenne. Es ist eine perfekt orchestrierte Einleitung in die filmische Handlung, eine Einsicht in die Kindheit der Protagonist:innen, die nur wenige Minuten dauert und uns dennoch ganz viel sagt. Nick Noltes Stimme ist aus dem Off zu hören, er beschwört den Zauber einer Kindheit in den Marshlands von South Carolina herauf. Drei Geschwister toben um ein weißes Holzhaus herum, goldenes Licht, betörende Bilder, ein Hund, ein Baumhaus, eine Schaukel, ein Steg, der durch das Schilf zum Wasser führt, und dazu die aufwühlende Musik von James Newton Howard. Schier grenzenlose Freiheit in einem Sommer ohne Ende, das ist der erste Eindruck. Doch bald fallen Sätze, die an der glänzenden Oberfläche des Idylls kratzen: Wir sehen die Kinder gemeinsam mit dem Vater in einem alten Shrimp-Kutter ausfahren, aber dann hören wir auf einmal: „He would have made a pretty good father hadn't he been such a violent man“. Und kaum wird die Mutter als „außerordentlichste Frau der Welt“ bezeichnet, kommt der bittere Nachsatz: Es sei nicht das erste Mal gewesen, dass sich Kinder über ihre Eltern getäuscht hätten.

Risse tun sich auf und lassen uns einen Blick hinter die Fassade erhaschen. Von einem Krieg ist plötzlich die Rede, den die Eltern gegeneinander vom Zaun gebrochen hätten, und dass die Kinder darin die Gefangenen gewesen wären. Wir erfahren von einem Ritual der Flucht. Die Geschwister laufen aus dem Haus, in dem die Eltern hörbar streiten, sie rennen auf dem Steg bis zu seinem Ende und springen ins Wasser. Dort fassen sie sich an den Händen und bilden einen Kreis: „a circle bound by flesh and blood and water“, dort unten sei ihr sicherer Rückzugsort gewesen: „silence, no pain, soothing". Erst, wenn ihre Lungen zu platzen drohten, wären sie aufgetaucht – in Furcht vor dem, was über der Wasseroberfläche auf sie warten würde.

Eine nicht minder zu Herzen gehende Rückblende in die Kindheit der Protagonisten und die Rolle, die die abgeschiedene Welt unter Wasser in einer Schlüsselszene spielt, zeichnet die thailändische Serie *I Told Sunset About You* (in der für das Genre üblichen Abkürzung: *ITSAY*) aus. Ganz in der Tradition solcher Erzählungen nimmt sich Regisseur Naruebet Kuno aber viel mehr Zeit dafür als die Kollegin Streisand. Die Höhen und Tiefen und damit einhergehenden Gefühlsdramen, die sich aus der geschilderten Bubenfreundschaft ergeben, beschäftigen uns die fünf Folgen der ersten Staffel mit einer Dauer von rund sechseinhalb Stunden – von denen jede einzelne Minute dieses Meisterwerks zu fesseln weiß. Es geht um Teh und Oh-aew, zwei junge Männer an der Schwelle zum Erwachsenwerden, und es macht Sinn, sich mit ihren Namen zu beschäftigen. Die diesbezüglichen Erklärungen kann man im Internet recherchiern, werden aber auch in der zweiten Staffel der Serie, die unter dem Titel *I Promised You the Moon* 2021 herauskam, gegeben: Teh bezieht sich demnach auf das Wort für Tee in der chinesischen Auswanderersprache Hokkien und stellt somit einen direkten Bezug zum familiären Hintergrund der Figur dar, als Tehjue wird jedoch auch die Bedeutung „Mann" angeführt. Oh-aew seinerseits ist die Bezeichnung für ein Dessert aus Feigengelee und Eis, einer kulinarischen Spezialität Phukets, dem Ort, in dessen Geografie und Kultur die Geschichte fest verankert ist.

Zwei Jungen auf ihrer holprigen, zuweilen sogar überaus schmerzhaften Reise zu sich selbst und das im Setting von Old Town Phuket und der umgebenden Inselwelt – selbst Einzelheiten wie die für unsere Ohren exotischen Namen geben uns Einblick ins Verständnis dieses faszinierenden Mikrokosmos.

In den ersten Sequenzen sehen wir sonnendurchflutete Bilder einer Bubenfreundschaft, ein geheimer Treffpunkt am Strand, ausgelassenes Toben im Wasser, spielerische Kämpfe mit imaginierten Schwertern und ungezwungene Körperlichkeit, wenn der Freund am besten weiß, an welcher Stelle auf dem Rücken des anderen er kratzen soll. Zusammen mit anderen Kumpeln sitzen sie vor dem Fernseher und verfolgen, Nudeln schlürfend und mit großen Augen, die Abenteuer des Helden in einer chinesischen

Abenteuerserie. Doch hier wird der Stachel geboren, der sie schließlich auseinanderbringen wird: Beide wollen Schauspieler werden, doch nur einer ergattert die Rolle des Helden bei einer Schulaufführung. Im Druck der Enttäuschung geraten sie in Streit; es wird viele Jahre dauern, bis sie einander wieder in die Augen sehen können.

In einem Vorbereitungskurs für die Aufnahmeprüfung an der Universität treffen sie wieder zusammen. Beide wohnen noch im Elternhaus, Teh bei seiner Mutter, die ein Restaurant in der Altstadt führt, und dem Bruder, der als Reiseleiter arbeitet, Oh-aew im Resort mit eigenem Bootsservice, das sein Vater und die Mutter auf einer nahen Insel betreiben. Abermals sind sie Rivalen, sind die Plätze an der Schauspiel-Uni doch begehrt und begrenzt. Der rote Faden der Geschichte erlaubt aber natürlich eine Annäherung, Teh wird sogar zu Oh-aews Tutor in einem chinesischen Sprachkurs. Das Hadern mit den aufkeimenden Gefühlen füreinander bestimmt dann auch den Verlauf der Handlung, wobei die beiden nach dem Stoß-mich-Zieh-dich-Prinzip vorzugehen scheinen, wie wir es von dem seltsamen Tier aus Doktor Dolittles animalischem Freundeskreis kennen. Geht einer der beiden einen Schritt auf den anderen zu, stolpert dieser gleich drei Schritte zurück – und umgekehrt und immer wieder. Dass das nie langweilig wird, liegt zum einen an der betörenden Sprache der auch in ihrem Farbkonzept durchkomponierten Bilder, die mich in ihrer symmetrischen Ausrichtung zuweilen an Filme von Ulrich Seidl erinnert haben, zum anderen an den beiden – ein weniger enthusiastisches Adjektiv würde ihrer Leistung nicht gerecht werden – schlichtweg sensationellen Darstellern Putthipong Assaratanakul (kurz Billkin genannt) and Krit Amnuaydechkorn (PP), die uns mit ihrem ungezwungenen, unverfälschten und grandios emotionalen Spiel und der unleugbaren Chemie, die aus jedem Blick, jeder Geste, jeder Berührung zwischen ihnen spricht, zu verzaubern wissen.

Aus einem Making-of erfahren wir, dass das Drehbuch in gemeinsamer Improvisation mit den Autor:innen der Serie entwickelt wurde und die Darsteller auch eigene Erfahrungen in die Geschichte einfließen ließen. Insofern entwickelt sich die Erzählung ganz aus diesen beiden Charakteren heraus; Rollen- und Genderklischees, wie sie Serien aus dem asiatischen Raum oftmals beherrschen (das laszive Spiel des etwas älteren und aktiveren Jungen mit seinem schüchternen und meist feminineren Gegenpart), gibt es hier nicht. Die inneren Konflikte, denen sich Teh und Oh-aew stellen müssen, die Motivationen, die zu hinterfragen ihnen oft schmerzhaft schwerfällt, gerieren sich authentisch und frisch: Selbst in den dramatischsten, immer von Musik vorangetriebenen emotionalen Momenten kommt nie auch nur eine Idee von Kitsch, also von unechten und gezwungenen Gefühlen, auf. Freundschaft und Schwärmerei, erstes sexuelles Prickeln und Eifersucht (eine langjährige Freundin, ein neuer Mitschüler), Fragen nach der eigenen Identität, „teenage angst" und die Sehnsucht nach Nähe und Liebe, gleichzeitig die damit einhergehende Verzagtheit davor – die klassischen Elemente des Coming-of-Age. Hier jedoch in einer Erzählweise, die nicht unbedingt unseren Sehgewohnheiten entspricht und vielleicht auch gerade deshalb so einnehmend erscheint.

In diesem Sinne reiht sich eigentlich ein Gänsehautmoment an den anderen. Die zentrale Szene findet sich in der vierten Folge und hat, wie in *Herr der Gezeiten*, mit der Flucht der Protagonisten aus einer Welt zu tun, mit deren Parametern sie nicht zurechtkommen, mit einem „moment in time" unter Wasser und – obwohl in einer Serie beheimatet – einer der schönsten Kussszenen der Filmgeschichte: Augenblicke reinster Magie.

Die Ausgangslage ist, dass Teh und Oh-aew wieder einmal nicht miteinander sprechen, in Wahrheit aber an nichts anderes denken können als an den jeweils anderen. In der Zeit der Funkstille bastelt Teh ein Buch mit Collagen, die sich auf chinesische Sprichwörter beziehen und das Erlernen derselben erleichtern sollen. Ein Hausmädchen ist die Überbringerin des kleinen Kunstwerks und während Oh-aew darin blättert und die Tränen der Rührung kaum zurückzuhalten vermag, geht Teh vor der offenen Haustür nervös auf und ab. Immer wieder späht er ins Haus und sieht Oh-aew auf der Balustrade versonnen vor seinem Zimmer stehen. Endlich blickt der Freund auf und kommt nach kurzem Zögern die Treppe hinunter. Teh betritt das Haus, und sie stehen einander in der Halle gegenüber, so wie sie in einer Vielzahl von Momenten der Serie einander gegenüberstehen und anblicken und man ihnen zurufen möchte: „So traut euch doch endlich!"

So einfach geht es hier aber grundsätzlich nicht zu, darauf muss man sich in thailändischen Serien einlassen. Oh-aew wendet sich ab, geht langsam auf die Kamera zu, bleibt stehen, Teh folgt ihm und legt ihm von hinten das Kinn auf die Schulter. Dann stehen sie einander abermals gegenüber, perfekt im Türrahmen platziert, und sprechen miteinander mit traurigen Blicken. Auf Oh-aews hellblauem Shirt sind die Worte „Things I'll never say" zu lesen, Teh trägt ein ebenfalls blaues Hemd mit roten Hibiskusblüten. Solche Blüten haben sich die beiden in einer früheren Szene hinter die Ohren gesteckt. In der chinesischen Kultur sollen sie den Inbegriff der idealen Blume darstellen, in der sich weibliche und männliche Anteile vermischen. Womit ein kleiner Exkurs zu einem ähnlich gelagerten Bild naheliegt, der „Blauen Blume" der Romantik, dem zentralen Symbol dieser Literaturgattung für die Sehnsucht nach dem Unerreichbaren, nämlich der Erkenntnis der Natur und des Selbst.

Wir finden dieses florale Symbol erstmals in Novalis' Romanfragment *Heinrich von Ofterdingen* (1800). Ein Jüngling liegt darin unruhig auf seinem Lager und sinniert über die Begegnung mit einem geheimnisvollen Fremden: „[...] die blaue Blume sehn' ich mich zu erblicken." In den Worten des Gedichts „Wünschelrute" (1835) von Joseph von Eichendorff nähern wir uns dem Kern der Aussage: „Schläft ein Lied in allen Dingen,/Die da träumen fort und fort,/ Und die Welt hebt an zu singen,/Triffst du nur das Zauberwort." Dieses Dichterwort ist also dazu angetan, die äußere Welt aus ihrem verträumten Zustand zu befreien und sie zu ihrem wahren Wesen zu führen. Das Leben ohne einander war schon für Elio und Oliver in *Call Me By Your Name*, einem Film, der die Kraft der Liebe mit vergleichbar kompromissloser Radikalität feiert wie *I Told Sunset About You*, wie ein Schlaf, wie eine Existenz aus zweiter Hand. Ebenso verhält es sich bei Teh und Oh-aew, die bislang gelebt haben, ohne wirklich zu leben. Die beträchtliche Wirkung des Dichterworts, ergo der Wünschelrute, entspricht ihrem ersten Kuss. Dadurch erwachen sie mit- und füreinander, und ihre ganze Welt wird zum Singen gebracht. In asiatischen Serien ist das nicht nur metaphorisch zu verstehen, sondern meist wörtlich zu nehmen: die Intensität solcher Momente wird regelmäßig durch das Einsetzen von Musik unterstrichen, oftmals sogar durch Gesang, was der filmischen Erzählung ein Leitmotiv gibt. Der Lebensraum, der zuvor als einengend empfunden wurde, öffnet sich in diesem zauberhaften romantischen Realismus zur Unendlichkeit. Patricia Highsmith schildert in ihrer Kurzgeschichte „Die stille Mitte der Welt" („The Still Point of the Turning World", 1947) das kurze heimliche Treffen eines Liebespaares auf einer Bank in einem kleinen New Yorker Park und wie diese Frau und dieser Mann dabei alles um sich herum vergessen: „Sie sahen einander an, und ihre Lippen begegneten sich über den verschränkten Händen und Armen [...], und ihr Kuss wurde zum Mittelpunkt der Stille. Der Kuss wurde zum alleinigen Mittelpunkt des ruhenden Punktes im Drehen der Welt, so dass sich sogar der Park um den stillen Frieden ihrer Lippen zu drehen schien."

Der ruhende Punkt im Drehen der Welt – über die Symbolik von Blumen, ob sie nun blau oder rot sein mögen, sind wir zum Kuss zwischen Teh und Oh-aew gelangt und die beiden jungen Männer zu dem Moment, nach dem ihr Leben und sie selbst nicht mehr dieselben sein werden.

Ein paar wunderschöne Einstellungen dauert es aber noch, wir wollen sie genießen. Oh-aew tritt in einem Moment der Verführung an Teh heran, sie stehen noch im Türrahmen, ihre Gesichter berühren sich fast. Tehs Lippen nähern sich denen von Oh-aew, da bewegt sich dieser von ihm fort und zieht wie ein Magnet den anderen mit sich. Die Kamera folgt ihnen nicht, sie streicht stattdessen an einer Wand des Raumes entlang, bis im nächsten Türausschnitt der diskrete Platz unter der Treppe und dort Teh und Oh-aew sichtbar werden. Musik wallt auf, der Gesang setzt ein, jetzt scheint es ernst zu werden, das ist eine Art Foreshadowing so wie bei John Williams unter ganz anderen Voraussetzungen die Vorahnung eines Haiangriffs. Und endlich kommt es zu einer langen Umarmung, in der große Zartheit und Zärtlichkeit liegen. Wieder lange Blicke, und schließlich die Frage, ob Teh schwimmen gehen wolle.

Sie liegen dann auf dem Wasser, das Meer ist ganz still, sie liegen auf dem Rücken, die Arme und Beine von sich gestreckt, Kopf an Kopf, eigentlich fast Wange an Wange. Es hat den Anschein, als stützte die Schulter des einen den Hinterkopf des anderen. Dass sich das gut anfühle, stellt Teh denn auch fest: „I don't have to think about anything." Er liebe es, fährt er fort, wenn das Meereswasser seinen Rücken berühre: „I feel like something is holding me up." Oh-aew bringt eine Steigerung des Wohlgefühls ins Spiel: „When I don't want to control anything, I release my breath and let myself sink." Und beide, zuerst Oh-aew und dann auch Teh, lassen sich unter Wasser sinken. Abermals setzt Musik ein, und wir sehen sie treiben, zuerst von unten aufgenommen und im Gegenlicht, dann von der Seite. Sie halten einander an den Händen, schweben auf diese Weise im Wasser wie in einer Welt, die nur ihnen allein gehört. Näher kann eine Kamera den Gefühlen von Figuren nicht sein, wir nehmen die leichten Bewegungen der Strömung wahr, und Teh und Oh-aew schauen einander mit offenen Augen an, ruhig und friedlich, sie sind ganz bei sich und beieinander und es ist, als würden ihre Gesichter aufeinander zutreiben – und dann, endlich, kommt es zum Kuss.

Ein kleiner feiner Bruch mit unseren Erwartungen, wie es jetzt weitergehen könnte: das Meer und der Holzsteg aus der Vogelperspektive und dann die Hängematte zwischen den Palmen, auf der die Jungen das Shirt und das Hemd zurückgelassen haben und unter der ihre Flip-Flops im Sand liegen. Und bevor wir uns noch wundern können, ob es das denn nun tatsächlich schon war, sind wir schon wieder bei Teh und Oh-aew unter Wasser und ihr Kuss dauert immer noch an. Die Außenwelt, das haben wir gesehen, nimmt davon keine Notiz, die beiden sind wirklich unter sich, es ist, als existierte kein Davor und Danach – die Welt mag sich zwar weiterdrehen, das hat aber keinen Einfluss auf das, was zwischen den beiden Jungen passiert, sie sind am ruhenden Punkt und auch selbst der ruhende Punkt.

Selten zuvor hat man das in einem Film so intensiv wahrgenommen – fast vermeint man selbst, die Haut zu spüren, als Teh über Oh-aews Brust streichelt und Oh-aew über Tehs Rücken streicht und kleine Luftblasen aufsteigen. In der Strömung hat es den Anschein, als würden sich ihre Haare ineinander verflechten. Auch in Guillermo del Toros mit dem Oscar als bestem Film ausgezeichneten Streifen *Shape of Water* (2017) gibt es in der ungewöhnlichen Liebesbeziehung zwischen der stummen Elisa und einem Amphibienwesen einen solchen Kuss unter Wasser, und zwar genau in dem Moment, an dem sie die Ketten ihrer gesellschaftlichen Ausgrenzungen gesprengt haben. Del Toro selbst bezeichnete die Gestalt des Wassers in diesem Sinne als Gestalt der Liebe, denn „Liebe ist formlos, bis man sie gefunden hat.“ So wie das Wasser diese beiden Charaktere umschließt wie eine Hülle, ist es ihnen Medium zur Kommunikation und ermöglicht ihnen, sich einander ganz und gar zu öffnen. Ähnlich erscheint uns die gegenseitige Hingabe von Teh und Oh-aew, die vorbehaltloser nicht sein könnte. Schließlich findet auch ihr Kuss ein Ende, sie schauen einander wieder an und lächeln – es ist nichts als reine Glückseligkeit in ihren Augen und ihrem Wesen, als sie langsam beginnen, wieder aufzutauchen.

Die Änderung der Stimmung geschieht anfangs noch unmerklich. Teh und Oh-aew kommen aus dem Wasser und spritzen sich gegenseitig an, sie laufen einander am Strand nach wie junge Hunde. Wir beobachten all das von der Hängematte aus, denn zu diesem Ort strebt nun alles zu, hier wird sich, das ist schnell klar, gleich Entscheidendes abspielen. Noch ist alles in der Schwebe, als sich Oh-aew sein Shirt anzieht und Teh sein Hemd. Oh-aew richtet ihm den Kragen und hilft ihm beim Zuknöpfen. In einer verspielten Geste nimmt Teh den Kopf des anderen zwischen die Hände und schüttelt ihn leicht, dazu strahlt er. Sie schlingen die Arme umeinander, doch schließlich kann sich Oh-aew nicht länger zurückhalten: „So what now?“ – „About what?“ – „Us.“ Teh wird auf einen Schlag ganz ernst, und Oh-aew kriegt diesen unnachahmlich verletzten Ausdruck. „Isn't it nice the way it is now?“, fragt Teh und Oh-aew: Was er damit meine? Darauf die niederschmetternde Antwort: „Well, being friends.“ Oh-aew versteht die Welt nicht mehr. „Friends did what happened earlier?“ Was er denn falsch gemacht habe, fragt er schluchzend und mit bettelnder Stimme, er würde es nicht wieder tun. Und: „You feel it too.“ Da flüchtet sich Teh in die schwächste aller Ausreden: Eines Tages würde er vielleicht nicht mehr so fühlen. Die Klaviermusik reflektiert Oh-aews leidvolle Blicke, sein Schluchzen wird immer intensiver, auch Teh ist das Toben in seiner Brust anzumerken, und um ein Haar, denkt man, es könnte wieder zu einem Kuss kommen und alles würde gut. Doch Oh-aew zeigt plötzlich eine Stärke, die wir ihm gar nicht zugetraut hätten: Dann sollten sie heute damit aufhören, stößt er hervor. Seine Hände, die sich die ganze Zeit an Teh geklammert haben, sinken nach unten. Wie schon so oft stehen sie voreinander, aber diesmal ist eine unsichtbare Barriere zwischen ihnen: „You're no longer my friend.“ Oh-aew geht davon und lässt Teh und die Hängematte, auf der sie einander einmal Hibiskusblüten geschenkt haben, zurück. Teh keucht auf; nun ist er es, der schluchzend zusammenbricht.

Regisseur Kuno erweist sich als wahrer Perfektionist im Timing der Darstellung leiser und dann auch wieder ganz starker Emotionen. Mit unnachahmlicher Hingebung und ohne jede Angst vor überschießenden Gefühlen inszeniert er in *ITSAY* Herzschmerz in Reinkultur. Doch was in anderen Filmen und Serien oft schiefgeht, gerät ihm zu großem Kino. Wir haben immer den Eindruck, etwas Echtem und Wahrhaftigem beizuwohnen, etwas, das sich genauso abspielt und gar nicht anders abspielen kann. Natürlich finden Teh und Oh-aew am Ende der ersten Staffel zusammen. Nach geraumer Zeit der Trennung stehen die beiden jungen Männer auf einem Felsvorsprung über dem Meer und vor dem wunderschönen, im Titel genannten Sonnenuntergang. „Do not disappear like that again", schluchzt Oh-aew. „You can be whatever you want to be. Just please don't go!" Und Teh spricht endlich aus, was sein Herz schon lange wusste: „If I can be anything, can I be your boyfriend?" Sie fallen einander in die Arme und alles ist gekommen, wie es kommen musste. Teh und Oh-aew haben ein wahres emotionales Chaos durchlaufen, all das himmelhoch Jauchzende und das zu Tode Betrübte der Adoleszenz, sie haben aber auch gelernt, nicht nur unter Wasser schwerelos schwebend miteinander auszukommen, sondern auch „draußen" im echten Leben. Neben der Aufnahmeprüfung bestehen sie die Reifeprüfungen ihres Selbst, ihrer Identität als junge schwule Männer, die ihre Ängste und Skrupel überwinden müssen, um sich selbst so akzeptieren zu lernen, wie sie eben sind, und die ihre wahren Gefühle füreinander zulassen.

Die sanfte Wehmut, die schwelende Melancholie, die leichte warme Luft, das betörende südostasiatische Licht – die Serie nimmt sich für die Darstellung dieses langen und zuweilen gar nicht ruhigen Lebensflusses genau die Zeit, die sie braucht, da macht sie keine Kompromisse, und dieser Rhythmus überträgt sich auch auf uns. Als „game changer for the genre" (Antonio Joshia) folgt die Erzählung dabei den genretypischen Parametern der im asiatischen Raum so beliebten „Boys' Love"-Serien, kurz BL genannt, nur um sie im nächsten Moment mit Bruchlinien zu versehen, die ihre Verwandtschaft mit europäischem Arthouse nahelegen. Während BL oftmals von Frauen für ein heterosexuelles weibliches Zielpublikum konzipiert wird und westliche Sehgewohnheiten durch inszenatorische Merkmale wie alberne Gags, übertriebenes Schauspiel, oftmalige Wiederholungen wichtiger Szenen und endlose Zeitlupenabläufe irritiert, handelt es sich bei *ITSAY* eindeutig um die Filmerzählung eines queeren Teams auch oder besonders für queere Zuschauer:innen. Subtiler in der Gestaltung, realistischer in der Einbeziehung der Örtlichkeiten und der Nebenfiguren und mit ganz starken Darstellern geht es hier in erster Linie um die Geschichte und die Menschen, die sich darin bewegen. Der Erfolg gerade in Ländern des asiatischen Raumes, in denen queere Gleichberechtigung alles andere als selbstverständlich ist, scheint dem Konzept recht zu geben.

Paul Watzlawick, ein österreichisch-amerikanischer Kommunikationswissenschaftler, erklärt in seinem Aufsatz „Die Literatur und die Wirklichkeit" das Wesen eines Buches insofern, als es den Leser:innen zu einem geradezu traumhaften und damit völlig persönlichen Erleben von existenziellen Dimensionen verhelfe, die ihnen „sonst unzugänglich bleiben würden." Im Wechselspiel der inhaltlichen Ebene von Kommunikation mit dem damit verbundenen Beziehungsaspekt würde sich Letzterer als bestimmend erweisen, Watzlawick bezeichnet ihn als „Metakommunikation". Umgelegt auf *I Told Sunset About You*, gelingt es der Serie in ihren besten Momenten, einen unbedingten Kontakt zu den Zuschauer:innen herzustellen – so intensiv, dass das Gefühl, ganz nah bei diesen beiden jungen Männern und ihren zutiefst verwirrenden Gefühlen zu sein, uns in die Erzählung zieht und davon geradezu beseelt. Das sind jene filmischen Momente, in denen die Distanz zwischen uns und denen, deren Geschichten wir verfolgen, auf das geringste mögliche Minimum schrumpft.

In seiner Zerrissenheit als Einwanderer in den USA, Sohn einer vietnamesischen Analphabetin und Schwuler formulierte es der Autor Ocean Vuong in seinem Erfolgsroman *Auf Erden sind wir kurz grandios (On Earth We're Briefly Gorgeous*, 2019) so: „Sich selbst immer noch als sich selbst zu sehen ist eine Zuflucht, von der Menschen, die niemals in ihrem Leben verleugnet wurden, nichts wissen können."

Teh und Oh-aew teilen diese Erkenntnis in ihrem Kuss unter Wasser – als gäbe es außer diesem Moment kein Weiter, kein Darüber-Hinaus, als hätte er Bestand als etwas, das aus der Zeit herausragt, für sich steht und für sich Bedeutung hat – und die beiden jungen Männer sich selbst und einander klar zu sehen lernen.

VON DER SCHÖNHEIT UND DEN SCHMERZEN DER LIEBE

In dem Kinderbuch *Weißt du eigentlich, wie lieb ich dich hab? (Guess How Much I Love You*, 1994) von Sam McBratney, einem veritablen Bestseller, der auch heute noch gern vorgelesen wird, geht es um eine Mutter und ihren Sohn, die in den hübschen Illustrationen von Anita Jeram als Hasen dargestellt sind und ihre Liebe füreinander in Worte zu fassen versuchen. Immer großartiger werden die Vergleiche, mit denen sie die Tiefe ihrer Gefühle umschreiben, bis der kleine Hase seiner Mutter versichert, seine Liebe zu ihr würde bis zum Mond und wieder zurück reichen. In der thailändischen Serie *I Promised You the Moon* sind es zwei junge Männer, Teh und Oh-aew, die einander ihre Liebe beteuern. Sie nehmen Abschied von Phuket, wo sie in der ersten Staffel mit dem nicht minder poetischen Titel *I Told Sunset About You* eine Kindheit als beste Freunde verlebt, als Jugendliche ihre Liebe füreinander entdeckt haben und einander am Ende vor dem angesprochenen Sonnenuntergang auf einem Hügel über dem Meer gestanden sind. Nun kommen sie aus ihrem persönlichen Paradies in der Großstadt Bangkok und somit im Alltag ihrer Beziehung an.

In ihrem Roman *Die Optimisten (The Great Believers*, 2018) macht sich Rebekka Makkai Gedanken über die Vorstellung von lebenslanger Liebe. „Sie hatte ihn ein Leben lang geliebt“, heißt es darin. „So eine lange Zeit. Und oft hatte sie gedacht, dass eine Liebe vielleicht nur so lange halten konnte, wenn der andere tot war. Wäre es möglich, einen lebendigen, fehlerhaften Menschen so viele Jahre zu lieben?“ Darum geht es im Grunde genommen auch in *I Promised You the Moon* – was von den Versprechungen, immer für den anderen da zu sein, angesichts der Anforderungen der Realität übrig bleibt, und wie man als Paar mit genau diesem Problem umgeht; wobei diese zweite Staffel der Serie, so wie schon die erste, sich in erster Linie um die Emotionen kümmert, die mit solchen Fragen zu tun haben, mit den Wallungen des Herzens und den Qualen der Seele. *I Promised You the Moon* ist Herzschmerz pur in fünf Folgen des ständig steigenden Tränenflusses, ein wahres Crescendo der Rührung bis zum heiß ersehnten und dann auch gebotenen glücklichen Ende. Die langen, aber nie zu langen Folgen nehmen sich wieder viel Zeit zur Auslotung der Gefühlswelten der beiden Protagonisten und dabei für die Symbolik von Farbstimmungen, Schauplätzen und Blumen in ausgesuchten Bildkompositionen, deren musikalische Spiegelung von sanften Klavierakkorden bis zum großen Orchester reicht. Die geradezu magische Wirkung der Erzählung ist aber wieder vor allem den beiden grandiosen Darstellern „Billkin“ Putthipong Assaratanagul und „PP“ Krit Amnuaydechkorn zu danken, die die Geschichte und die Dialoge greifbar und authentisch machen. Die Seelenlandschaft ihrer Gesichter, die Verletzlichkeit in ihren Augen, die Tiefe ihrer Empfindungen zieht uns in den Bann des Ausdrucks, wie ihn nur ganz wenige Schauspieler hervorzurufen vermögen – und wenn ich jetzt abermals von Tränen zu sprechen beginne, lässt sich die Wiederholung nicht vermeiden. Diese sind in dieser Serie geradezu systemimmanent, sie tropfen bis strömen, vor Rührung oder Verzweiflung oder reinem Glück – und wehe, man ist beim Zuschauen so nah am Wasser gebaut wie Teh und Oh-aew!

Der Faktor an Originalität ist in dieser zweiten Staffel nicht so hoch wie in der ersten, die sich wie europäisches Arthousekino im Rahmen einer südostasiatischen „Boys Love“-Geschichte gerierte. Vielmehr versteht es Regisseur Tossaphon Riantong, an die Vorgaben anzuknüpfen, die sein brillanter Vorgänger Naruebet Kuno in *I Told Sunset About You* setzte, und liefert auf diese Weise jene Art von Service, wie es sich die Fans der Serie zweifellos gewünscht haben. Schon bald nach Beginn der ersten Folge gelingt Riantong ein solcher wunderbarer Verbindungsfaden als Anschluss an die Stimmung der ersten Staffel. Teh und Oh-aew verleben vor dem Beginn des Studienjahres an der Schauspielschule noch einige unbeschwerte Stunden in einem Aquarium. Zu dieser Welt haben sie eine spezielle Beziehung – wir erinnern uns noch an die Szene ihres ersten Kusses, der unter Wasser und auf diese Weise verborgen vor ihren Familien und den Freunden stattfand. Jedenfalls ist jetzt im Aquarium das Titellied von *I Promised You the Moon* zu hören, ein Duett der beiden, in dem sie einander versichern, wie wunderbar es doch sei, jemanden zu lieben: „All I need is you, baby! Only you complete me!“ Schließlich stehen Teh und Oh-aew vor einem bildfüllenden Becken, in dem Haie und Rochen majestätisch vorbeigleiten. Dass seine Mutter wisse, dass sie nun ein Paar seien, teilt Teh seinem Freund mit. Diesem ist nicht ganz wohl bei dem Gedanken. Teh reicht ihm Kopfhörer und spielt eine Nachricht der Mutter auf seinem Handy ab. Darin bittet sie Oh-aew, auf ihren Sohn achtzugeben; die beiden sollten sich fleißig ihren Studien widmen und sie würde sich auf das nächste gemeinsame Essen in Phuket freuen. Oh-aew hat Tränen der Rührung in den Augen, ich brauche es kaum zu erwähnen. Teh grinst und streichelt über seine Wange: Dann würden sie die Mutter nicht als beste Freunde wiedersehen, meint er, sondern als Paar. Ein Hai bewegt sich an ihnen vorbei, da küsst Teh Oh-aew rasch auf die Wange. Der Freund schaut sich erschrocken um, ob sie niemand im Raum gesehen hat. Die beiden stehen wie Scherenschnitte in einem südostasiatischen Schattenspiel vor der gläsernen Wand und dem bläulichen Licht des Wassers. Teh nimmt Oh-aews Hand, sie werfen einander lange Blicke zu, die Gitarrenmusik setzt aus – ein Herzschlagmoment. Und dann beugt sich Teh zu Oh-aew und küsst ihn auf den Mund. Es sind nur gedämpfte Stimmen im Hintergrund zu hören und Geräusche, als befänden sie sich unter Wasser, in dieser Spiegelung ihres allerersten Kusses. Wie damals befinden sie sich in ihrer eigenen Welt, und der Kuss findet kein Ende. Doch dann zieht sich die Kamera von ihnen zurück, und zu beiden Seiten werden die Silhouetten von Menschen sichtbar, die sich nicht um den Kuss kümmern und sich schon gar nicht daran stoßen. Ein sehr schönes Bild für die Entwicklung dieser Liebe, die sich nun nicht mehr im Verborgenen abspielt, sondern im öffentlichen Raum – als selbstbewusste junge Erwachsene stehen sie zueinander und zu ihrer Beziehung.

Im weiteren Handlungsverlauf erkennt Oh-aew, dass seine Begabung eher im Bereich der Werbung liegt, und wechselt die Studienrichtung. Teh, dessen Enttäuschung darüber groß ist, sammelt hingegen erste Erfolge am Theater. Dass die beiden aus diesem Grund nicht mehr so viel Zeit zusammen verbringen können, liegt auf der Hand und soll von nun an den roten Faden für kommende Konflikte bilden. Ein unterschiedlicher Arbeitsrhythmus, neue Bekanntschaften und Freundeskreise ohne große Schnittmengen – sie beginnen, sich auseinanderzuleben. Sie verbringen immer weniger Zeit miteinander, ihre Gespräche versiegen wie die Häufigkeit von sexuellem Beisammensein. Oh-aew färbt sich die Haare in einer Aktion des Aufbegehrens orangerot, und Teh fühlt sich zu einem jungen Mann namens Jai, seinem Regisseur bei einer Theaterproduktion, hingezogen.

In diesem Zusammenhang kommt es in der dritten Folge zu einer für das Genre ziemlich ungewöhnlichen Szene. Thailändische Erzählungen über gleichgeschlechtliche Liebe drehen sich ja meist eher um die tiefen Emotionen, darum, für den anderen da zu sein und das damit verbundene ausführliche Werben, als um handfeste Aktionen – ein gehauchter Kuss nach zwölf Folgen ist da zuweilen schon das höchste aller Gefühle.

„Berührt zu werden war schon immer Yales Schwäche gewesen", heißt es in dem bereits erwähnten Roman *Die Optimisten* über die Hauptfigur. Solche Berührungen sind Teh und Oh-aew merklich abgegangen, wenn sie nun ihre Sexualität quasi neu entdecken. Eigentlich wollte Teh in seinem Zimmer im Studentenwohnheim übernachten, doch er kehrt in das schicke Apartment seines Freundes zurück. Oh-aew schläft bereits, Teh legt sich neben ihn und streicht über seine Haare. Wohlig registriert Oh-aew im Halbschlaf diese Berührungen und rekelt sich ihnen entgegen. Die Kamera nimmt nun Tehs Blick ein, der Teile von Oh-aews Körper in Großaufnahme zu erkunden beginnt, sein Gesicht, die Brauen, die Nase, die Lippen. Spielerisch schnappt Oh-aew nach Tehs Fingern. Wie schon zuvor im Aquarium setzt die Musik aus, die Szenerie verharrt, bevor es zu einem Kuss kommt und die beiden übereinander herfallen – drängend, ja schon, doch auch nicht allzu heftig, eher auf zärtliche Weise. Immer wieder sind zwischen diese Bilder Erinnerungsfetzen von ihrem ersten Sex in Blautönen des Mondlichts auf einem Strand auf Phuket geschnitten. In Barry Jenkins' berührendem Oscargewinner *Moonlight* (2016) erscheint die Haut der Protagonisten im Schein des Mondes blau, was als Symbolik für das Suchen und Finden der eigenen Schönheit, des wahren Selbst, zu verstehen ist. Aus der Einstiegsszene von *I Promised You the Moon* wissen wir, dass Teh und Oh-aew damals auf Phuket zum ersten Mal miteinander geschlafen haben; danach liegen sie auf dem Rücken nebeneinander im Sand, sie versprechen einander, immer zusammenzubleiben und füreinander da zu sein, und die Wellen umspülen sie wie dereinst Deborah Kerr und Burt Lancaster in dem Klassiker *Verdammt in alle Ewigkeit (From Here to Eternity*, 1953). Diese Bilder vermischen sich mit der Wiederentdeckung ihrer Zweisamkeit Monate später in Oh-aews Wohnung. Am nächsten Morgen fallen Streifen fahlen Lichts durch die Jalousien auf das Bett. Oh-aew schmiegt sich wohlig an Teh und meint, dass sie das schon lange nicht gemacht hätten: Es sei wie ihr erstes Mal gewesen.

Doch für geraume Zeit auch das letzte Mal. Oh-aew muss einen Kuss zwischen

Teh und Jai mitansehen und weiß nicht, ob er den Beteuerungen seines Freundes, es hätte sich nur um eine Probe für das Theaterstück gehandelt, Glauben schenken soll. Jedenfalls gratuliert er ihm nach der gelungenen Aufführung mit einem Strauß Sonnenblumen, einer Referenz auf den Titel der ersten Serienstaffel, und beteuert ihm seine Liebe. Auf der anschließenden Party kommt es jedoch zum Bruch. Ein kleines Restaurant, es spielt eine Live-Band und Teh und Oh-aew werden dazu gedrängt, mitsammen ein Lied zu singen. Von einem schwarzen Meer ohne Liebe handelt der bedeutungsschwangere Text und um die Frage, ob sich Oh-aew denn fürchte. Doch nein, lautet die Antwort, denn er habe die Stimme des Freundes gehört, der seine Hand halte und sein Herz wärme. Sie schauen einander in die Augen: „Don't be scared!" Doch in diesem Moment drängt sich ein bedrohlicher Ton in den Vordergrund, dazu entgeht Oh-aew nicht, dass es Jai ist, der sich in Tehs Blickfeld befindet. Bewegungen und Empfindungen wie in Trance, da fällt Teh auf, dass Oh-aew in Tränen aufgelöst neben ihm steht: „I'm going home!" Oh-aew läuft aus dem Restaurant, die Sonnenblumen nimmt er mit. Teh versucht, ihn aufzuhalten. „How long do I have to turn the blind eye?", schneidet ihm Oh-aew aber, völlig aufgelöst, das Wort ab: „Do you think I'm that stupid?" Er schlägt die Blumen gegen Tehs Brust, wirft sie dann auf den Boden und stürmt davon. Verzweifelt schluchzend bleibt Teh zurück.

Die vielleicht stärkste Szene der Staffel, zweifellos jene, in der Billkin und PP mit den überbordenden Gefühlen ihrer Charaktere geradezu verschmelzen, findet sich in der vierten Folge, als es nach einem Versöhnungsversuch zwischen Teh und Oh-aew zur offenbar endgültigen Trennung kommt. Es ist geraume Zeit nach dem Streit im Restaurant, Oh-aew hat Zuflucht im Haus eines Freundes gefunden. Teh drückt sich davor herum, er trägt das hellblaue Hemd mit den roten Hibiskusblüten, das er schon in der ersten Staffel und dann auch beim Einzug ins Studentenheim zu Beginn der zweiten anhatte. Zuerst will man ihn nicht ins Haus lassen, doch Teh beteuert, dass alles nur seine Schuld sei und er unbedingt mit Oh-aew reden wolle. Dieser sitzt im stylish eingerichteten Wohnzimmer samt Glasfront zu einem Innenhof mit Pool mit dem Rücken zu ihm. Sogleich fällt uns auf, dass seine Haare nicht mehr rot gefärbt sind – das ist der Oh-aew von früher, doch, und auch das werden wir bald merken, dann auch wieder nicht. Teh setzt sich zu ihm, es herrscht lange Stille, Oh-aew meidet seinen Blick. Schließlich findet Teh Worte: Was er getan habe, sei unverzeihlich, er bitte Oh-aew dennoch, mit ihm zu reden. Oh-aew wendet sich ihm zu: „Do you love me?“ – „I do“, bekräftigt Teh. Wie es sich dann mit Jai verhalte, stellt Oh-aew in den Raum, und dass er sich Teh nie mehr sicher sein könne, denn er sei wohl nicht in der Lage, ihm zu geben, was er brauche. Der Schluss: „We should break up.“ – „Please don't do this!“, fleht Teh. Und Oh-aew: „But I'm hurt!“ Über die Menge von geschluchztem Tränenfluss in Szenen wie dieser habe ich bereits geschrieben, hier gibt es kein Halten mehr. Teh nimmt Oh-aew in den Arm und reibt seine Schultern: Er wolle immer an seiner Seite sein. Schon möchten wir an eine Versöhnung glauben, schon können wir uns vorstellen, wie Oh-aew an seine Brust sinkt. Doch nein: „Get the hell away from me“, begehrt er auf. „I don't want to see your face again. Get out.“ Es ist unglaublich, welche Dramen sich in Billkins und PPs Gesichtern, im Speziellen in ihren Augen, in diesen Momenten abspielen – wir kennen Ähnliches eigentlich nur von Timothée Chalamet in den letzten Minuten von *Call Me By Your Name*.

Am Ende der Folge unterzeichnet Teh einen Vertrag mit einer Agentin – sein Weg in eine Zukunft als Schauspieler geht einher mit dem Abbruch der Brücken in seine Vergangenheit. Die Agentin drängt ihn, sämtliche Fotos in sozialen Medien, die ihn mit Oh-aew zeigen, zu löschen: Zu einem späteren Zeitpunkt könnten diese seine Karriere behindern. Teh tut, wie geheißen, und wir zweifeln nun wirklich an der Möglichkeit eines Happy End.

Dass sich ein solches doch noch einstellt, hängt mit einem Gedankengang zusammen, den der Pulitzerpreisträger Adam Johnson in seiner Kurzgeschichte „Interesting Facts“, erschienen in der Sammlung *Fortune Smiles* (2015), einer an Brustkrebs erkrankten Frau ihrem Ehemann gegenüber in den Mund legt: „I miss talking with him. I miss how nothing seemed like it really happened unless we told each other about it.“ Sich nicht ganz fühlen ohne den anderen – zwar haben sowohl Teh als auch Oh-aew Erfolg in ihren Studien- und Berufsfeldern gefunden und gewinnen in der Folge an Selbstvertrauen und innerer Stärke, dennoch spüren beide, dass etwas in ihrem Leben fehlt – obgleich sie (noch) nicht in der Lage sind, dies vor sich selbst und dem anderen einzuräumen.

Monate später besucht Oh-aew die Aufführung des von Teh verfassten und inszenierten Theaterstücks, das denselben Titel wie die erste Serienstaffel trägt. Natürlich geht es um ihre Kindheit und Jugend und die Liebe, die damals entstand. Dass sie ihren Weg miteinander gehen und immer zusammen sein wollten, versichern die Darsteller ihrer Rollen einander auf der Bühne. Da hält es Oh-aew nicht mehr auf seinem Sitz aus. In der Tiefgarage treffen er und Teh vor einer Säule mit dem Plakat des Stücks aufeinander. Wie schon zuvor, entschuldigt sich Teh für sein Fehlverhalten und gesteht, realisiert zu haben, dass er ohne Oh-aew nicht leben könne: „The one I've been looking for is always you, in the end.“ Er habe in seiner anlaufenden Karriere so viele neue Leute kennengelernt und Aufmerksamkeit erhalten, doch all dies würde angesichts seiner Liebe zu Oh-aew nichts bedeuten. Er wagt die große Frage: „Can we start all over again?“

Doch noch immer sind Oh-aews Wunden nicht verheilt: Habe er denn wirklich Liebe gefühlt? Wie habe er ihn dann betrügen und wie solle er ihm jetzt wieder vertrauen können? Teh gibt sich noch nicht geschlagen: „You asked me never to disappear“, erinnert er ihn an den Beginn ihrer Liebe. „What if I asked you the same today?“

Aber nein, die Seriendramaturgie erlaubt noch kein glückliches Ende. Oh-aew reicht Teh die abermals mitgebrachte Sonnenblume und wünscht ihm Erfolg, lässt ihn aber allein zurück.

Doch das Finale und damit die Erlösung für die ungewiss-bangende Seele der Fans ist nicht mehr weit – nach all den Verzögerungen erscheint sie sogar etwas abrupt. Tehs Bruder feiert Hochzeit mit seiner japanischen Freundin, Schauplatz ist das Resort von Oh-aews Eltern nahe Phuket, das wir schon aus der ersten Staffel kennen. Die Gruppe von Freunden von damals kommt wieder zusammen, und unvermutet taucht auch Oh-aew auf. Natürlich behandelt Tehs Mutter ihn wie einen Sohn, natürlich ist er es, der den Brautstrauß aus weißen Rosen fängt. Teh trägt einen blauen Anzug, Oh-aew einen schwarzen und ein extravagantes weißes Hemd mit besonders langen Ärmeln. Als die Festivitäten zu Ende sind und sich Teh und Oh-aew allein am Strand wiederfinden, passen diese Farben perfekt zum abendlichen Dämmerlicht. Ein Schiff am Horizont, das Rauschen der Wellen im Hintergrund, dazu die Musik, die diesmal in einen Chor mündet – viel romantischer geht es nun wirklich nicht. Nachdem er Tehs Versuche der Annäherung immer wieder zurückgewiesen hat, ist es nun Oh-aew, der die Nähe des anderen sucht. „I thought you weren't coming", stellt Teh fest. „I asked you not to ever disappear from me, then how could I disappear from you?", lautet Oh-aews Erklärung, die eigentlich schon alles vorwegnimmt. Er habe über sie beide nachgedacht, versucht sich Oh-aew nun zu erklären. Sie beide hätten sich verändert und sie würden sich weiter verändern: „We're not the same people as on the first day we fell in love with each other anymore." Teh habe in einem früheren Gespräch gemeint, niemand könne ihn ersetzen, und dies würde auch auf ihn zutreffen: „I still want to see you every day." Während dieser Worte laufen Rückblenden auf Szenen ihrer Liebe ab, die vielleicht auch Teh und Oh-aew vor ihrem inneren Auge reflektieren. Dazu spricht Oh-aew über Tehs Lächeln und seine Grübchen; und schließlich das Bild der beiden vor dem Sonnenuntergang im Finale der ersten Staffel und die Worte „I miss you."

Als wäre dies nicht schon genug an überbordenden Emotionen, formuliert Oh-aew den Plan für ihr gemeinsames Leben. Sie müssten einander keine immerwährende Liebe schwören, meint er. „We don't have to expect that things will be the same and never change." Alles, was er wolle, sei, mit Teh zusammen zu sein. „And if we ever have any problems, can you come talk to me? And we can fix it together. And we won't give up so easily. Could it be like that?"

Natürlich kann es. Eine ganz enge Umarmung, Oh-aews Tränen – wieder einmal wirkt die Performance der beiden Darsteller unglaublich echt – hinterlassen einen feuchten Fleck auf Tehs Sakko. Er reicht ihm den Brautstrauß. „Not a sunflower this time?", scherzt Teh. – „Are you gonna take it?" Welche Frage. In Großaufnahme sehen wir ihre Hände um den Strauß. „It's like you asking me to marry you", neckt ihn Teh, und Oh-aew, in gespielter Entrüstung: „What are you talking about?" Sie beugen sich in Zeitlupe zueinander, und wir sehen einen langen Kuss aus verschiedenen Kameraperspektiven. Davon, dass Teh ein Foto von ihnen beiden mit der Unterschrift „I

> *„I thought you weren't coming."*
>
> *„I asked you not to ever disappear from me, then how could I disappear from you?"*
>
> *Tehs und Oh-aew in: I Promised You the Moon*

do“ auf Instagram postet, ist Oh-aew nicht begeistert: Er befürchtet negative Konsequenzen für den Freund. Das sei dann das erste Problem, das sie gemeinsam lösen würden, ist Tehs liebevoller Kommentar. Und dann gehen sie, den Arm um den anderen gelegt, den Strand entlang ihrer Zukunft entgegen. Ihren ganz persönlichen ruhenden Punkt im Drehen der Welt haben beide gefunden.

I Told Sunset About You *(Plae Rak Chan Duai Chai Thoe*, Thailand 2020, Boys Love/Liebesfilm/Coming-of-Age/Fernsehserie)

Regie: „Boss“ Naruebet Kuno

Darsteller: „Billkin“ Putthipong Assaratanakul, „PP“ Krit Amnuaydechkorn, Mark Pakin Kunaanuwit, Naphat Vikairungroj, Khunpol Pongpol Panyamit, Nat Kitcharit

I Promised You the Moon *(Plae Rak Chan Duai Chai Thoe*, Thailand 2021, Boys Love/Liebesfilm/Coming-of-Age/Fernsehserie)

Regie: „Meen“ Tossaphon Riantong

Darsteller: „Billkin“ Putthipong Assaratanakul, „PP“ Krit Amnuaydechkorn, Mark Pakin Kunaanuwit, Naphat Vikairungroj, Khunpol Pongpol Panyamit, Nat Kitcharit

Vertreibung aus dem Paradies

Kater (2016)

Ein Idyll, ein Davor und ein Danach und dazwischen ein Moment des völlig Unerwarteten. Der Tiroler Regisseur Händl Klaus entwirft in seinem zweiten Spielfilm *Kater* die Vertreibung eines schwulen Paares aus dem Paradies ihrer Beziehung. Die Berufe – Hornist beim Radio-Symphonieorchester Wien und Disponent für das Orchester –, das Haus am Stadtrand von Wien, der Garten, der die Zutaten für raffinierte Gerichte liefert, die Freunde, in deren ausgelassener Runde sich diese verkosten lassen: Da haben sich zwei Männer, Stefan und Andreas, ein perfektes Leben aufgebaut und zudem, das wird in den fast schwebend leicht erzählten Szenen zu Beginn des Films deutlich, in ihrer Liebe und dem Begehren füreinander eine Art von gelassener Sicherheit gefunden, die ganz im anderen aufgeht und doch auch genügend Raum für Eigenständigkeit belässt.

Wie um ein kleines Kind kümmern sie sich voll der Zuneigung auch um ihren Kater Moses, dem Stefan dann von einem Moment auf den anderen und ohne ersichtlichen Grund das Leben nimmt. Eine Sekunde nur, ein knackender Laut, schon liegt Moses leblos in Stefans Armen; das Entsetzen beider Männer wird zu einer Wand, die auf einmal zwischen ihnen aufgetaucht ist und unüberwindbar scheint. Die Verletzung von Vertrautheit und Vertrauen, die Frage, wie weit man einen anderen Menschen, auch wenn er einem noch so nahesteht, wirklich kennen kann, verhandelt dieser zarte, zärtliche, ernsthafte Film. Lukas Turtur und Philipp Hochmair bewegen sich darin mit viel Mut zur Nacktheit – der körperlichen, aber nicht minder der seelischen. Sie erleben die schockstarre Verwunderung über den anderen und über sich selbst, die eine tiefe Verwundung ist, auf so intensive Weise, dass man sie als Zuschauer immer wieder an den Schultern schütteln möchte: So redet doch endlich wieder miteinander! Denn das Leben, wie sie es geführt haben und im Grunde ihres Herzens auch gern weiterführen würden, lässt sich nicht so einfach konservieren wie die Früchte aus dem Garten. Lange Zeit hüllt sich Andreas nach Stefans unerhörter Tat in Schweigen, und Stefan versinkt in der Hölle des reuevollen Unverständnisses über sich selbst. Später beginnt Andreas in der Küche unvermittelt auf seinen Partner einzuprügeln, der sich auf dem Boden zusammenrollt und nicht zur Wehr setzt, weil er selbst für sich kein Verzeihen kennt. Und auch als Stefan nach einem Sturz vom Obstbaum ein Auge verliert, bereitet die im wahrsten Sinne des Wortes neue Sicht der Dinge zwischen ihnen nicht nur ihm Schmerzen: Stefan möchte nur seine Hand auf den Bauch des Geliebten legen, möchte ihn endlich wieder körperlich spüren – da zuckt Andreas zurück wie unter einem Stromschlag.

Der Name Moses, die tote Schlange, die eines Tages im Haus liegt, der Sturz von einem Baum, der für die beiden Männer einen neuen Weg zur Erkenntnis einleitet – die Bibelbezüge sind offensichtlich und bleiben doch in der behutsamen Gestaltungsweise des Films unaufdringlich und verhalten. Der französische Schriftsteller Henry de Montherlant benennt Ungewissheit als Charakteristikum von Intelligenz und meint weiter: „Tasten ist ihr Werkzeug." So gewiss wie zuvor werden sich Stefan und Andreas in ihrer Beziehung nicht mehr fühlen, doch der Film verhandelt in seiner authentischen Darstellung ihre Sehnsucht, die Nähe von früher wiederzufinden – eine Sehnsucht so groß, dass es ihnen fast das Herz zerreißt. In einem besonders berührenden Moment beobachten wir sie, wie sie sich aneinander herantasten und wieder aufeinander einzulassen beginnen. Sie stehen am Fenster ihres Hauses und schauen in den Garten. Im Gespräch, das zögernd und sehr leise verläuft, wenden sie sich einander zu. Stefan fasst zum ersten Mal seine Ängste in Worte: Er fürchte sich davor, auch sein zweites Auge zu verlieren. Und: „I hätt mi so gern immer im Griff. Ich hab' Angst, [...] dass i was tu." Sie umarmen sich. „Des is mei Angst. Dass du mi verlasst. Dass i di verlier." Sie schauen einander in die Augen, als Stefan ausspricht, dass „so etwas", also ein Akt der Gewalt, das Unvorhersehbare, Unerklärliche auch in Zukunft wieder geschehen könne. So viel, das wird offensichtlich, muss ab nun zwischen ihnen klar sein, und das stellt ihre Beziehung auf eine neue Ebene. Denn die Vertreibung aus dem Paradies hat eben auch den Schritt auf die Stufe einer höheren Ebene zur Folge, weg vom Naiv-Kindlichen hin zum bewussteren Umgehen miteinander, das Erwachsensein ausmacht.

„Jeder Zweifel ist die Forderung nach einer Methode“, schreibt der spanische Philosoph José Ortega y Gasset. Die Zweifel sind gesät, Stefans und Andreas’ Methode, damit umzugehen und wieder zum Gemeinsamen zu finden, ist ihre Liebe. Wozu ein Mensch fähig ist und ob es jemals so etwas wie Gewissheit innerhalb von Beziehungen geben kann – der schwierige Lernprozess, den die zwei Männer durchmachen, führt sie aus dem Gefängnis der Entfremdung schließlich doch wieder zueinander.

„Liebe ist für mich die Kraft, die das aushält“, resümiert Händl Klaus in einem Interview. „Auch dieses Fremde im anderen. Die zum anderen hält – halten muss, als irrationale Kraft. Und wenn es noch so schwierig ist. Dann ist es Liebe.“ Stefan und Andreas treffen sich in der Musik wieder, die schon immer ein wichtiges Bindeglied zwischen ihnen war. Der Song von Miles Davis: „The sea, the sky, the you and I/The sea, the sky, for you and I/I’ll know we’re all blues“ – Andreas hört die ersten Takte im Garten und findet Stefan im Wohnzimmer im selbstvergessenen Tanz. Die beiden umkreisen einander, so öffnen sich die Schleusen ihrer Gefühle, die so lange verschlossen waren. Sie ziehen einander die Shirts über den Kopf und können in der Umarmung Haut an Haut einander endlich wieder spüren und miteinander atmen, finden einander in dem alten Geliebten, der zu einem neuen Geliebten geworden ist, und wieder Ruhe in ihrer Seele.

Kater (Österreich 2016, Drama)
Regie: Händl Klaus
Darsteller: Lukas Turtur, Philipp Hochmair, Toni, der Kater, Thomas Stipsits, Manuel Rubey, Gerald Votava

Vom Flüstern, vom Schreien und vom Schweigen

Loev (2015)

Die gesamte Erzählung dieses Streifens, geschrieben, produziert und inszeniert vom indischen Filmemacher Sudhanshu Saria, ist gebündelt in diesem einen schwebenden Moment. Zwei junge Männer sitzen hoch auf einem Felsen und blicken ins Tal tief unter ihnen. Sie befinden sich auf einer Wanderung in den Bergen. Sie sind frühmorgens von ihrem Hotel aufgebrochen, der eine, Jai, müde vom Jetlag, droht immer wieder damit, nicht mehr weiterzugehen, der andere, Sahil, ist voller Elan und treibt ihn an. Die Wanderung, zuletzt anstrengendes Klettern, hat sie hierher zu diesem Felsvorsprung gebracht. Wir haben sie zuerst nur aus großer Entfernung betrachten können, waren weit über ihnen inmitten der felsigen Schlucht, jetzt aber sind wir auf einmal ganz nah bei ihnen. Sie sitzen nebeneinander, vor ihnen die grandiose Aussicht, die sie aber gar nicht wahrzunehmen scheinen. Der Wind umspielt ihre Gesichter, Sahil hat die Lider geschlossen, Jai starrt vor sich hin, dann wendet er sich dem Freund zu und seine Augen sprechen Bände; sie flüstern von Liebe und schreien von der Verzweiflung, nichts von diesen Gefühlen laut aussprechen zu können – und bleiben, als nun Sahil die Augen öffnet und sich seinerseits Jai zuneigt, doch nur wieder stumm. „What?“ – Was denn los sei, fragt Sahil und lacht. Wir bleiben, zumindest für diesen Abschnitt des Films, ahnungslos, was sich zwischen den beiden gleich abspielen wird.

„Hier stehe ich und spüre, wie der Winter aus mir herausrinnt“, sagt Astrid Lindgrens Ronja Räubertochter im gleichnamigen Roman. „Bald bin ich so leicht, dass ich fliegen kann.“ Ein anderes Medium, ein ganz anderes Genre, hier die Kinderliteratur, dort ein schwuler Film, hier ein Satz, so unglaublich rein und perfekt, dort die wilde Szenerie der Schlucht, die außen vor steht ob der wilden Gefühle, die in Sahil und Jai toben. Worüber die Worte der schwedischen Autorin ebenso sprechen wie die

Bilder des indischen Regisseurs, ist natürlich die Liebe. So leicht, so unbeschwert, dass es uns erscheint, als würden sie gleich abheben, kommen uns Sahil und Jai in einigen der Szenen des Films vor, in anderen jedoch so bleiern und schwer, dass es nicht einmal dem Sturm ihrer Emotionen gelingt, den einen in die Arme des anderen zu werfen. *Loev* lautet der Titel des Films, eine bewusste Vertauschung von Buchstaben im Wort „love"; dennoch ist klar, worum es inmitten all des Chaos in den Herzen der beiden jungen Männer im Grunde genommen geht.

So verworren die Gefühlsebene der beiden Charaktere, so einfach und stringent ist die Struktur des Films. Sahil ist Musiker in Mumbai, sein Jugendfreund Jai hat es als Geschäftsmann in den USA zu beträchtlichem Wohlstand gebracht. In unregelmäßigen Abständen treffen sie sich, wir begleiten und beobachten sie bei einem Wochenendausflug in die Western Ghats in der Umgebung der Stadt, beim Kauf einer Gitarre, beim Abendessen, im Kino und eben auch bei dieser Wanderung. Das unmittelbare, sehr glaubwürdige, zuweilen fast improvisiert wirkende, jedoch nie beliebige Spiel von Shiv Pandit als Jai und besonders Dhruv Ganesh als Sahil seziert ihre Stärke, ihre Zartheit und Verletzlichkeit, wie sie aus ihren beredten Augen spricht. Der Film und seine beiden Protagonisten sagen uns gerade dann sehr viel, wenn sie schweigen, und durch das, was sie nicht aussprechen, wenn sie reden. Wir werden Zeug:innen von Alltäglichem und Außerordentlichem und dabei von Momenten, in denen die sorgsam aufrechterhaltene Fassade bröckelt und bricht. Dass Jai zum Zweck ihrer Ausflugsfahrt ein teures rotes Cabrio gemietet hat, versetzt Sahil in Verzücken, was aber nicht über die emotionalen und auch sexuellen Unsicherheiten sowie Verletzungen hinwegtäuschen kann, die in ihrer komplexen Freundschaft, die wohl auch Liebe war und ist, Wunden gerissen haben. Immer wieder gibt es versteckte Hinweise auf ihr Unvermögen in der Vergangenheit, miteinander eine Beziehung aufzubauen. Dass sie auch in der Gegenwart daran scheitern werden, vermuten wir von Anfang an.

Loev ist eine wunderbare, feine, kleine Liebesgeschichte, eingebettet in die faszinierend widersprüchliche Realität Indiens, ein melancholisches, wahres und wahrhaftiges Märchen, in dem die angeschnittenen Fragen keine einfachen Antworten bekommen. Der Fokus der möglichen Nähe auf dem Felsen hoch über dem Tal findet seinen krassen Kontrapunkt in der Szene einer Vergewaltigung. Jai und Sahil haben nach ihrer Rückkunft in Mumbai in einem Luxushotel eingecheckt, wo Jai den Geschäftsabschluss, für den er nach Indien gekommen ist, unter Dach und Fach bringen möchte. Sahil platzt unvermittelt in dieses Treffen und zeigt ein Verhalten, das auf eine Beziehung zwischen Jai und ihm schließen lässt. Er habe immer betont, in seiner Firma der coole Boss zu sein und sich verhalten zu können, wie es ihm beliebe, rechtfertigt sich Sahil, als ihn Jai später zur Rede stellt: „I only came down there to show you how not cool with it you actually are.“ Er wirft Jai vor, sich vor einem Coming-out zu fürchten. Dieser kontert: „You're pulling me. You're pushing me.” Ein Wort gibt das andere, gegenseitige Vorwürfe reißen alte Wunden auf – und dann, in einem kurzen Moment der Einsicht, Jai, aus tiefster Seele: „I like you. But I'm not your toy.” Sie küssen sich, doch Sahid zieht sich abrupt zurück: „That's not what you want.“ In Jai sind aber alle Dämme gebrochen, er stürzt sich auf den schwächeren Freund, er drückt ihn aufs Bett und zieht ihm die Hose hinunter. Danach, nach der Gewalt, die Scham, die Reue und Verzweiflung, etwas kaputtgemacht zu haben, das nie wieder heil werden kann.

„Verweile doch, du bist so schön!“ – Das Faust'sche Stoßgebet im Umfeld von zwei schwulen indischen Männern in der Einsamkeit der Bergwelt mit Ausblick aufs Tal: Ob sich der Kuss zwischen Sahil und Jai, den uns der Film erst ganz am Schluss zeigt, tatsächlich abgespielt hat oder von den Freunden, die vielleicht für immer auseinandergehen, bloß imaginiert ist, wird nicht dezidiert gesagt. Nach einem Abendessen sind die beiden auf dem Flughafen angekommen, Jai schickt Sahil mit der Begründung fort, ihre Leben wären einfach zu verschieden und nach dem, was im Hotelzimmer geschehen sei, könne zwischen ihnen nichts mehr so sein wie zuvor. „Nothing happened“, versichert ihm Sahil: Alles sei in Ordnung. Jai hingegen weist ihn zurück: „Don't do that.“ Denn seine Nachsicht würde alles noch viel schlimmer machen. Während Sahil später verloren vor dem Gebäude steht, schreibt ihm Jai eine SMS: „I love you.“ Ob er sie abschickt, bleibt genauso ungewiss wie die Sache mit der Erinnerung an den Kuss. Wir sind zurück auf dem Felsen, doch an der Stelle, an der die Szene beim ersten Mal abgebrochen wurde, beugen sich die Gesichter der beiden Liebenden aufeinander zu. Sie küssen sich, voller Erstaunen, voller Hingabe, und eigentlich ist damit alles gesagt und klar. In Sebastian Barrys hinreißendem Roman *Tage ohne Ende (Days Without End*, 2016) schlägt sich ein irischer Simplicissimus durch die Wirren der amerikanischen Indianerkriege und findet immer wieder Halt in der Liebe zu seinem Freund, der eigentlich sein Lebenspartner ist, auch wenn dies in dieser Zeit und unter diesen Umständen nicht offen ausgesprochen wird. Einmal heißt es darin: „Die Zeit war nichts, was wir für endlich hielten, sondern etwas, das für immer weiterging, in diesem Augenblick aber stand alles still und kam zur Ruhe.“ Dieser Moment für die Ewigkeit, herausgeschält aus Raum und Zeit, muss Sahil und Jai in ihrer bittersüßen Geschichte genügen. Tragischerweise trifft dies auch auf den wunderbaren Schauspieler Dhruv Ganesh zu, dessen direktes Spiel, das unbändigen Charme und große Lebensfreude vermittelt, wirklich seinesgleichen sucht. Noch vor der Premiere des Films, der unter dem großen persönlichen Einsatz aller Beteiligten und mit Hilfe von Crowdfunding realisiert werden konnte und in nur sechzehn Tagen gedreht wurde, verstarb er an Tuberkulose.

Loev (Indien 2015, Liebesdrama)
Regie: Sudhanshu Saria
Darsteller: Dhruv Ganesh, Shiv Panditt, Siddharth Menon, Rishab Chadha

Der Kuss der Küsse

Matthias & Maxime (2019) Die Starken (2019)

In Alfred Hitchcocks romantischem Thriller *Das Fenster zum Hof (Rear Window*, 1954) gibt es diesen legendären Kuss, als Grace Kelly mit blondem Haar und rot geschminkten Lippen aus dem Schatten an den in einem Stuhl am Fenster schlafenden James Stewart herantritt. Ganz langsam nähern sich ihre Lippen der Kamera, da schlägt Stewart die Augen auf. Die ungewöhnlich ruckartigen Bewegungen, wenn sie ihre Gesichter einander zuwenden und es schließlich zu dem Kuss kommt, muten wie Zeitlupe an, wurden laut Hitchcock aber durch eine Art von Zittern erreicht, „indem man die Kamera oder den Dolly oder beides zusammen vibrieren lässt." Dadurch wird eine seltsame Atmosphäre zwischen Wachen und Traum erzeugt, die die Szene für ein paar Momente der Wirklichkeit entrückt. Mit eben dieser Idee des Kusses als Riss in der Realität spielen zwei Filme mit schwulen Protagonisten, die mehr gemein haben, als auf den ersten Blick zu erwarten wäre. In Xavier Dolans *Matthias & Maxime* zeitigt ein Kuss unter Freunden ungeahnte Folgen, die das sorgsam aufgebaute Gerüst ihrer Lebenswelten zum Einsturz zu bringen drohen, in Omar Zúñiga Hidalgos *Die Starken* bringen Küsse den Vorsatz der Flucht aus beengenden Verhältnissen ins Wanken. Ein Film aus Kanada, der andere aus Chile – zwei Geschichten, die die Konsequenzen verhandeln, wenn Menschen einen anderen für ein paar Augenblicke ganz nah an sich heranlassen.

Schon vor dem ersten Ansehen von *Matthias & Maxime* wissen wir aus dem Trailer und Werbemeldungen natürlich, dass sich alles um diesen einen Kuss drehen wird – und dann kriegen wir ihn gar nicht zu Gesicht. Genau das ist der Dreh, mit dem Xavier Dolan uns packt und uns bis zum Schluss dieses wunderbaren Films nicht mehr loslässt. Dolan ist Mitglied einer jener überschaubaren Anzahl von Regisseuren, deren Handschrift man auch ohne die Nennung jeglicher Credits erkennen würde; es ist ein Kennzeichen, ja eine Gnade, die er im

Übrigen mit Meister Hitchcock teilt. Von der Produktion und Regie über das Drehbuch, den Schnitt und die Verkörperung einer der beiden Hauptrollen bis hin zur Auswahl der Kostüme vereint Dolan, seit seinem Debüt als Zwanzigjähriger mit dem Streifen *I Killed My Mother (J'ai tué ma mère*, 2009) vielerorten als filmisches Wunderkind apostrophiert, Schlüsselpositionen seiner Projekte in Personalunion. In der Geschichte um den Kuss, der eine Tür zu verdrängten Wahrheiten aufreißt, ist Dolan Maxime, im Film kurz Max, offen schwul und mit der Betreuung seiner Mutter (Anne Dorval), die sich seit sechs Monaten auf Entzug befindet, überfordert. Er verwaltet ihre Finanzen, geht für sie einkaufen, kocht für sie, räumt auf, doch jedes Gespräch kippt in kürzester Zeit in einen Streit mit gegenseitigen Vorwürfen und Schreiduellen, wie man sie aus *I Killed My Mother* kennt. Max sitzt dann heulend im Bad und grollt seinem Bruder, der sich aus allem heraushält und hinter der launigen Ansage auf seiner Mailbox verschanzt. Aber Max hat die Konsequenzen gezogen und wird für eine zweijährige Auszeit nach Australien fliegen – der Versuch des Ausbruchs aus seinem Lebensgefängnis.

Die Struktur des Films nützt das Zusammentreffen von Max' Freundeskreis, einer Gruppe junger Männer in den Zwanzigern, in den letzten Wochen und Tagen vor dieser Abreise; dabei kommt es auch zu dem folgenschweren Kuss. Beteiligt daran ist Matthias, Matt genannt, der beste Freund seit Kindheitstagen. Gabriel D'Almeida Freitas gibt ihn als ernsthaften jungen Mann, groß, bärtig, südländischer Typ, der mit seiner Freundin Lisa (Catherine Brunet) zusammenlebt wie ein Ehepaar und beruflich an seiner Karriere in einer Anwaltskanzlei arbeitet. Ein Wochenendhaus am See im Umkreis von Montreal, Matt, Max und ihre Freunde sitzen am Abend auf der Terrasse beim Essen und Trinken beisammen, in ihrem Verhalten und den Gesprächen ist viel Vertrautheit, sie kennen einander seit der gemeinsamen Schulzeit und wenn sie einander aufziehen, gibt es kein böses Blut. Allein die jüngere Schwester eines der Freunde passt nicht in ihren Kreis. Sie dreht für die Uni einen Kurzfilm, eine in ihren Worten Kombination aus Impressionismus und Expressionismus; die Freunde machen sich über ihren jugendlichen Jargon lustig, das ist offenbar nicht mehr ihre Sprache – ein Fingerzeig auf die Bruchlinie des Abschieds von der Unbeschwertheit ihrer Jugend, an der sie im

Aufbruch zum Leben als Erwachsene eigentlich noch ein wenig festhalten wollten.

Jedenfalls, so der Trigger des weiteren Handlungsverlaufs, kommen der Filmstudentin die Schauspieler abhanden, und Max erklärt sich spontan dazu bereit, einzuspringen. Auch Matt hilft nach einer verlorenen Wette kein Sträuben – und dann erfahren sie den Inhalt ihrer Szene, nämlich den bereits erwähnten Kuss von zwei jungen Männern. Allein der Gedanke daran versetzt die besten Freunde in Unruhe. Beim Zähneputzen und Gurgeln vermeiden sie direkte Blicke, dann sitzen sie auf einem Sofa der Kamera gegenüber, das Unwohlsein ist beiden ins Gesicht geschrieben. Die Kamera läuft, sie rutschen unsicher auf dem Sofa herum, sie wenden sich einander zu und beugen sich vor – Schnitt zu den Schaukeln, die sich vor dem Haus im Wind bewegen, der die Kerzen auf der Terrasse ausbläst.

Bis zu diesem Moment war der Erzählton des Films, was die Beziehung zwischen Max und Matt betrifft, ein leichter, ironischer, doch jetzt kippt die Stimmung ins Dramatische. Matt wälzt sich die ganze Nacht im Bett, er steht frühmorgens auf und geht zum Schwimmen zum See. Die spritzenden Wellen, der Wechsel der Perspektive von ganz nah zur Vogelschau, die wilde Klaviermusik, das Keuchen – hier versucht jemand, seine brennenden Gefühle abzukühlen und dem davonzukraulen, was in seinem Herzen tobt. Bilder einer Flucht: Matt schwimmt weit in den See hinaus und verliert die Orientierung, er findet kaum zu dem Steg zurück, wo die Freunde schon nach ihm Ausschau halten. Völlig erschöpft kriecht er an Land, und Max schaut ihn voller Unverständnis an – oder vielleicht versteht er ihn nur allzu gut, möchte das vor den anderen und vor sich selbst aber nicht zugeben.

Der Film beschreibt die Reise seiner beiden Protagonisten zu sich selbst und zueinander auf behutsame Weise. Der Auslöser des Kusses, den wir nicht gesehen haben, zwingt sie dazu, vor sich selbst und dem anderen einzugestehen, was sie abseits der Freundschaft, die sie seit langer Zeit verbindet, wirklich voneinander erwarten. Matts Leben, ob privat oder im Beruf, verlief bislang in gesellschaftlich vorformulierten Bahnen, die ihm offenbar genügten. Nun aber kommen sie ihm auf einmal zu eng vor, „wie festgezurrt", wie er es selbst formuliert, als er wieder einmal eine familiäre Einladung, einen Besuch von Lisas Freundinnen und Gespräche aussitzt, die ihn nichts anzugehen scheinen. Matt vermeint in Männern auf der Straße Max zu erkennen und bei der Abschiedsfeier, die seine Mutter für Max organisiert, schafft er es kaum, ihn anzuschauen. Bei der Rede, zu der er sich gedrängt sieht, bringt der eigentlich eloquente Junganwalt nur leere Floskeln hervor. Ohne Max werde alles anders sein, stottert er und: „Du wirst uns fehlen."

Zu der anschließenden Party im größeren Freundeskreis möchte Matt erst gar nicht mitkommen. Als er Max und die anderen beobachtet, wie sie sich im Auto zu dröhnender Musik die Seele aus dem Leib singen, wirkt er plötzlich viel älter als sie. Bei einem Ratespiel verliert er dann völlig die Beherrschung. Aggressiv beschuldigt er Max, geschummelt zu haben, provoziert sogar eine Prügelei und beschimpft Max, dessen Feuermal im Gesicht sonst eigentlich keine Rolle spielt: „Schnauze, Tintenfleck!" Max zuckt vor diesen Worten zurück, ist sichtbar tief getroffen und wirkt wie ein geschlagener Hund – und jetzt kommt es zu der schönsten Szene des Films. Matt läuft aus dem Haus und kehrt, nachdem sich seine Rage abgekühlt hat, wieder zurück. Die Versöhnung in der Gruppe braucht nicht lange, dazu kennen sie einander zu gut. Max aber sitzt allein auf einem Sofa, Matt setzt sich mit großem Abstand neben ihn. Wie beim Filmen der Kussszene die Kamera, befindet sich diesmal vor ihnen nur das Fernsehgerät – es ist zu vermuten, dass ihnen die Situation nicht echt vorkommt, vielleicht so, als würden sie sich selbst in einer Sendung beobachten. Sie schweigen, schließlich steht Max auf und geht weg. Matt zögert eine Weile, dann folgt er ihm. Er sucht im ganzen Haus nach ihm und findet ihn endlich in einer Werkstatt. Von draußen hören wir Donnergrollen, drinnen gibt es aber nur sie beide. Max sitzt vor dem Fenster, Matt tritt zu ihm, er schaut ihn an, er nimmt seine Hände und küsst seine Finger und ihn dann auf den Mund. Diesen Kuss erleben wir mit und auch die Küsse, die folgen. Max und Matt keuchen, sie halten einander ganz fest, eins führt zum anderen, und die Kamera ist nah bei ihnen. Gleich darauf gleitet sie langsam in einem wundersamen Moment der Ruhe, im Dehnen der Zeit, in einer Elegie des Augenblicks, der in seiner Schönheit doch verweilen solle, an der Außenseite des Hauses entlang. Der Regen strömt vom nächtlichen Himmel und die anderen stürzen auf die Terrasse, um die Wäsche von einer Leine zu retten, unser Blick aber streicht wieder wie im Schweben an der Fassade des

Hauses entlang und betrachtet Max und Matt durch das Fenster, an dem eine Wand aus Wasser herabrinnt und an das sich von Innen verschlungene Finger drücken.

Matt durchbricht dieses filmische Gedicht: „Hör auf!" Worauf auch Max nicht mehr schweigt: „Ich versteh das nicht. Das sind nicht wir." Er wolle mit Matt das letzte Wochenende vor seiner Abreise verbringen, mit ihm reden: „Ich will verstehen." Matt aber sucht, fast panisch, das Weite und lässt ihn allein zurück.

In David Lynchs Klassiker *Der Elefantenmensch (The Elephant Man*, 1980) gibt es eine betörende Szene, in der Romeo und seine Julia mit einem poetisch umschriebenen Kuss einander ihre Liebe erklären. John Merrick (John Hurt), im viktorianischen England aufgrund entstellender Wucherungen im Gesicht und am Körper von der nicht gerade mitfühlenden Umwelt mit dem titelgebenden Ausdruck bedacht und als Attraktion in einer „Freakshow" verspottet und misshandelt, hat Aufnahme und Pflege im London Hospital gefunden. Dort erhält er Besuch von der Theaterschauspielerin Mrs. Kendal (Anne Bancroft). Diese überreicht ihm als Geschenk einen Band mit den gesammelten Werken Shakespeares. John ist solche menschliche Zuwendung nicht gewohnt und stößt beim Blättern auf *Romeo and Juliet* und darin just auf jene Stelle, in der der jugendliche Liebhaber die Metaphorik eines Kusses heraufbeschwört. Er vergleicht seine Lippen mit errötenden Pilgern („two blushing pilgrims"), ein Kuss entspreche dem Zusammenlegen der Handflächen im Gebet – demnach einer heiligen Handlung: „O, then, dear saint, let lips do what hands do;/They pray, grant thou, lest faith turn to despair." Ein Kuss als Einsatz gegen die gesellschaftlichen Demütigungen, die John längst zur Gewohnheit geworden sind – Mrs. Kendal als Julia küsst ihn jedenfalls auf die Wange und spricht seiner gemarterten Seele die höchste aller Weihen aus: „Why, Mr. Merrick, you're not an elephant man at all [...] You are Romeo." Ein wunderbarer Moment, ein Filmkuss, wie er sanfter nicht vorstellbar sein kann. Da sind die Küsse, die Lucas und Antonio in Omar Zúñiga Hidalgos dramatischer Liebesgeschichte *Die Starken* austauschen, weitaus forscher und fordernder. Bei dem Architekturstudenten Lucas (Samuel González mit vollem Bart und vollen Lippen) und dem Fischer Antonio (Antonio Altamirano mit Schnauzbart, dunklen Locken und ebenso dunklen großen Augen) handelt es sich zwar um introvertierte junge Männer, doch wenn es in der Langversion von Hidalgos Teddy-Gewinner *San Cristóbal* (bester Kurzfilm in Berlin 2015) ums Küssen geht, sind sie mit beachtlicher Hingabe bei der Sache. Überhaupt wird in diesem Streifen so leidenschaftlich geküsst wie kaum in einem anderen Film. Wir kennen das: Boy meets boy, ein langer Blick, vielleicht ein Kuss, und schon sammelt einer der beiden etwas Spucke und los geht's – das übliche Prozedere in vielen schwulen Filmen. Hier aber werden die Küsse geradezu zelebriert, all die Gier nach Leben und Liebe und Leidenschaft, die sich in den beiden Protagonisten aufgestaut hat, liegt in ihnen. Mit ihrem authentischen Spiel und großem Mut zum Ausdruck echter Intimität verkörpern die beiden großartigen Hauptdarsteller ihre Figuren – Lucas und Antonio küssen sich, als gäbe es kein Morgen. Und in der Tat ahnen sie wohl bereits, dass es keine Zukunft für sie geben wird, dass die Umstände ihrer so unterschiedlichen Lebenswege ihnen eine echte Beziehung nicht vergönnen werden.

Wir befinden uns in einem Fischerdorf im Süden Chiles, die wilde, raue Küstenlandschaft ist von karger Schönheit, die die gerissenen Gitarrenklänge perfekt widerspiegeln. So zurückhaltend wie Lucas und Antonio die meiste Zeit, besonders in Kontakt mit ihrer Umwelt, agieren, so sehr nimmt sich auch Hidalgos Inszenierung zurück – und lässt deshalb, trotz der Thematik der Liebe ohne Zukunft, nicht einmal einen Hauch der Idee von Kitsch aufkommen.

„Die höchste Form der Meisterschaft ist die Beiläufigkeit", hat der Journalist Ijoma Mangold einmal in der „Zeit" über die Erzählkunst des amerikanischen Schriftstellers Richard Ford geschrieben. „Wo nichts geziert ist, ist alles berührend." Wie selbstverständlich verflechten sich in diesem Sinne in *Die Starken* die Ereignisse und die Charaktere, die sich in ihnen gefangen sehen, zu einem Netz, das auch die großen emotionalen Sprünge zwischen Glück und Verzweiflung ganz und gar ungekünstelt erscheinen lässt.

Wie bei *Matthias & Maxime* steht auch hier das Motiv der Reise im Fokus. Ist es bei Dolan Max, der im Aufbruch nach Australien begriffen ist, so befindet sich in *Die Starken* Lucas eigentlich bereits zum zweiten Mal auf der Flucht. Vor Jahren hat er das Dorf verlassen und seitdem in der Hauptstadt Santiago gelebt, weil seine Eltern mit seiner Homosexualität nicht zurande kamen. Nun sind es nur noch ein paar Tage vor dem

Abflug nach Montreal, wo ihn ein Stipendium erwartet. Lucas kehrt in das Dorf zurück, um sich von seiner Schwester, einer Zahnärztin, zu verabschieden. Er lernt Antonio kennen, als dieser mit seinem Pick-up Holz liefert. Antonio ist der Enkel der langjährigen Haushälterin, und Lucas bietet ihm seine Hilfe beim Abladen an. „Zwei Mal hatte ihr Blick ihn gestreift, vielleicht sogar öfter", heißt es in der Kurzgeschichte „Nichts zu verzollen" des bereits vorhin erwähnten Autors Richard Ford über die Begegnung zwischen einer Frau und einem Mann, die Jahrzehnte zuvor ein Paar waren. „Ein flatternder Blick, der zunächst für zufällig gehalten werden wollte, sich dann aber auch als Bekenntnis lesen ließ." So wortkarg sich Lucas und Antonio bei der Arbeit auch geben, ihre Blicke über die Holzscheite hinweg und später im Rückspiegel des davonfahrenden Wagens sprechen schon in dieser ersten gemeinsamen Szene Bände.

Als sie sich kurz darauf zufällig bei einem Kiosk treffen, ist die gegenseitige Sympathie augenfällig. Sie gehen spazieren, sie reden miteinander und es ist schon dunkel, als Antonio Lucas heimfährt. Wie oft in diesem Film rauscht strömender Regen um die Fahrerkabine. Die beiden sitzen nebeneinander, und als Antonio anhält, schauen sie sich an. Ihre Körpersprache ist eindeutig, ein letzter prüfender Blick und dann neigen sie die Köpfe einander zu. Ihre Küsse sind nur momentan scheu, gleich darauf werden sie immer heftiger. Dann ein Lächeln: Ob er nicht zum Essen müsse?, fragt Antonio. Wie bei *Matthias & Maxime* kommt dieser erste Kuss einer Art Umsturz gleich, der die vermeintlichen Gewissheiten ihres bisherigen Lebens infrage stellen wird. Bald können sie nicht mehr voneinander lassen. Antonio zieht Lucas nach einer Fußballübertragung im Dorfwirtshaus für einen raschen Kuss ins Gebüsch – nachher strahlen sie einander an. Und bei einem Bingoabend, bei dem das ganze Dorf versammelt ist und Antonio ein Fahrrad gewinnt, kommt er Lucas auf die Toilette nach und sie nehmen das Risiko, entdeckt zu werden, für ein paar heimliche Küsse in einer Kabine auf sich. Schließlich steuert die Handlung auf die Nacht zu, in der aus den Küssen mehr wird. Antonio bringt Lucas zu der Hütte, in der er wohnt. „Schön hast du's hier", meint Lucas trotz der bescheidenen Verhältnisse. Als ihm Antonio etwas zu trinken anbietet, entscheidet sich Lucas für Tee. Antonio macht sich am Herd zu schaffen, da tritt Lucas hinter ihn und küsst ihn auf die

Schulter. Antonio dreht sich zu ihm um, und schon fallen die beiden übereinander her, man kann es nicht anders bezeichnen. Selbst als sie einander ausziehen: immer wieder Küsse und lange Blicke. Walt Whitman, die Ikone der amerikanischen Lyrik des 19. Jahrhunderts, formulierte es in seinem Gedicht „Whoever You Are Holding Me Now in Hand", erschienen in der Sammlung *Grashalme (Leaves of Grass*, 1855-92) so: „Here to put the lips upon mine I permit you,/ With the comrade's long-dwelling kiss or the new husband's kiss,/For I am the new husband and I am the comrade." Whitman schreibt über eine Liebe unter Männern, die gleichermaßen physisch als auch psychisch verbindet. Und tatsächlich scheint auch Lucas' und Antonios körperliches Begehren von echter Zuneigung getragen zu sein.

Wohl geprägt von vielen kurzen sexuellen Begegnungen in seiner Vergangenheit, macht sich Lucas in der Nacht daran zu gehen. Antonio wacht auf und fragt, was er denn da tue. „Ich ziehe mich an." – „Bleib hier."

Natürlich verkompliziert der Umstand, dass es Liebe ist, die zwischen den beiden entsteht, die ganze Geschichte. Sie gehen mit einer Ungezwungenheit miteinander um, als hätten sie einander nicht erst eben kennengelernt. Im Grunde genommen ist ihnen aber klar, dass sie nichts haben außer ein paar glücklichen Tagen. Die Vertrautheit zwischen ihnen wächst, beim Spazierengehen schnäbeln sie aneinander herum, sie können nicht die Finger voneinander lassen, selbst wenn es nur darum geht, in den Haaren des anderen zu kraulen. Doch je mehr sie voneinander erfahren, desto stärker treten die Gegensätze in ihren Lebenswelten zutage. Einmal hört Antonio in der Früh einen Schlager: „Dieser Mann gehört nur mir", heißt es im Text und „Nichts in der Welt wird uns je trennen." Ob er denn auf so etwas stehe, lacht Lucas und sie beginnen miteinander zu tanzen. Freilich ist auch das nur ein flüchtiger Moment. Antonio versteht nicht, dass Lucas fortgehen will. Es sei doch so schön hier, meint er, als sie eines Tages am Strand Seeigel suchen. „Es gibt einen Fluss in Montreal", meint Lucas darauf. „Hier gibt es viele Flüsse", entgegnet Antonio. „Weggehen ist auch nicht leicht", wehrt Lucas ab – mit dem Zusatz: „Jetzt erst recht."

Einmal geraten sie sogar in Streit. Sie sitzen in einer Bar, trinken Wein. Antonio erzählt von dem eigenen Boot, das er sich kaufen möchte, sobald er genug Geld gespart habe. „Du willst also hierbleiben?“, fragt Lucas, darauf Antonio: „Du meinst, ich soll hier weggehen?“ – „Ich weiß nicht. Vielleicht. Ein Neuanfang.“ Antonio aber will seine klar gefügte Welt nicht verlassen. Er stürmt aus dem Lokal, Lucas läuft ihm nach. Ob er denn glaube, sein Leben hier sei Scheiße?, fährt Antonio Lucas an: „Du denkst, was du machst, ist viel besser?“ – „Ich will nur, dass es dir gut geht“, entgegnet ihm Lucas. Und Antonio, mit Feuer in den Augen: „Das wird es!“ Hier seien seine Großmutter und seine Freunde, sein Vater sei hier in der Bucht gestorben. „Ich hätte Angst“, meint Lucas. – „Damit kommst du nirgendwohin.“

Was bleibt, ist der Abschied und davor ein letzter Abend. Gemeinsam mit der Großmutter und Lucas’ Schwester und ihrem Mann besuchen Lucas und Antonio eine Feier mit beleuchteten Schiffen und großem Feuerwerk, sie essen gemeinsam, als wären sie eine richtige Familie. Der amerikanische Schriftsteller John Irving hat einmal jeden seiner Romane als „Haus mit vielen Räumen“ bezeichnet. Die Familien, die sich in diesen Häusern einzurichten versuchen, scheitern oftmals an einem glücklichen Zusammenleben. Dies funktioniert auch als Metapher für das Leben an sich. Laut Irving sei es das Ziel, diese Räume mit Leben zu füllen, also die persönlichen Welten der jeweiligen Figuren lebenswert zu gestalten, mit allem, was ihnen dafür wichtig erscheine. Dass sich Lucas und Antonio in der ärmlichen Hütte zu Hause gefühlt, dass sie darin für eine gewisse Zeit so etwas wie Heimat gefunden haben, garantiert nicht, dass sie zusammenbleiben. Die Nacht vor Lucas’ Abreise verbringen sie im Bett in Antonios Hütte. Ihre Küsse sind sehr zärtlich, aber es werden ihre letzten sein. Am nächsten Tag fährt Antonio Lucas zum Hafen. Sie sind beide sehr schweigsam. Am Kai liegt schon die Fähre. Sie stehen voreinander, sind noch mit Blicken verbunden. „Fährst du mit rüber?“, drängt Lucas. Antonio schaut zur Seite. Lucas wiederholt seine Bitte, doch nach einem Schnitt und einem Kameraschwenk übers Meer ist er allein auf der Fähre und Antonio befindet sich wieder in seinem Wagen.

In dem chilenischen Schlager, der im Abspann zu hören ist, kommt die Zeile vor: „Es ist, als würde man sterben vor Schmerz.“ Dass wir diese melancholische Geschichte der kurzen Liebe zwischen Lucas und Antonio als so berührend empfinden, ist in erster Linie dem direkten und authentischen Spiel der beiden Hauptdarsteller zu verdanken. Sie machen das Begehren füreinander ebenso glaubhaft wie die inneren Konflikte, die ihre Charaktere zu zerreißen drohen, und halten eine wunderbare Balance zwischen kleinen und kleinsten Gesten und Blicken, die sich dann wieder in impulsiver Körperlichkeit entladen. Obwohl Xavier Dolans Inszenierung ungleich überschwänglicher als jene Hidalgos gerät, ist beiden Filmen ihr scharfer und ganz konkreter Blick auf die Lebensrealitäten ihrer Charaktere gemein, auf ihr Verhalten in ihren Familien und im Beruf, ob es sich nun um eine Anwaltskanzlei handelt oder um die Arbeit auf einem Fischerboot, auf Momente im Bus, auf der Straße, bei einer Party oder bei einem Dorffest. In dieser „Erdung" ihrer Persönlichkeit und Geschichte, die sich auch auf die realistischen Dialoge bezieht, erscheinen uns die Charaktere, Matt und Max ebenso wie Lucas und Antonio, authentisch und gar nicht mehr wie Filmfiguren, sondern wie echte Menschen.

An der rauen chilenischen Küste ist das Wetter ständig präsent, Regen und Wind erscheinen zuweilen als eigenständige Akteure – eine weitere Parallele zu *Matthias & Maxime*. Denn auch Dolans Film ist ein assoziatives Spiel mit dem Wetter als Metapher für die Gefühle seiner Charaktere. Wir kriegen hier alles zu sehen: Regen, Schneetreiben, selbst ein bisschen Sonne, wenn in der Ruhe nach dem Sturm die ganze Szenerie und in ihr die Figuren den Atem und ihre Gedanken anhalten, weil ihnen einfach alles zu viel ist, weil ihnen die Emotionen klares Denkvermögen rauben. Max betrachtet sein Spiegelbild und kommt nicht mehr mit sich selbst zurecht, auch Matt steht beim Kontakt mit Kunden neben sich. Matt und Max sind junge sensible Männer im Krieg mit sich selbst und ihren wahren Gefühlen; in diesem Seelenzustand steuern sie auf die letzte Gänsehautszene des Films zu. Einen Tag vor seinem Abflug holt Max von Matts Mutter einen Koffer und fragt sie um die Nummer ihres geschiedenen Mannes, für den er einmal gearbeitet hat und von dem er sich ein Empfehlungsschreiben erbitten möchte. Während die Mutter nach der Nummer sucht, findet Max eine kindliche Buntstiftzeichnung: grüne Hügel sind darauf zu sehen, eine rote Scheune mit einem großen Tor, Kühe, Vögel, ein Schmetterling und am Himmel Wolken und die Sonne, ein Traktor, in dem zwei Figuren sitzen. „Der Hof von M&M", ist das Bild betitelt, im französischen Original tritt der Bezug zwischen ihnen noch deutlicher hervor: „ferme des m" – fast, als wären Matthias und Maxime zu einer Person verschmolzen. Auf der Rückseite des Blattes ist ein weiterer Traktor gezeichnet und Matts Name und sein Alter von sieben Jahren vermerkt. Wie konnte eine so enge und langjährige Freundschaft nur in die Brüche gehen? Zärtlich streicht Max über die Zeichnung, ihm kommen die Tränen und er schüttelt den Kopf: „Verdammt."

Am nächsten Tag ist der Koffer bereits gepackt, als Max bei einem Anruf erfährt, dass das Empfehlungsschreiben bereits drei Wochen zuvor an Matt gegangen sei. Wir sehen, wie sehr diese Information, dass Matt die Referenz nicht an ihn weitergegeben hat, Max zusetzt; er schafft es kaum, stotternd und mit Tränen in den Augen, am Telefon seine Mail-Adresse durchzugeben. Sein Kopf ist dabei halb hinter einem Sofa verborgen, Max scheint sich dahinter zu ducken und Schutz zu suchen vor der Überforderung der Erkenntnis. Die emotionale Spannung, die Dolan in diesen Momenten erzeugt, überträgt sich auch auf uns und mit Herzklopfen beobachten wir Max dabei, wie es ihm schließlich gelingt, sich zu sammeln, sich zusammenzureißen, weil es einfach sein muss und die Freunde schon warten, ihn zum Flughafen zu bringen, und wie er mit dem Koffer aus dem Haus tritt – und er dann auf einmal Matt vor sich stehen sieht. Natürlich können wir nicht voraussagen, wie es mit den beiden weitergeht, das wissen sie zu diesem Zeitpunkt wohl selbst noch nicht. Doch irgendwie – das ist Dolans große Kunst der Inszenierung – fällt uns angesichts dieses Schlussbildes ein Stein vom Herzen und wir können die zehnminütigen Standing Ovations des Premierenpublikums bei den Filmfestspielen von Cannes nachvollziehen. Es ist erstaunlich, was ein Kuss so alles bewirken kann.

Matthias & Maxime (Kanada 2019, Drama)
Regie: Xavier Dolan
Darsteller: Xavier Dolan, Gabriel D'Almeida Freitas, Pier-Luc Funk, Antoine Pilon, Adib Alkhalidey, Samuel Gauthier, Catherine Brunet

Die Starken (*Los fuertes*, Chile 2019, Drama)
Regie: Omar Zúñiga Hidalgo
Darsteller: Samuel González, Antonio Altamirano, Marcela Salinas, Nicolás Corales

Tatsächlich Liebe

Please Like Me (2013-2016)

Ein junger Bekannter hat sich die Filmszene als Vorbild genommen und selbst in die Tat umgesetzt. Er war damals gerade achtzehn, nahm am Weihnachtsabend all seinen Mut zusammen und fuhr in den Nachbarort, wo der Mitschüler wohnte, in den er insgeheim verliebt war. Die Textkarten, der Kassettenrekorder, daraus die leise Musik von „Stille Nacht" – ganz wie in der herrlichen Sequenz aus *Tatsächlich ... Liebe (Love Actually*, 2003), wenn sich Mark (Andrew Lincoln vor seinem Ruhm als Sheriff Rick in *The Walking Dead*) als jemand entpuppt, der trotz aller Aussichtslosigkeit mit der Liebe, die er für die mit seinem besten Freund verheiratete Keira Knightly schon lange Zeit mit sich herumgetragen hat, nicht länger zurückhalten will. Im nächsten Jahr, so der Text auf den Karten, die Mark hochhält, würde er mit viel Glück mit einer Frau ausgehen, die so aussehe wie die abgebildeten Models, doch weil Weihnachten sei und man an diesem Abend die Wahrheit sagen solle: „To me you are perfect and my wasted heart will love you ..." – Und als man sich schon fragt, wie in aller Welt sich jemand allen Ernstes solche Sätze zu schreiben traut, reißt Drehbuchautor und Regisseur Richard Curtis das Ruder aus dem Schmalz: „... until you look like this:" Auf der nächsten Karte sehen wir das Foto einer verschrumpelten Mumie.

Mark bringt sein Wagemut in diesem Weihnachtsklassiker zumindest einen freundschaftlichen Kuss der Angebeteten ein und die Gewissheit, getan zu haben, was ganz einfach getan werden musste: zu diesem Zeitpunkt, an diesem Ort. Meinem Bekannten blieb bei seinem Outing sogar der kleine Glücksmoment eines solchen Kusses verwehrt. Doch genau die Stimmung dieser Szene zwischen hemmungslosem Sentiment und dessen ironischer Brechung macht auch den Reiz der australischen Serie *Please Like Me* aus, zu deren Charakterisierung das Adjektiv „liebenswert" geradezu erfunden worden sein könnte. Zudem ist die Aktion diesmal sogar von Erfolg gekrönt.

Unter den wechselnden Liebesbeziehungen der zweiunddreißig Folgen, aufgeteilt in vier Staffeln, ist jene zwischen Josh und Arnold die aus schwuler Betrachtungsweise zentrale. Josh Thomas, der Autor und Hauptdarsteller der Serie, hat darin eigene Erfahrungen verarbeitet. Die Konzeption einer Dreier-WG mit dem von ihm verkörperten schlaksig-unbeholfenen Protagonisten, einem ewig Unsicheren und Suchenden, als Angelpunkt zwischen Themen wie der manisch-depressiven Erkrankung der Mutter, der Scheidung der Eltern, einer neuerlichen Beziehung des Vaters samt Geburt eines Babys, den Freundschaften unter, nennen wir es unkonventionellen Charakteren, der Wirrspiele des Lebens und der darin latent lauernden Furcht vor Einsamkeit, der bohrenden Sehnsucht ganz und gar zu einem anderen zu gehören und sich selbst dabei nicht aus den Augen zu verlieren. Es ist die authentische, unmittelbare, zuweilen fast improvisiert anmutende Ehrlichkeit in der Vermittlung von Situationen, die wie aus dem Leben gegriffen wirken, die uns das Gefühl geben, schon immer Teil dieses Spiels zwischen Drama und Humor gewesen zu sein.

Josh und Arnold (Keegan Joyce mit großen Augen und meist verwirrtem Blick) also und das Hin und Her ihrer Liebe. Josh gibt sich alle erdenkliche Mühe mit seinem von Angstneurosen geplagten Freund. Dass Arnold keinen Sex mit ihm haben möchte, treibt ihn sogar zu der Vermutung, für ihn nicht gut genug auszusehen. Dass ihr Date gerade in einem Irrgarten aus mannshohen Hecken stattfindet, versetzt Arnold noch mehr in Unruhe: „I don't want you to get too close and then realize I'm actually not that likeable“, meint er und setzt nach: „I'm not ready to be vulnerable for you.” Doch auch Arnold gibt sich Mühe. Das nächste Date organisiert er selbst, und da wird es ganz schön romantisch. Eine nächtliche Halle, Lichterketten sind über einen Platz mit Decken gespannt, Kerzenflackern und Wein. Josh kann nicht glauben, dass das alles wahr sein soll und macht sich noch lustig: „It's just that this is exactly how 16-year-old girls imagine they're gonna lose their virginity.“ Seine Nervosität macht sich in nicht gerade bühnenreifem Gesang Luft: „Kiss me ...” Tatsächlich kommt es zum so heiß ersehnten Sex: sehr behutsam und zärtlich und im ständigen gegenseitigen Versichern, ob es dem anderen gut dabei gehe – und Sixpence None the Richer singen die melodischere Version ihres Hits: „Oh, kiss me beneath the milky twilight/Lead me out on the moonlit floor …"

Einige umständliche Positionswechsel später naschen die zwei Liebenden Käsehäppchen, und Josh stellt die Frage, ob Arnold denn bei ihm übernachten werde. Dieser begründet seine Ablehnung mit den Eltern, vor denen er noch nicht geoutet sei und denen seine Abwesenheit über Nacht nicht verborgen bleiben würde. Auf diese Bemerkung nimmt Arnold bei ihrem nächsten Treffen Bezug. Sie liegen zusammen im Bett und Josh kann kaum von seinem Freund lassen. Wie ein komischer Subtext zu ihrer Unterhaltung verknoten sich die Arme und Beine und Körper der beiden immer mehr ineinander. Arnold fühlt sich bereit für Geständnisse. Seinen Eltern, meint er, würde es gar nicht auffallen, wenn er nicht heimkomme – und er setzt noch eins drauf mit Ehrlichkeit: Er mache sich vor einem Treffen mit Josh auf dem Handy eine Liste mit möglichen Fragen und Gesprächsthemen. Im Fall, dass sie nichts miteinander zu reden wüssten, könne er aufs Klo gehen und diese Liste konsultieren. Und als Höhepunkt: Er habe Joshs Lieblingsfilm *Love Actually* in Wahrheit nie gesehen, habe ihn aber gegoogelt und den Inhalt nachgelesen. „And then I told you I loved it, too." Doch in diesem Moment mit Arnold, der auf ihm liegt wie eine Decke, kann Josh nichts aus der Fassung bringen: „I still like you."

Mit dieser Art von Gleichmut ist es bald vorbei. In einer Regennacht torkelt Arnold betrunken in Joshs Zimmer und kuschelt sich zu ihm ins Bett. Er flüstert ihm mehrmals die magischen drei Worte ins Ohr: „I love you." Irritiert stellt sich Josh jedoch schlafend. Am nächsten Tag hingegen folgt eine seiner charmanten Inszenierungen: Im Hühnergehege hinter dem Haus setzt er Arnold ein Huhn auf den Kopf und sagt ihm, dass er ihn liebe. Ein Augenblick der Erwartung, eine entsprechende Antwort zu erhalten – doch der Angesprochene gibt vor, sich an nichts zu erinnern. Er würde Arnolds komplizierte Gedankenwelt akzeptieren, bricht die Enttäuschung dann aus Josh, aber: „Sometimes my feelings need to be thought of." Arnold windet sich weiterhin, er wolle sich zu nichts drängen lassen. In seiner Verletztheit, mit eingezogenen Schultern und schiefgelegtem Kopf, schickt ihn Josh, zutiefst enttäuscht, nach Hause: „I need you to go now."

Die Geschichte treibt ihrer romantischen Lösung zu – der bereits erwähnten Szene mit den Schildern. Es ist Abend, Josh befindet sich im Haus, wir sehen ihn gemeinsam mit dem herantretenden Arnold durch die nur halb geschlossenen Jalousien. Arnold klopft und Josh öffnet ihm die Tür. „Stille Nacht" setzt ein, da macht sich auf Joshs Gesicht ein seliges Grinsen breit – als echter Fan von *Love Actually* ahnt er natürlich, was nun kommen wird. Dass er sich den Film nun angesehen habe, teilt ihm Arnold durch die Karten mit, aber nicht sagen könne, dass er ihm gefallen habe. Als „particularly troublesome" würde er die betreffende Szene empfinden, denn der Verliebte sei ein Stalker „and it oversimplifies love." Aber sie habe ihm die Idee gegeben, auf welche Weise er sich bei Josh entschuldigen könne, ohne es laut aussprechen zu müssen: „I'm sorry", steht auf der nächsten Karte. „To me, you are perfect." Und endlich das ersehnte: „I love you." Liebevolle Blicke, ein Kuss und eine lange Umarmung, dann gehen sie zusammen ins Haus und wir erhaschen von ihnen noch einen Blick, als sich die Kamera von der Szenerie zurückzieht.

Auch wenn diese Liebe nicht die gesamte Serie hält – was soll's, die Szene ist dennoch schön.

Please Like Me (Australien/USA 2013-2016, Fernsehserie/Komödie)
Regie: Matthew Saville, Josh Thomas
Darsteller: Josh Thomas, Thomas Ward, Debra Lawrance, Keegan Joyce, Hannah Gadsby, Wade Briggs

Sie schlugen und sie küssten sich

Shameless (2011-2021)

Bei der Betrachtung so manchen Blockbusters mit Superhelden und Sternenkriegern bekommt man heutzutage den Eindruck, dass auf Qualitätsmerkmale wie innere Logik und eine stringent nachvollziehbare Charakterentwicklung zuweilen nicht viel Wert gelegt wird. Billy Wilders legendärer Ausspruch hat nichts von seiner Gültigkeit verloren: „Für einen guten Film gibt es drei Voraussetzungen“, schrieb der Schöpfer von Klassikern wie *Manche mögen's heiß (Some Like it Hot*, 1959) und *Das Appartment (The Apartment*, 1960) allen, die mit Filmen zu tun haben, ins Stammbuch: „Erstens: ein gutes Drehbuch. Zweitens: ein gutes Drehbuch. Und Drittens: ein gutes Drehbuch.“ Nun ist mir klar, dass Stammbücher kaum mehr in Gebrauch sind, zumindest nicht in analoger Form; doch die Großproduktionen mit ihren fetten Budgets agieren, als hätte es nie welche gegeben. Die wirklich interessanten Geschichten und Figuren mit komplexen Beziehungskonstellationen erscheinen dementsprechend häufig im Format der vornehmlich von Streamingdiensten produzierten Fernsehserien.

Ganz im Sinne Billy Wilders steht hingegen das Beispiel von Ian und Mickey, zwei der Protagonisten der amerikanischen Serie *Shameless*, die aufs Anschaulichste den oben erwähnten qualitativen Anspruch illustriert. Dass sie Liebe füreinander empfinden, ist dabei zu Beginn nicht unbedingt offensichtlich. Brutal mutet der Umgang an, den diese beiden jungen Männer miteinander pflegen – selbst wenn sie Sex miteinander haben, wirkt es wie ein Ringkampf, und der Wunsch nach Zärtlichkeit und echter Nähe geht dabei anfangs immer nur von Ian aus. Die Arena, in der Ian und Mickey sich beweisen müssen, ist die von Gewalt, Alkohol und Drogen dominierte South Side von Chicago; ihre dysfunktionalen Familien, die Gallaghers und die Milkovichs, sind das, was man allenthalben als „poor white trash“ bezeichnen würde. Ihre Mitglieder, angefangen von Vater Frank (William H. Macy), einem

Alkoholiker, und seiner ältesten Tochter Fiona (Emmy Rossum), der im Versuch, die Familie irgendwie zusammenzuhalten, das eigene Leben abhandenzukommen droht, hängen dem meist unmöglichen Traum nach, es vielleicht doch einmal schaffen zu können.

Und da ist der schwule Ian (Cameron Monaghan, rote Haare, blasse Haut, traurige Augen), der es schon als Teenager mit dem verheirateten Inhaber des Minimarktes treibt, in dem er jobbt. Er verliebt sich in Mickey (Noel Fisher, ganz geballtes Konfliktpotenzial), der bei jedem Schritt und jeder Geste die nervöse Aggressivität des Überdrübermachos raushängen lässt – dass der Grund dafür der unbeholfene Versuch ist, seine Unsicherheit zu kaschieren, wird erst allmählich offensichtlich. Ian und Mickey treffen sich an allen möglichen und unmöglichen Orten zum Sex, was an ihrem seltsam distanzierten Verhältnis vorerst aber nichts ändert. Denn Mickey ist zerfressen von der Angst, sich eine Blöße zu geben – und in dem Milieu, in dem er aufgewachsen ist und sein täglicher Überlebenskampf stattfindet, würde ein Outing genau eine solche bedeuten. Ian aber fühlt sich in seiner Sexualität wohl, er drängt Mickey, zu ihrer Liebe zu stehen. Die Reise ihrer Beziehung, ihre ganz persönliche Road to Happiness, wie sie *Shameless* ausleuchtet, ist nie einfach und bequem, gerade deshalb jedoch eine der emotional reifsten eines gleichgeschlechtlichen Paares im derzeitigen Fernsehen. Mickey öffnet sich seinen wahren Gefühlen erst nach Ians Armeedienst und seiner Zeit als Tänzer und Escort in einem schwulen Nachtklub; erst dann spricht er sie ihm gegenüber auch aus. Sein allgemeines Outing folgt in der Szene nach der Taufe seines kleinen Sohnes.

Der Erzählstrang der Serie, der die beiden betrifft, kulminiert kurz vor dem Ende der vierten Staffel, nach nicht weniger als siebenundvierzig Folgen, in dem Augenblick, als der gewalttätige Schläger Mickey aus Liebe über seinen Schatten springt – ein in diesem Fall beträchtlicher Sprung. Seine Heirat mit der russischen Prostituierten Svetlana (Isidora Goreshter mit herrlich schwarzhumorigen Onelinern) war dazu angetan, seinen homophoben Vater von seiner Heterosexualität zu überzeugen. Nun, am Tag der Taufe seines Kindes, bezeichnet Ian Mickey und sich selbst schon nach dem Aufstehen als Paar, das sich verstecken würde. Mickey verwehrt sich dagegen, dass ihn Ian in die Kirche begleitet. Dass dieser dort trotzdem erscheint, überrascht uns nicht. Die verbale Auseinandersetzung geht nach der Taufe weiter. Wir befinden uns beim allgemeinen Besäufnis in einer Bar, als Svetlana Mickey drängt, Ian nach Hause zu schicken. Dieser aber bleibt eisern: „If you make me leave, don't come over. I'm sick of living a lie, aren't you?" Darauf Mickey: „Ian, what you and I have makes me free. Not what these assholes know." Monaghans und Fishers glaubwürdiges Spiel ist ein Tanz um den sprichwörtlichen Vulkan, dessen Ausbruch der eine herbeisehnt und der andere fürchtet.

Als dann Mickeys Vater in die Szene platzt und sich in üblen Witzen über sogenannte Schwuchteln ergeht, schickt sich Ian an zu gehen. Mickey meint, er würde ihm später nachkommen, darauf Ian: „No, don't. We're done. [...] I don't have any interest in being a mistress anymore." Mickey kontert: „When did you get so dramatic?" Und Ian: „When I realized what a pussy you are." Hier wird ein wunder Punkt getroffen und der Wortwechsel zunehmend aggressiver: „Say it again, I'm gonna kick your fucking ass." Ian kommt ihm ganz nah, das Band zwischen ihren Augen ist vor Traurigkeit und Zorn zum Zerreißen gespannt. „You think you're a tough man? You're not. You're a coward." Mickey habe Angst vor seinem Vater, vor seiner Frau. „You're afraid to be who you are." Mit seiner Jacke geht Ian zur Tür. In Mickey kämpfen die widersprüchlichsten Gefühle, Noel Fisher lebt die Zerrissenheit seiner Figur: „Well good. Leave. What the hell do I care, bitch?" Doch dann endlich setzt er sich gegenüber seinem Vater, seiner Erziehung, dem Umfeld seines bisherigen Lebens in dem ruppig-trotzigen Ton durch, der ihm zu eigen ist: „I just want everybody here to know I'm fucking gay. A big ol' 'mo." Es herrscht Totenstille im Raum, als Ian langsam auf ihn zukommt. „You happy now?", fragt ihn Mickey. Das Leuchten in Ians Miene bedarf keiner Antwort. Da setzt die Musik wieder ein und die Leute beginnen zu tanzen; keine Reaktion, keiner nimmt Notiz von ihnen.

> *„Say it again, I'm gonna kick your fucking ass."*
>
> *„You think you're a tough man? You're not. You're a coward."*
>
> *Ian und Mickey in: Shameless*

Doch bevor auch nur ein Hauch von Kitsch aufkommen könnte, folgt der typische *Shameless*-Bruch: Mickeys Vater stößt plötzlich den Tisch um, an dem er sitzt, und stürzt sich auf seinen Sohn. „I'll fucking kill you! You son of a bitch!“ Er schlägt Mickey zusammen, woraufhin sich Ian auf ihn wirft und sich eine veritable Kneipenschlägerei entwickelt. Später lecken sich Ian und Mickey auf der Straße mit blutverkrusteten Gesichtern ihre Wunden. „Think I broke half a fucking tooth“, meint Mickey. Und Ian: „Yeah, my ribs don't feel so good.“ Ein Schluck aus dem Flachmann. „So you really came out, huh?“, spricht Ian wieder an, worum es im Eigentlichen geht. Mickey versucht wie gewohnt, seine Rührung zu überspielen: „Doesn't mean I'm gonna wear a fucking dress or anything.“ – „Nobody fucking asked you to. Though you do have really nice legs.“ Ein Blick, ein Grinsen, befreiendes Lachen: „You're a fucking dick.“ Dann werden sie ganz ernst. Sie drücken sich aneinander und sind in diesem Moment der Zärtlichkeit einfach das, was ihnen nur ganz selten vergönnt zu sein scheint – glücklich.

Dass dieses Glück nicht von allzu langer Dauer sein wird, liegt in der Natur dieser Serie. Sie hält für Ian nämlich eine schlimme Krankheitsdiagnose bereit; wie auch seine Mutter ist er bipolar. Diese Umstände verändern auch Mickey. Trotz seines Hangs zur Gewalt war es immer schon seine offenbare Verwundbarkeit, mit der er selbst nicht umgehen konnte, die ihn zu einem differenziert gezeichneten Charakter macht. Seine Angst um Ian, die Furcht, ihn und damit das zu verlieren, was sein Leben nun endlich lebenswert macht, führt zu einigen der stärksten Szenen der Serie. Ian seinerseits will die neue Wahrheit über sich selbst nicht akzeptieren, er weiß so gar nicht mit seiner Krankheit umzugehen und weigert sich, die Medikamente zu nehmen, die aus ihm seinem eigenen Empfinden nach so etwas wie einen Zombie machen und ihm seine Eigenständigkeit rauben würden. Er entführt Mickeys Sohn, landet für einige Zeit sogar in einer psychiatrischen Anstalt und verschwindet ohne Abschied von einem Tag auf den anderen mit seiner Mutter. Mickey, auf dessen Anrufe er nicht antwortet, ist halb wahnsinnig vor Sorge. Als Ian ihn eines Morgens doch anruft, fällt das Schutzschild in sich zusammen, das Mickey um sich herum aufgebaut hat. Er läuft zum Haus der Gallaghers und findet Ian auf der Treppe sitzend vor. Wo er denn die ganze Zeit gewesen sei, will Mickey noch schwer atmend und voller Nervosität wissen. Ian, bleich, ausgemergelt und mit roten Augen, bringt das Gespräch sofort auf den Punkt, der ihn nicht zur Ruhe kommen lässt: „I hate the meds. You gonna make me take them?“ Mickeys Antwort: „You get fucking nuts when you don't.“ – „You gonna wanna be with me even if I don't?“, will Ian wissen.

Trotz der Tränen in ihren Augen ist es wie bei einem Duell mit Worten, deren Bedeutungsschärfe ihre Beziehung Schnitt für Schnitt zerschneidet – wie immer bei *Shameless* auf den Punkt geschrieben. „You used to love me“, sagt Ian. „And now you don't even know who I am.“ Und der Zusatz: „Shit, I don't know who I am half the time.“ Mickey versichert ihm seine Liebe. Was das bedeuten würde?, gibt Ian zurück. „It means we take care of each other.“ Doch Ian beharrt: „I don't want you sitting around worrying, watching me. Waiting for me to do my next crazy shit.” – „It means thick and thin.” Durch dick und dünn – von einem wie Mickey bedeuten diese Worte die Welt: „Good times, bad. Sickness, health. All that.“ Nun ist er es, der zu ihnen als Paar stehen würde, sogar in den schwierigen Zeiten, die sich durch Ians Krankheit aufgetan haben. Doch Ian braucht alle Energie für sich selbst, für Mickey bleibt dabei kein Platz. „The hell is wrong with you?“, stottert Mickey als Reaktion auf Ians aufgesetzten Zynismus, der über das Bild von ihnen beiden im Hochzeitssmoking spottet. „Too much!”, lautet die Antwort. „Too much is wrong with me!” Mickey könne nichts daran ändern. „You can't fix me because I'm not broken. I don't need to be fixed, okay? I'm me!“ Und Mickey, ganz still, zu Tode verletzt: „This is it. This is you breaking up with me ... Really? Fuck!“

Wenn Mickey im Laufe der sechsten Staffel im Gefängnis sitzt und sich ein falsch geschriebenes Tattoo ritzt, in dem er seine Liebe zu Ian festhält, ist dies ein ähnlich starkes Sinnbild wie die Glasscheibe, zu deren beiden Seiten sie sich befinden, als Ian ihn endlich auf Svetlanas Betreiben doch einmal besucht. Ihre Wege waren so lange Zeit fest miteinander verwoben, nun weisen sie in unterschiedliche Richtungen.

Es ist eine sehr erwachsene Erkenntnis, die *Shameless* thematisiert: Manchmal genügt es einfach nicht, jemanden zu lieben. Auch andere der brillant „gescripteten“ Charaktere der Serie treffen immer wieder impulsiv die falschen Entscheidungen und verletzen dadurch gerade die, die sie am meisten lieben. So scheitern sie meist in ihrem Bemühen, mit den schlechten Karten, die das Schicksal ihnen ausgeteilt hat, zurande zu kommen. In wunderbaren kleinen

Augenblicken aber, wie eben dem, in dem Mickey seine Liebe öffentlich macht, finden auch sie ihr Glück; und wenn es auch nicht von Dauer ist, sie haben es erlebt.

Shameless (USA 2011-2021, Serie/Drama/Komödie)
Produktion: Paul Abbott, John Wells
Darsteller: William H. Macy, Emmy Rossum, Jeremy Allen White, Noel Fisher, Cameron Monaghan, Shanola Hampton, Steve Howey, Joan Cusack, Laura Slade Wiggins, Justin Chatwin

Vom Festhalten des Augenblicks

Sommer 85 (2020)

Vom bitteren Ende erfahren wir gleich zu Beginn des Films. „Wenn ihr kein Interesse habt am Tod, an der Geschichte von einer Leiche, die ich zu Lebzeiten gekannt habe", schärft uns das Voiceover ein, „wenn ihr nicht wissen wollt, was wir beide erlebt haben und wie er zu einer Leiche wurde, dann vergesst es einfach gleich wieder." Dabei sehen wir, wie ein blonder Bursche in Handschellen von einem Polizisten zu einem Verhör geführt wird. Er hebt den Blick, schaut uns direkt an und macht seinen Standpunkt ganz deutlich: „Dann ist diese Geschichte nichts für euch."

Der jugendliche Protagonist von François Ozons freier Adaption des Romans *Tanz auf meinem Grab (Dance On My Grave*, 1982) des britischen Schriftstellers Aidan Chambers heißt Alexis. Wir begleiten ihn durch den im Titel des Films genannten Sommer Mitte der 1980er-Jahre, in dem er mit so profunden Dingen wie der himmelhoch jauchzenden ersten Liebe, dem schier bodenlosen Fall ob der Enttäuschung durch diesen geliebten Menschen bis hin zur schrecklichen Erfahrung von dessen Tod konfrontiert wird. Ozon macht daraus aber keine bleischwere Sache. Hingegen hält er nostalgische Rückschau in eine Zeit, in der er selbst seine Jugend verlebte, und beschwört die Sinnlichkeit von flirrenden Tagen im gleißenden Licht der Sonne über dem Meer, in denen alles möglich erscheint und vieles passiert.

Wir befinden uns in einem kleinen Badeort in der Normandie. Der sechzehnjährige Alexis fährt in einem Segelboot aufs Meer, ein Sturm kommt auf, das Boot kentert. Der Retter naht in Gestalt von David, zwei Jahre älter als Alexis – wie er in seinem Boot die Wellen durchpflügt, wirkt er wie ein Ritter auf hohem Ross. Das Bild erscheint uns fast übertrieben – erst im weiteren Verlauf der Filmerzählung wird uns das inszenatorische Konzept des Regisseurs klar werden. Jedenfalls schleppt David Alexis' Boot an den Strand und lässt auch den Geretteten nicht mehr von der Leine. Er sieht nicht nur sehr gut aus, sondern gibt sich hilfsbereit und selbstbewusst; dass er nach dem Tod seines Vaters im Inneren eigentlich verunsichert und selbst auf der Suche nach seinem Platz im Leben ist, erschließt sich dem eher naiv-schüchternen und von dem Älteren schwer beeindruckten Alexis in diesem Moment noch nicht.

Die beiden Burschen verbringen immer mehr Zeit miteinander – ob daraus mehr wird, ist zumindest Alexis anfangs noch nicht ganz klar. Den Wendepunkt bringt eine Schlägerei, in die sie geraten. Es ist Nacht, sie sitzen mit nacktem Oberkörper im Badezimmer, Alexis verarztet Davids aufgeplatzte Lippe, das sind die ersten zarten Berührungen zwischen ihnen. Schließlich fällt die Frage „Kommst du?“, die über das Gesagte hinausreicht. Sie gehen den dunklen Flur entlang auf Davids Zimmer zu. Die Tür steht halb offen, der Raum ist heimelig beleuchtet – sie bewegen sich wie durch einen Tunnel zum Licht. Sie betreten das Zimmer und schließen die Tür vor uns. Nur durch das Schlüsselloch dringt noch ein rötlicher Schimmer.

„Ihr wollt wissen, was hinter der Tür passiert?“, fragt Alexis aus dem Off. „Das ist normal. Jeder will die Geheimnisse hinter Türen kennen.“ In diesem Augenblick erlischt das Licht. „Aber ich werde nichts sagen. Nur eins: Es war die schönste Nacht meines Lebens.“

Die Überblendung auf den nächsten Morgen zeigt uns die beiden aneinandergekuschelt auf dem Bett liegend. Dies ist auch der Punkt, an dem sie den Pakt schließen, der einen düsteren Unterton in die Geschichte bringt und den weiteren Verlauf der Handlung entscheidend prägen wird. „Wer von uns beiden den anderen überlebt“, drängt David, „verspricht dem anderen, auf seinem Grab zu tanzen.“ Alexis bezeichnet es zwar als „albernen Schwur“, würde nach dieser Liebesnacht aber natürlich fast allem zustimmen.

Was folgt, sind Szenen großer Innigkeit und wachsender Vertrautheit eines unbeschwerten Sommers. Segelausflüge, sich beim Motorradfahren an den anderen schmiegen – Alexis spricht in seinen Kommentaren von Liebe; darin eine wunderschöne Szene in der Disco. Alexis und David tanzen inmitten anderer Jugendlicher, es ist ein wildes Durcheinander in rötlichem Licht und unter flackernden Stroboskopblitzen. Alexis und David strahlen einander an und – das ist eine der Stärken des Films – niemand kümmert sich darum, dass sie zwei junge Männer sind: In *Sommer 85* geht es um kein schwules Coming-out, sondern ums

Erwachsenwerden ganz allgemein. Jedenfalls tritt David auf einmal hinter Alexis und setzt ihm Kopfhörer auf. Auf einen Schlag ist die laute Discomusik abgeschnitten und wir hören, so wie Alexis, aus dem Walkman die getragene Melodie von Rod Stewarts „Sailing" „I am sailing/I am sailing/Home again/'Cross the sea/I am sailing/Stormy waters/To be near you/To be free." Alexis wird ganz ruhig, um ihn herum hüpfen, schlenkern, tanzen David und die anderen Jugendlichen zu ihrem Rhythmus, Alexis aber schließt die Augen und wiegt sich nur hin und her, langsam in dem seinen. „Can you hear me?", singt Rod Stewart – eigentlich können die beiden Burschen einander nicht mehr hören, sie sind getrennt, jeder in seiner eigenen Welt. Sie sind in dieser Szene ein Liebespaar, keine Frage, doch es handelt sich um eine Liebe und um zwei Leben in zwei unterschiedlichen Geschwindigkeiten.

Der Bruch, den diese Szene vorwegnimmt, ist unvermeidlich, als David einige Zeit später mit einem Mädchen schläft. Die Reminiszenz an den Teenagerklassiker *Her mit den kleinen Engländerinnen (À nous les petites Anglaises*, 1976) lässt es für uns inhärent logisch erscheinen, dass es sich bei ihr um ein Au-pair aus diesem Land handelt. Alexis fühlt sich wie das fünfte Rad am Wagen, als sich die beiden am Strand kennenlernen. Als David am nächsten Tag mit einem Knutschfleck im Laden seiner Mutter auftaucht, in dem Alexis den Sommer über aushilft, stellt ihn dieser zur Rede. Zuerst wehrt David ab, dass etwas zwischen dem Mädchen und ihm gewesen wäre: „Das ist die Aufregung nicht wert." Doch Alexis insistiert: „Du hast mich fallen lassen wie eine Socke." Ein Wort gibt das andere in diesem auf den Punkt genau geschriebenen Dialog, in dem sich die beiden Jungen im Streit in eine Situation hineinsteigern, die sie bald genauso wenig im Griff haben wie sich selbst. Sie eskaliert dementsprechend. Alexis erschienen die gemeinsamen Wochen perfekt, er ist zu sehr verletzt, um jetzt auf Davids Beschwichtigungsversuche einzugehen. Es kommt zu einem Moment der lauernden Stille, die beiden starren einander an. Alexis' Kommentar: „Es war der traurigste Augenblick meines Lebens." Denn Davids Worte sind mehr Wut und der Wunsch, dem anderen und vielleicht auch sich selbst wehzutun, als eine echte Erklärung: „Mir wurde langsam langweilig." – „Wegen was denn?" – „Wegen wem! Wegen dir!" Als Verteidigung beschwört

Alexis ihr gemeinsames Glück – und David brüllt heraus, dass er genau dieses Gefühl nicht mehr empfinde: „Du langweilst mich“, und setzt nach: „Es gab richtig nette Momente. Aber ich mag Veränderung ... Einer ist nicht genug. Nicht für mich.“ Dabei schießen David die Tränen in die Augen, und wir wundern uns, ob er das, was er da von sich gibt, denn wirklich so meint.

Die beiden jungen Darsteller, Benjamin Voisin als David und ganz besonders Félix Lefebvre als Alexis, sind hinreißend in diesem Wechselbad der Emotionen. Die Liebe, die Enttäuschung, die Verzweiflung – in jener Kompromisslosigkeit, wie sie vielleicht nur Teenager erleben. Alexis packt einen Stein und schleudert ihn nach David, ein Spiegel zerbirst. Er rennt aus dem Laden, stößt dabei Regale um und fährt mit dem Rad davon – hört nicht, dass David ihm nachruft, doch zu ihm zurückzukommen. Dann sehen wir David stumm auf dem Boden sitzen und wie Alexis sich in seinem Zimmer aufs Bett wirft und bitterlich zu schluchzen beginnt.

Der Streit wird ihr letzter gemeinsamer Moment gewesen sein. Alexis sieht im Fernsehen einen Bericht über einen Unfall, ein Motorrad wurde aus einer Kurve geschleudert; auf den Bildern erkennt er Davids Suzuki. Von Davids Mutter wird Alexis später erfahren, dass er auf der Suche nach ihm gewesen sei. Verständlich, dass er sich die Schuld am Tod des Freundes gibt: „Ich will, dass er noch lebt.“ Als Mädchen verkleidet, schleicht sich Alexis in die Leichenhalle und verliert angesichts von Davids bleichem Körper fast den Verstand: „Ich wünsche mir nur eins: Dass seine Augen sich öffnen, dass sein Mund spricht, dass mich seine Hände liebkosen, dass sein Herz schlägt, dass sein Körper wieder zu ihm wird.“

Natürlich wird Alexis den geschlossenen Pakt einhalten und auf Davids Grab tanzen. Er bricht nachts in den umzäunten Friedhof ein und findet ein frisches Grab neben dem von Davids Vater. Mit seinem Walkman und Kopfhörern steht er davor, abermals setzt das Lied „Sailing“ ein. Er sinkt vor dem Grab auf die Knie und fährt sich durch seine Haare, wie es früher David getan hat. Er beugt sich vor und streicht über die dunkle Erde, und dann beginnt er sich zur Musik zu bewegen, zuerst langsam und weich, doch dann springt er auf und sein Tanz wird immer wilder. „Can you hear me?/Can you hear me?/Through the dark night, far away/I am dying, forever crying/To be with you, who can say.“ Die

Kamera zieht sich vor ihm zurück, wir sehen den Friedhof auf einem Hügel über der nächtlichen Stadt und dann auch die beiden Polizisten, die sich Alexis nähern und den vermeintlichen Grabschänder packen und wegzerren.

Ozons Herangehensweise an den Stoff, nämlich die Geschichte in der völlig subjektiven Retrospektive durch Alexis' Augen für uns erlebbar zu machen, erzeugt einen Raum für jene leisen Zwischentöne des Zweifels, die sie erst so richtig interessant machen. Francis Ford Coppola bediente sich in *Die Outsider (The Outsiders*, 1983), seiner Adaption von S. E. Hintons gleichnamigem Jugendbuchklassiker aus dem Jahr 1967, dieses Zugangs. C. Thomas Howell als Ponyboy Curtis schreibt darin in einem Schulaufsatz von dem Bandenkrieg, dem die damals ebenfalls blutjungen Schauspieler Matt Dillon und Ralph Macchio zum Opfer fallen. Wie es Ponyboys persönliche Sicht der Dinge ist, die dieser Film vor unseren Augen in sonnenuntergangsgetränkten Bildern heraufbeschwört, so lässt auch *Sommer 85* unklar, ob sich die Ereignisse, deren Zeugen wir werden, tatsächlich so abgespielt haben oder ob Alexis sie in seinen Aufzeichnungen, die er im Laufe der polizeilichen Ermittlungen nach seiner Festnahme führt, zu seiner romantischen Verklärung der Umstände ins Außerordentliche formt. Dieser parallele Verlauf von unterschiedlichen narrativen Ebenen zwischen Wahrheit, Fantasie und Projektion ist das Raffinierte an Ozons Regie; inwieweit sie sich miteinander überschneiden oder unter Umständen gar nicht viel miteinander zu tun haben, bleibt offen. „Ich hatte mein Versprechen gehalten", stellt Alexis jedenfalls fest, als sich in dem erzählerischen Puzzle die Teile nach und nach zu einem stimmigen Ganzen ineinandergefügt haben.

Der deutsche Journalist und Schriftsteller Matthias Frings spricht in einer Rezension über *Sommer 85* von der ästhetisch raffinierten Komposition ausgesucht schöner Bilder und dabei über die Rolle der Farben Blau und Rot. Der Himmel, das Meer, Alexis' Kleidung vom T-Shirt bis zu seiner Jeansjacke stehen insofern auf der einen Seite dieses farblichen Spektrums für Qualitäten wie Freiheit und die Möglichkeiten des Lebens, Davids Muskelshirt und seine Suzuki in der Assoziation mit Liebe und Leidenschaft auf der anderen. Für mich folgt daraus Alexis' Verbundenheit mit der gesamten Umgebung des Küstenortes. Wann immer die beiden Freunde, etwa beim Segeln, unbeschwerte Gemeinsamkeit erfahren, trägt auch schon mal David ein blaues Shirt und eine Jeansjacke. Aus einer solchen Stimmung reißen Alexis die intimen Momente mit David, die in sanften orangen bis intensiv roten Tönen gehalten sind. Sie bringen auch im übertragenen Sinne eine andere Farbe in sein Leben, sie schälen ihn aus seinem gewohnten Umfeld, in das er nach Davids Tod und dem Tanz auf seinem Grab wieder hineingleitet – doch reifer, erfahrener, als neuer Mensch. So ist Ozons kleiner, aber sehr feiner Film ein Drama vom Erwachsenwerden, von der ersten Liebe, dem Sehnen und dem Schmerz, die damit verbunden sind, von der Vergänglichkeit alles Schönen und der Erkenntnis, dass man Augenblicke ergreifen muss, wenn sie sich bieten, denn für immer festhalten kann man sie nicht.

Sommer 85 *(Été 85,* Frankreich 2020, Liebesfilm/Drama)
Regie: François Ozon
Darsteller: Félix Lefebvre, Benjamin Voisin, Philippine Velge, Valeria Bruni Tedeschi, Melvil Poupaud, Isabelle Nanty, Laurent Fernandez, Aurore Broutin, Bruno Lochet, Yoann Zimmer

Eine Reise durch die Nacht

Théo & Hugo (2016)

Zwei Männer sitzen in einem Boot, *Théo et Hugo dans le même bateau* heißt der mit dem Berliner Teddy Award ausgezeichnete Film des Regieduos Olivier Ducastel und Jacques Martineau im französischen Original. Wie sie in diese Situation gekommen sind, sehen wir gleich zu Beginn, und zwar in der vermutlich längsten Sexszene der Non-Porn-Filmgeschichte. In den ersten zwanzig Minuten tauchen wir mit den beiden titelgebenden Protagonisten in den Darkroom einer Pariser Schwulenbar ein, und dort geht es aufs Deutlichste zur Sache. Rote Beleuchtung, dröhnende Musik, nackte Körper in Ekstase, hemmungsloses Verlangen – der Verdacht, hier könnte es sich um Pornografie handeln, kommt jedoch nicht auf. Zwei junge Männer treffen zufällig aufeinander und können nach dem ersten Blick die Augen und das Herz nicht mehr voneinander lassen. Darum geht es in dieser intensiven Liebesgeschichte: um Begehren und Leidenschaft, aber auch um die Romantik der Reise einer langen Nacht in den nächsten Tag und das, was an Wochen und Monaten und Jahren danach vielleicht noch kommen mag.

Théo und Hugo verlassen den Club gemeinsam, es ist nach vier Uhr früh, wir werden bis sechs Uhr mit ihnen durch die langsam erwachende Stadt streifen – auf dem Leihrad, zu Fuß, mit der Metro – und ihnen dabei zuhören, wie sie über ihre Berufe und Kindheit reden, über die Schönheit von Penissen und Balzac. Und – unfreiwillig – über HIV. Sie sprechen darüber, wie besonders ihr Sex war und dass darauf die Bezeichnung „faire l'amour" zutreffen würde, also Liebe machen. Théo meint, es sei das erste Mal gewesen, dass er so etwas getan habe, und Hugo ist außer sich, als er die Bedeutung dieser Worte versteht. Hugo ist nämlich positiv und entsprechend aufgebracht – über Théo, kein Kondom verwendet zu haben, und über sich selbst, dies nicht bemerkt zu haben. Ihr Weg führt sie von der Leichtigkeit des sexuellen Kontakts unvermittelt in die

Konfrontation mit existenziellen Fragen und konsequenterweise alsbald in die Notaufnahme einer Klinik. Trotz Théos anfänglicher Abwehrhaltung bleibt Hugo an seiner Seite: Er erinnere sich, erzählt er, wie allein er damals war, als er auf seine Diagnose wartete. Théo ringt um Fassung und lässt sich seine Ratlosigkeit und Verwirrtheit nicht anmerken. Dann aber bricht immer wieder die schiere Panik aus seinem Blick. Während ihnen die Schwester Erklärungen zur PEP-Medikation und der weiteren Vorgangsweise gibt, sind Théo und Hugo ganz still und lassen ihre Augen sprechen. Wir beobachten sie in diesen ruhigen Einstellungen, die wirken wie der Realität entnommen. Das Leben dieser Nacht in langen flüssigen Einstellungen – der Cutter Pierre Deschamps setzt seine Schnitte selten, unmerklich und so elegant, dass sie fließend und ganz und gar unaufgeregt den Blickwinkel des jeweilig vorigen Bildes aufnehmen. Die Darsteller in diesen Bildfolgen sind schlichtweg großartig. Geoffrey Couët als Théo und François Nambot als Hugo agieren mit berührender Ernsthaftigkeit. Eine seltene Glaubwürdigkeit durchdringt diesen teils charmanten, teils melancholischen Film und macht die ungewöhnlich schnell entstehende Intimität zwischen den beiden Figuren nachvollziehbar. Wir sehen etwas, das wirklich und wahr ist – und das ist der Grund, weshalb uns die Szenen dieses Films, die Dialoge und die Blicke und Gesten im Schweigen dazwischen am Herzen packen.

Als sie das Krankenhaus verlassen, wählen Théo und Hugo den Weg zufällig. „Ich folge dir." – „Und ich folge dir." Sie kriegen Hunger, suchen nach einer Bäckerei und finden schließlich ein Dönerrestaurant, das noch geöffnet hat. Sie laufen an einem Kanal im Osten der Stadt entlang und erleben für ein paar Momente ein Gefühl von Freiheit. Gleich darauf werden die zu erwartenden Nebenwirkungen für Théo angesprochen. Hugo, der die Therapie seit seinem achtzehnten Geburtstag macht, versucht in Worte zu fassen, was für ihn selbst so unfassbar ist: Dass für ihn das Virus, auch wenn unter der Nachweisgrenze, doch immer vorhanden sei – „Es ist da", und der schockierend offene Nachsatz: Er schaffe es einfach nicht, Frieden damit zu schließen, sondern lebe Tag für Tag dagegen an. „Ich will dich küssen und schlagen zugleich", meint Théo gleich darauf. Aggressiv kommt er auf Hugo zu und presst ihn gegen einen Laternenpfahl, ein Messen der Kräfte, nur um dann weich zu werden und in seine

Umarmung zu sinken. Selbst als die beiden Männer über die Schönheit der Romantik sprechen, kommt dazwischen wieder der Gedanke hoch: „Wenn ich positiv bin ..."

In der vielleicht gefühlvollsten Szene dieses an gefühlvollen Szenen nicht armen Films lehnen sie am Geländer über einem Bassin, sie blicken über das Wasser auf die Lichter der Stadt wie Kate und Leo am Bug der Titanic. Hugo küsst Théos Nacken – ein Moment der Abkehr von der Welt, ein intensives Spüren des anderen Menschen. Aber dann sind da wieder Vorwürfe und die Frage nach der Schuld. Solle er sich „HIV+" auf den Hintern tätowieren lassen, braust Hugo auf. Er sucht das Weite, doch Théo folgt ihm und entschuldigt sich. Sie hätten sich beide nicht richtig verhalten, über Schuld wollten sie nicht reden. Es kommt zu einem langen, intensiven, innigen Kuss. Er habe sich bei ihm einfach sicher gefühlt, versucht sich Théo zu erklären, da habe er nicht nachgedacht: „Ich war ruhig, glücklich." Und Hugo: „Zwischen uns war etwas Logisches. Wir waren nicht misstrauisch." In ihrer Umarmung drehen sie sich langsam wie in einem innigen Tanz. „Wir begehrten einander", stellt Théo fest. „Wir begehrten zu viel", meint Hugo. „Das Begehren ist dumm. Aber es ist gut, so zu begehren wie wir." Als ob sie betrunken gewesen wären, hätten sich beide gefühlt – und es fällt der vielsagende Satz: „Komischer Anfang für eine Beziehung."

Hugo ist es auf einmal wichtig, die erste Métro des Tages zu erwischen. Sie fahren von der Station Stalingrad los, sitzen einander gegenüber und lächeln sich einfach an. Sie haben schon so vieles ausgesprochen, nun sagen sie, was sie sagen wollen, ohne zu reden. In Théos kleiner Wohnung zieht Hugo ihn dann bedachtsam aus. Er liebkost seinen Körper mit Küssen und poetischen Worten: seine Ohren, seinen kratzenden Bart, seinen Hals, seinen Geruch, seine Brustwarzen, seinen Bauch, seinen Penis. Zu mehr kommt es nicht, doch sie vereinbaren einen Anruf, bevor sie am selben Tag für die Bluttests ins Krankenhaus gehen müssen. Hugo verlässt die Wohnung, Théo öffnet die Jalousie des Dachfensters und lässt das Licht des neuen Tages in den Raum. Da klopft es an der Tür, Hugo kann nicht von ihm lassen. Er lädt Théo ein, mit ihm in seine Wohnung zu kommen – und dann beginnen sie, den Traum von einem gemeinsamen Leben zu spinnen: „Machen wir weiter."

Théo ist noch skeptisch, doch Hugo entwirft ein Bild, in dem sie die achtundzwanzig Tage der Therapie miteinander verbringen, dann die drei Monate bis zum Bluttest und gleich die nächsten zwanzig Jahre. „Und dann?“, will Théo wissen. Dann würden sie sich wohl trennen, meint Hugo: „Wie alle anderen.“ – „Ist es das wert?“, fragt Théo. „Wir gehen vorwärts. Wir haben keine Angst“, ist Hugos Antwort.

„Niemand ist eine Insel“, hat der englische Dichter John Donne in seinen metaphysischen Meditationen geschrieben. Théo und Hugo haben ihren gemeinsamen Kontinent betreten. Die Ziffern auf Hugos Handy springen in diesem Augenblick auf sechs Uhr: „Jetzt fängt es an.“

Kann man von der großen, hemmungslosen, alles vereinnahmenden Liebe reden, ohne in Kitsch zu verfallen? Ja, führt uns dieser wunderbare Liebesfilm aufs Vortrefflichste vor Augen, man kann.

Théo & Hugo *(Théo et Hugo dans le même bateau,* Frankreich 2016, Liebesfilm/Drama)

Regie: Olivier Ducastel, Jacques Martineau

Darsteller: Geoffrey Couët, François Nambot, Georges Daaboul, Mario Fanfani, Elodie Adler, Claire Deschamps

Die Zeit des Kämpfens, die Zeit der Niederlage

Stille bedeutet Tod

An den Rand gedrängt und darüber hinaus

The Price You Pay

Tom Ripleys Wiederkehr

Weiße Elche

Von der Schwere der Wiederkehr des Gleichen

Liebe ohne Namen

Der Tag und die Stunde

Die Dunkelheit um uns, die Dunkelheit in uns

Liebesverbot

Berührungen

Die Verstrickungen der Identität

Verdächtige

Die Schmerzen des Übergangs

Stille bedeutet Tod

120 BPM (2017)

„Seine letzte Woche verbrachte Simon im Krankenhaus“, erinnert sich in Alan Hollinghurts Roman *Die Verzauberten (The Spell*, 1998) der Protagonist Robin an das Sterben seines Partners: „Er war schon in dem Stadium, in dem Hilfe und Beruhigung am nötigsten und am vergeblichsten waren.“ Am nötigsten und am vergeblichsten – ein berührendes Bild. Zu einem solchen Moment, der nicht mehr im Leben, doch auch noch nicht im Tod anzusiedeln ist, führt das Filmdrama *120 BPM* des aus Marokko stammenden französischen Regisseurs Robin Campillo. Wenn wir am Schluss des Films neben Nathan am Totenbett seines Geliebten Sean sitzen, ist dessen Kampf gegen die Krankheit und die Ignoranz einer Gesellschaft angesichts ihrer Opfer zu Ende. Sean war nur noch Haut und Knochen, als Nathan ihn zuvor ins Bad getragen hat. Dass er vorsichtig sein solle, sich nicht zu stechen, hat ihn Sean vor dem Einschlafen noch gewarnt – im Bewusstsein, dass er den nächsten Morgen wohl nicht erleben wird. In der Nacht zittert Nathan am ganzen Körper, als er die Spritze mit Morphium aufzieht und es dem im Schlaf röchelnden Sean injiziert. Nathan muss dann wieder eingeschlafen sein; zusammengekrümmt liegt er am Morgen auf der Matte auf dem Boden neben dem Bett. Er betastet den Toten, er will die ausweglose Suche nach einem Rest von Leben in dem geliebten Menschen nicht aufgeben, er bricht schluchzend zusammen: „Il est mort!“

Der eher zurückhaltende Nathan und der quirlig-extrovertierte Sean haben sich bei einer Versammlung der Aktivistengruppe Act Up kennengelernt; Arnaud Valois und Nahuel Pérez Biscayart verleihen ihnen mit ihrem direkten Spiel, das so authentisch wirkt wie der ganze Film, große Glaubwürdigkeit und emotionale Tiefe. Der Film ist im Paris der 1990er-Jahre angesiedelt, etwa zehn Jahre nach dem Ausbruch der Epidemie, und dabei so nah am Lebensgefühl dieser Zeit, „wie Fiktion nur sein kann“ (Jana Weiss). Die Mitglieder der Gruppe versuchen, durch öffentlichkeitswirksame Aktionen auf die Anliegen der AIDS-Kranken aufmerksam zu machen und Druck auf die Regierung und auf Pharmakonzerne auszuüben, vermehrt in die Forschung nach wirksamen Medikamenten, die Betreuung der Erkrankten, aber auch in so Grundlegendes wie die Aufklärung an Schulen zu investieren. Wenn sie über die Herstellung von Kunstblut diskutieren und damit gefüllte Ballons gegen die Wände von Büros der Konzerne werfen, wird uns das Ausmaß ihrer Hilflosigkeit, ihres Gefühls der ohnmächtigen Wut bewusst, die sie angesichts einer politischen Stimmung verspüren, die die Kommunikation mit ihnen verweigert. Regisseur Campillo, der auch das Drehbuch zum Film schrieb, war selbst Mitglied der Gruppe. „Es ist ein Film über die Zeit von Act Up, als wir aufhörten, die netten Schwulen zu sein", beschreibt er die damaligen Umstände. „Wir wollten mehr sein als nur Opfer. Wir wurden durch unsere Aktionen zu fiesen Schwulen und dreckigen Lesben. Wir mussten die Vorstellung der Gesellschaft von dieser Epidemie verändern!"

Der rote Faden des Films, der durch eine erzählte Zeit von mehreren Monaten führt, sind die wöchentlichen Versammlungen der Gruppe. Die Emotionen der Mitglieder treffen uns wie improvisiert, es ist, als ob wir mitten unter ihnen säßen. Die fast dokumentarisch anmutende Unmittelbarkeit in der Art der Gestaltung ist eine der großen Stärken des Streifens. Regisseur Campillo hat diesen Stil bereits in dem Film *Die Klasse (Entre les murs)* aus dem Jahr 2008 angewandt, der die Erfahrungen eines Lehrers in einer Pariser Vorstadt wiedergibt und bei dem er für das Drehbuch und den Schnitt verantwortlich zeichnete. Wie bei den meisten Mitgliedern der Gruppe ist auch bei Sean die Krankheit bereits ausgebrochen, die Anzahl der T-Zellen und die Nebenwirkungen der Medikamente sind alltags- und gesprächsbestimmende Themen. Nach der Aktion mit dem Kunstblut im Pharmakonzern werden Sean und die anderen stundenlang von der Polizei festgehalten. Der Tag bricht schon heran, als sie mit der Bahn nach Hause fahren. „Es ist so schön", meint Sean beim Blick aus dem Fenster auf die aufgehende Sonne. „Sieh dir den Himmel an." Er wirkt sehr nachdenklich und bedrückt, als er weiterspricht: „Es gibt Momente, da werde ich mir bewusst, wie AIDS mein Leben verändert hat. Es ist, als ob ich alles intensiver erleben würde. Als ob ich die Welt mit anderen Augen sehen würde. Als ob es mehr Geräusche, mehr Farben, mehr

Leben gäbe. Vor allem am Morgen." Wie die anderen auch, hört ihm Nathan zu und beobachtet ihn. Nathan ist HIV-negativ, und wir kennen den Grund noch nicht, weshalb er der Gruppe beigetreten ist. Er wirkt von Seans Worten betroffen, da beginnt dieser zu grinsen und lacht über ihr Pathos: „Es war ein Witz." Er versichert, dass mit ihm alles in Ordnung sei. Ganz glauben können wir ihm diese Relativierung aber nicht. Galgenhumor ist nur eine von mehreren Möglichkeiten, sich der Krankheit zu stellen, für die es keine Heilung gibt; und seine Augen sprechen ihre ganz eigene Sprache.

Im Hof einer Schule kommt es zu einem ersten, noch spielerischen Kuss zwischen Sean und Nathan. Sie verteilen Aufklärungsbroschüren an die Jugendlichen und diskutieren mit dem erbosten Direktor die Notwendigkeit der Aufstellung von Kondomautomaten. Auf eine homophobe Bemerkung reagiert Sean mit dem genannten Kuss. Später werden in der Disco, wo die Mitglieder der Gruppe nach jeder Aktion ihre Gedanken betäuben, die flackernden Lichtflecken in mikroskopische Bilder der Attacken des Virus auf Körperzellen übergehen – ein wunderbares Symbol für die Zerrissenheit zwischen der verzweifelten Gier nach Leben und dem Tod, der ihnen allen so nah vor Augen steht. Sean und Nathan kommen einander nun wirklich nahe. In ihrer ersten Liebesnacht ist die Kamera ganz dicht bei ihnen, in diesen intimen Momenten, die sie voller Lust, aber auch immer mit der Barriere der Vorsicht erleben. Ihr Beisammensein wird vom Läuten des Weckers mitten in der Nacht unterbrochen: Zeit, die Medikamente zu nehmen. Sean, der bereits unter Kaposi-Sarkom, einem bösartigen Hauttumor, leidet, erzählt Nathan dann, wie er infiziert wurde. Er war gerade sechzehn Jahre alt, es war sein erstes Mal und sein Liebhaber der Mathematiklehrer. „Wir waren verliebt. Ich vertraute ihm. Und er vertraute mir. Wie zwei Idioten."

Als ungemein beklemmend habe ich die Szene des Sterbens von Jérémie empfunden, einem ganz jungen Mitglied der Gruppe (Ariel Borenstein, liebenswert mit seinem stillen, schüchternen Lächeln). Die Krankheit ist erst vor Kurzem ausgebrochen, die Medikamente sprechen bei ihm nicht an und sein Zustand verschlechtert sich besorgniserregend schnell. Wir hören seine Stimme als Voiceover, als er nach einem Zusammenbruch ins Krankenhaus eingeliefert wird. Er vergleicht die Aktionen der Gruppe mit der Revolution von 1848, als ein Sergeant den Befehl zum Feuern gab:

„Die Leichen werden auf Karren im Fackellicht durch Paris gefahren." Die Demonstranten hätten vor einem Zeitungsverlag gehalten und die Ungerechtigkeit publik gemacht: „Wie bei einer Mobilmachung läutete diese Leichenparade das Ende der Monarchie ein." Dazu sehen wir Bilder einer Demonstration von Act Up in einer Kirche, gefilmt, als wären es Szenen aus den Nachrichten. Jérémie ringt indes im Krankenhaus mit dem Atem. „Das wird mein politisches Begräbnis sein", fährt seine Stimme fort. „Das ist es, was ich möchte. Meine Leiche soll mit Trillerpfeifen und Nebelhörnern durch die Stadt getragen werden." Dabei sehen wir, wie ein Freund ihm zu trinken gibt und er sich schließlich im Bett zur Seite rollt. Nur Klavierakkorde begleiten die Szene und unterstreichen die Ernsthaftigkeit der Augenblicke – auch, als die Mitglieder der Gruppe dem Leichenwagen durch die Straßen der Stadt folgen. Sie halten Bilder von Jérémie hoch und skalieren: „Wir sterben. Die Gleichgültigkeit bleibt."

Die anfängliche Neugier von Sean und Nathan aufeinander und auf das, was hinter der Fassade stecken mag, die Menschen voreinander aufbauen, entwickelt sich zu einer tiefen Vertrautheit; ihre Gefühle schwanken dabei zwischen Wehmut und wehrhaftem Trotz. Nathan bleibt an Seans Seite, auch als dessen Krankheit immer weitere Bereiche seines Lebens einzuschränken beginnt. Nun lernen auch wir die beiden immer besser kennen. In einer langen ungeschnittenen Großaufnahme erzählt Nathan von seiner ersten großen Liebe und seinem Rückzug aus der Szene fünf ganze Jahre lang, als er zum ersten Mal von der neuen Krankheit erfuhr. Als er seinen ehemaligen Freund dann wieder traf, war dieser bereits krank. Das Spiel der Emotionen in seinen Zügen ist intensiv, die Motivation, sich mit der Krankheit zu befassen und der Gruppe beizutreten, ist nachvollziehbar geworden. Wir verstehen, wie sehr Seans Leiden, sein Dahinsiechen, an ihm zehrt. Er setzt ihm Infusionen, er übt sich in Zweckoptimismus, mit dem er gegen das Gefühl der Ohnmacht anzukämpfen versucht, das immer stärker wird, und verzagt doch ob der Unabwägbarkeit des Kommenden, das man gar nicht mehr Zukunft nennen kann.

Wegen einer Infektion durch den Permanentkatheter muss Sean ins Krankenhaus. „Es ist heiß hier", meint er, als Nathan und er allein sind. „Draußen ist es eiskalt", ist Nathans Antwort. Sean ist ehrlich zu ihm: „Mir geht's nicht gut. Ich hab' überall Schmerzen. Ich weiß nicht, ob es Fieber oder Angst ist. Oder beides. Ich habe Angst. Ich habe wirklich Angst. Die ganze Zeit." Da ist nichts mehr an Hoffnung, da ist die blanke Verzweiflung – eine herzzerreißende Szene, gerade weil sie so nüchtern erzählt wird. Wenn Nathan Sean dann küsst und anfängt, ihn zu streicheln, sind das Momente immenser Intimität, die so nah wie nur möglich in die Beziehung zwischen den beiden Männern vorzudringen wagt.

Die Geschichte mündet in traurige, aber völlig unkitschige Bilder der blutroten Seine; im Morgengrauen schlagen die Wellen gegen die Kais, aus der Luft wirkt das rote Band des Flusses wie eine klaffende Wunde im Land. Dazu hören wir das keuchende Atmen von jemandem, der seinen letzten Kampf ums Überleben bestreitet. In jeder dieser Sekunden schnürt uns die Furcht, dass es plötzlich aussetzen könnte, förmlich die Brust zusammen. Später, als Nathan Sean leblos im Bett vorgefunden hat, zieht die Mutter Kleidungsstücke über den völlig abgemagerten Körper ihres Kindes, der wie verloren wirkt in der viel zu großen Hose, dem viel zu weiten Hemd. Nach und nach kommen alle Mitglieder der Gruppe in der Wohnung zusammen. Sie sprechen über den Nachruf auf Sean: „Er war verrückt, witzig, verbissen und lebendig." Die Mutter möchte Seans Mut hinzugefügt wissen.

Die berühmten Worte von Marc Aurel: „Nicht den Tod sollte man fürchten, sondern dass man nie beginnen wird zu leben." Sean hat die sechsundzwanzig Jahre, die er hatte, wohl bis zur Neige ausgeschöpft. Wie die anderen seiner Gruppe auch, hat er gegen die Bigotterie der Gesellschaft, die Ignoranz der Politik und die Geldgier der Pharmaindustrie gekämpft, er hat sich seiner Krankheit und dem bevorstehenden Tod entgegengestellt, solange er die Kraft dazu hatte; er hat sein Schicksal nicht einfach als gegeben und unabdingbar hingenommen, sondern dagegen aufbegehrt – mit Wut und Aggression, mal mit schwarzem Humor und dann wieder mit Tränen der Resignation.

„Der Mensch ist erst wirklich tot, wenn niemand mehr an ihn denkt", hat Bertolt Brecht einmal gesagt. In seinem Sinne verstreuen die Freunde einen Teil von Seans Asche über ein Buffet bei einem Pharmakongress. Dabei halten sie Schilder hoch, die das Motto ihres Einsatzes zusammenfassen: Silence = Mort, das Schweigen ist der Tod.

Am Schluss des Films tanzen sie wieder in der Disco. Das Leben, die Liebe, der Tod – die Musik setzt unvermittelt aus, nur noch das Schlagen eines Herzens, 120 beats per minute, ist zu hören, das sich gegen die Stille stemmt, gegen den Tod – und dann bricht auch dieser Rhythmus ab.

120 BPM *(120 battements par minute*, Frankreich 2017, Drama)
Regie: Robin Campillo
Darsteller: Nahuel Pérez Biscayart, Arnaud Valois, Adèle Haenel, Antoine Reinartz, Félix Maritaud

An den Rand gedrängt und darüber hinaus

01:54 (2016)
Marilyn (2018)

Wenn sich schwule Filme mit dem Thema Gewalt befassen, jener nach außen wie jener nach innen, hat dies wohl damit zu tun, in welcher Weise die Protagonisten Erfahrungen machen (müssen), die mit ihrer Identität und dem Platz verknüpft sind, der ihnen von der Gesellschaft, in der sie leben, eingeräumt wird. Der bereits wiederholt genannte amerikanische Schriftsteller Alexander Chee stellt die Problematik in seinem Essayband *Wie man einen autobiografischen Roman schreibt* wie folgt dar: „Vor allem als schwuler Mann macht man die Entdeckung, dass man im Laufe eines Lebens mehrere, manchmal einander widersprechende Ichs durchläuft und man in manchen Momenten schmerzlich dieses Zentrum des Selbst vermisst, über das alle Menschen um einen herum so selbstverständlich zu verfügen scheinen.“ Er führt weiter aus: „Es fordert kein großes psychologisches Gespür, die Gründe dafür in den Erfahrungen als Kind und Heranwachsender zu suchen. Im unerklärlichen Schweigen etwa, mit dem man aufgewachsen ist, oder den unmissverständlichen Botschaften von Ausgrenzung und Scham.“

Ein junger Mann in Kanada, ein anderer in Argentinien. Sie leben in einem kaum vergleichbaren Umfeld und machen dennoch Erfahrungen mit körperlicher und seelischer Verwundung. Marcos, ein schüchterner Junge, wohnt mit seiner Familie auf einer Farm im ländlichen Argentinien. Der Protagonist von Martín Rodríguez Redondos kleinem und sehr feinen Film *Marilyn* ist jemand, der sich als stiller, in sich gekehrter, beinahe stoischer Beobachter durch ein Leben bewegt, welches, das merkt man sehr rasch, nicht das seine ist. Walter Rodríguez verleiht Marcos mit weichen Bewegungen und stets angespannten Schultern die Körperhaltung eines jungen Mannes mit der Aura „anders“ zu sein. Er zeigt kaum Emotionen und schon gar keine Reaktionen; wie unberührt scheint er selbst die tiefsten Demütigungen über sich ergehen zu lassen. Dass ein solches Verhalten zuweilen nur die Ruhe vor dem Sturm ist, wissen wir etwa aus den klinisch genauen Gewaltstudien des österreichischen Regisseurs Michael Haneke, diesen Zustandsbeschreibungen von Seelen in Aufruhr, die sich ihren Gemütszustand nach außen nicht anmerken lassen – und erwarten schon jetzt auch in *Marilyn* ein schlimmes Ende.

Der Einstieg in *Marilyn* ist offenbar zu Beginn der großen Ferien angesiedelt, denn Marcos kommt mit dem Zeugnis aus der Schule in sein armseliges Zuhause. Der Vater Carlos (Germán de Silva) ist stolz auf ihn, er will dem talentierten Sohn auch einen Computerkurs zahlen: „Du wirst uns einmal versorgen." Die verhärmte Mutter Olga (Catalina Saavedra) hingegen wirft nur einen kurzen Blick auf das Zeugnis. Jetzt sei Schluss mit Spaß, meint sie fast verächtlich, jetzt beginne für Marcos der „Ernst des Lebens". Gemeint ist die Arbeit für den Landbesitzer, dessen Rinder Marcos' Familie versorgt und dessen Sohn sich als seine Nemesis gerieren wird. Mit höchster Konzentration und feinen Strichen zeichnet der Film die sozialen Unterschiede und strenge Rollenverteilung in dieser Gesellschaft. Die Gutsherren sind Weiße, Marcos sind seine indigenen Wurzeln anzusehen, die Verhältnisse der Macht sind keine, die in diesem Umfeld hinterfragt werden.

Wenn es darum geht, er selbst zu sein, muss sich Marcos verstecken. Er zieht sich heimlich in eine Kammer zurück, um Kleider anzuprobieren, sich zu schminken und sich dabei mit dem Handy zu filmen. Er hat Talent im Umgang mit der Nähmaschine und nicht, wenn es darum geht, Kühe zu melken. Mit dem Sohn des Landbesitzers tauscht er schon mal heimliche Blicke, ist seinen Spott und den seiner Kumpel aber ebenso gewohnt wie den offensichtlichen Neid und das abschätzige Gehabe seines Bruders. In der brütenden Hitze, im ständigen Klagen der Grillen baut sich auf diese Weise eine Atmosphäre der latenten Bedrohung auf, in der uns Marcos sehr verletzlich erscheint. Wir ahnen, dass ihm Leid angetan wird, und sind umso mehr vor den Kopf gestoßen, als er am Ende des Films selbst zur Waffe greift.

Doch vorerst erleben wir, wie in Marcos auf einmal Leben kommt. Ein Dorffest, ein Kleid aus glänzendem Stoff, eine Perücke mit langen Haaren, Make-Up, eine Maske und hohe Schuhe – Marcos tanzt mit selig-gelöstem Gesichtsausdruck, den wir von ihm nicht kennen, und geht aus sich heraus, zuerst bei einem Umzug, dann in einem Lokal. Die Musik spricht an seiner Stelle: „Heute lasse ich alles hinter mir/Ich bin wirklich frei." Und gleich darauf: „Nichts wird mich verletzen/Nie habe ich mich so gut gefühlt/Mein Name ist Marilyn." In dieser Stimmung tanzt Marcos sogar den Sohn des Landbesitzers an und dieser scheint trotz des Grinsens seiner Kumpel Gefallen daran zu finden. Doch auf dem Heimweg kippt die Situation. Die Burschen verfolgen Marcos und die Freundin, mit deren Moped sie fahren. Sie kreisen sie mit ihren Maschinen ein und zwingen Marcos abzusteigen. Sie verjagen das Mädchen, es geht ihnen allein um die Demütigung des Jungen, der nicht in ihre Machowelt passt. Zwei der Burschen stoßen Marcos zu Boden und drücken seinen Kopf in den Staub, während ihn der Sohn des Landbesitzers brutal vergewaltigt – als wäre es das Recht der Besitzenden, sich zu nehmen, wonach ihnen verlangt. In der Morgendämmerung stolpert Marcos über die Landstraße, da kommt die Freundin mit ihrem Moped angefahren. Er steigt hinter ihr auf und legt auf der Heimfahrt den Kopf auf ihre Schulter.

Doch auch dieses Zuhause ist, besonders nach dem plötzlichen Tod des Vaters einige Zeit zuvor, für Marcos nicht der sichere Hafen, den er so bitter nötig hätte. Von seiner Mutter kann er kein Mitleid erwarten. „Warum tust du mir das an?", herrscht sie ihn an, während sie die Abschürfungen in seinem Gesicht und die blutende Wunde auf dem Hinterkopf notdürftig verarztet. „Ich habe dir nichts getan", wehrt Marcos ihre Vorwürfe ab. „Ich will dich nie wieder so sehen", beharrt die Mutter auf ihrer Ablehnung. Sie durchstöbert den Rucksack ihres Sohnes und findet darin das Kleid, das er auf dem Fest getragen hat. „Wer hat dich in der Aufmachung gesehen?", spricht sie aus, worum es ihr im Eigentlichen geht. Dann beschimpft sie ihren Sohn: „Du hast kein Schamgefühl." Sie räumt die Schubladen in Marcos' Nähkammer aus, stopft die Kleider, Röcke und Blusen in einen Sack und verbrennt sie im Freien in einem Feuer. In den Tagen darauf gebärdet sich der Bruder Marcos gegenüber als Herr im Haus und nennt ihn eine Schwuchtel.

Marcos scheint schier alles ertragen zu können, aber als die Mutter und der Bruder auch seine Hoffnung auf Liebe zunichtemachen, bricht seine Welt völlig zusammen. Die Landschaft, in der sich all das abspielt, wirkt wie überbelichtet.

Der heiße Wind, das Flimmern der Luft, der Staub – die Natur scheint ihren Teil beitragen zu wollen, um Marcos den Atem zu rauben. Doch dann lernt er Federico (Andrew Bargsted) kennen, der sich Feder nennt und ein kleines Geschäft in unmittelbarer Nähe zu einer Siedlung betreibt, in der Marcos' Mutter, vom Landbesitzer aus der Farm gedrängt, nach dem Tod ihres Mannes ein kleines Haus kaufen möchte. Die beiden Burschen kommen einander auf behutsame Weise näher und haben in einem der Rohbauten Sex. Marcos hat sich Hals über Kopf in den ein wenig älteren und merklich erfahreneren Federico verliebt. Rührend mutet sein Versuch an, Normalität vorzuspiegeln und sich für eine Einladung zum Essen mit Feders Familie zu revanchieren. Er gibt vor, dass seine Mutter und der Bruder über seine Homosexualität Bescheid wüssten, hat den Tisch gedeckt und gekocht. Die versteinerten Mienen von Mutter und Bruder sprechen aber Bände der Ablehnung und verunsichern ihrerseits Federico.

Als die Mutter später ihren Sohn und seinen Freund beim Schmusen im Auto überrascht, ist das der Beginn der Eskalation, die geradewegs in den Untergang führt. Sie zerrt Marcos aus dem Wagen und schlägt auf ihn ein, vertreibt Federico. Dass er ihn liebe, versichert Marcos dem anderen Jungen immer wieder am Telefon, aber Federico antwortet nicht mehr auf seine Anrufe. „Was soll ich nur tun?", lautet Marcos' beschwörende Frage auf die Mailbox; doch Federico ist aus seinem Leben verschwunden. Und dann nimmt ihm die Mutter auch noch das Handy weg und kappt auf diese Weise die einzige Verbindung zur Außenwelt, die Marcos geblieben ist.

Wir sind Marcos im Verlauf der Handlung des Films immer ganz nah gewesen, und doch hat er uns nicht wirklich an sich herangelassen. In langen Einstellungen sind wir ihm gefolgt oder vorausgegangen, konnten aber nicht durch den Panzer der Isolation von seiner Umwelt dringen. In dieser Nacht jedoch kann Marcos die Barrieren beim besten Willen nicht mehr aufrechterhalten; die Maske der Beherrschtheit fällt und die Verzweiflung, die wahrscheinlich bereits jede Faser seines Körpers und seines Denkens beherrscht, bricht hervor. Die Hitze weicht dem Regen, und Marcos gibt dem Druck der Unausweichlichkeit der Gewalt nach, die eigentlich sein ganzes Leben beherrscht hat. Im Rauschen des Wassers, das auf das Dach des Hauses herabprasselt, steht Marcos aus seinem Bett auf und holt die Flinte seines Vaters hervor. Er lädt sie mit zwei Patronen und erschießt zuerst den Bruder und dann die Mutter. Erstmals, seit er sich erlaubt hat, Federico seine Zuneigung zu zeigen, sehen wir echte Emotionen in Marcos' Gesicht. Er weint, er schluchzt; der Kreislauf der Gewalt hat sich geschlossen.

Mit ähnlicher Wucht trifft uns die Klimax der kanadischen Produktion *01:54*. Auch hier ist es der Glaube an die Möglichkeit eines glücklichen Endes, das Aufkeimen von Hoffnung auf ein selbstbewusstes und selbstbestimmtes Leben, die ins genaue Gegenteil führen, nämlich in die menschliche Katastrophe. Aus dem Mobbing von Angesicht zu Angesicht, das zum ersten dramatischen Höhepunkt in diesem Film führt, entwickelt sich im Verlauf der weiteren Handlung jenes im virtuellen Raum des Internets. Tim (Antoine Olivier Pilon aus Xavier Dolans *Mommy*) und Francis (Robert Naylor), als Freunde die Nerds ihrer Schule und die Angriffsfläche für tagtäglichen Spott und Häme, liegen nebeneinander am Lagerfeuer. Ihr Versteck ist ein abgeschiedener Ort zwischen Straßen und einer Brücke, an dem sie ab und zu Experimente, zuweilen sogar mit Sprengstoffen, durchführen. Francis hat die Augen geschlossen, er scheint zu schlafen. Tim beugt sich zu ihm und den Kopf über den seinen. Ihre Lippen sind nur Millimeter voneinander entfernt, doch bevor sie sich berühren können, zögert Tim und zieht sich wieder zurück. Hätte er in diesem Moment den Mut aufgebracht, zu seinen Gefühlen Francis gegenüber zu stehen, werden wir später spekulieren, wäre den beiden Jungen und allen, die sie lieben, die Tragik erspart geblieben, der der Film bis zum bitteren Ende nachspürt.

Die permanenten Demütigungen werden für Francis zur Qual, aus der er kein Entrinnen mehr sieht. Als er in der Schule in einen Spind gesperrt und wieder einmal als Schwuler beschimpft wird, steht Tim nicht zu ihm. Weshalb er ihm denn nicht erzählt habe, dass er schwul sei, bedrängt er ihn so, dass die anderen Jugendlichen es hören können. Die Bestätigung seiner eigenen Rolle im fragilen Gefüge innerhalb der Schule ist ihm in diesem Moment wichtiger als die Freundschaft zu Francis. Als dieser später nirgendwo zu finden ist und nicht ans Telefon geht, macht sich Tim auf die Suche nach ihm. Er findet ihn unweit ihres Verstecks. Francis steht auf der Brücke und klammert sich ans Geländer. Tim fleht ihn an, nicht zu springen. „Je t'aime!", ruft ihm Francis zu, er liebe ihn. Dann lässt er los und springt in den Tod.

Dass die Suizidrate unter homosexuell empfindenden Jugendlichen um ein Vielfaches höher ist als unter heterosexuellen Gleichaltrigen, ist durch diverse Studien erwiesen, die Recherche im Netz bestätigt diesbezügliche Vermutungen. Wer nicht der Norm entspräche, so die daraus resultierende These, werde diskriminiert, was vor allem Jugendliche in ihrem schulischen Umfeld zu spüren bekämen. Je geringer die Akzeptanz und soziale Einbindung, desto größer seien die Zweifel an sich selbst und dem Wert der eigenen Existenz – und desto tiefgreifender die daraus resultierenden Krisen und die Konsequenzen. Wobei nicht die Homosexualität an sich zu Suiziden führe, sondern deren gesellschaftliche Bewertung. Besonders die Ablehnung innerhalb der eigenen Familie spiele eine tragende Rolle, wenn Jugendliche Probleme mit ihrer Identität haben. Die oftmals ablehnende Haltung von relevanten Bezugspersonen ihren Ich-Entwürfen gegenüber mag dann als Auslöser mit Aktionen wie Francis' Sprung von der Brücke korrelieren. Dieser Moment im Film hat mich trotz seiner Vorgeschichte unerwartet getroffen; er gibt die Richtung vor, in die er sich von nun an bewegen wird – und dass in seinem Narrativ kein Platz für ein glückliches Ende vorhanden ist, liegt nahe. Der Charakter von Tim schwankt dabei zwischen der Unsicherheit und Verzagtheit eines Jugendlichen, der sich noch nicht selbst gefunden hat, und dem trotzigen Wunsch, den Kopf hoch erhoben durch ein Leben gehen zu können, das man sich selbst ausgesucht hat. Pilon macht die Zerrissenheit seiner Figur, diesen inneren Kampf der Widersprüche, ohne große Gesten, einfach mit der verhaltenen Mimik in seinem Gesicht absolut glaubhaft – eine Maske, die er die längste Zeit des Films über aufrecht zu halten versteht. „Schon hart, dass sich dein Lover umgebracht hat", versucht ihn Jeff (mit lauernder Überheblichkeit: Lou-Pascal Tremblay), sein Rivale auf dem Sportplatz, zu verletzen. Dass sie alle nicht für Francis da gewesen und bloß Heuchler seien, herrscht Tim seinerseits die Lehrer an. Im Traum sieht er Francis vor sich, sein sinnbildliches schlechtes Gewissen: „Du hast mich im Stich gelassen!" Vor allen anderen aber küsst er Jennifer (Sophie Nélisse), die einfach nett zu ihm sein möchte, auf den Mund. Später wird sie sich gegen dieses Verhalten zur Wehr setzen: „Du hast mich nur benutzt!"

Drehbuchautor und Regisseur Yan England setzt den Verlauf der Dinge betont ruhig und sehr realistisch in Szene.

Die Angst, der Schweiß, die Tränen – hier wird nichts beschönigt. Jeff war an vorderster Front an der Quälerei von Francis beteiligt; nun gegen ihn auf der Laufbahn anzutreten, hat für Tim auch etwas mit Wiedergutmachung zu tun. Tim hat mit dem Lauftraining nach dem Tod seiner Mutter aufgehört, nun nimmt er den Sport wieder auf. Er wird ihm zum sinnstiftenden, zuweilen existenziellen Inhalt seines Lebens. Als er sich immer mehr der Bestzeit des bisherigen Jugendmeisters Jeff annähert – worauf der Filmtitel Bezug nimmt –, nützt dieser jede Gelegenheit, Tim herunterzumachen. Eine Möglichkeit bietet sich ihm auf einer Party. Dort trinkt Tim, für ihn unüblich, viel Alkohol und hat dann im nächtlichen Garten Sex mit einem anderen Jungen. Jeff kommt zufällig dazu und filmt die Szene mit seinem Handy. Am nächsten Tag setzt er die Hebel der Erpressung an: Tim müsse mit dem Lauftraining aufhören, sonst würde er das Video auf sozialen Medien veröffentlichen.

„Das war doch nur Spaß", versucht sich Jeff am Ende des Films, als die Tragödie ihren Lauf genommen hat, zu rechtfertigen. „Ich konnte ihn nicht beschützen", fasst Tims Vater seine eigene Hilflosigkeit in banale Worte. Mit der Unterstützung seines Sportlehrers Sullivan (Patrice Godin) beginnt Tim nämlich heimlich zu trainieren, und es gelingt ihm, seine Laufzeit dermaßen zu steigern, dass er sich für den Wettbewerb qualifiziert, an dem auch Jeff teilnimmt. Unter immensem Druck – Jeffs Freund steht mit dem Handy am Rand der Bahn – gibt sich Tim schließlich, während des Laufes und obwohl er in Führung liegt, geschlagen und lässt Jeff gewinnen. Doch es ist zu spät, das Video ist Momente darauf online – und Tim fühlt voller Entsetzen alle Blicke auf sich gerichtet. Auf seiner Flucht verursacht er einen Autounfall. Im Krankenhaus erfährt sein Vater (David Boutin) aus dem Mund des Sohnes die Zusammenhänge und – ein Augenblick, der Hoffnung macht – steht zu Tim: „Ich liebe dich. Immer. Niemals weniger."

Im Netz aber wird Tim in den nächsten Tagen von gehässigen Kommentaren überflutet. Es gleicht einer Folter. Er kauert auf dem Boden, er schreit und weint und schluchzt. „Hört auf! Stopp!" Dann ist er auf einmal ganz still. Die Kamera verharrt auf seinem Gesicht, darin spielt sich ein Wechsel der Emotionen ab; es wird klar, dass Tim einen Entschluss gefasst hat. Jennifer findet später auf Tims Computer seine Abschiedsbotschaft: „Was hab' ich euch getan?", fragt er darin. Seit fünf Jahren gehe es nun schon so zu: in der Schule, per SMS, im Web. Tim kenne den Grund nicht. Selbst wenn er nun auf dem Boden liege, würden sie noch weiter auf ihn eintreten. Die Schlussfolgerung: „Das muss aufhören. Und es hört jetzt auf."

Auf der Party, die Jeff anlässlich seines Sieges veranstaltet, stellt Tim den Rucksack mit einer selbst gebastelten Bombe ab. Er drängt sich durch die Menge auf seinen Widersacher zu und schlägt ihn nieder: „Du wirst nie wieder jemandem etwas antun." Schon vermeint man, den Ausgang der Geschichte zu kennen, schon glaubt man an ein Ende im Sinne von *Marilyn*, da schlägt die Handlung einen letzten Haken. Vor dem Gebäude entdeckt Tim Jennifer, die auf der Suche nach ihm ins Haus geht. Er läuft ihr nach und versucht sie zu warnen. Doch vergeblich. Da nimmt er den Rucksack wieder an sich und rennt zum Notausgang. Im letzten Moment hat er für sich persönlich eine Entscheidung gegen die Gewalt gegen andere getroffen, sie dadurch aber gegen sich selbst gerichtet.

„Die schmerzhafte Sehnsucht nach einem Zuhause lebt in jedem von uns", schreibt die amerikanische Lyrikerin Maya Angelou. „Es ist die Suche nach einem Ort, [...] an dem wir nicht in Frage gestellt werden." Tim hat einen solchen Ort in dieser Welt nicht gefunden.

Die Erniedrigung, die Herabwürdigung unter Jugendlichen, das Versagen der Menschlichkeit, das Mobbing in seinen unterschiedlichen Ausprägungen – selbst im als aufgeklärt und liberal apostrophierten Kanada offenbar immer noch ein gravierendes Phänomen. Der Film, so kann man nachlesen, sorgte denn auch für heiße Diskussionen und wurde landesweit an Schulen als Anstoß für pädagogische Maßnahmen der Aufarbeitung der Thematik eingesetzt. Tim ist es gewohnt, niedergeschlagen zu werden, vom Schicksal, von anderen Menschen, und dennoch wieder aufzustehen. Doch dann wird ihm alles einfach zu viel. Es verhält sich wie bei Marcos in *Marilyn*: Erst als er völlig gebrochen wird, bricht er. Die Szenen seiner Isolation, in der er sich bewegt und vor der davonzulaufen ihm auch das härteste Training nicht ermöglicht, sind wahrlich herzzerreißend. So ist *01:54* ein bestürzendes Psychodrama, das vielleicht gerade deshalb so intensiv gerät, weil es sich ganz schnörkellos und konsequent gibt. „Nur Spaß" – so hat sich die Pein für Tim wahrlich nicht angefühlt. An den Rand gedrängt und darüber hinaus, hat er, wie auch Marcos in der argentinischen Einöde, den einzigen Ausweg gesucht, der ihm in dieser Situation noch denkbar erschienen ist.

01:54 (Kanada 2016, psychologisches Drama)
Regie: Yan England
Darsteller: Antoine Olivier Pilon, Lou-Pascal Tremblay, Sophie Nélisse, David Boutin, Patrice Godin, Robert Naylor, Anthony Therrien

Marilyn (Argentinien/Chile 2018, Coming-of-Age-Drama)
Regie: Martín Rodríguez Redondo
Darsteller: Walter Rodríguez, Catalina Saavedra, Germán de Silva, Rodolfo García Werner, Andrew Bargsted

The Price You Pay

Anders als die Anderen (1919) Große Freiheit (2021)

Diese beiden Filme trennt ein Zeitraum von über hundert Jahren, doch es vereint sie die Auseinandersetzung mit demselben Thema. Worum es geht, ist das himmelhohe Unrecht des Paragraphen 175 des deutschen Strafgesetzbuches. Von seiner Einführung im Jahr 1872 an stellte er sexuelle Handlungen zwischen Personen männlichen Geschlechts unter Strafe. Nach Reformen 1969 und 1973 wurde er erst nach der Wiedervereinigung mit der in diesem Punkt liberaleren DDR im Jahr 1994 aufgehoben. So konnte es geschehen, dass ein Häftling nach der Befreiung aus einem nationalsozialistischen Konzentrationslager direkt in ein Gefängnis überstellt wurde, um dort den Rest seiner, auch von den alliierten Mächten als rechtens angesehenen „Strafe“ abzusitzen.

Sebastian Meises Spielfilm *Große Freiheit*, 2021 in Cannes mit dem Preis der Jury ausgezeichnet, entwirft das Schicksal eines solchen schwulen Mannes mit dem Namen Hans Hoffmann, indem er, Blitzlichtern gleich, drei Stationen in seinem Leben herausgreift und diese dann auf kunstvolle Weise miteinander verwebt. Was dabei entsteht, ist ein Geflecht aus Verfolgung und Angst, aus ständiger Erniedrigung, Ablehnung und Ausgrenzung und, daraus folgend, einer Existenz im Heimlichen und Verborgenen, in der es Hans dennoch gelingt, wie es die Jury in ihrer Entscheidung formuliert, nicht zu verbittern, sondern „grundsätzlich anderen Menschen zugewandt“ zu bleiben. Franz Rogowski verkörpert diesen Hans mit beachtlicher Präsenz; ohne viele Worte und mit reduzierter Gestik spricht er mit seinen Augen, seinem Zögern, seiner (an)gespannten Zurückhaltung. Der österreichische Schauspieler Georg Friedrich ist ihm mit der für ihn schon typischen Authentizität anfangs Gegenpart, der allmählich zu seinem Freund und Vertrauten wird. Friedrich ist in der Rolle des zu lebenslanger Haft verurteilten Mörders Viktor zu sehen, mit dem sich

Hans in der ersten der drei Zeitebenen, 1945, die Zelle teilen muss. Der homophobe Viktor betrachtet Hans voller Abscheu und bedroht ihn, sollte er sich ihm nähern, mit dem Tod. Der Moment des Umdenkens ergibt sich, als Viktor die Nummer aus dem KZ auf Hans' Unterarm entdeckt. Er bietet ihm eine Tätowierung an, die sie unkenntlich machen würde, und Hans geht darauf ein – die ersten Berührungen im physischen, aber auch übertragenen Sinn zwischen den beiden Männern.

„Es ist kaum zu glauben", führt Regisseur Meise in einem Interview aus, „mit welcher Akribie, welchem Einfallsreichtum und abstrusem Aufwand der Staat zahllosen, völlig harmlosen Männern hinterherjagte." Er nimmt dabei etwa auf hinter Spiegeln versteckte Kameras in öffentlichen Toiletten Bezug. Der Kontakt zwischen Hans und einem jungen Mann auf einer solchen Klappe führt im Jahr 1968 zu seiner dritten Verurteilung. Im Gefängnis trifft er diesen Leo, gespielt von Anton von Lucke, wieder, die beiden entwickeln Gefühle füreinander. Die ständige Überwachung hat Hans erfinderisch gemacht. Leo und er verweigern den Gehorsam bei der nächtlichen Kontrolle und werden zur Strafe in eine käfigartige Zelle im Freien verlegt. Dort, auf dem kalten Steinboden, finden sie eine Art Insel der Zweisamkeit, auf der sie unbeobachtet sind und in einer dunklen Ecke Küsse und andere Zärtlichkeiten austauschen. In dieser Zeitebene, die 1968 spielt, können sie dabei unter Decken etwas Wärme finden. Hier befindet sich Hans gemeinsam mit seinem festen Freund Oskar (Thomas Prenn) im Gefängnis. Die beiden werden von den Wärtern aber strikt getrennt, auch für sie gibt es keine andere Gelegenheit der Nähe als in dem Zellenkäfig im Freien. Hans ersinnt diesen Plan und schickt Oskar eine Nachricht in Form von angestochenen Buchstaben in einer Bibel. Dass er ihn unendlich vermisse, ihn in den Armen halten möchte und von einem Zusammenleben träume, spricht er in diesem ganz eigenen Liebesbrief aus.

Der Dialog zwischen den beiden, der sich dann nächtens entspinnt, erzählt uns von ihrem geheimen Leben zu zweit, das der Festnahme vorausging. „Was sollen wir nur machen?", fragt Oskar verzweifelt. „Alles, was wir wollen", meint Hans. „Wir hatten einfach Pech." – „Nein, das passiert uns überall." – „Nächstes Mal sind wir vorsichtiger." Doch Oskar sieht für ihre Beziehung keine Zukunft: „Sollen wir die Wohnung nicht mehr verlassen?", ruft er mutlos.

„Wir können nicht zusammenleben, Hans. Ich kann das nicht." An Hans geschmiegt, beginnt er zu schluchzen. Am nächsten Tag springt Oskar vom Dach des Gefängnisses in den Tod. Als Hans davon erfährt, befindet er sich im Hof der Anstalt. Er bricht zusammen. Viktor kümmert sich nicht um die Blicke und Kommentare der anderen Häftlinge und nimmt ihn in den Arm, er hält ihn, selbst, als die Wärter versuchen, sie zu trennen und anfangen, auf sie einzuprügeln.

Die Gefängnisaufenthalte spielen sich für Hans wie in einer Zeitschleife ab, die lichtlose Isolationszelle bezeichnet Sebastian Meise darin als „Wurmloch", in der, einem Scharnier zwischen den Jahren und Jahrzehnten gleich, der Übergang von einer der drei Erzählebenen zur nächsten stattfindet. Nach dem Vorfall im Hof und immer wieder, wenn das kafkaeske System einen weiteren Schritt im Versuch setzt, ihn zu brechen, kommt Hans in Einzelhaft in völliger Dunkelheit; nur wenn es Viktor gelingt, Zigaretten und Zündhölzer in die Zelle zu schmuggeln, sehen wir den nackten, erniedrigten Hans im kurzen Aufflackern von Licht. Immer wieder werden wir dabei von dem Ausdruck von Stolz in seinen Zügen überrascht; er ist jemand, der einfach so leben und lieben will, wie es ihm entspricht – und der sich die zumindest innere Freiheit nimmt, so zu sein, wie er eben ist. Jemand anderem aber will er mit der eigenen Sehnsucht nach Nähe keinen Schaden mehr zufügen. In dieser Hinsicht trickst er auch das System aus und gibt zur Aussage, Leo auf der Klappe zum Sex genötigt zu haben – der junge Lehrer geht frei, Hans' Haft wird aber verlängert.

In seinem Lied „The Price You Pay" singt Bruce Springsteen von Lebensentscheidungen und den Konsequenzen, für die man als aufrechter Mensch einstehen muss. „Now they'd come so far and they'd waited so long/Just to end up caught in a dream where everything goes wrong/Where the dark of night holds back the light of the day/And you've gotta stand and fight for the price you pay." – Die Dunkelheit der Nacht, die das Licht des Tages zurückhält – für Hans mag seine komplette Existenz diesem Bild ähneln. „Auf der Flucht?", meint er einmal. „Das bin ich schon mein ganzes Leben!"

In seinem in der deutschen Zwischenkriegszeit angesiedelten und auch damals verfassten Roman *Der Puppenjunge* (1926) beschreibt John Henry Mackay die Gefühle seiner Protagonisten Hermann und Günther aufs Eindringlichste: „Und weil ihr sie in Nacht und Kerker sperrt – So will ich frei von der Liebe singen. Und weil mein Lied zu den Verfolgten dringt [...] – So darf ich doch von dieser Liebe singen." Zu einem solchen Sprechen von Freundschaft und gegenseitigem Respekt, von Zärtlichkeit und Zwischenmenschlichkeit entwickelt sich in *Große Freiheit* schließlich die Beziehung zwischen Hans und Viktor. Obwohl er sich nach außen so ruppig und abweisend gibt, ist Viktor in Wahrheit genauso einsam und zerbrechlich wie alle Menschen. Inmitten der Rohheit und Hässlichkeit des Gefängnisalltags steht Hans ihm bei einem Drogenentzug zur Seite. Wenn sie einander die Nähe geben, die ihnen die Gesellschaft abzusprechen versucht, ist es ihre ganz persönliche Form von Liebe, die sich zwischen ihnen entwickelt hat. Nochmals mit den Worten des bereits oben genannten Autors Mackay, den Hubert Kennedy in dem Aufsatz „Der Dichter der namenlosen Liebe" zitiert: „Denn im Grunde versteht doch Jeder nur seine eigene Liebe und jede andere ist ihm fremd und unverständlich, wenn nicht unheimlich."

Mackays Einordnung von Gefühlen, die von breiten Schichten der Gesellschaft als unnatürlich angesehen wurden, stammt aus der Zeit der Weimarer Republik. Auch der Stummfilm *Anders als die Anderen* entstand in dieser Ära, die mit Robert Wienes *Das Cabinet des Doktor Caligari* (1920), Friedrich Wilhelm Murnaus *Nosferatu* (1922) und Fritz Langs *Metropolis* (1927) Meilensteine der expressionistischen Filmkunst setzte. Bei *Anders als die Anderen*, 1919 von Richard Oswald und unter Mitwirkung des Sexualwissenschaftlers Magnus Hirschfeld geschrieben und inszeniert, handelt es sich um den wahrscheinlich ersten Film überhaupt, der sich mit Homosexualität beschäftigt und es riskiert, schwule Protagonisten in den Mittelpunkt seiner Handlung zu stellen. Auch diese Geschichte dreht sich um den Paragraphen 175 und seine zum Teil desaströsen Auswirkungen auf die darin agierenden Figuren – über ein Jahrhundert vor *Große Freiheit*.

Dass eine Produktion wie diese überhaupt möglich war, war dem Umstand der Aufhebung der staatlichen Zensur im November 1918 zu verdanken. Diese wurde zwei Jahre darauf wieder rückgängig gemacht und der Streifen unter dem Vorwand des Jugendschutzes verboten. Die Kopien wurden vernichtet und weite Teile des Films gingen unwiderruflich verloren. Sein vollständiger Inhalt ist jedoch, wie man nachlesen kann, durch das *Jahrbuch für sexuelle Zwischenstufen* (Leipzig, 1919) bekannt. Eine Liebesgeschichte zwischen zwei Männern, eine Erpressung und kein glückliches Ende – eine für damalige Zeiten höchst kontroversielle Darstellung, die in Rezensionen einerseits als „sozialhygienisches Filmwerk" gelobt, deren Diskussionsgrundlagen andererseits aber auch schon mal als „perverse Erscheinungen des Sexuallebens" abqualifiziert wurden.

Die Handlung dreht sich um den berühmten Violinisten Paul Körner, verkörpert von Conrad Veidt, einem der herausragenden Darsteller dieser Tage, und seinen Schüler Kurt Sivers (Fritz Schulz). Wenn Kurt bei einem Konzert fasziniert Pauls Spiel lauscht, wenn er ihn am nächsten Tag mit der Bitte aufsucht, sein Schüler werden zu dürfen, denn dies sei sein größter Wunsch, und die beiden wie zu einem geheimen Pakt die Hände aufeinanderlegen, wenn sie einander schließlich beim gemeinsamen Musizieren lächelnde Blicke zuwerfen – schon in den kurzen Ausschnitten, die heute noch existieren, wird die Magie dieser stummen Bilder spürbar. Doch es ist klar, dass die Gesellschaft ihrer Beziehung keine Zukunft gönnt. Die Eltern mit ihren Verkupplungsversuchen einerseits, der Stricher Franz (Reinhold Schünzel) mit seinen erpresserischen Absichten andererseits zerstören ihr Glück. Bleich und mit dunkel umrandeten Augen folgt Franz dem Paar, als die beiden Männer eingehängt im Park spazieren gehen, und bricht schließlich, als Paul seinen immer dreisteren Geldforderungen nicht mehr nachkommen kann, sogar in dessen Wohnung ein. Er durchstöbert Laden und Papiere darin, als ihn Kurt überrascht. Es kommt zu einem dramatischen Kampf, auch Paul eilt hinzu. Dass es zwischen ihnen keinen Unterschied gebe, spricht Franz in Form von Zwischentiteln zu Kurt – sie beide würden doch nur von Paul bezahlt. Kurt greift sich ob solcher Worte an die Kehle, ein Ausdruck des Zwiespalts, der in ihm tobt, während Paul und Franz im Hintergrund miteinander ringen.

Es gibt kein glückliches Ende für die Liebenden. Zwar wird Franz wegen Erpressung zu drei Jahren im Zuchthaus verurteilt, doch auch Paul muss aufgrund des Paragraphen 175 ins Gefängnis. Sein Ruf und seine Karriere sind ruiniert, und er nimmt sich mit Gift das Leben. In die Handlung integriert – bei einem Vortrag, bei der Gerichtsverhandlung und dann auch an Pauls Totenbett – sind flammende Appelle des Arztes Magnus

Hirschfeld gegen den herabwürdigenden Paragraphen und für die Rechte von Homosexuellen. Hirschfeld, der unermüdliche Kämpfer gegen Diskriminierung und für Gleichberechtigung, verwendete für seinen späteren Dokumentarfilm *Gesetz der Liebe* (1927) Teile von *Anders als die Anderen.* Der Streifen fiel selbst der Zensur zum Opfer, eine Kopie fand sich aber Jahrzehnte später in der Ukraine wieder. „Es ist eine Liebe wie jede andere“, heißt es in John Henry Mackays *Der Puppenjunge.* „Aber wer sie nicht als Liebe verstehen kann oder verstehen will, versteht sie nie.“ In seiner berührenden Verteidigungsrede vor dem Gericht, das ihn wegen „unsittlichen Verhaltens“ („gross indecency“) zu zwei Jahren Zuchthaus verurteilen sollte, zitierte Oscar Wilde aus dem Gedicht „Two Loves“ (1892) seines Liebhabers Lord Alfred Douglas und sprach in Bezug auf ihrer beider Gefühle von „the love that dare not speak its name“. Der Preis, den sie alle bis hin zu Hans Hoffmann in *Große Freihei*t zahlen mussten, weil sie so waren, wie sie waren, war ein denkbar hoher.

Anders als die Anderen (Deutschland 1919, Drama/Stummfilm)
Regie: Richard Oswald
Darsteller: Conrad Veidt, Fritz Schulz, Reinhold Schünzel, Leo Connard, Ilse von Tasso-Lind, Ernst Pittschau, Alexandra Wiellegh, Wilhelm Diegelmann, Clementine Plessner, Anita Berber, Helga Molander, Magnus Hirschfeld

Große Freiheit (Österreich/Deutschland 2021, Drama)
Regie: Sebastian Meise
Darsteller: Franz Rogowski, Georg Friedrich, Thomas Prenn, Anton von Lucke

Tom Ripleys Wiederkehr

The Assassination of Gianni Versace (2018)

Da will jemand hoch hinaus, und wir schauen ihm zu, wie er dabei buchstäblich über Leichen geht. Das „whodunit“, also die Suche nach dem Täter im klassischen Kriminalstück, ist in einer solchen erzählerischen Struktur hinfällig; hingegen interessiert das „whydunit“, die Erkundung der Motive und Hintergründe dieser Charaktere. Wie auf einem Seziertisch und mit unerbittlicher Konsequenz bohrt sich die Nachforschung auf der Suche nach dem Kern von Andrew Cunanan, dem Killer des Modeschöpfers Gianni Versace in der neunteiligen Netflix-Serie über dessen Ermordung vor seinem Anwesen im Art Deco Distrikt von Miami Beach im Juli 1997, die im Titel und in der Darstellung als Hinrichtung inszeniert wird. Diese Ermittlung greift von Folge zu Folge weiter in seine Vergangenheit zurück, in seine Biografie und Persönlichkeit, fast möchte man sagen in die Essenz seines Wesens. Was dabei herauskommt, ist ein schillerndes, hochgradig spannendes und berückendes psychologisches Drama.

In seinem Essay über das Werk des Romanciers Henry James schrieb der im Jahr 2017 verstorbene bulgarisch-französische Schriftsteller und Wissenschaftler Tzvetan Todorov von der Suche nach einem gewissen „abwesenden Grund“ als Basis jedes literarischen Erzählens. Dieser sei der Motor, der jede Geschichte in Gang setze, die angeführte Suche treibe sie vorwärts. Seien die Begründung für Handlungen, die Motive der Charaktere gefunden, so Todorov, habe die Erzählung ihr Ende erreicht. So handhabt es auch die Serie: Erst im finalen Moment, wenn sich der Killer in die Enge ohne Ausweg getrieben fühlt, führt uns die Geschichte vom Leben und Sterben der beiden zentralen Figuren, des Mörders und seines Opfers, auf die Bühne des Opernhauses von San Francisco und zu jenem Zusammentreffen, das die Saat für die Mordtat legt. Wir erkennen die Tiefe der Verletzungen, die Andrew über die Jahre hinweg empfinden musste, verstehen die Richtung, in die sie sein Tun getrieben haben, und dass dahinter die Sehnsucht nach Auslöschung stand – nicht nur des Objekts seiner unerfüllten Begierde, sondern in erster Linie seiner eigenen verhassten Existenz.

„Are you drunk?“, fragt ihn einmal seine Mutter beim Heimkommen in den Morgenstunden. „Drunk on dreams”, ist Andrews Antwort. „What dreams?” – „Dreams on getting out of here. Dreams on getting far, far away from here.” Und er verspricht seiner Mutter, sie eines Tages aus der Armut der kleinen Wohnung wegzubringen: „We're going up. High. Sky-high where they all look up on us and we look down on them.”

Der Schauspieler Darren Criss, bekannt geworden durch die Fernsehserie *Glee* (deren Schöpfer Ryan Murphy auch das Format *American Crime Story* entwickelte, deren zweite Staffel *The Assassination of Gianni Versace* ist), leiht Andrew Cunanan, dem Killer mit dem charmanten Auftreten und dem Engelsgesicht, sein Talent zur Wandlungsfähigkeit. Er ist in diesem Sinne eine Art moderner Tom Ripley, die Wiedergeburt von Patricia Highsmiths Mann ohne und gleichermaßen so vieler Eigenschaften. Der Psychiater und Psychoanalytiker Stephan Doering hat diesen faszinierenden Charakter, der in der Personifizierung des von ihm verehrten, ja begehrten Dickie Greenleaf bis zur völligen Aufgabe seiner eigenen Person aufgeht, einmal so beschrieben: „*Der talentierte Mr. Ripley* ist ein geniales Beispiel für einen Täter mit einer assoziativen Persönlichkeitsstörung. Er ist eben nicht von Anfang an das Monster, sondern die Umstände machen ihn dazu, und man merkt Stück für Stück, welche antisoziale Kraft in ihm steckt. Man wird ja nicht mit 30 zum Psychopathen, das ist eine lebenslange Entwicklung.“

Jean-Paul Sartre beschäftigt sich in seinem Hauptwerk *Das Sein und das Nichts, Versuch einer phänomenologischen Ontologie (L'être et le néant. Essai d'ontologie phénoménologique)* aus dem Jahre 1943 mit der Beziehung zwischen dem Individuum und seinen Handlungen. Der französische Philosoph untersucht darin, inwieweit wir durch unsere Handlungen und durch das, was wir uns vornehmen, definiert werden. Sind wir das, was wir tun, oder existieren zwischen „der Wahrheit unserer Person und unseren Handlungen“ ein Unterschied, ein Abstand? Die Sehnsucht der Auslöschung des verhassten Selbst stellt sowohl für Tom Ripley als auch für Andrew Cunanan die hauptsächliche Antriebskraft ihres Agierens dar. Sie vereinen in sich die beiden Seiten des manichäisch-gnostischen Prinzips der hellen und der dunklen Anteile ein und derselben Persönlichkeit. Die Seiten, die sie als die dunklen erkennen, stören das Bildnis ihrer Selbst, das sie nach außen zu repräsentieren versuchen, damit wollen sie nichts zu tun haben – und geben ihnen doch immer wieder nach. In psychodynamisch differenzierter Darstellung nehmen sie die Identität eines anderen in Besitz – Tom Ripley jene von Dickie Greenleaf, des geradezu vergötterten Freundes, Andrew Cunanan jene des gebildeten jungen Aufsteigers. Im Moment des Absturzes, wenn sich der Stolz verletzt und das Ego mit all seinen unmöglichen Träumen herabgesetzt sieht, reagieren beide mit kompromissloser Brutalität.

Als Waise bei seiner grausamen Tante Dottie aufgewachsen, ist Tom ebenso von dem Gefühl getrieben, ja heimgesucht, nie genug geliebt zu werden, wie Andrew, der von seinem Vater jahrelang zum Star der Einwandererfamilie inszeniert wird, bis diese durch seine illegalen finanziellen Machenschaften alles Geld verliert. In ihrer Sucht nach Liebe scheitern beide am Gegenüber, an übersteigerten Erwartungen und an den Zweifeln an sich selbst. Tom erschlägt Dickie bei einer Bootsfahrt auf dem Meer mit einem Ruder und nimmt in der Folge seine Identität an – einzig als ein anderer, in der Verwandlung zu Dickie, bietet sich in seinem Wahn die Möglichkeit, Akzeptanz und Liebe zu verdienen. Der Selbsthass ist auch Andrews Triebfeder; im Gefühl, dass sein Leben als Kind und Jugendlicher nur Lug und Trug war, steht auch sein Selbstwert auf tönernen Füßen. Bei einer Geburtstagsfeier gibt er Jeffrey (Finn Wittrock), einem Bekannten, der seinen Job bei der Marine verloren hat, weil er einem schwulen Soldaten beistand und dadurch in den Augen seiner Kollegen und Vorgesetzten selbst suspekt wurde, ein Paket mit der Bitte, es ihm später vor den anderen Gästen als Geschenk zu überreichen: Er wolle, dass es so aussehe, als ob er Freunde hätte – nicht nur eine Erniedrigung seiner selbst, sondern auch Jeffreys, der eigentlich so etwas wie ein guter Freund sein könnte. In der Folge stößt er all jene vor den Kopf, die es vielleicht wirklich gut mit ihm meinen. Er setzt den alternden Schwulen herab, der ihm aus echter Zuneigung ein Leben in Luxus ermöglichen würde – und gleichermaßen sich selbst als das Objekt von dessen Begierde; denn jemand, der ihn, den Unwerten, liebt, könne doch seinerseits nicht seiner Liebe wert sein. So schraubt er die Forderungen an den reichen Liebhaber dermaßen hoch, dass die Trennung unvermeidlich ist. Als ihn sein Freier Lee Miglin (Mike Farrell), ein erfolgreicher Architekt mit schlimmen Gewissensbissen ob des Betrugs an seiner Ehefrau, in geheime Baupläne eines Wolkenkratzers einweiht, er ihn somit als Menschen und nicht bloß als Escort näher in sein Leben einbeziehen möchte, erschlägt er ihn in dessen Garage: der Mord am Freier als vorweggenommener Mord an sich selbst. Das Wechselspiel zwischen Sein und Schein sieht sich in einem berührenden Handlungsstrang gespiegelt, der sich mit der Ehefrau des Architekten (Judith Light in einer bedrückend intensiven Darstellung) befasst, die per Teleshopping eine Kosmetiklinie vertreibt. Sie sieht sich nicht nur mit der grausamen Ermordung ihres Mannes, sondern auch mit seiner Homosexualität konfrontiert. Leugnung, Erkenntnis, Zusammenbruch – und dann das rührende Festhalten an dem, was sie für die Gewissheit ihres Lebens gehalten hat: „We were a team."

Neville Wakefield vermerkte in einem Interview im Frankfurter Ausstellungskatalog von 1995 über die Fotografien von Wolfgang Tillmans, dass es dem Künstler um „die Spannung zwischen der Wunschvorstellung, so wie sie im Image kommerzialisiert wird, und der Unverletztheit des Ichs, das unabhängig von seinen unzähligen Repräsentationsformen existiert" gehe. Um die Unverletzlichkeit von Andrews Ich ist es nach einer Nacht mit David (Cody Ferns Spiel besticht mit seiner Sensibilität), in seiner Funktion als junger aufstrebender Architekt eine parallele Figur zum arrivierten Lee Miglin, aber geschehen. In seiner Fantasie erhebt sich aus dem, was für David nicht mehr, aber auch nicht weniger als eine schöne gemeinsame Nacht war, das Ideal der so lange Zeit gesuchten und nun endlich gefundenen Liebe, eine Beziehung fürs ganze Leben. „He's a home", sagt er bei anderer Gelegenheit über David. Als er erkennen muss, dass dieser seine tiefen Gefühle nicht teilt, tut sich unter ihm ein Loch ohne Boden auf. „Who are you trying to be?", fragt ihn David, als ihn Andrew zu einer weiteren Gelegenheit mit seiner Zuneigung geradezu überschüttet und durch eine Einladung in ein Luxushotel, teures Essen und ebensolche Einkäufe zu beeindrucken versucht. Jemand, den man lieben könne, ist die Antwort. Später wird er Jeffrey mit einem Hammer erschlagen und David zu einer gemeinsamen Flucht zwingen, an deren Ende er auch ihn tötet. Als sich David mit dem Mut von jemandem, der nichts mehr zu verlieren hat, Andrew entgegenstellt und ihm den Irrweg ihrer vermeintlichen Liebe und des gemeinsamen Lebens vor Augen führt, in den sich sein Geist verrannt habe, hat er keine Chance mehr. Der Moment, als ihn Andrews Kugeln von hinten treffen, führt David in die Jagdhütte zurück, in der er einst mit seinem Vater saß und seine erste Tasse Kaffee trank. Bei diesem Ausflug erkannte der kleine David, dass das Töten nichts für ihn sei, und der Vater reagierte darauf mit dem schönen Satz, dass es okay sei, nicht jagen zu wollen, dass dies eben nichts für jeden sei – und er auch das Kaffeetrinken mit ihm genossen habe. Mit dieser Erinnerung stirbt David; Andrew legt sich zu ihm ins Gras wie zu einem Geliebten, und es kehrt Ruhe ein wie zwischen zwei Menschen, die einander wirklich viel bedeuten.

Der Kreis der Serienhandlung schließt sich mit dem Mord an Gianni Versace, mit dem sie in der ersten Folge begonnen hat. Der venezolanische Schauspieler Édgar Ramírez gibt die Figur des Modeschöpfers in brillanter Maske als Menschen, dessen Melancholie und Selbstzweifel nur durch die beständige Suche nach Schönheit in Zaum gehalten werden können. Nun werden wir tatsächlich Zeugen der Tat sowie der Jagd auf den Täter und ihrer medialen Inszenierung – die Oberhoheit über die Kommerzialisierung des Ich, wie sie in Wolfgang Tillmans' Fotografien hinterfragt wird, ist zu diesem Zeitpunkt allen Charakteren inklusive Versaces Schwester Donatella (Penélope Cruz) und seinem langjährigen Partner Antonio D'Amico (Ricky Martin) längst aus der Hand genommen. Auch Andrew, der sich auf einem Hausboot versteckt hält und mittlerweile von Hundefutter aus der Dose ernähren muss, registriert sich selbst als Bestandteil einer Kriminalgeschichte auf sämtlichen Kanälen. Mittels Fernsehens und Beamer nimmt er quasi an der Trauerfeier für den Modeschöpfer mit all den Berühmtheiten von Lady Diana bis Elton John teil. So wie Antonio, der als Versaces schwuler Partner nicht zur Familie zählt und dem der Priester deshalb den Handkuss verwehrt, ist er trotz der zentralen Rolle, die er in dieser Geschichte gespielt hat, gleichzeitig beobachtender Außenstehender. „Walk through the valley of the shadow of death", singt ein Chor in der Kirche und tönt auch durch das Hausboot: „Be my shepherd/You will comfort me." Derweil rasiert sich

Andrew den Schädel. „Most likely to be remembered“, stand einst über ihn im Jahrbuch seiner Schule. Und während im Fernsehen zu sehen ist, wie die Polizei das Hausboot stürmt, überprüft er seinen Anblick im Spiegel neben dem Bett und schießt sich schließlich in den Mund.

Erst in der Sekunde seines Todes erfahren wir von seiner vorgeblichen Beziehung zu Gianni Versace, von der er so oft erzählt hat. Ein Rückblick führt uns auf die Bühne der Oper von San Francisco. Versace hat eine Aufführung mit Kostümen ausgestattet und Andrew, der sich ihm in einer Schwulendisco aufgedrängt hat, zur Premiere eingeladen. Sie trinken Champagner, das „Erwartbare“ bahnt sich an; doch Andrew glaubt, die Gelegenheit seines Lebens wäre gekommen. „What if you had a dream your whole life that you were someone special, but no one believed it?”, stellt er sich selbst und seine Vision in den Raum. „They’d smile at you and say: ‚Oh, sure, sure.’ And then what if the first person that truly believed you was the most incredible person you’d ever met?” Er könne Designer werden, meint Andrew in völliger Überschätzung der Situation, er habe alles über diesen Beruf gelesen und wisse alles darüber. Er könne Versaces Assistent werden oder sein Protegé – hier mit ihm zu sein „feels like destiny.“ Der Angesprochene ist misstrauisch, er mustert Andrew prüfend und gibt ihm den Rat, nicht andere überzeugen zu wollen von dem, was er noch machen werde, sondern es einfach zu tun. „Can’t you feel it?“, versucht Andrew heraufzubeschwören, was im Grunde genommen nie möglich war. Er versucht, Versace zu küssen, doch dieser wehrt ihn ab. Eines Tages, meint er, würde Andrew den Grund für seine Zurückweisung verstehen. Doch zu so etwas wie tieferem Verständnis in die eigene Seele sind Menschen wie Tom Ripley und Andrew Cunanan nicht imstande; sie haben sich längst im Labyrinth ihrer Psyche verirrt. Als Befreiungsschlag, wenn sonst nichts mehr funktioniert, dient für sie die Gewalt; auch wenn sie sich, wie in Andrews Fall, gegen ihn selbst richtet.

The Assassination of Gianni Versace, American Crime Story
(USA 2018, Kriminaldrama/Fernsehserie)
Regie: Ryan Murphy, Nelson Cragg, Gwyneth Horder-Payton, Daniel Minahan, Matt Bomer
Darsteller: Édgar Ramírez, Darren Criss, Ricky Martin, Penélope Cruz

Weiße Elche

Don't Ever Wipe Tears Without Gloves (2012)

Der junge Mann, der einem Greis gleicht, windet sich unter Schmerzen. Die Krankenschwestern, die seine offenen Wunden versorgen, tragen Mundschutz und Plastikhandschuhe. Die jüngere von ihnen, vom Mitgefühl überwältigt, zieht sich dann aber einen der Handschuhe aus und streicht dem Patienten sanft über die Wange. Dass sie sich umgehend die Hände desinfizieren solle, herrscht sie die ältere Kollegin an – schon die Eingangssequenz von Simon Kaijsers dreiteiligem Fernsehmelodram *Torka aldrig tårar utan handskar* stellt den Bezug zu seinem Titel dar. „Es war wie ein Krieg, ausgefochten in Friedenszeiten", heißt es kurz darauf. Basierend auf der Romantrilogie des Autors Jonas Gardell schildern die mit „Liebe", „Krankheit" und „Tod" überschriebenen knapp einstündigen Folgen die Auswirkungen der AIDS-Epidemie auf eine Gruppe schwuler Freunde im Stockholm der frühen 1980er-Jahre – zu einer Zeit, als die positive Diagnose einem fast hundertprozentigen Todesurteil glich. Mit großem Einfühlungsvermögen, visuellem Einfallsreichtum und ausgezeichneten schauspielerischen Leistungen geht das Narrativ der Serie unter die Haut und lässt uns – selbst wenn uns die Umstände natürlich bewusst sind – kopfschüttelnd angesichts der Borniertheit, ja der Unmenschlichkeit zurück, mit der sich die Opfer der vielerorts als solche apostrophierten „Schwulenpest" konfrontiert sahen.

Auf elegante Weise, wie selbstverständlich und ohne Brüche werden in der Erzählung verschiedene Zeitebenen aus mehreren Jahrzehnten miteinander verwoben: Kindheit, Jugend, die Zeit als junge Männer und dann auch die des Leidens und des Sterbens sind eins im Fluss des Lebens und des Erinnerns. Wenn Rasmus als Kind das Fensterglas anhaucht und seinen Namen schreibt und der kleine Benjamin auf der frisch geputzten Scheibe der Tür des Sommerhauses seiner Familie einen schmutzigen Handabdruck hinterlässt und darauf die Linien betrachtet, als könnte er in ihnen seine Zukunft lesen, stellen sie sich die Frage nach ihrer Identität, die sie ihr ganzes Leben begleiten wird. Später, als junge schwule Männer, werden sie daran fast verzweifeln – Benjamin als Zeuge Jehovas, der sich von den strengen Fesseln seiner Familie und der religiösen Gemeinschaft nur unter den größten Schwierigkeiten zu lösen vermag, auf der einen Seite, Rasmus, getrieben von seiner Gier nach Freiheit, die auch sein Recht einschließt, seine Sexualität mit wem und wann immer er es möchte auszuleben. Auf der Zugfahrt aus dem ländlichen Värmland nach Stockholm wiederholt Rasmus die Szene mit den Buchstaben seines Namens auf der Fensterscheibe; dann wechselt er seine Kleidung und kommt als anderer Mensch in der Großstadt an, zu der er aus seinem bislang behüteten Leben aufgebrochen ist. An einem Schwulentreffpunkt am Stockholmer Hauptbahnhof findet er sich erstmals unter Gleichen – und ist sich bewusst, im wahrsten Sinne des Wortes, angekommen zu sein. „This is my life!“ ist der Song, der bei seinem ersten Besuch in einem Schwulenclub gespielt wird. Dass es selbst hier zu Ausgrenzungen und Beschimpfungen Schwulen gegenüber kommt, nimmt Rasmus kaum wahr. Auch die ersten Anzeichen der Ausbreitung einer neuen Krankheit lassen sich noch verdrängen; das Wissen darüber ist auch noch viel zu gering. Als er das erste Mal mit einem Mann schläft, entdeckt Rasmus bräunliche Flecken auf dessen Rücken. Der Mann meint, es handle sich bloß um eine Allergie: „Macht es dir was aus?“ Rasmus verneint und strahlt in seiner Naivität vor Verzückung und Lust, als der Mann in ihn eindringt: Er hat eine neue Welt betreten. Angesichts der Doppeldeutigkeit dieses Schritts läuft es uns kalt über den Rücken.

„Du weißt, dass du homosexuell bist, oder?“ – Ein Satz, der Benjamin den Boden unter den Füßen wegzieht. Ganz braver Junge von nebenan, in Anzug und Krawatte und die Bibel unter dem Arm, hat er an der Wohnungstür von Paul (Simon J. Berger) angeläutet, einem Freund von Rasmus. Paul lebt sein Schwulsein ganz offen, und seine Bemerkung wirft Benjamin aus der Bahn seines durch den Glauben und die Vorgaben seiner Eltern geregelten Lebens. Woran er es denn gemerkt habe, fragt er Paul bei ihrem nächsten Gespräch. Die Antwort: „Es ist dir ins Gesicht geschrieben.“ In Benjamin steigt die Verzweiflung hoch. Er spricht von der vermeintlichen Sünde als „Dorn im Fleisch“ und sieht im Hadern mit sich selbst die Versuchung als Probe Gottes. Und doch fällt dann ein Satz, der seine Sehnsucht offenbart, er selbst sein zu können: „Ich will jemanden lieben, der mich liebt."

Sich von den Fesseln seines Glaubens zu lösen, bedeutet für Benjamin eine ungeheure Herausforderung. Pauls Einladung zu folgen, gemeinsam mit ihm und seinen Freunden Weihnachten zu feiern, ist ein erster wichtiger Schritt. Es ist einer der schönsten Momente der Serie, wenn Rasmus und Benjamin, die sich gerade erst kennengelernt haben, miteinander die Feier verlassen, dann in der Winternacht vor dem Haus stehen und in ihrer Verliebtheit nicht wissen, wie es weitergehen soll. Dicke Schneeflocken fallen auf sie herab und sie stellen fest, dass sie sich beide in der Gegend nicht gut auskennen und nicht wissen, in welche Richtung sie gehen sollen – „Wollen wir da zusammen hin?" Wenn sich im Gehen ihre Hände berühren, haben wir Adam Lundgren und Adam Pålsson, die beiden Hauptdarsteller in den Rollen von Benjamin und Rasmus, längst ins Herz geschlossen.

In einer der Rückblenden in die Kindheit führt uns Regisseur Kaijser ganz unaufdringlich zur zentralen Metapher seiner Filmerzählung. Rasmus und seine Eltern sind im Wald beim Heidelbeerpflücken, da entdecken sie einen weißen Elch. Schon in Rob Reiners wunderbarer Coming-of-Age-Geschichte *Stand By Me* (1986) finden wir ein vergleichbar starkes Bild. Gordie (Will Wheaton), einer von vier Zwölfjährigen, die sich im ländlichen Oregon in einem langen heißen Sommer aufgemacht haben, um die Leiche eines vermissten Jungen zu finden, wacht morgens früh auf und entfernt sich ein Stück von dem Lager, das die Freunde im Wald aufgeschlagen haben. Er gelangt zu den Bahngleisen, denen sie schon am Vortag gefolgt sind; wie eine überirdische Erscheinung steht dort ganz still ein Reh und gewährt dem unsicheren, von Lebensangst zerfressenen Gordie einen Moment der inneren Ruhe. Auch Helen Mirren als Königin Elizabeth II. erkennt in einem ähnlichen Augenblick in Stephen Frears' *The Queen* (2006) die geradezu royale Würde, die ein Hirsch, dem ihr Mann seit Tagen nachpirscht, ausstrahlt. In *Don't Ever Wipe Tears Without Gloves* ist es, dem skandinavischen Setting gemäß, ein Elch, und für den kleinen Rasmus ist sein Anblick ein Moment für die Ewigkeit, den er nie vergessen wird. Sein Vater erklärt ihm, dass es sich bei diesen Tieren um keine Albinos handeln würde, sondern dass die Farbe ihres Fells auf eigene Gene zurückzuführen sei. Früher, erzählt er seinem Sohn, habe man weißen Elchen magische Kräfte zugeschrieben, und auch heute noch würde es ein großes Unglück bedeuten, eines der Tiere zu töten. Wem die weißen Elche denn nicht passen würden, fragt Rasmus. „Denen, die das Fremde fürchten", antwortet sein Vater. Die weißen Elche, die Schwulen, diejenigen, die „anders" sind – eigentlich sind sie es, die Angst haben müssen vor denen, die es einfach nicht schaffen, mit ihrer schieren Existenz klarzukommen.

Derselbe Vater, den Stefan Sauk in all seiner Zwiespältigkeit verkörpert, steht, als er die Nachricht vom bevorstehenden Tod seines Sohnes erfährt, schluchzend vor dem Haus und spürt die kleine Hand von Rasmus, dem Kind, tröstend wieder in der seinen. Er nimmt am Sterbebett des Sohnes, der blind ist und offene Geschwüre im Gesicht und fast alle Haare verloren hat, die Hand von Benjamin, der Rasmus all die Jahre seiner Krankheit gepflegt hat, in die seine – und er teilt nach Rasmus' Tod Benjamin, der nicht glauben kann, was er da hört, mit, dass seine Frau und er ihn bei der Beerdigung nicht dabeihaben wollen. Rasmus' Wünsche, was seine Beerdigung betrifft, die Musik, die Rede, der Grabstein, nichts zählt mehr. „Du bist wie ein Sohn für uns", hat Rasmus' Mutter (Annika Olsson) gerade noch zu Benjamin gemeint und ihm einen selbstgestrickten Pullover geschenkt. Benjamin und Rasmus' Vater haben gemeinsam die letzten Zigaretten des Verstorbenen geraucht, und Benjamin hat die Eltern seines Geliebten gebeten, doch über Nacht in der Wohnung zu bleiben: Er könne jetzt nicht allein sein. Ob er denn keine Freunde habe?, hat der Vater gefragt. „Die sind alle tot", war Benjamins Antwort. Und dann, nach all dem offenbaren Verständnis und dem Mitgefühl die Nachricht: Benjamins Name dürfe nicht in der Todesanzeige stehen, und sie würden nicht wollen, dass die Beerdigung zu einem „Schwulenspektakel" ausartete. Es wäre das Einfachste, wird ihm ins Gesicht gesagt, wenn er gar nicht erscheinen würde: „Du gehörst nicht zur Familie."

Die differenzierte Zeichnung der Eltern ist eine der Stärken der Serie – das trifft auch für jene von Benjamin zu, die als Zeugen Jehovas einen offen schwulen Sohn nicht in ihrer Mitte dulden wollen. Schon in einer frühen Einstellung sehen wir Benjamins Mutter (Marie Richardson), die Briefe ihres Sohnes ungeöffnet in eine Lade legt und ihn dann mit ein paar Zeilen bittet, ihr nicht mehr zu schreiben: „Für mich gibt es dich nicht mehr." Wie als böses Omen klingen die Worte, die Benjamin, als für die Eltern ihre enge und engstirnige Welt noch in Ordnung war, bei einem gemeinsamen Gebet aus der Bibel vorgelesen hat: „Ihr selbst wisst genau, dass der Tag des Herrn kommt wie ein Dieb in der Nacht. Während die Menschen sagen: ‚Friede und Sicherheit', kommt plötzlich Verderben über sie [...]."

Als Rasmus aus einem Brief sein positives Testergebnis erfährt, erleben wir in einer Rückblende einen Ausflug zum Strand in seiner Kindheit mit. Als Spiegelung der Szenen, in denen er seinen Namen auf Fensterscheiben schreibt, legt er ihn in dieser Erinnerung mit Muscheln in den Sand. Da schneidet er sich an der scharfen Kante einer Muschel und läuft mit blutendem Finger zu seiner Mutter. „Blut ist nichts Schlimmes, mein Schatz", versichert ihm diese. Doch der erwachsene Rasmus hält das Ergebnis des Bluttests in der Hand, das für ihn das Todesurteil bedeutet.

„Wir waren so jung. Wir liebten uns so sehr", hören wir die Stimme des viel älteren Benjamins aus dem Off. „Und da geschah es, dass die Krankheit in die Stadt kam." Dass er es nicht ertragen könne, in seinem Leben keine Rolle zu spielen, hat Rasmus Benjamin einmal in der ersten Verliebtheit versichert. Doch das gemeinsame Leben unter unterschiedlichen Prämissen hat sie auseinandergebracht. Rasmus kann nicht verstehen, dass Benjamin noch immer bei seiner Kirche bleibt, Benjamin seinerseits kann mit der Lust auf Sex mit immer neuen Männern und der unstillbaren Suche nach Freiheit, die Rasmus antreibt, nichts anfangen. Als Benjamin beim Heimkommen in die gemeinsame Wohnung seinen Freund schluchzend auf dem Boden vorfindet und er vom positiven Test erfährt, ist der Schock so groß, dass er sich vor der Mutter outet. Eine entwürdigende Szene, als diese ihm versichert, dass es sicherlich ein Heilmittel gegen die Krankheit gebe und er sich eben anstrengen müsse, um sie zu überwinden. „Du verstehst nicht!", schreit ihr Benjamin entgegen. „Ich will so sein!" Und während sich Rasmus in einer Vorwegnahme der Schmerzen, die ihn noch martern werden, auf dem Boden krümmt, spülen die Wellen seinen Muschelnamen vom Strand der Kindheit weg; die Liegestühle der Eltern, die gerade noch bei ihm am Strand saßen, sind leer.

„Es war wie früher, als wir ‚Mörder und Detektiv' spielten." – Eine der

Voiceover-Erzählungen von Benjamin, während wir Kinder im Kreis sitzen sehen und immer wieder eines von ihnen so tut, als würde es leblos niedersinken. „Dabei blinzelten die Mörder ihre Opfer an, und sie starben dann. Man wusste nicht, wer Mörder war und wer sterben sollte. Aber wir starben. Einer nach dem anderen." Benjamin kommt nach dem peinigenden Gespräch mit seiner Mutter nachts heim. Er schickt sich an, sich zu Rasmus ins Bett zu legen, da wehrt ihn dieser ab: Er solle ihn nicht anfassen, er habe jetzt die Pest. „Ich darf dich nie wieder berühren. Was wird nun geschehen?" Darauf Benjamin: „Ich weiß es nicht. Aber ich werde dich berühren." Er umarmt und streichelt den Geliebten.

Für seine Eltern ist Benjamin der Todgeweihte. Bei einem letzten Besuch bringen sie ihm Rosen und einen Kuchen, sie sitzen beisammen, trinken Kaffee und teilen ihm mit, dass nun, da er aus ihrer Gemeinschaft ausgetreten sei, auch sie keinerlei Kontakt mehr mit ihm haben würden. Benjamin erkennt: „Das ist meine Beerdigung." Zwischen diesen Szenen immer wieder Bilder von Männern, die sich von Schmerzen gepeinigt in ihren Krankenhausbetten wälzen. „Nun lief er an so vielen Zimmern vorbei, in denen ausgezehrte Männer am Tropf hingen", heißt es in Edmund Whites Roman *Die Gaben der Schönheit (Our Young Man*, 2016), in dem ein wunderschönes männliches Model die ewige Jugend gepachtet zu haben scheint und mit dem Altern und Sterben, das um ihn herum stattfindet, nichts anzufangen weiß: „Es wirkte, als versuchte man Auschwitz-Opfer wiederzubeleben." Einige Seiten weiter sehen wir AIDS-Patienten mit seinen Augen: „... viele von ihnen noch jung, wie er vermutete, aber mit ihren eingefallenen Gesichtern und den offenen Mündern sahen sie uralt aus." Regisseur Kaijser erzeugt in uns immer dann die stärksten Gefühle, wenn er Bilder der jungen Liebe mit anderen des Siechtums montiert. Benjamin und Rasmus, wie sie voll des Lebens auf ihren Rädern fahren, wie sie nackt im Meer nahe Stockholm baden, wie sie zu Beginn ihrer Beziehung verliebt miteinander tanzen: „Sind wir jetzt zusammen?" Im Gegenschnitt das Zimmer im Krankenhaus, in dem Benjamin seinem blinden Freund die wenigen Haare kämmt, die ihm noch nicht ausgegangen sind, und ihm vormacht, sie wären dicht und glänzend. Und dann das Vergehen der Jahre, insgesamt sind es zehn, und die Weihnachtsfeiern in der Wohnung ihres Freundes Paul – mit von Mal zu Mal weniger Mitgliedern der Freundesgruppe. Einer jener Freunde, Bengt (Christoffer Svensson), geht seinen ganz eigenen Weg. Wir sehen ihn mit strahlenden Augen und voller Zuversicht bei der Abschlussaufführung seiner Schauspielschule, und wir sehen ihn, wie er von einem Arzt sein positives Testergebnis mitgeteilt bekommt. Er geht durch die Straßen wie in Trance, er kommt in seine Wohnung, er öffnet ein Fenster und stellt einen Stuhl unter die Deckenlampe. Mit konzentrierten Bewegungen formt er aus Kabeln eine Schlinge, da erreicht ihn ein Anruf einer jungen Frau aus seiner Klasse: Der Intendant habe sich nach ihm erkundigt, ein wunderbares Zeichen für seine Zukunft, und er solle doch kommen und mit ihnen feiern. Bengt sagt ihr zu, doch schon steht er auf dem Stuhl; da springt seine Katze hoch und streicht um seine Füße. Bengt steigt wieder herunter und bringt die Katze vor die Tür, dann erst tritt er den Sessel unter seinen Füßen weg. „In diesen Jahren trugen wir uns gegenseitig“, erzählt Benjamin von der dunkelsten Zeit, in der der Kreis der Freunde immer kleiner wird. „Im wahrsten Sinne des Wortes. Die HIV-Positiven, die sich kannten, trugen die Särge ihrer Freunde zu Grabe.“ Einer nach dem anderen fällt der Krankheit zum Opfer, bei einer Geburtstagsfeier sprechen sie den bitteren Satz über Geschenke aus: Musik, die der Beschenkte nie hören, Bücher, die er nie lesen wird. Und dann bei den Trauerfeiern die Scheinheiligkeit der Familien: Erzählungen über angebliche Freundinnen, Spenden an die Krebshilfe. „Jede Beerdigung ist eine Probe für die eigene“, meint Paul einmal sarkastisch.

Pauls Begräbnis gerät dann auch zur großen Oper. Noch ein letztes Mal haben sie Weihnachten gefeiert – sie waren dabei nur noch zu dritt. Danach muss Paul, der sich kaum mehr auf den Beinen halten kann, wieder ins Krankenhaus. Seine Totenfeier findet in einem alten Theater statt und ist ein Fest des Lebens. Auf der Bühne ist jene Szenerie aus dem kitschigen Bibelbild der Zeugen Jehovas aufgebaut, das Benjamin bei seinem ersten Besuch in Pauls Wohnung mitgebracht hat. Auf einer grünen Wiese weiden Schafe, es gibt einen Löwen und einen lilagewandeten Gospelchor, und über dem offenen Sarg tanzt ein dunkelhäutiger männlicher Engel in Hotpants. Das Singen, das Klatschen, die Freude und die Tränen – Rasmus ist nach seinem Tod dieser Ausdruck dessen, wer und was er einmal war, nicht vergönnt.

Über zwanzig Jahre nach Rasmus’ Tod erhält Benjamin einen Anruf: Rasmus’

Vater sei schon ein Jahr nach seinem Sohn gestorben, die Mutter nun auch. Nun, endlich, lädt ihn ein alter Onkel ein, könne Benjamin das Grab des Geliebten besuchen. In der Tat hatte Benjamin nach Rasmus keine echte Beziehung mehr, und in seiner Wohnung sind Fotos von früher zu einer Art Altar mit immer frischen Blumen aufgebaut. Er kommt auf derselben Zugstrecke ins Dorf, auf der Rasmus einst als Neunzehnjähriger die Flucht in die Gegenrichtung, nach Stockholm, angetreten hat. Der Onkel zeigt ihm das Haus, in dem Rasmus aufgewachsen ist, und führt ihn zum Grab. Dann sitzen die beiden auf einer Bank, und Benjamin erzählt von den Jahren des Dahinsiechens, den Schmerzen der Gürtelrose, „als ob man auf ihn einstechen würde". Der Krebs habe Rasmus' schönes Gesicht zerstört, aber er habe ihn nie allein gelassen. „Ich musste mitansehen, wie das Wertvollste in meinem Leben einfach vernichtet wurde."

Kurz bevor die Krankheit die Überhand über ihn gewann, wacht Rasmus einmal nachts auf. Er blickt durchs Fenster und sieht auf der Straße den Müllwagen fahren. Benjamin versucht, den Weinenden zu beruhigen. „Ich will nicht", schreit Rasmus. „Ich will einfach nicht. Ich will nicht sterben!" Es sei nicht fair, schluchzt er, er sei erst zweiundzwanzig und würde nur noch auf einen beginnenden Husten achten und darauf, ob seine Lymphknoten anschwellen. Er könne nicht schlafen aus Angst. Sie würden einen nach dem Tod in einen Plastiksack stecken: „Als wäre man Müll." Und immer wieder: „Ich will nicht sterben, ich will kein Müll sein." Benjamin möchte ihn umarmen, doch wie schon zuvor, stößt ihn Rasmus zurück, er dürfe ihn nicht anfassen. Doch Benjamin ringt ihn nieder und hält ihn in seiner Umarmung umfangen. Und Rasmus: „Ich bin eklig!"

Damals, räsoniert Benjamin, seien alle gestorben, „die von der Liebe besessen waren. Sie waren es, die der Frost sich nahm." *An Early Frost* hieß der erste Film, der sich der Thematik von AIDS annahm, wir sehen den abgemagerten Aidan Quinn noch vor uns. In seinem Entstehungsjahr 1985 war es ein mutiges Unterfangen, sich auf die Seite der Opfer und des Rufes nach Toleranz und Akzeptanz zu stellen. *Don't Ever Wipe Tears Without Gloves* spielt genau zu dieser Zeit und vermittelt uns ein Bild davon, was AIDS damals mit den Opfern anstellte – was die Qualen des körperlichen Verfalls, aber auch die soziale Seite ihres Leidens betrifft. Am Bett des sterbenden Rasmus spricht Benjamin Worte des

Trostes: „Er wird alle Tränen von ihren Augen abwischen. Der Tod wird nicht mehr sein. Keine Trauer, keine Klage, keine Mühsal wird mehr sein."

Jahre später, nach dem Besuch des Grabes seines Freundes, nimmt Benjamin die Vase mit den Blumen von ihrem Platz vor den Fotos weg, stellt sie ins Fenster und öffnet die Vorhänge. Wir sehen, wie ein Leichnam in einen Plastiksack gelegt und dieser mit Klebestreifen verschlossen wird. Wir sehen den Aufkleber „Infektionsrisiko" darauf. Wir sehen aber auch die Gruppe der Freunde, der lebenden und der toten. Sie treffen sich in einer Allee aus blühenden Bäumen, über ihnen fast wie ein Zelt rosa Kirschblüten. Sie sind wieder jung, sie sind gesund und sie lachen und freuen sich ihres Lebens.

In seinem Essay zum Filmklassiker *Der Zauberer von Oz (The Wizard of Oz,* 1939) analysiert der bedeutende Schriftsteller Salman Rushdie den Wunsch der von Judy Garland so einzigartig verkörperten Hauptfigur Dorothy, der bedrückenden Enge der elterlichen Farm in Kansas, die hier sogar in Schwarz-Weiß gezeichnet wird, zu entfliehen: „What she expresses here, what she embodies with the purity of an archetype, is the human dream of leaving, a dream at least as powerful as its countervailing dream of roots." In diese Richtung geht auch David Lynchs *Der Elefantenmensch (The Elephant Man*, 1980), die Rekonstruktion des über weite Strecken unglücklichen Lebens der Titelfigur, die den Namen Joseph Merrick trug und aufgrund von tumorartigen Wucherungen auf großen Teilen des Körpers ihr Dasein als Jahrmarktsattraktion im viktorianischen England fristen musste. Als Joseph, der im Film John heißt (John Hurt in einer immer noch beeindruckenden Maske), im London Hospital eigens für ihn adaptierte Räumlichkeiten zur Verfügung gestellt bekommt, kann er es kaum glauben, am Ziel seiner Träume angelangt zu sein: „This is my home?"

Darum geht es essenziell auch in *Don't Ever Wipe Tears Without Gloves*: um das Brennen dieser Sehnsucht, „somewhere over the rainbow" einen Ort zu finden, der echte Heimat sein kann, und dort neue Wurzeln zu schlagen. Trotz der überaus gelungenen filmischen Umsetzung mag dieser klassische Moralanspruch der persönlichen Sinnsuche vielleicht nicht spektakulär wirken; vor dem Hintergrund des verzweifelten Versuchs, den Anspruch auf das Recht auf Liebe in den Zeiten der großen Seuche aufrechtzuerhalten und sich selbst dabei treu zu bleiben, gewinnt das Motiv aber an immenser Tiefe. Wie Dorothy in ihrem Wunderland am Fuße des Regenbogens haben Rasmus und Benjamin ihre Art von Heimat gefunden: in ihrer gemeinsamen Wohnung, an den Orten, an denen sie sich als Schwule geben können, wie sie eben sind, nicht zuletzt bei Pauls Weihnachtsfeiern in der Gruppe ihrer Freunde. Ihre Zeit, dort zu leben und in diesem gemeinsamen Leben ihr Glück zu finden, war jedoch sehr beschränkt. Die Krankheit hat ihnen einen Strich durch die Rechnung gemacht in dieser Geschichte, die sich, wie Benjamins Kommentar wiederholt betont, tatsächlich so zugetragen habe.

Don't Ever Wipe Tears Without Gloves *(Torka aldrig tårar utan handskar,* Schweden 2012, Drama/Fernsehserie)

Regie: Simon Kaijser

Darsteller: Adam Lundgren, Adam Palsson, Simon J. Berger

Von der Schwere der Wiederkehr des Gleichen

For My Brother (2014)

In seinem überaus erfolgreichen Roman *Die unerträgliche Leichtigkeit des Seins (L'Insoutenable Légèreté de l'être,* 1984) reflektiert der tschechisch-französische Schriftsteller Milan Kundera über Nietzsches Vorstellung der „ewigen Wiederkehr des Gleichen" – diese sei „ein geheimnisvoller Gedanke, und Nietzsche hat damit manchen Philosophen in Verlegenheit gebracht: alles wird sich irgendwann so wiederholen, wie man es schon einmal erlebt hat, und auch diese Wiederholung wird sich unendlich wiederholen." Kunderas Figuren, der Prager Chirurg Tomas und die Kellnerin und spätere Fotoreporterin Teresa, leiden unter diesem unentrinnbaren Kreislauf, diesem schicksalhaften Band der Wiederholung, in dem uns die Dinge bedrückender und in all ihrer drückenden Schwere erscheinen, nämlich „ohne den mildernen Umstand ihrer Vergänglichkeit." Eine Flucht daraus sei nicht möglich, wiewohl sie als ersehntes Ziel vor Augen stehe. „It must be nice to disappear/To have a vanishing act", hat Lou Reed eben diese Idee in seinem Song „Vanishing Act" aus 2003 ausgedrückt: „To always be looking forward/And never looking back."

So ähnlich mag sich auch Aske fühlen, der siebzehnjährige Protagonist in Brian Bangs berührender Missbrauchsstudie *For min brors skyld.* Der junge Schauspieler Elias Munk, der im Gegensatz zu den Charakteren in so manchen amerikanischen Filmen und Fernsehserien nicht Jahre älter aussieht als es seine Rolle als Teenager erfordert, macht Askes Verzweiflung und innere Zerrissenheit in einer Intensität nachfühlbar, die zu Herzen geht. In seinen Augen wohnt das blanke Entsetzen ob des Wissens, welche Qualen er sich zu erdulden selbst auferlegt hat – nämlich einzig und allein aus dem Grund, eben diese Pein seinem zwölfjährigen Bruder Bastian (Christoffer Jensen) zu ersparen. Aske ist in einem Drehrad der Gewalt und der Erniedrigung gefangen, seit er ein kleines Kind war. Er ist erst zehn, als sein Vater Lasse (Allan Karlsen) mit seinem pädophilen Bruder Hans (in seiner schmierigen Freundlichkeit gespenstisch: Frank Schiellerup) den verhängnisvollen Deal des Missbrauchs schließt. Diese Zweckgemeinschaft funktioniert als Spiegelung der Zusammengehörigkeit von Aske und Bastian – als Pervertierung des Begriffs der Bruderliebe, um die sich dieser Film im Eigentlichen dreht.

Der Beginn des Streifens erzählt die Vorgeschichte: Die ganze Familie inklusive der Oma ist campen, die Buben plantschen im Wasser, doch ihrer Mutter sind Hans' Blicke und seine zur Schau gestellte Liebenswürdigkeit von Anfang an ein Dorn im Auge. Trotzdem ist für Aske (als Kind dargestellt von Frederik Ingemann Brandt) kein Platz im Auto, als sich seine Mutter anschickt, die Großmutter nach Hause zu bringen: Er solle einstweilen im Zelt lesen, sie sei bald zurück. Kaum ist der Wagen abgefahren, beginnt das Feilschen um den Buben. Ob er ihm Geld leihen könne, fragt Lasse Hans. Kein Problem, meint dieser, doch es ist klar, dass die Gegenleistung ein „Spaziergang" mit Aske sein würde – und es ist offensichtlich: nicht zum ersten Mal. Aske weigert sich und weint vor Angst, doch der Vater schlägt ihn: „Du tust, was man dir sagt!" Es ist ein beklemmendes Bild, geradezu die Verhöhnung der Normalität, wenn der Onkel und sein Neffe Hand in Hand in den Wald gehen. Dort kniet sich Hans vor Aske hin und zieht ihm die Hose hinunter: „Ich mag dich sehr." Die Mutter, der Unheil schwant, als sie Aske bei ihrer Rückkehr nicht im Zelt vorfindet, überrascht Hans, der nackt vor dem Buben kniet. Dann das abrupte Ende ihrer Flucht mit Aske vor ihrem Mann und seinem Bruder, als sie auf der Straße durch den Wald von einem herankommenden Auto niedergestoßen wird. Das Laufrad von Askes Leben, wie es sich von nun an abspielen wird, ist in seiner unerträglichen Wiederkehr des Gleichen in Gang gesetzt, sich im Sinne Lou Reeds daraus zu befreien, kann ihm aber schon allein deshalb nicht gelingen, weil die Möglichkeit, Bastian ein ähnliches Martyrium zu ersparen, nur durch die folgsame Unterwerfung unter die Forderungen und Regeln seines Vaters besteht.

Nach außen führt Aske die Existenz eines ganz normalen Schülers in einer dänischen Kleinstadt. Er hat einen besten Freund, Mädchen zeigen Interesse an ihm. In Wahrheit aber ist seine Welt von Angst, Gewalt und dem Alkoholismus des Vaters kontrolliert. Allein die enge, überaus fürsorgliche Beziehung der Brüder ist für sie ein Hafen der Geborgenheit, der sie am Leben erhält.

„Auf diese Weise zeigt er, dass er traurig ist", versucht Aske herunterzuspielen, dass der Vater Bastian beim Abendessen geschlagen hat. Dann bringt er ihn zu Bett. Offensichtlich ist es üblich, dass er Bastian ein Schlafmittel verabreicht, der jüngere Bruder nimmt die Pille wie selbstverständlich; Aske weiß, was an diesem Abend noch geschehen wird und möchte verhindern, dass Bastian davon etwas mitbekommt. Er legt sich zum Einschlafen zu ihm ins Bett und erzählt ihm eine Geschichte über zwei Prinzen, Mias und Ramo, die durch ein Tal mit blühenden Blumen reiten und eine Prinzessin aus den Klauen des Fürsten der Dunkelheit zu retten versuchen. „Bleibst du, bis ich eingeschlafen bin?", will Bastian wissen. „Natürlich", versichert ihm Aske. Anschließend nimmt er Viagra und bereitet sich für den Gast vor, der bald an der Tür klingeln wird. Der Vater hat schon die Scheinwerfer positioniert und steht mit der Kamera bereit, als eine Frau eintritt. Ihre Rolle und weshalb sie zahlt, anstatt bezahlt zu werden, um in dem Homeporno mit Aske aufzutreten, versteht der Film nicht zu vermitteln. Aske jedenfalls agiert routiniert und besteht auf Drängen des Vaters aufgrund höherer Einnahmen auch nicht auf der Verwendung eines Kondoms. In diesem Haus, das ist nun ganz ersichtlich, geht es um alles andere als um Askes Wohl. Dem täglichen Überlebenskampf ordnet Aske alles unter, selbst die eigene Würde, die ihm schon längst geraubt wurde. Mache er nicht alles mit, so sein Vater, würde sein Bruder an die Reihe kommen.

„When I'm alone/I am defenseless/Just like the boy I was/Afraid in the dark", singt Jeangu Macrooy in seinem Lied „Grow" und setzt die hoffnungsvollen Zeilen nach: „One day I'll find/Some peace of mind." Diesen inneren Frieden kann Aske aber nicht finden. Wie ein kleiner Junge, wehrlos und voller Angst in der Dunkelheit, so fühlt er sich – und denkt dabei aber nicht an sich selbst. „Lieber Gott!", betet er in dieser Nacht: „Bitte gib acht auf Bastian."

In dem amerikanischen Film *The Night Listener* (2006), der auf einem Roman des *Tales of the City*-Autors Armistead Maupin basiert, erfährt der von Robin Williams dargestellte schwule Radiopoet Gabriel Noone von einem Romanmanuskript, das angeblich von einem jungen Missbrauchsopfer verfasst wurde. „The thought of that haunted me all night", formuliert Noone seine Motivation, sich auf die Suche nach dem Burschen zu machen. „What would it be like to be fourteen and still believe in the bogeyman, knowing it was the same person who gave you life." Das Urvertrauen von Kindern ihren Eltern gegenüber und die grausame Weise, mit der es von diesen ad absurdum geführt wird – diesen bewegenden Ansatz verspielt *The Night Listener* für einen Thrillerplot, der trotz des wunderbaren Hauptdarstellers bald in erzählerischer Unentschlossenheit zerläuft. *For My Brother* hingegen konzentriert sich auf eben diesen Konflikt der Gefühle, die Aske schier zu zerreißen drohen. Sein Vater ist sich darüber im Klaren, was er da eigentlich anrichtet; seine Unsicherheit der ganzen Situation, nicht zuletzt aber auch sich selbst gegenüber, dieser Zwiespalt, den er mit Alkohol und Gewalt an seinen Söhnen zu verdrängen sucht, ist immer wieder fühlbar. „Was hast du erzählt?", herrscht er Aske nach einem Besuch von dessen bestem Freund Silas (Oliver Bjørnholdt Spottag) an. Er schlägt ihn nieder und würgt ihn, mehr als mit seinen Händen mit einem Blick auf ein Foto der beiden Brüder und der Drohung: „Vielleicht sollten wir es beenden." Aske weiß, was sein Vater damit meint: „Nein, Papa, ich mache alles." – „Vielleicht", bohrt der Vater seine Drohung tiefer in Askes Befürchtungen, „wird er es besser machen." Aske fleht ihn an, diesen Schritt nicht zu gehen, er kniet vor ihm auf dem Boden und klammert sich an seine Beine. Der Vater verhöhnt ihn: Er sei armselig wie seine Mutter. Und: „Du kannst mir später zeigen, wie du es machst." Diese Ankündigung mündet in die physisch grausamsten Szene des Films. Der Vater bringt Aske zu drei Männern, deren Wagen auf einem Feldweg parken, einer von ihnen ist sein Onkel Hans. „Tu, was man dir sagt", befiehlt ihm der Vater, sonst wäre es das letzte Mal: „Du weißt, was das bedeutet." Die Männer ziehen sich Masken über und fallen über Aske her, sie verbinden ihm die Augen und transportieren ihn im Kofferraum eines SUVs zu Dünen über dem Meer. Dort werfen sie ihn zu Boden und halten ihn fest, während ihn einer von ihnen vergewaltigt. Der Vater führt die Kamera. Später steht Aske da wie ein geprügelter Hund, die Männer aber sind geradezu euphorisch und redselig, sie reißen zotige Witze und stoßen mit Bier an. „Auf einen großartigen Tag!" – „Auf dich, Aske! Du bist der Beste." Und einer von ihnen fügt hinzu: „Und so schön kratzbürstig. So, wie wir sie mögen." Der Vater hingegen wirkt mürrisch, er befielt Aske, zu verschwinden. Ist es so etwas wie der Anflug schlechten Gewissens, der ihn daran hindert, die Situation wie die anderen Männer zu genießen? Aske seinerseits sucht das Weite, er rennt über die Dünen und Klippen am Meer, gelangt an einen Fluss und läuft ins Wasser. Hier, ganz allein und völlig außer sich, schreit er heraus, was sonst immer von ihm zu hören verlangt wird: „Mach schon! Nimm mich! Tu es! Worauf wartest du?" Und dann kauert er schluchzend, verzweifelt, seiner Achtung und Selbstachtung beraubt, im Gras.

Ziemlich oft ist es ja umgekehrt: Das Riesenbudget von Blockbustern protzt mit Bombast und Effekten, krankt aber an der oberflächlichen Zeichnung der Charaktere oder der inneren Logik der Geschichte. Bei *For My Brother* ist das Gegenteil der Fall – eine jener finanziell ausgehungerten Miniproduktionen, denen man zumindest ein klein wenig höheres finanzielles Fundament gewünscht hätte. Die puristische Inszenierung und die groben Bilder vermitteln große Nähe zur Realität, doch die Führung der Handkamera erscheint mir zuweilen unprofessionell, die Schnitte unmotiviert und deshalb irritierend und die Musik zu aufdringlich. Dennoch weiß die Unmittelbarkeit der Darstellung der geschundenen Kinderseelen zu packen und lässt uns nicht mehr los. Askes Versuch, durch seine Selbstaufgabe seinen Bruder vor dem Schlimmsten zu bewahren, ist anrührend, läuft aber natürlich ins Leere. An einem Abend gibt er Silas' Drängen nach und geht mit ihm zu einer Party in einem Schwimmbad. Der Vater schläft, Bastian scheint sicher zu sein und für Aske zumindest ein Abend möglich, der etwas mit der Normalität anderer Jungendlicher zu tun hat. Doch im Schwimmbad geht alles schief und zu Hause gerät die Situation völlig aus dem Ruder. Aske versagt beim Sex mit einem Mädchen und sieht sich dem Spott der anderen und dem völligen Unverständnis seines dicklichen und nicht so umschwärmten Freundes Silas ausgesetzt. Aske sitzt wie ein Häufchen Elend da, vor Scham rinnen ihm Tränen übers Gesicht. Silas ist entsetzt: „Du hast keinen hochgekriegt?" – „Würdest du auch nicht", bricht es aus Aske heraus, „wenn dein Vater dich vergewaltigt und zwingt, Sex mit Fremden zu haben." Es ist gesagt, das größte Geheimnis ist ausgesprochen, Silas kann ihm kaum glauben. Indes ist Bastian das Schlimmste zugestoßen. Beim Heimkommen kann Aske den kleinen Bruder nicht finden; was er hingegen findet, ist Bastians grüne Unterhose neben dem Bett des schnarchenden Vaters – und dann Bastian selbst, aufgelöst, verzagt, eingeschüchtert und unverständig, was ihm da passiert ist, in einem Versteck im Wald. „Er sagt, es wäre dein Fehler“, schluchzt der kleine Bruder, und gleich darauf: „Aber er ist mein Vater.“ – „Es muss ein Ende haben.“ – „Ist doch egal.“ – „Nein, es ist nicht egal.“ – „Ich will nicht nach Hause.“ – Und Askes Versprechen: „Das musst du nicht.“

„Die Hölle sind die anderen“, formuliert Jean-Paul Sartre in seinem 1944 uraufgeführten Drama *Geschlossene Gesellschaft (Huis clos)*. In ihrer existenzialistischen Geworfenheit sehen sich seine drei Protagonisten nach ihrem Tod in einen Raum gesperrt, in dem sie einander als Peiniger und Opfer ausgeliefert sind – die ewige Wiederkehr des Gleichen, ohne Hoffnung auf ein Ende. Askes und Bastians Höllenfahrt – der Grund dafür liegt nicht einmal bei ihnen selbst. In eine Existenz gezwungen, die sie sich selbst so nie ausgesucht hätten, sind sie Opfer von Menschen und Umständen, denen sie nun, ganz und gar in die Enge getrieben, doch zu entkommen versuchen. Anders als Sartres Charaktere, die den Ausbruch aus ihrem Gefängnis nicht wagen, als die Tür plötzlich offen steht, nehmen sie Silas’ Angebot an, in der Hütte seiner Eltern in Norwegen Zuflucht zu suchen. Und was Sartres Figuren fürchten, nämlich das Trugbild eines nur vermeintlichen Auswegs in die Freiheit, das wird sich für Aske und Bastian bestätigen und als Falle erweisen. Eine Ahnung davon erhalten wir bereits an ihrem ersten Abend in der Abgeschiedenheit der Hütte, wenn Aske seinem Bruder abermals eine Gutenachtgeschichte erzählt. Sie haben an diesem Tag zumindest einen Hauch an Hoffnung geatmet. Bastian kuschelt sich an seinen großen Bruder, der die Geschichte von den zwei Prinzen wieder aufnimmt. Männer werfen die Prinzen zu Boden und quittieren ihre inständige Bitte, doch mit dieser Brutalität aufzuhören, mit verächtlichem Lachen. Nur allzu bald wird diese Gewalt das Leben der Geschwister über die sprichwörtlichen Klippen treiben.

Auf den ganz realen Klippen nahe der Hütte sitzen die Burschen am nächsten Tag. Die Gletscherberge, davor ein See – die Szenerie scheint sie von der Außenwelt abzuschotten und ihnen Schutz zu bieten. „Du bist mein bester Freund“, sagt Bastian dankbar. „Und du bist mein bester Freund.“ Bastian legt seinen Kopf in den Schoß des Bruders, sein Urvertrauen ist fast greifbar. Askes Augen, die schon zu viel gesehen haben für einen Siebzehnjährigen, sprechen von den Schmerzen, die er erdulden musste, jene des Bruders sind noch kindlicher, in ihnen liegt ein Ausdruck, als könnte es ihm noch gelingen zu vergessen, was ihm angetan wurde. Abends in der Hütte entspinnt sich ein weiterer dieser ganz einfachen und umso berührenderen Dialoge zwischen ihnen. „Denkst du, Papa vermisst uns?", fragt Bastian. „Vermisst du ihn?", meint Aske. Und der kleine Bruder: „Ich vermisse Mama." – „Ich weiß." – „Es tut so weh." Und darauf wieder: „Ich weiß." In einer Umarmung finden sie für diese Nacht ihren Frieden.

Doch als Aske aufwacht, ist das Bett neben ihm leer. Er ruft nach Bastian, erhält aber keine Antwort. Vor dem Haus, im strömenden Regen, steht der Vater und hält Bastian eine Pistole an den Kopf. Er droht ihm, Aske stürzt sich auf ihn, es kommt zu einem Kampf. Schließlich kniet der Vater auf Aske: „Ich werde dich Gehorsam lehren!" Er würgt seinen Sohn und vergleicht ihn mit seiner „Hurenmutter". Da schlägt Bastian mit einem Ast auf ihn ein. Aske kann dem Griff des Vaters entkommen und die Brüder laufen davon und versuchen, im Wald Deckung zwischen den Bäumen zu erlangen. Der Vater schießt ihnen hinterher: „Ihr seid tot! Ihr werdet verrotten!" Eine Kugel trifft Bastian im Rücken.

Bevor sich der Vater vor der Hütte selbst das Leben nimmt, stirbt Bastian auf einer Blumenwiese im Regen in Askes Armen. „Bleib bei mir!", fleht, weint, schluchzt Aske wieder und immer wieder. „Du und ich, Bastian!", versucht er das längst Unmögliche heraufzubeschwören. „Du und ich!" Dann bettet er den Körper des bereits leblosen Bruders neben sich ins Gras, er streichelt ihn, springt dann aber auf und schaut um sich wie ein hilfloses Kind, die Finger im Mund, die Gedanken irgendwo, nur nicht in seinem Kopf: „Vergib mir!" In Christophe Honorés Film *Sorry Angel* (2018), der unmöglichen Liebesgeschichte zwischen zwei Männern, Jacques und Arthur, denen AIDS einen grausamen Strich durch die Sehnsucht nach einer gemeinsamen Zukunft macht, fällt der Satz „Wir könnten ein schönes Leben haben, wir zwei". Da legt sich Arthur nackt zu Jacques, dem gerade ein Brustkatheter gesetzt wurde, ins Krankenbett. „Ich kann nicht von einem Leben träumen, das es nicht geben wird", hat Jacques jedoch jede Vorstellung nach einem glücklichen Ende schon in einer früheren Szene von sich gewiesen – eine ganz andere Geschichte, zumal zu einer sehr spezifischen Thematik sowie im Vergleich zu *For My Brother* geradezu eine Hochglanzproduktion und dennoch nicht ansatzweise so eindringlich gelungen. Aber so wie Jacques und Arthur ist auch Aske und Bastian der Ausweg aus ihrer Lebenshölle nicht gegönnt. Auf der Blumenwiese im Regen faltet Aske seinem kleinen Bruder die Arme über der Brust, legt sich zu ihm und schließt die Augen, so wie Bastians Augen bereits unwiderruflich geschlossen sind.

For My Brother *(For min brors skyld*, Dänemark 2014, Drama)
Regie: Brian Bang
Darsteller: Elias Munk, Christopher Friis Jensen, Allan Karlsen

Liebe ohne Namen

The Happy Prince (2018)
Oscar Wilde (1997)

Auf dem Pariser Friedhof Père-Lachaise befindet sich das von Jacob Epstein gestaltete und von einem fliegenden sphinxartigen Wesen getragene Grab von Oscar Wilde, der sich zu einer Zeit, als Homosexualität noch als Sodomie bezeichnet wurde, schwanken sah zwischen der Liebe zu seiner Frau und seinen beiden Kindern und jener zu Männern, im Speziellen zu dem wesentlich jüngeren Lord Alfred Douglas, den er Bosie nannte. Inmitten der Bigotterie des viktorianischen England stand Wilde zu seiner Neigung und musste dafür teuer bezahlen. Ein Zitat aus seinem Gedicht „The Ballad of Reading Gaol“, das seine Zeit im Gefängnis thematisiert und auf dem Grab zu lesen ist, nimmt Bezug auf Männer mit einem Doppelleben, wie es der Autor selbst führte: „And alien tears will fill for him/Pity's long-broken urn/ For his mourners will be outcast men/ And outcasts always mourn.“

Eine Zeit lang stand die Finanzierung von Brian Gilberts geschmackvoll-eleganter Filmbiografie *Oscar Wilde* (die bereits in *Gay Movie Moments* behandelt wurde) auf tönernen Füßen, weil damals keiner der Darsteller großen Bekanntheitsgrad besaß. Heute erscheint uns Stephen Fry freilich wie für diese Rolle gemacht: seine Ähnlichkeit mit Wilde, seine Statur, sein flamboyantes Wesen, seine Bereitschaft, in der Verkörperung die eigene Seele freizulegen – unnachahmlich. Und Jude Law ist als Bosie so schön und unwiderstehlich wie nie mehr wieder. „He's perfect in every way“, sagt Oscar in einer Szene über den eigentlich verzogenen und ziemlich egoistischen Bosie, als dieser ein Lied über die Liebe singt. Kurz darauf kommen die beiden einander näher, sie schmiegen sich aneinander, später betrachtet Oscar seinen jungen Liebhaber, der schlafend auf einem Sofa liegt, wie ein Kunstwerk.

Auf Bosies Frage, ob er ihn denn liebe, antwortet Wilde, dass er sich wie in einer Stadt fühle, die zwanzig Jahre lang belagert worden sei und deren Tore nun plötzlich geöffnet wären. Die Bewohner strömten hinaus: „... to breathe the air and walk the fields and to pluck the wild flowers.” Und dann: „I feel relieved.” Die Höhen und Tiefen ihrer Beziehung, ihr teilweise selbstzerstörerisches Treiben, der ständige Wechsel zwischen Kalt und Warm, mit dem Bosie Oscar überschüttet, ohne auch nur einen Gedanken darüber zu verlieren, was er mit dessen Familie und Karriere anrichtet, nimmt zuweilen drastische Ausmaße an. „You don’t interest me, not when you’re ill!“, herrscht Bosie Oscar an, als dieser fiebert und ihn um ein Glas Wasser bittet. Auf der anderen Seite steht Oscars Unfähigkeit, von Alfred zu lassen. „Dearest of all Boys“, wendet sich Oscar 1892 in einem Brief an den Geliebten, „you must not make scenes with me – [...] I cannot listen to your curved lips saying hideous things to me – don’t do it – you break my heart.“

„People have never understood the courage he needs to be himself“, charakterisiert ihn seine Mutter. „It’s about the masks we wear as faces. And the faces we wear as masks“, heißt es an anderer Stelle. Was es bedeutet, mit solchen Masken leben zu müssen, lässt uns die Katastrophe verstehen, in die die Handlung mündet. Als Lord Alfreds Vater, der Marquess of Queensberry, ihnen den Umgang miteinander untersagt, drängt Bosie Oscar zu einer Klage wegen Verleumdung – für Oscars gesamtes Umfeld ist von Vornherein offensichtlich, was er selbst nicht sehen will: dass der daraus folgende Gerichtsprozess nicht gut für ihn ausgehen wird. Im Mai 1895, als der Ausgang des Verfahrens bereits klar ist, schreibt Oscar an Bosie: „As for you, you have given me the beauty of life in the past, and in the future if there is any future ... Never has anyone in my life been dearer than you, never has any love been greater, more sacred, more beautiful.“ Es kommt, wie es im soziokulturellen Klima dieser Zeit kommen muss: Wilde wird wegen Unzucht zu zwei Jahren Kerker verurteilt. Kurz vor der Verkündung des Urteils besucht Bosie Oscar im Gefängnis. Ein Gitter ist zwischen ihnen, ihre Finger verschränken sich durch die Löcher miteinander, als wollten sie nie wieder voneinander lassen. Bosie will zu Oscars Gunsten aussagen, doch dieser befürchtet, dass es alles nur verschlimmern würde – er, der wesentlich ältere Mann, Bosie dagegen in seiner Jugend und Schönheit. Man werde behaupten, er hätte ihn korrumpiert. „You didn’t corrupt me! I corrupted you, if anything!“, zeigt Bosie Einsicht, als es schon zu spät ist.

Was folgt, ist eine wunderbare Szene im Gerichtssaal, in der der Ankläger aus dem Gedicht „Two Loves“ zitiert, das Bosie verfasst hat. Es gäbe die eine Liebe, trägt er vor, die die Herzen eines Jungen und eines Mädchens erfülle und sie entflammen lasse. Und dann sei da die zweite: „I am the love that dare not speak its name.“ Oscar Wildes Reaktion ist überlegt, beherrscht und sehr ernsthaft, sie ist ein Plädoyer für mehr Menschlichkeit und Verständnis füreinander. Er spricht von David und Jonathan, die genannte Art von Liebe betreffend, auch von Plato und den Sonetten von Michelangelo und Shakespeare. Diese Liebe, so Oscar, entwickle sich aus der Beziehung des Intellekts eines älteren Mannes und eines anderen, jüngeren, der all die Freuden und Hoffnungen des Lebens noch vor sich habe. In der Zeit, in der sie lebten, würde sie missverstanden, obwohl es sich dabei um nichts Unnatürliches handle: Die Welt mache sich lustig darüber, nur weil sie sie nicht verstünde.

Doch auch diese Verteidigungsrede vermag Oscar nicht vor seinem persönlichen Schierlingsbecher zu erretten, der Tretmühle des Zuchthauses. „If we could only choose our natures“, schreibt er in einem Brief an seine Frau. „Whatever our natures are, we must fulfil them. Or our lives, my life, would have been filled with dishonesty. Even more dishonesty than there actually was.” In Oscar Wildes Märchen vom selbstsüchtigen Riesen, das er und seine Frau ihren Söhnen Cyril und Vyvyan vorlesen wie ein roter Faden, der durch die Filmhandlung führt, erleidet der Riese im Gefängnis den Tod. Oscar selbst starb zwei Jahre nach seiner Entlassung im Alter von nur 46 Jahren einsam und verarmt in Paris.

Von diesen letzten Tagen und Stunden und in zahlreichen Rückblenden auch von der Zeit davor – Ebenen, zwischen denen sich der Film immer wieder bewegt – erzählt Rupert Everetts Analyse des Menschen und Künstlers Oscar Wilde, die ihren Titel *The Happy Prince* von einem anderen seiner Kunstmärchen entlehnt hat. Everetts Herzensprojekt, bei dem er als Drehbuchautor, Regisseur und Hauptdarsteller überzeugt, war ebenso schwierig zu finanzieren wie sein Vorgänger über zwanzig Jahre zuvor, die Vielzahl an koproduzierenden Ländern zeugt davon. Der Film beginnt mit Ausschnitten aus der Geschichte von der Schwalbe und der prächtigen, mit Gold und Juwelen besetzten Statue des Prinzen – Cyril und Vyvyan liegen im Bett, Oscar sitzt in einem Lehnstuhl bei ihnen, glückliches Lachen, doch dann fällt ein Satz, der wie die Vorahnung auf Kommendes wirkt: „There is no mystery so great as suffering." So fliegt die kleine Schwalbe denn auch über der Stadt und sieht die Glücklosen, deren Not in der Folge immer wieder mit den Reichtümern der Statue gelindert wird. Diese Bedürftigen ähneln den Brüdern Jean (Benjamin Voisin) und Leon (Matteo Salamone), die Oscar in den Monaten vor seinem Tod in einem billigen Lokal kennenlernt. Leon ist noch ein Kind, ein Straßenjunge wie aus einem Roman von Charles Dickens, Oscar zahlt für Sex mit dem älteren Jean und verspricht Leon dafür eine Geschichte. In Oscars schäbiger Absteige krabbelt eine Kakerlake neben dem Bett, auf dem sich der einst gefeierte Dichter ein wenig Zärtlichkeit erkauft hat, doch der nackte Jean erscheint ihm so schön „like a marble statue", als wäre der glückliche Prinz vor ihm zu Leben erwacht. Leon hingegen wartet schon vor der Tür und drängt auf die versprochene Geschichte.

„We are lost in our own world" – Oscar Wilde als Gefangener zwischen zwei Welten, jener, die unwiederbringlich hinter ihm liegt, und neuen Möglichkeiten, die sich, soviel ist klar, für ihn doch nicht mehr realisieren lassen. Es ist ein schleichender und unaufhaltsam erscheinender Verlust von Würde: Unerreichbar fern ist für Oscar der Glanz der frühen Tage geworden. In einer Kneipe klettert er auf einen Stuhl und unterhält die Menge mit einem Lied; wie früher auf den Londoner Theaterbühnen sonnt er sich in der Aufmerksamkeit, die ihm entgegengebracht wird: „The boy I love is up in the gallery/The boy I love is looking down at me." Doch es sind ihm bloß ein paar Momente vergönnt; der darauffolgende Sturz vom Stuhl – nur eine der Ohrfeigen des Schmachs, die er nun immer wieder zu erleiden hat. Wenn ein feiner Herr, früher ein regelmäßiger Besucher von Oscars Theatervorstellungen, seiner Frau verbietet, mit ihm auch nur ein paar Worte zu wechseln; wenn er bei einer Überstellung von einem Gefängnis in ein anderes am Bahnsteig vom Mob erkannt, verhöhnt und beschimpft wird; oder wenn er von englischen Touristen in Frankreich mit Stöcken durch die engen Gassen gejagt wird: Die Erniedrigungen nehmen kein Ende. In der letzten der erwähnten Szenen sucht er zusammen mit Reggie (Colin Firth) und Robbie (Edwin Thomas), den einzigen verbliebenen Freunden, Zuflucht in einer Kirche. Doch vergebens, die Verfolger machen auch hier nicht halt. „What do you want?", schlägt Oscar in Angst und Wut um sich. „You've taken everything ... My family, my work, my freedom. Everything. There's nothing else to take." Und die Frage eines Menschen, dessen Leben zerbrochen ist: „What are you gonna do? Kill me? I'm already dead!"

„I saw the future", fasst er seine Misere einmal zusammen. „It was the end of all peace." Wir haben das Gefühl, dass Oscar Wilde erst auf seinem Sterbebett diesen ersehnten Frieden finden kann. Reggie und Robbie sind bei ihm, nicht aber Bosie (Colin Morgan), der mit Oscar in einer Villa bei Neapel gefeiert hat, solange Geld dafür vorhanden war. Hingegen kommen Jean und Leon zu einem letzten Besuch, sie sind zu so etwas wie Oscars Freunden geworden. Leon möchte unbedingt das Ende der Geschichte vom glücklichen Prinzen hören. In den Armen seines großen Bruders sitzt er am Fußende des Bettes, doch beim Erzählen sieht Oscar abwechselnd die Burschen und seine eigenen Kinder als Zuhörer vor sich. Er spricht vom Schnee und der Kälte und dass die Schwalbe Abschied von dem Prinzen nimmt. Dieser ist im Glauben, dass sie nach Ägypten fliegen würde, doch die Schwalbe weiß, dass sie sterben muss. Mit letzter Kraft flattert sie hoch zur Schulter des Prinzen: Nicht in den Süden reise sie, sondern ins Haus des Todes. Als Oscar davon spricht, dass die Schwalbe den Prinzen küsst und dann tot zu seinen Füßen niedersinkt, ist nur noch der kleine Junge wach. „The end is near."

Oscar Wilde, vor dem Skandal um Bosie der Prinz der Londoner Theaterszene, war letztendlich kein Glück beschieden. Sein Grab in Père-Lachaise, das sich unweit von jenen Edith Piafs und Jim Morrisons befindet, ist jedoch mittlerweile zum Mekka seiner Anhänger geworden, übersät mit unzähligen Lippenstiftabdrücken. Welche Botschaften viele Bewunderer ihrem Idol auf Papierröllchen im rückseitigen Bereich des Grabmales hinterlassen, kann man nur erahnen. Sie werden wohl nicht selten etwas mit der Zerrissenheit zu tun haben, für die Oscar Wilde wie kein Zweiter steht – mit aufrechtem Gang und erhobenem Kopf, mit dem er sich dazu entschloss, diesen Kampf mit sich selbst und seiner Umwelt auszutragen.

The Happy Prince (Belgien/Deutschland/Italien/GB 2018, Drama)
Regie: Rupert Everett
Darsteller: Rupert Everett, Colin Firth, Emily Watson, Colin Morgan, Edwin Thomas

Oscar Wilde (*Wilde*, GB 1997, Drama/Liebesfilm)
Regie: Brian Gilbert
Darsteller: Stephen Fry, Jude Law, Vanessa Redgrave, Jennifer Ehle, Gemma Jones

Der Tag und die Stunde

Jonathan (2016)

Der Wald, der Regen, Schwaden von Nebel, ein heraufziehendes Gewitter und die Sonne am nächsten Morgen – auf betörende Weise fängt die Kamera von Jeremy Rouse die Szenerie um das Bauernhaus ein, in dem der dreiundzwanzigjährige Jonathan seinen krebskranken Vater Burkhard pflegt. Aufgerieben zwischen der schweren Arbeit auf dem Hof und der Verantwortung für den wortkargen Vater, sieht er sich an die eigenen Grenzen getrieben. „Ich kann das nicht mehr!“, wehrt Burkhard einmal die Hilfe ab, die ihm sein Sohn bietet. Was er meint, sind die Schmerzen und die schlimmen Nebenwirkungen der Chemotherapie, die Hoffnungslosigkeit, die sich seiner bemächtigt hat. Ebensolche Gedanken mögen Jonathan heimsuchen, dem die Angst, das eigene Leben zu verpassen, in den Augen brennt. „Der Mensch weiß nicht erst seit Augustinus, dass er sterben muss, ohne Tag und Stunde zu kennen“, schreibt der bedeutende französische Historiker Robert Fossier in seinem Sachbuch *Das Leben im Mittelalter (Ces gens du Moyen Âge*, 2008). Burkhard ist dem Tode nah, die Marter der Krankheit ist dem Schauspieler André Hennicke auf erschreckende Weise ins totenkopfähnliche Gesicht geschrieben. Für Jonathan ist die Ungewissheit, wann der Vater denn dem Sterben nachgeben muss, eine Qual. Jannis Niewöhner macht die Verletzlichkeit und die Verzweiflung hinter seiner ruhigen Schale spürbar. „[…] man möchte sagen, die Absicht, dass der Mensch ‚glücklich‘ sei, ist im Plan der ‚Schöpfung‘ nicht enthalten“, formuliert Freud in seiner Schrift *Das Unbehagen in der Kultur* aus 1930. In der Situation, in der Vater und Sohn sich gleichermaßen als Gefangene sehen, würden ihm Jonathan und Burkhard wohl gleichermaßen beistimmen.

Mit der Ankunft von Burkhards Jugendfreund Ron (Thomas Sarbacher) wird alles anders. Der Todkranke blüht auf, er zieht sich ein frisches Hemd an, er kämmt sich die Haare – und impliziert doch auch, dass damals etwas vorgefallen sein muss, das ihm immer noch unaussprechlich erscheint. „Ich habe mich dafür gehasst“, sagt er zu Ron „und ich habe versucht, dich dafür zu hassen.“ Jonathan fühlt sich von dem Eindringling Ron in seiner Rolle, all die Last allein tragen zu müssen, beschnitten und weiß mit dem Wandel seines Vaters nichts anzufangen. Er drängt ihn, doch von früher zu erzählen und davon, auf welche Weise seine Mutter ums Leben gekommen sei: „Ich weiß nämlich gar nichts, Papa.“ Doch Burkhard blockt ab; wie all die Jahre zuvor rennt der Sohn gegen eine Wand aus Schweigen.

Erst als Jonathan seinen Vater und Ron am Meer aufspürt, werden ihm die Zusammenhänge klar – und die Erkenntnis kommt als Schock. Er findet die beiden alten Männer tanzend zwischen den Dünen und hört Burkhards Beichte mit an, dass er damals, als Ron und er zusammen waren, nie an die Möglichkeit eines Selbstmords seiner Frau gedacht habe. Das Bild vor Jonathans Augen: Burkhards Kopf auf Rons Schulter. Er will sich voll der Wut der Enttäuschung auf den Vater stürzen: „Du bist schuld an ihrem Tod! Ich scheiß auf deine Liebe!“ Und Burkhards Geständnis: Dass er damals bereits die Koffer gepackt, ihn jedoch das Weinen seines kleinen Sohnes zurückgehalten hätte. Und Ron: „Dein Vater hat nichts falsch gemacht. Er konnte es nicht richtig machen.“

Ein guter Tod, ein Sterben in Würde – Burkhard setzt seine letzten Reserven ein, um dieses Sehnen wahr werden zu lassen. „Es sind meine zwei Wochen“, beharrt Burkhard darauf, selbst entscheiden zu dürfen, auf welche Weise er die Zeit, die ihm noch bleibt, verbringen möchte. Was folgt, sind sein Zusammenbruch, die Einlieferung ins Krankenhaus und eine wundersam berührende Szene, in der der alte sterbende Mann noch einmal den Geliebten spüren darf. Burkhard wirkt zerbrechlich in Rons Armen, als die beiden nachts im Bett im versperrten Krankenzimmer beisammenliegen. Trotz der Schläuche und Kanülen ziehen sie einander aus, umarmen und küssen sich – voller Gier nach so etwas wie dem Rest von Leben sind ihre Berührungen, das Nachspüren im anderen, wie es früher gewesen ist und nicht mehr sein kann.

Das Ende des Films hält für seine Charaktere Vergebung und Versöhnung bereit. „Jetzt mal echt“, will Jonathan unter Tränen von seinem Vater wissen: „Wenn ich nicht gewesen wäre ...“ Der Gedanke, ihn vom Leben abgehalten zu haben, als er noch jung war, macht ihn fast verrückt. Doch Burkhard widerspricht ihm:

„Du bist der beste Teil von Mama und mir. [...] Ich hab' dich verdammt lieb, du sturer Bock." Das Gespräch wird ihr letztes bleiben. „Ich hab' Angst", flüstert Burkhard später fast unhörbar auf seinem Sterbebett. Die Antwort: „Bald hast du's geschafft." Der Respekt, den der polnische Regisseur Piotr J. Lewandowski dem Thema und seinen Charakteren entgegenbringt, spricht aus diesen Momenten. Sie sind nicht nur Bildfolgen, vor derer Deutlichkeit und Intensität sich die meisten anderen Filme wohl drücken würden, sondern sie sind getragen von großem Ernst, der etwas mit Wahrhaftigkeit zu tun hat. Burkhard windet sich im Todeskampf, er nimmt Abschied im Kreise seiner Lieben – winzige Blicke und Berührungen. Es ist ein unerhörter Vorgang, eine Zumutung, was da mit einem passiert, ohne dass man etwas daran ändern könnte, wiewohl es der natürliche Ablauf der letzten Dinge ist. „Ich bin bereit" – Burkhards Worte sind kaum mehr hörbar – und dann ist es überstanden. Der Tag und die Stunde sind markiert, ein Leben ist zu Ende. Ein anderes, jenes von Jonathan nämlich, steht an der Weiche zu neuen Zielen. Vielleicht ist ihm ja sogar entgegen Freuds Vermutung so etwas wie Glück beschieden.

Jonathan (USA 2016, Drama)
Regie: Piotr J. Lewandowski
Darsteller: Jannis Niewöhner, André Hennicke, Julia Koschitz

Die Dunkelheit um uns, die Dunkelheit in uns

Lawrence von Arabien (1962) Der Löwe im Winter (1968)

Gleich zweimal stellte Peter O'Toole im Laufe seiner Karriere den englischen König Heinrich II. dar: als jungen Mann, der sich zwischen der Zuneigung und der sinnlosen Rivalität zu seinem Freund Thomas Becket hin- und hergerissen sieht (in Peter Glenvilles *Becket*, 1964); und als einsam-alternden Herrscher, der sich, konfrontiert mit einem schmutzigen innerfamiliären Kampf um die Erbfolge, verzweifelt an sein Lebenswerk klammert (in Anthony Harveys *The Lion in Winter*). „Funny, it's nearly always been cold – except at the beginning, when we were friends", sagt Heinrich im erstgenannten Film am Grab des Mannes, den er liebte wie sonst keinen Menschen und dennoch ermorden ließ. „I'm an old man in an empty place", erkennt im letzteren der König, der an der selbstzerstörerischen Hassliebe zu seiner Frau Eleonore von Aquitanien und der verschlagenen Machtgier seiner Söhne zugrunde zu gehen droht – und er resigniert: „My life, when it is written, will read better than it lived."

Peter O'Toole hat immer wieder mit ungeheurem Charisma und dem für ihn typischen stechenden Blick solch zerrissene Charaktere verkörpert; die Tragödie in ihrem unbedingten Willen zur Größe fast bemitleidenswerter Männer war sein Fach. Seine Figuren schwanken dabei zwischen Genie und Wahnsinn und sind Gefangene ihrer viel zu hoch gesteckten Ansprüche: Sie zerbrechen schließlich daran, dass sie die eigenen Grenzen und jene der Welt nicht sehen. „To dream the impossible dream", sang O'Toole in der Rüstung des Mannes von La Mancha: eine hagere Gestalt am Ende ihrer körperlichen Leistungsfähigkeit, die all ihre verbliebene Kraft zusammennehmen muss, um noch ein letztes Mal gegen die Windmühlenflügel ins Feld zu ziehen, und trotzdem den Kopf hoch erhoben trägt. Als Lawrence von Arabien, seiner wohl berühmtesten Rolle, beschließt er, die Wüste Sinai zu durchqueren: „Why not? Moses did!“

Im Bewusstsein ihrer glorreichen Vergangenheit und des eigenen Mythos fällt es solchen Charakteren nicht leicht, ihre Erinnerungen in der von Bob Dylan in „Desolation Row“, einem seiner berühmtesten Lieder, beschworenen Truhe abzulegen, die ihr Leben ausmacht: „Einstein, disguised as Robin Hood, with his memories in a trunk.“ Der innere Widerstand, der sich mitunter auch in äußerer Rage zu manifestieren weiß, die merkliche Zerrissenheit zwischen dem Drang, die Truhe zu schließen, weil das Leben eben so und nicht anders läuft, und doch noch ein letztes Mal aufzubegehren gegen die Unerbittlichkeit der Zeit, lässt sie nicht zur Ruhe kommen. Und doch ist ihnen bewusst, dass sich ewig gegen das Unvermeidliche stemmen zu wollen, nichts bringt. Ihr Weg führt letztlich auch sie zur Akzeptanz, dass ihre Zeit abgelaufen ist und der Deckel früher oder später geschlossen werden muss – und wollen sie bei diesem unvermeidlichen Prozess Würde bewahren, heißt es, ihn ohne Hader im Herzen zu vollziehen. Am Ende stehen sie oft allein da, sie ziehen sich von der Welt und den Menschen zurück. „We are all God’s fools“, hat Becket seinem König Heinrich zu erklären versucht. Und auf die Frage, was ihn an der Wüste anzieht, antwortet Lawrence: „It’s clean.“

Es ist zweifellos einer der effektvollsten Schnitte der Filmgeschichte – von der Großaufnahme zur extremen Weitwinkeleinstellung, geradlinig in Idee und Gestaltung und auch heute noch gänsehautintensiv in der Wirkung. Im Büro der britischen Kolonialverwaltung in Kairo hebt Thomas Edward Lawrence, den Plan vor Augen, den man auch seinen Traum nennen könnte, nämlich die Stämme Arabiens zu vereinen und gegen das Osmanische Reich zu führen, ein brennendes Zündholz zu den Lippen und bläst es aus. Die Leinwand ist schwarz, dann erkennen unsere Augen die Linie des dunklen Wüstenhorizonts, und flirrend wie die Musik von Maurice Jarre schiebt sich ganz langsam und in all der Dramatik, die einer solchen Einstellung innewohnt, eine blutrote Sonne in den Himmel. Fast nicht mehr vorstellbar im Zeitalter der Computereffekte ist die Hartnäckigkeit, die David Lean, der Meister der großen Leinwandepen wie *Die Brücke am Kwai (The Bridge on the River Kwai*, 1957) und *Reise nach Indien (A Passage to India*, 1984), an den Tag legen musste, um das in die Kamera zu bannen, was er als perfekten Sonnenaufgang akzeptierte. Lean hat sich selbst einmal als „alten Elefanten“ bezeichnet und damit auf sein Beharren auf den episch-breiten Stil seiner Filme angespielt. Dieser führte zu genialen Szenen wie dem minutenlangen Herannahen Omar Sharifs auf seinem Pferd aus fatamorganaartiger Verschwommenheit bis zur Unmittelbarkeit eines tödlichen Schusses. Steven Spielberg bezeichnete sein großes Vorbild demnach auch als „den letzten einer Generation von klassischen Künstlern“. Leans romantischer Realismus war stets erfüllt von der unstillbaren Sehnsucht nach überbordenden Gefühlen und dem weiten Atem außerordentlicher Szenarien. Nichts Geringeres als Bilder für die Ewigkeit hatte David Lean, der sich selbst einen „picture chap“ nannte, im Sinn. „Es würde ihm nichts ausmachen, wenn um ihn herum alle Welt sterben würde; dann nimmt er eben selbst die Kamera in die Hand, stellt sich den Schauspieler zurecht und kriegt, was er will.“ So formulierte es Katharine Hepburn nach den Dreharbeiten zu *Der Traum meines Lebens (Summertime*, 1955).

David Leans Cinemascope-Erzählungen waren aber immer mehr als visuelles Überwältigungskino, und das ist der ganz präzisen Zeichnung seiner Figuren geschuldet. In Reisen an oft exotische Orte und auch zu sich selbst sehen sie sich mit dem Zwang konfrontiert, sich mit ihrer individuellen inneren Hölle auseinanderzusetzen. Dabei gelangen sie an einen Punkt ohne Wiederkehr, einen Moment der Katharsis, deren reinigende Wirkung für sie schmerzhafter nicht sein könnte. Mit beinahe chirurgischer Präzision legt Lean den verwirrten Kern frei, der sich hinter der großartigen Fassade dieser Menschen verbirgt – die nicht selten einsam zurückbleiben in ihrer zerbrochenen Welt.

Um eine solch prägende Veränderung glaubhaft zu machen, bedarf es großer Charakterdarsteller wie Peter O’Toole. Der damals relativ unbekannte Theaterschauspieler wirkt vielleicht deshalb fast unglaublich deckungsgleich mit seiner Filmfigur des T. E. Lawrence, weil in beiden, dem Darsteller und der Rolle, eine faszinierende Ambiguität zu spüren ist, die Zwiespältigkeit einer charismatischen, aber auch gebrochenen Figur. Es war eigentlich Lawrence selbst, der in seinem autobiografischen Kriegsbericht *Die sieben Säulen der Weisheit (The Seven Pillars of Wisdom*, 1926) durch die heroische Stilisierung seiner Abenteuer im Guerillakampf gegen osmanische Militärposten und Einrichtungen der Infrastruktur und dann bei der Einnahme von Akaba und Damaskus während des Ersten Weltkriegs bereits zu Lebzeiten jenen Mythos generierte, den Lean als Basis für seinen Film heranzog – nur, um ihn in manchen Passagen der Entwicklung seines Protagonisten wieder zu brechen. Lawrences Wirken und seiner Wirkung nach außen in der politischen Tragweite seiner oft spektakulären Aktionen steht der innere Konflikt der bis heute ungeklärten Frage seiner sexuellen Neigung und seiner Beziehung zu Männern gegenüber – hier ist vieles denkbar und fast alles offen. Peter O'Toole selbst äußerte sich nie eindeutig zu seiner sexuellen Orientierung und auch um die reale Person des T. E. Lawrence ranken sich in dieser Hinsicht bis heute diverse Spekulationen. Einem intimen Umgang mit Frauen stand Lawrence offenbar zeitlebens abgeneigt gegenüber, bezeichnete ihn als „lächerlichen Fortpflanzungsprozess" und „unhygienisches Vergnügen"; hingegen schwärmt er in *Seven Pillars* von „Freunden, die gemeinsam mit heißen entblößten Gliedern auf dem gleitenden Sande in höchster Umarmung erschauerten". Ob er homosexuellen Praktiken selbst zugeneigt war oder nur mit Wohlwollen darüber spekulierte, ist hingegen fraglich. Sein Biograf Anthony Nutting bringt es auf den Punkt: Lawrence sei kein „gequälter Homosexueller" gewesen, der sich das Ausleben seiner Veranlagung aus gesellschaftlichen Gründen versagt habe, sondern er habe einfach intime körperliche Berührungen in jeder Form abgelehnt.

David Lean bezieht in seinem Film nicht eindeutig Stellung zu dieser Frage, lässt aber durch Peter O'Tooles manieriertes Spiel eine für eine Großproduktion von Anfang der Sechzigerjahre überraschend deutliche Auslegung zu; eine „performance as the flamboyant, perhaps homosexual soldier" nannte es etwa der Rezensent Aljean Harmetz. Zum Beispiel könnte man, so man dies wolle, in Lawrences Beziehung zum von Omar Sharif verkörperten Sherif Ali so etwas wie Freundschaft mit Mehrwert hineininterpretieren. In einer Szene stolziert er in seiner weißen und im Wüstenwind wehenden arabischen Gewandung umher „as if he is parading in some fashion show" (Palash Ghosh) und betrachtet fast selbstverliebt sein Spiegelbild in der Klinge eines Dolches. Und die Sequenz, in der ein türkischer Bey (José Ferrer) wie in einem unausgesprochenen Angebot zärtlich seine nackte Haut abtastet, dann jedoch Lawrences Zurückweisung mit Folter bestraft, nimmt Bezug auf jene

Passagen in *Seven Pillars*, in denen von der Gefangennahme und Vergewaltigung durch die Türken berichtet wird.

Für mich ist es die Beziehung von Lawrence zu seinen beiden jugendlichen Gefährten, Farraj (Michel Ray) und Daud (John Dimech), die im Film die offensichtlichsten Hinweise auf gleichgeschlechtliche Harmonie zulässt. Trotz Sherif Alis – eifersüchtigem? – Widerstand nimmt Lawrence die beiden Waisenjungen in seine Dienste; zwar gibt es keine offensichtliche physische Komponente zwischen ihnen, die freundschaftliche Fürsorge, die sich zwischen ihnen in beide Richtungen entwickelt, geht aber weit über ein normales Dienstverhältnis hinaus. Die Beziehung endet jedenfalls auf traumatische Weise. Diese beiden Szenen gehören zu den stärksten, weil menschlich intimsten und berührendsten in diesem an starken Szenen nicht gerade armen Film. Lawrence verliert Daud im Treibsand. Er wird zusammen mit den beiden Burschen in der Wüste von einem Sandsturm überrascht. Die drei kämpfen sich gegen die Böen vorwärts, Daud bleibt ein Stück zurück, kommt beim Abstieg von einer Düne ins Straucheln und gerät in Treibsand. Er streckt die Arme nach oben, doch sich selbst zu befreien, ist aussichtslos. So versucht er, gegen das Heulen des Windes um Hilfe anzuschreien. Farraj hört ihn tatsächlich und läuft los, auch Lawrence lässt die Zügel seines Kamels fallen und stolpert ihm nach. Es gelingt ihm, Farraj einzuholen und ihn davor zu bewahren, selbst in das todbringende Sandloch zu geraten. Er bringt ihn zu Fall und zerrt sich das Tuch von seinem Kopf. Er wirft es Daud zu wie ein Seil. Dieser kriegt das Ende auch zu fassen. Wie zum Zerreißen gespannt ist die Leine, die doch nicht die ersehnte Rettung bringt. Daud wird vor den Augen seiner Freunde vom Sand verschluckt. Farraj schreit auf, und Lawrence nimmt ihn in den Arm, beide legen sie weinend den Kopf in den Sand.

Der zweite dieser dramatischen Momente des Verlustes spielt sich später im Film ab. Durch die Presseberichte des amerikanischen Journalisten Jackson Bentley ist Lawrence längst zu einer Berühmtheit geworden. Mit Guerilla-Anschlägen sprengt er türkische Züge in die Luft und posiert auf den Dächern der Waggons für Bilder eines Kriegshelden, der sich fast unverwundbar glaubt. Doch dann kommt es beim Anbringen eines Sprengsatzes an Schienen zu einem tragischen Unfall. Farraj wird von einer Sprengpatrone schwer verletzt. Stöhnend liegt er vor den Männern im Wüstensand, das Herannahen des Zuges ist schon zu hören. „If they track him down, you know what they will do!“, spricht Sherif Ali aus, was auch Lawrence denkt. Seinen jungen Freund in die Hände der Türken geraten zu lassen, kommt für ihn nicht infrage. Mit der Pistole am Kopf des Jungen liegt er neben Farraj, sein Mund zittert, in seinen Augen das blanke Entsetzen – ein Abschiedsblick. „Daud will be angry with you“, stößt Farraj hervor. „Salute him for me“, gibt ihm Lawrence einen letzten Gruß mit auf den Weg. Dann vernehmen wir den Schuss; und Lawrence läuft davon, als hätte er gerade den Teufel gesehen.

Auch im wirklichen Leben gab es für Lawrence eine Freundschaft ähnlicher Art und Intensität, und auch hier waren ihr nicht Dauer und Zukunft beschieden. „I loved you, so I drew these tides of men into my hands“, formulierte Lawrence zu Beginn seiner *Seven Pillars* in Form einer Widmung an „S. A.“ und gab der Nachwelt dadurch ein weiteres Rätsel auf. Selim Ahmed, den Lawrence gern Dahoum („little dark one“) nannte, war zwölf Jahre alt, als Lawrence ihn auf einer archäologischen Grabungsstätte in der Nähe von Aleppo in Syrien kennenlernte. Er stieg vom Wasserträger zu einer Art Assistent von Lawrence auf, erhielt von ihm Unterricht in Englisch und Mathematik und brachte ihm im Gegenzug Arabisch bei. Schließlich begleitete er ihn sogar nach England. In seinem Haus in Carchemish soll er auch als Modell für die Statue eines nackten Jungen gedient haben. Selim starb 1916 erst neunzehnjährig in Syrien an Typhus, während Lawrence seinen Zielsetzungen in den Wirren des Ersten Weltkriegs nachging. In der Durchsicht von Lawrences Lebensgeschichte erscheint mir die Beziehung zu dem Jungen Selim ebenso aussagekräftig wie jene zu den beiden arabischen Burschen in David Leans Filmbiografie – gleichweg handelt es sich dabei aber um Aspekte, die in keine fixe Blaupause passen, die also keine eindeutige Erklärung erfahren haben, sondern schlicht und einfach unserer persönlichen Interpretation offenstehen.

Um den Bogen zurück zu O'Tooles Rolle als König Heinrich zu spannen: Weil Männern wie Lawrence und dem englischen Monarchen die eigene Größe als allzu erstrebenswert erscheint, geben sie sich Blößen, die von anderen leicht ausgenutzt werden können. Genau um dieses Spiel der gegenseitigen Manipulationen, um das Psychoduell der Verletzungen und des Leckens von tiefen seelischen Wunden geht es auch in *Der Löwe im Winter*. Schon bei *Lawrence von Arabien* war Maurice Jarres Score von treibender Kraft, in diesem Fall setzt John Barry bombastisch-oratoriumhafte Klänge zu eben diesem Zweck ein. Dass sie alle Kreaturen des Dschungels seien, charakterisiert Katharine Hepburn als Heinrichs Frau die Intrigen am Hofe – von Dunkelheit umgeben. „In the corners you can see the eyes." Darauf Heinrich: „And they can see ours." Die Dunkelheit, die ihn umgibt, jedoch auch die Dunkelheit inmitten seiner engsten Familie und jene im eigenen Herzen: Diesmal hat sich der alte König verrechnet. Er glaubt, seine Frau, seine drei Söhne und nicht zuletzt sogar Philipp II., den König von Frankreich, allesamt zur Weihnachtszeit in einer Burg versammelt, in ihrem überaus gewagten Hasardieren um seine Nachfolge auf dem englischen Thron gegeneinander ausspielen zu können, und trifft dabei doch nur sich selbst. „You fool!", verhöhnt ihn sein Sohn Richard, den man auch Löwenherz nennen wird: „As if it matters how a man falls down." – „When the fall is all there is, it matters", ist Heinrichs Antwort. „My boys are gone. I've lost my boys. Oh, Jesus, all my boys ...!", schreit er später und wankt, halb wahnsinnig vor dem Schmerz der Enttäuschung durch die leeren Räume seines eiskalten Schlosses. Schließlich klettert er zu den Zinnen der Burg hinauf. Dort oben sinkt er zu Boden, umfasst die Knie und kauert sich zusammen wie ein kleines Kind, das sich in seiner Welt verirrt hat.

Das Sinnen danach, den anderen dort zu treffen, wo es am meisten wehtut, macht auch Heinrichs Söhne blind und ihrerseits verletzlich. Fernab der mittelalterlichen Tradition, dass Könige zur Bekräftigung ihrer Bündnistreue zuweilen das Bett miteinander teilten, hält der Film in diesem Zusammenhang das schwule Outing eines Prinzen für uns bereit. Auftritt Anthony Hopkins als Richard und Timothy Dalton als Philipp II., beide lange Jahre vor ihrem Ruhm als Hannibal Lecter beziehungsweise James Bond. Des Nachts besucht Richard Philipp in seiner Kammer; davon, dass seine beiden Brüder bereits vor ihm zum Schmieden krummer Ränke über Heinrichs Nachfolge diesen Weg gegangen sind, sich hinter einem Vorhang verstecken und seiner Unterhaltung mit dem jungen französischen König folgen können, hat er keine Ahnung. In ihrem wunderbaren sprachlichen Rhythmus und messerscharf wie in dem gesamten Film schneiden die Dialoge

Wunden in die Herzen der Charaktere. Dass er ihm nie schreibe, beginnt Philipp diesen bösen Tanz um die Gefühle des anderen, und Richard, der die Bemerkung vorerst noch abrupt abtut, dass er das niemals tue, fasst kurz darauf Mut zur Ehrlichkeit: „I never wrote because I thought you'd never answer. You got married." Ob dieser Umstand denn einen Unterschied mache?, kontert Philipp, und Richard tastet sich weiter voran: „Does it?" Er sei zwei Jahre lang auf allen Wegen der Hölle herumgeirrt, umreißt Philipp die Zeit, die sie getrennt waren. „That's odd. I never saw you there", gibt Richard zurück. Noch gibt es eine Art des Lauerns zwischen ihnen, noch sind sie auf der Hut: zu viel steht auf dem Spiel. Sich dem anderen ganz zu öffnen, hieße, sich eine Blöße zu geben, dem momentan lächelnden Raubtier gegenüber die offene Kehle zu bieten. Und doch offenbart das Glitzern in Richards Augen seine Sehnsucht, und seine Gefühle sind schließlich stärker als die Vorsicht. „You haven't said you loved me", bricht aus ihm heraus. „When the time comes", bleibt Philipp vage. Er streckt Richard die Hand hin. Ein Band zwischen ihren Augen, ein weiteres langes Zögern, dann ergreift Richard sie rasch. Hand in Hand gehen die beiden Männer ein paar Schritte in Richtung des Bettes, da klopft es an der Tür. Wie zuvor seine Brüder versteckt sich nun auch Richard hinter einem Vorhang, als sein Vater den Raum betritt. Als das Gespräch zwischen den zwei Königen, dem alten Heinrich und dem jungen Philipp, allmählich außer Kontrolle gerät und sie in ihrem Pokerspiel voller versteckter und dann immer offenerer Drohgebärden, voller Anspielungen und Spitzen, zu keiner Einigung zu kommen scheinen, setzt Philipp seinen Trumpf ein – ohne sich darum zu kümmern, die Seele seines früheren Liebhabers auf diese Weise zu vernichten. Dass ein Mann in seinen Söhnen weiterleben würde, meint er mit Blick auf Heinrich. „A king like you has policy prepared on everything. Well, what's the official line on sodomy? How stands the Crown on boys who do with boys?"

Nach einer Schrecksekunde hat sich Heinrich wieder im Griff und tut die Bemerkung ab: Es gäbe viele Legenden über Richard. Diese aber, kontert Philipp, sei wahr. Jahre zuvor sei er von seinem Pferd abgeworfen worden, und als er wieder zu sich gekommen sei, habe ihn Richard berührt: „I woke to Richard touching me." Sein Gesicht ist jenem von Heinrich ganz nah, als er die Worte spricht. Ob er ihn liebe, sei Richards

Frage gewesen – und er habe sie bejaht: „Do you know why I told him yes? So that one day I could tell you all about it." Philipp setzt noch eines drauf und schildert Heinrich seine Überwindung: „You cannot imagine what that ‚yes' cost. Imagine snuggling to a chancred whore, and bending back your lips into something like a smile saying, 'Yes, I love you, and I find you ... beautiful'." Und der Nachsatz: „I don't know how I did it."

Da bricht für Richard der Damm. Er stürzt hinter dem Vorhang hervor und bezichtigt, Tränen in den Augen, Philipp der Lüge. Der Schmerz in Richards Gesicht ist groß, wir fühlen ihn mit ihm. Der Moment, in dem er um Haltung ringt und es ihm gelingt, mit aller Mühe Würde zu bewahren, kippt mit gnadenloser Konsequenz. Fassungslos steht er da; alles, was ihm bleibt, ist das Flehen an den Vater, Philipp und ihn allein zu lassen. Der Missbrauch des Vertrauens zu einem Menschen, dem man sich eigentlich nahe wähnt, die Vernichtung eines Mannes mit dem Instrument der Liebe, ein Verrat, wie er größer nicht sein könnte. So wie am Ende des Films, wenn Heinrich Eleonore zu dem Schiff geleitet, das sie in die Gefangenschaft zurückbringen wird, in der sie schon die letzten Jahre verbringen musste, haben die Eifersucht, der Hass, der Wahn, mit anderen Menschen spielen zu können, als wären sie nichts wert, alle Beziehungen in dieser Familie zerstört. Jene zwischen Richard und Philipp – so sie denn jemals von beiden Seiten von echter Tiefe gewesen sein mag – hat schon in der Kammer ein einziges Wort besiegelt, mit großer Härte ausgesprochen als Antwort auf den Vorwurf der Lüge, in dem auch eine unausgesprochene Hoffnung lag: „You loved me." – „Never." Die Dunkelheit zwischen diesen Figuren und in ihrem Herzen, so scheint es, ist in diesem Moment schwärzer als jene, die sie umgibt. Der alte Löwe und die jungen sind in der eisigen Kälte dieses emotionalen Winters erfroren.

Lawrence von Arabien *(Lawrence of Arabia*, GB 1962, Historiendrama)
Regie: David Lean
Darsteller: Peter O'Toole, Alec Guinness, Anthony Quinn, Jack Hawkins, Omar Sharif, Claude Rains, Anthony Quayle

Der Löwe im Winter *(The Lion in Winter*, GB 1968, Historiendrama)
Regie: Anthony Harvey
Darsteller: Peter O'Toole, Katharine Hepburn, Anthony Hopkins, John Castle

Liebesverbot

Mario (2018)

Ich persönlich kann mit Fußball und allem, was damit zusammenhängt, nicht sonderlich viel anfangen. Umso erstaunlicher, dass es Marcel Gislers Filmdrama *Mario* gelungen ist, mich tief zu berühren. Der Konflikt, inwieweit es Schwule mit der Ehrlichkeit sich selbst und ihrer Umwelt gegenüber halten, sie mit sich selbst im Reinen sind und zu sich selbst zu stehen vermögen, das Thema der Identitätssuche also, ist eines der zentralen Narrative des queeren Films. Insofern bietet *Mario* aufgrund der Menschlichkeit und Empathie, mit der Gisler seine Charaktere zeichnet, ein Potenzial des Mitfühlens, das weit über das geschilderte Fußballermilieu hinausgeht. Die Genauigkeit, mit der er die Beengtheit des Handlungsspielraumes für seine beiden schwulen Protagonisten darin darstellt, führt darüber hinaus aber dazu, dass man sich auch als personifiziertes Gegenteil eines Fußballfans für die Sache zu interessieren vermag.

Mario, die Figur, um deren Gefühlswelt sich die Geschichte nicht nur titelbedingt dreht, spielt als Stürmer für die Berner U-21-Mannschaft des BSC Young Boys und träumt von der Karriere als Fußballprofi. Diese, besonders auch von seinem ehrgeizigen Vater penibel geplante Zukunft wird von Grund auf umgekrempelt, als ihm in der Person von Leon ein deutscher Kollege an die Seite gestellt wird. Die Gefühle, die die beiden alsbald füreinander entwickeln, erscheinen ihnen anfangs nicht ganz geheuer und versuchen sie zu verbergen. Wie sie einander näherkommen, schüchtern, behutsam, mit heimlichen Blicken voller Begehren, aber auch voller Furcht, sich vor dem anderen eine Blöße zu geben, entwickelt der Film auf einfühlsame Weise. Als Leon schließlich in der Spielerwohnung, die sie sich teilen, über seinen Schatten springt und Mario küsst, fährt dieser zurück und stößt ihn entsetzt weg. Als sich Leon am nächsten Abend bei ihm entschuldigt, lässt Mario jedoch die Schranken fallen. Später liegen sie nackt beisammen. Dass es doch schön gewesen sei, meint Leon und fragt ihn: „Wovor hast du so eine Angst?“ Und Mario wird, als sie einander von ihrer schwulen Vergangenheit erzählen, seine raren Erfahrungen mit dem sehr schönen Satz begründen: „Ich wusste nicht, dass es dich gibt."

Schon kurz nach einer Zeit der Nähe und der Innigkeit, die die beiden, obgleich sehr diskret, genießen, folgen erste Gerüchte, abschätzige Blicke unter der Dusche und Schwulenwitze im Umkleideraum. Mario und Leon werden von ihren Mannschaftskollegen offensichtlich gemieden und sogar bei der Klubleitung angeschwärzt. „Wir müssen es abstreiten, egal, was passiert", ist Marios erste Reaktion. Den Verantwortlichen gegenüber gibt er sich wie ein geschlagener Hund. Dass die Sponsoren und Fans etwas von der Sache erfahren könnten, ist deren größte Sorge. Sie selbst, so die scheinheilige Rechtfertigung, hätten natürlich nichts gegen Homosexuelle, es dürfe aber nichts an die Öffentlichkeit dringen: „Verhaltet euch normal. Diskret." Marios Agent bringt es auf den grausamen Punkt: „Es gibt Sachen, die sind einfach tabu: Drogen, Sex mit Minderjährigen, Schwulenzeug, das geht nicht als Spieler." Die Drohung: „Euer Marktwert ist im Keller, wenn es rauskommt", und die Vorgabe: „Ihr seid nicht schwul." Dieses Prinzip sollten sie durchziehen und sich zur Untermauerung auch mit Frauen in der Öffentlichkeit zeigen. Regisseur Gisler erklärte die Problematik in einem Interview: „Man darf viele Emotionen ausdrücken und sich praktisch überall berühren, aber es darf im Fußball nicht schwul sein – diese Grenze darf nicht überschritten werden. Schließlich will man als ‚ganzer Mann' wahrgenommen werden und da hat Homosexualität nichts zu suchen." Auf dem Fußballfeld verlange man von den jungen Männern Kampfgeist, Siegeswillen und Durchsetzungsvermögen, Eigenschaften, die viele ausschließlich heterosexuellen Männern zutrauten. „Der Fußball ist ein Testosterongeschäft, da wird ein traditionelles Männlichkeitsbild vermarktet."

Eben mit diesem Vorurteil versucht der Film aufzuräumen und zeigt letztlich, wie die Liebenden daran zerbrechen. Es ist Leon, der mit dem Arrangement nicht einmal zu Anfang zurechtkommt. „Für mich ist das nicht einfach eine Fickgeschichte." Er spricht seine tiefen Gefühle für Mario aus: „Auch wenn es komisch klingt, ich liebe dich." In seinen Tränen liegt bereits die Ahnung, dass diese Filmerzählung kein glückliches Ende finden kann. Aaron Altaras als Leon und Max Hubacher in der Rolle des Mario berühren uns nicht nur in dieser intensiven

Szene. Ganz still und behutsam und ohne sich banaler Mittel der äußeren Dramatik zu bedienen, lassen sie uns die innere Zerrissenheit ihrer Figuren erahnen und legen ihre Wunden bloß. Letztendlich scheitern sie an dem Liebesverbot, das ihnen auferlegt wird. Zwar ist Mario auch seinen Eltern gegenüber ehrlich: „Ich liebe den Leon", betont er, als ihn sein Vater auf aggressive Weise zur Rede stellt, gegenüber der Umwelt wird er aber zum Meister im Leugnen und Vertuschen und dem vermeintlich schönen Schein inklusive Alibi-Freundin. Leon kann da nicht mehr mit. Im Umkleideraum kommt es schließlich zum Eklat. Mario wird ein Plastikpenis untergeschoben, provokante Sätze fallen, da verleugnet Mario vor den Kollegen sich selbst und seine Beziehung zu Leon. Dieser ist fassungslos. „Ich hab' das Lügen so was von satt", ist seine Reaktion, kurz bevor er die Schweiz verlässt und das Spiel mit Lug und Trug, damit aber auch natürlich seine Liebe zu Mario hinter sich lässt.

Der Film findet einen Schluss, der nicht nur die beiden Protagonisten, sondern auch uns zu Tränen rührt. Mario ist der Aufstieg in die Profiliga gelungen und spielt für einen deutschen Klub. Er führt ein Doppelleben samt Vorzeigefreundin, hat Leon aber nie vergessen können. Eines Tages hält er es nicht mehr aus und sucht Leon in dessen Wohnung auf. Als sie einander wieder gegenüberstehen, ist es wie eine Beichte: Er habe ihn so oft angerufen, er habe aber nie abgehoben und auf einmal sei die Nummer ungültig gewesen – und zu seinem Verhalten von früher: „Ich hatte einfach Angst." – „Du hast dich für den Fußball entschieden", entgegnet ihm Leon und wertet Marios Einwurf, er habe überlegt, aufzuhören: „Du, ohne Fußball!" Er sei vielleicht nicht so mutig wie Leon, rechtfertigt sich Mario, was Leon zurückweist: „Das hat nichts mit Mut zu tun." Wir erfahren von Leons Leben seit seinem Weggang, seit seiner Flucht aus der Schweiz und all den Heimlichkeiten. Er absolviere mittlerweile eine Ausbildung zum Tontechniker und spiele nur noch in einer Amateurmannschaft: „Ich habe es nicht mehr ausgehalten. Das Lügen macht einen alle." Eine Feststellung, die auch Mario, der nur noch mit Schlaftabletten Ruhe findet, nachvollziehen kann. Wie groß seine insgeheime Hoffnung war, dass sie doch wieder zusammenkommen könnten, offenbart sich, als Leons neuer Freund heimkommt. Da fällt die Maske endgültig: dieses totale Entsetzen, diese abgrundtiefe Verletzung in Marios Augen: „Du hast keine Ahnung. Ich denke ständig an dich. Ich weiß nicht, was ich ohne dich machen soll." Doch es ist zu spät für die Ehrlichkeit: „Ich kann nicht wieder zurück", steht Leons Lebensentwurf fest. Erst als Mario die Wohnung verlassen hat, erkennen wir, dass auch Leons Kühle nur aufgesetzt war; er wischt sich die Tränen von den Wangen und wir machen es ihm nach. Mario, so zeigen uns die letzten Bilder des Films, spielt weiter Fußball. Aber er weiß selbst, dass er, was seine Menschlichkeit betrifft, nicht in der Liga spielt, in die er eigentlich gehört.

Mario (Schweiz 2018, Drama)
Regie: Marcel Gisler
Darsteller: Max Hubacher, Aaron Altaras, Jessy Moravec, Jürg Plüss, Doro Müggler, Andreas Matti, Joris Gratwohl

Berührungen

Moonlight (2016)

In seinem Gedicht „If“, 1895 geschrieben und erstmals 1910 in der Sammlung *Rewards and Fairies* veröffentlicht, beschwört Rudyard Kipling die Tugend der Gelassenheit, wie sie in der Viktorianischen Zeit als erstrebenswerte typisch englische Eigenschaft angesehen wurde. „If you can keep your head when all about you/Are losing theirs ...“ heißt es etwa gleich zu Beginn des Poems und kurz darauf weiter: „If you can wait and not be tired by waiting ...“ – Warten zu können und dabei des Wartens nicht überdrüssig zu werden – den Lohn dafür stellt Kipling in den letzten beiden Versen in Aussicht: „Yours is the Earth and everything that's in it,/And – which is more – you'll be a Man, my son!“ Ein Mann zu sein und darum, dieser Mann zu werden, sich dabei in Geduld zu üben, zu sich selbst zu stehen und sich nicht zu verbiegen, geht es auch in Barry Jenkins' mit einem Golden Globe und drei Oscars prämiertem Filmdrama *Moonlight*.

Der Bezug zum Titel wird in einer Szene zwischen dem Dealer Juan (Mahershala Ali) und dem neunjährigen Chiron (Alex R. Hibbert mit großen fragenden Augen) dargestellt, den alle ob seiner schmächtigen Statur nur Little nennen. Wir befinden uns in der von Gewalt und Drogen geprägten Gegend von Miamis South Beach. Chiron wird regelmäßig von seinen Mitschülern tyrannisiert und leidet unter der Drogensucht seiner Mutter. Juan erzählt ihm von seiner wilden Kindheit auf Kuba und versucht, dem kleinen Jungen so etwas wie Stolz und Selbstbewusstsein zu vermitteln: Es gebe überall auf der Welt Schwarze, denn sie seien die ersten Menschen gewesen. Im Mondlicht, so habe ihm eine alte Frau damals erklärt, würden schwarze Jungen blau aussehen – ein metaphorisches Bild für die Schönheit jedes Lebewesens. Und Juan stellt den Zusammenhang dar, den Chiron erst viel später verstehen wird: An einem Punkt des Lebens sei es entscheidend, dass er selbst wähle, wer er sein wolle – eine Entscheidung, die ihm niemand abnehmen könne.

In der Struktur eines Triptychons

entwirft der Film Porträts von Chiron als Kind, Jugendlicher und dann auch als Erwachsener. Worauf darin alles hinausläuft, ist die Möglichkeit, zu einem anderen Menschen Vertrauen zu entwickeln. Die Schlüsselszene dazu zeigt Juan, wie er Chiron das Schwimmen beibringt. Hier gelingen dem Film magische Bilder. Aus dem Blickwinkel halb unter Wasser, im Auf und Ab der Wellen, sind wir so nah wie nur möglich an den Personen und erleben Chirons Unsicherheit, seine anfängliche Angst und die darauffolgende Freude über seinen Erfolg so unmittelbar, als würden wir selbst gerade unsere ersten Schwimmversuche machen. Das kann man, so man möchte, auch als metaphorische Taufe verstehen. Juan, dessen Name auf Deutsch Johannes (der Täufer) bedeutet, legt die Hand unter Chirons Kopf und verspricht ihm, ihn über Wasser zu halten, er solle ihm nur vertrauen: denn er sei der Mittelpunkt der Welt. Da gibt der Junge nach und lässt die Wand aus Misstrauen seiner Umwelt gegenüber, die für ihn bisher notwendig zum Überleben war, sinken. Ob er bereit sei, allein zu schwimmen?, fragt ihn Juan schließlich – und es gelingt.

Das Narrativ des Films beschreibt einen Transformationsprozess in drei Schritten. Chirons Erlebnisse der meist unschönen Art verändern ihn merklich, seine Reaktion auf die Einflüsse seiner Umwelt führen jedoch in die innere Emigration.

Es sei ihm gelungen, Darsteller mit „ängstlich wirkenden Augen“ zu finden, meinte Regisseur Jenkins einmal. Dieser erkennbare Schmerz mache es glaubhaft, dass es sich um die Entwicklung derselben Person handle. Chirons Name kann in Zusammenhang mit dem Zentauren Cheiron aus der griechischen Mythologie gebracht werden, der als Halbbruder von Zeus, Poseidon und Hades in der Götterwelt nirgends so richtig dazuzugehören scheint. So bleibt Chiron auch in der zweiten Phase der Filmerzählung ein Außenseiter. Ashton Sanders ist als schlaksig-ungelenker sechszehnjähriger Teenager zwar gewachsen, was die Körpergröße betrifft, nicht aber, was sein Selbstbewusstsein angeht. Gerade, als er glaubt, jemanden gefunden zu haben, der so ist wie er selbst, muss er eine Enttäuschung erleben, die sein Leben aus den Angeln reißt. Wieder spielt diese Szene am Strand. Ein erster Joint mit Kevin (Jharrel Jerome), in den er sich insgeheim verschaut hat. Wir blicken auf die beiden Burschen herab wie aus der Sicht des Mondes, der gutheißt, was sich in seinem

Licht abspielt; das ist aus der Sicht des ewigen Außenseiters Chiron eine Menge. Es hat den Anschein, als würde sich ihm Kevin, der laute Macho, öffnen. Zuweilen, meint er, würden die Menschen stehen bleiben, wenn sie die Meeresbrise spürten – ganz still werden und innehalten. „I guess all you can hear is your own heartbeat, right?“, vermutet Chiron. Und Kevin: „It feels so good it makes you wanna cry.” Dass er manchmal so viel weine, gesteht Chiron daraufhin, dass er denke, er würde zu Tränen werden. Da legt ihm Kevin den Arm um die Schultern, und die Blicke der beiden Jungen werden ernst. Behutsam, vorsichtig und zögernd, um ein Haar noch zurückweichend, nähern sie sich einander an. Es kommt zum Kuss, und Chiron vergräbt sein Gesicht in Kevins Nacken – so nah wie in diesem Moment war er noch nie einem anderen Menschen. „I'm sorry“, flüstert Chiron später. Betretenes Schweigen, als Kevin ihn anschließend nach Hause fährt, Scham in Chirons Augen. „I see you around“, verabschieden sich die zwei betont kumpelhaft mit Handschlag. Chirons fragender Blick bleibt vorerst unbeantwortet. Die Antwort, nämlich dass es besser wäre, sich keinem so sehr zu öffnen, erhält er in der Schule. Um sich vor einer Gang von Burschen zu beweisen, soll Kevin als Bewährungsprobe Chiron verprügeln. Kevins Taktik, ihn so rasch wie möglich außer Gefecht zu setzen und ihn auf diese Weise vor dem Schlimmsten zu bewahren, geht aber nicht auf: Chiron kommt immer wieder auf die Beine. Als er am nächsten Tag den Anstifter der Aktion niederschlägt, wird er von der Polizei abgeführt und der Schule verwiesen.

Teil drei, zehn Jahre später: Chiron wird aus der Strafanstalt entlassen und nennt sich nun Black (Kevins früherer Spitzname für ihn). Er gibt sich wie der archetypische „Pimp“: Aggressivität ausstrahlend, mit Goldzähnen, Goldkette, Ohrringen, ein aufgepumpter Muskelberg – und dennoch tief drinnen so traurig, verletzt und verletzlich wie eh und je. In beiderlei Hinsicht ist Trevante Rhodes' grandiose darstellerische Leistung völlig authentisch. Wieder ist es Nacht, und Chiron hat sich auf die Suche nach dem ehemaligen Freund (André Holland als erwachsener Kevin) gemacht und ihn in einem Diner gefunden, wo er als Kellner arbeitet. „Hello stranger”, ist aus der Jukebox zu hören, „it seems so good to see you back again/How long has it been?/It seems like a mighty long time.“ Sie sitzen einander gegenüber, keine Worte, gesenkte Blicke, alles ist in der Schwebe wie damals. „Who is you, man?", dringt Kevin, der von sich selbst sagt, nach vielen Jahren endlich bei sich selbst angekommen zu sein, später in Chiron. „I'm me", lautet die Antwort. Es ist für Chiron nicht einfach, seine Gefühle zum Ausdruck zu bringen. Er habe lange Zeit versucht zu vergessen, was geschehen sei, gibt er schließlich doch von sich preis. Dann habe er sich als Mann neu erfunden – und mit Zittern in den Zügen seines Gesichts und in der Stimme, die Worte, die alles erklären: „You're the only man that's ever touched me." Wie damals am Strand liegt in der nächsten Einstellung Chirons Kopf an Kevins Schulter. Kevin streichelt seine Haare, und Chiron kann endlich seine Augen schließen. Es ist, als lernten die beiden Männer in diesem Moment des gegenseitigen Vertrauens aufs Neue Schwimmen, als fände wieder eine Taufe statt; als hätte sich ihre Sehnsucht lang genug in Geduld geübt und sie wären nun bei sich selbst angekommen: als jene Männer, die sie ihr ganzes Leben werden wollten. Im Schlussbild sehen wir Chiron wieder als Kind am Strand. Die Wellen rollen heran, und im Rauschen des Ozeans und dem Licht des Mondes wirkt seine Haut nicht schwarz, sondern so blau wie in Juans Geschichte. Chiron hat seine Schönheit gefunden, er hat herausgefunden, wer er wirklich ist.

Moonlight (USA 2016, Drama)
Regie: Barry Jenkins
Darsteller: Ashton Sanders, Alex R. Hibbert, Trevante Rhodes, Mahershala Ali, Jaden Piner, Jharrel Jerome, André Holland

Die Verstrickungen der Identität

Sag nicht, wer du bist (2013)

In seinem bereits in einem früheren Kapitel angeführten autobiografischen Text *Rückkehr nach Reims* schreibt der französische Autor Didier Eribon von der „Last einer sozialen und kulturellen Verdammnis", der sich Schwule in der Gesellschaft ausgesetzt sehen, die ihr Urteil über sie bereits gefällt habe. Diese „Willkür und Absurdität der sozialen Verdikte" erinnere ihn an Kafkas *Der Prozess* (1925) – es sei zwecklos, nach einem Gericht zu suchen, das dieses Urteil erlassen habe. „Wir kommen in eine Welt, in der die Urteile längst gesprochen sind. Früher oder später nehmen wir unseren Platz in ihr ein." Der anklagende Zeigefinger sei Sinnbild jener „öffentlichen Rachsucht", die stets auf Schwule deute und vor der in Acht zu nehmen ihnen gar keine Wahl bleibe. Eribon bezieht sich auf den Untertitel von Erving Goffmans Buch *Stigma* (1963), wenn er von einer „beschädigten Identität" schreibt, die Schwule ihr Leben lang zu verwalten versuchen. Mit diesen „Verfluchungen und Verurteilungen" müsse man zu leben lernen; sie pflanzen tief im Selbst eine Unsicherheit und Verletzlichkeit ein, eine „diffuse Angst", die laut Eribon die schwule Subjektivität präge.

Die Sicht aus den Augen von anderen, Selbstbildnis, Identität – wir sind bereits bei *Tom à la ferme*, wie der Film *Sag nicht, wer du bist* im Original so schön geradlinig heißt. „Before learning how to love, homosexuals learn how to lie" – dieser Satz von Michel Marc Bouchard, dem Autor der Bühnenvorlage, sei, so kann man allenthalben lesen, Xavier Dolan, dem Regisseur der filmischen Adaption, bei den Dreharbeiten stets vor Augen gestanden. Von solchen Lügen handelt der Film denn auch; sie betreffen den Schwulen, der sich in einer Umwelt mit unwissenden, ignoranten, manchmal sogar aggressiv ablehnenden Menschen zuweilen bis zur Selbstverleugnung verdrehen muss. Sie hinterlassen Spuren in der Seele, Wunden, die viel tiefer gehen als jene im Gesicht und an den Armen, die Tom, Dolans Protagonist, den er auch selbst darstellt, von den scharfen Halmen in einem Maisfeld und den Fäusten des jungen Bauern Francis zugefügt werden, den er zu fürchten lernt, dessen animalischer Dominanz er sich aber in einer Art von emotionaler Hingabe unterwirft, die man durchaus als Hörigkeit bezeichnen kann.

Wenn sich Tom zu Beginn des Films der Farm annähert, auf der sein vor Kurzem bei einem Unfall ums Leben gekommener Liebhaber Guillaume seine Kindheit und Jugend verbrachte, wirkt sein Wagen aus der Vogelperspektive inmitten der herbstlichen Felder winzig. Zunächst wollte Dolan in dem Film keine Musik verwenden – die Stille und das Geräusch des Windes würden die Spannung erhöhen. Dolan hat dieses Vorhaben beim Schnitt verworfen, und so verwandelt eine starke französische A-cappella-Version von Michel Legrands „The Windmills of your mind“ die schier endlose Weite der Landschaft in einen gewaltigen orchestralen Raum, in dem sich die Figuren verlieren und verloren sind mit ihren Begierden, Sehnsüchten und Ängsten; sie sind degradiert zu Verlierern in dem, was sie ihr Leben nennen.

Dolan, der zu seiner Funktion als Regisseur und Hauptdarsteller auch das Drehbuch geschrieben und die Produktion und den Schnitt des Films übernommen hat, wollte nach seinem fast dreistündigen Mammutprojekt *Laurence Anyways* (2012) einen kleinen Film machen; herausgekommen ist trotz nicht mehr als siebzehn Drehtagen großes emotionales Kino. Dabei wird während der Autofahrt zu Beginn der verwaschene Himmel zu einem grauen Ozean, in dem die Felder, die vereinzelten Häuser und die einsamen Seelen, die das folgende Geschehen bevölkern, zu ertrinken drohen. Dolan manipuliert zuweilen sogar das Bildformat und zieht es für einige Szenen in cinemascopeartige Breite; dicke schwarze Balken zwängen die Figuren und Landschaft dann noch mehr ein. Die Musik von Oscar-Preisträger Gabriel Yared *(Der englische Patient/The English Patient*, 1996), die bald darauf erklingt, mutet an wie aus einem Hitchcock-Film und schafft eine unheimliche Atmosphäre konstanter Bedrohung; es ist purer Suspense, der dieses klaustrophobische Kammerspiel zu einem veritablen Psychothriller macht – auf diesem Bauernhof, der ein Geheimnis zu verbergen sucht, scheinen im Nebel, hinter den Scheunen, in den dunklen Ecken und im Maisfeld ständig diffuse Gefahren zu lauern.

„Muss man Flügel haben, um auf die Suche nach sich selbst zu gehen?“, fragte die spanische Mystikerin Teresa von Ávila einmal und gab darauf gleich selbst die Antwort: „Man braucht sich nur in die Einsamkeit zu begeben." Davon gibt es in dem Umfeld, in das sich Tom nun geworfen sieht, genug, denn es agieren darin nur wenige Figuren. Kaum hat er den Bauernhof erreicht, wird er auch schon von Francis, dem älteren Bruder seines verstorbenen Freundes, bedroht. Groß, muskulös und brutal: Pierre-Yves Cardinal stellt einen deutlichen Gegensatz zu Dolans blassem Tom mit seinen blondgefärbten Locken dar. Die Mutter Agathe (Lise Roy) habe keine Ahnung davon, dass Guillaume schwul war und solle auch nichts davon erfahren. Unter Francis' Druck beginnt Tom ihr gegenüber denn auch eine Legende um Guillaumes angebliche Freundin Sara zu spinnen, sich selbst bezeichnet er nur als Arbeitskollegen. Wenn er von einem Telefongespräch mit Sara erzählt und dieser Worte in den Mund legt, die seinen eigenen Empfindungen über den toten Geliebten entsprechen, hat sich Tom in jenem Prozess der Selbstverleugnung verfangen, der ihn im Laufe der Handlung an sich selbst beinahe irre werden lassen wird.

Dass Dolan an Bouchards Stück die inhärente Gewalt und die Thematik der sexuellen Identität ebenso faszinierten wie die Personenkonstellation einer Mutter-Sohn-Geschichte, ist nachvollziehbar – diese Motive finden sich in allen seinen Arbeiten, von seinem Debüt *I Killed My Mother (J'ai tué ma mère,* 2009) – damals war er gerade mal zwanzig Jahre alt – über *Mommy* (2014) und *Einfach das Ende der Welt (Juste la fin du monde,* 2016) bis zum jüngsten Meisterwerk *Matthias & Maxime* (2019). Dolans Markenzeichen, das ihm den Ruf eines Wunderkindes eingebracht hat, waren dabei das wilde Stürmen und Drängen seiner Filmsprache, dieser unbedingte Wille zur Freiheit in seinen Ausdrucksmitteln, und seine filmischen Exzesse, was die Farben, die Musik und das betrifft, was man, so man möchte, genialen Gestaltungswillen nennen kann. In *Sag nicht, wer du bist* fährt Dolan diese Stilmittel hinunter, er reduziert sie auf das Wesentliche und passt sie dem Genre eines Noir-Thrillers an. Was darin als Lüge über den Liebhaber beginnt, wird bald zum Irrweg durch das eigene Selbst, zum grausamen Spiel über die Faszination von Gewalt und der Brutalität der Lüge.

Zuerst droht Francis Tom nur mit Worten, die Szene im Maisfeld jedoch gibt eine Ahnung von dem, wozu er noch fähig ist. In einer späteren Sequenz bringen die beiden miteinander ein Kalb zur Welt. Sie säubern sich die blutigen Hände, und Francis bietet Tom Kokain an. Tom lehnt ab, seine Selbstbehauptung hält dem Druck des anderen aber nicht stand. Francis führt ihn in eine Scheune. Er erzählt davon, dass er und sein Bruder früher immer zusammen getanzt hätten. Dann schaltet er Musik ein und nimmt Tom in die Arme. Dieser ist in dem Moment zu vielem bereit, er lässt sich fallen wie in einem Liebesspiel; doch in den Bewegungen, mit denen Francis ihn führt, liegen keine Eleganz und Erotik. Die körperliche Aggressivität, die Francis auch jetzt ausstrahlt, spiegelt sich in seinen Worten. Er spricht von seiner Mutter, die wohl bald zu einem Pflegefall würde. Dass sie besser heute als morgen tot wäre, meint Francis – um ihm und sich selbst die Mühe zu ersparen. Dass die Mutter inzwischen in der Tür zur Scheune steht und alles mitbekommt, entgeht ihm lange Zeit. Als sie wieder gegangen ist, herrscht er Tom an, dass alles seine Schuld wäre. Er stürzt sich auf ihn und schlägt ihn zusammen, als handelte es sich bei ihm um kein menschliches Wesen.

Tom lässt ihn fast willenlos gewähren. Vor einer Ärztin und dann auch vor Agathe verhält er sich wie eine Frau, die von ihrem Mann geschlagen wird – er wäre nur gestürzt, beteuert er. Eine schwache Form von Aufbegehren bricht in sich zusammen, als er entdeckt, dass Francis die Räder seines Autos abmontiert hat. Er nimmt die Rolle von Guillaume, seines toten Geliebten, ein, trägt dessen Kleidung und verrichtet seine Arbeiten auf der Farm. „Du bist verschwendetes Sperma!“, herrscht ihn Francis trotzdem an und nennt ihn „Kuhpisse“. Tom scheint in der Art des Stockholm-Syndroms in einer perversen Abhängigkeit von seinem Peiniger gestrandet zu sein. „Du riechst wie er“, setzt er einmal Francis mit Guillaume gleich: Auch die Stimme sei sehr ähnlich. Als ihn Francis daraufhin an der Kehle packt und ihm die Luft abschnürt, keucht er: „Fester!“

Goethe hat geschrieben: „Jeder Mensch findet sich von den frühesten Momenten seines Lebens an, erst unbewusst, dann halb, endlich ganz bewusst, immerfort bedingt.“ In diesem Augenblick, so scheint es, hat sich Tom seiner Bedingtheit in der sadomasochistischen Romanze mit dem homophoben Bauernsohn mit Haut und Haar hingegeben.

Der Versuch, das verlogene Gespinst für Agathe plausibel zu machen, resultiert in Toms Bitte an eine Freundin, die

Rolle von Sara zu spielen. Doch auch sie bekommt Francis' Brutalität zu spüren. Tom weigert sich, mit ihr die Farm wieder zu verlassen; sie solle sich nur umschauen, meint er voller Begeisterung und mit Glänzen in den Augen: „Das ist echt!" Er würde hier auf dem Bauernhof wirklich gebraucht, offenbart Tom seine emotionale Abhängigkeit und wohl auch die Leere seines bisherigen Lebens. Ob er Guillaume denn tatsächlich gekannt habe, kontert Sara: Dieser habe hinter Toms Rücken auch mit ihr geschlafen und seine Mutter belogen – weshalb nicht auch ihn? Dolan spinnt diesen Gedanken, dass nämlich keiner den anderen wirklich kennt, in der Szene weiter, in der Agathe eine Schachtel mit Erinnerungsstücken an Guillaume öffnet. Fotos, seine Firmungskrawatte und eine Haarsträhne finden sich darin – und Tom hat dazu genauso wenig Bezug wie Agathe zu dem Leben, das ihr Sohn vor seinem Tod in Montréal geführt hat. Plötzlich wird ihr das bewusst und sie beginnt zu weinen und zu schreien: Warum Sara so distanziert und nicht betroffen wirke, warum sie nicht bei Guillaumes Begräbnis gewesen sei, warum Tom dort die vorbereitete Rede nicht gehalten habe, weshalb Guillaume denn eigentlich weggegangen sei und sie nie besucht habe? Und was das denn überhaupt für ein Unfall gewesen sei, der ihn in den Tod gerissen habe, wann und wo er sich ereignet habe: „Man stirbt nicht mit fünfundzwanzig!"

Es braucht des Wissens um die Hintergründe von Guillaumes Vergangenheit, um die Zusammenhänge der Ereignisse und deren Tragweite, die Tom schließlich zum Befreiungsschlag ausholen lassen. In einer Bar an der Bushaltestelle, zu der er Sara begleitet, erfährt er, weshalb Francis hier Hausverbot hat und beim Begräbnis von den anderen Trauergästen gemieden wurde – und weshalb dies eng mit der Flucht von Guillaume von diesem Ort und seiner Familie verknüpft ist. Bei einem Fest hätten die Brüder einst miteinander getanzt, erzählt der Inhaber der Bar, als Guillaume dann aber einen anderen Tanzpartner gefunden habe, hätte Francis diesen brutal am Mund gepackt und diesen „vom Ohr zum Hals" aufgerissen.

Tom sucht sein Heil nun in der Flucht. Er packt seine Sachen und lässt den Koffer dann doch zurück. Nur mit den Erinnerungsstücken an Guillaume und bewaffnet mit einem Spaten, läuft er durch den strömenden Regen. Francis kommt ihm mit dem Pick-up nach, Tom versteckt sich in einem Waldstück unweit der Straße. Francis ruft nach ihm, er bittet ihn um Verzeihung, droht aber gleichzeitig, ihn umbringen zu wollen. Tom gelingt es, mit dem Wagen davonzufahren. Später beobachtet er in einer Tankstelle einen jungen Mann mit Narben, die der Schilderung des Barkeepers entsprechen. Er spricht ihn nicht an, er sucht das Weite. Tom, den die verzweifelte Sehnsucht des wahrlich Einsamen nach so etwas wie Familie zur Geisel gemacht hat, kehrt in sein altes Leben in der Großstadt zurück.

Sag nicht, wer du bist *(Tom à la ferme,* Kanada/Frankreich 2013, Drama/Thriller)
Regie: Xavier Dolan
Darsteller: Xavier Dolan, Pierre-Yves Cardinal, Lise Roy, Évelyne Brochu

Verdächtige

Der Teufelskreis (1961)

Zu Beginn des Films *Große Freiheit* des österreichischen Regisseurs Sebastian Meise, der sich mit den Auswirkungen des Diskriminierungsparagraphen 175 auf das Leben schwuler Männer beschäftigt, sehen wir Aufnahmen einer Überwachungskamera, die hinter dem Spiegel auf einer öffentlichen Toilette angebracht ist, um sogenannte sittliche Vergehen auszuspionieren. Wie Teile dieses Films, spielt auch der britische Streifen *Der Teufelskreis* in den 1960er-Jahren, als es mit Freiheiten für die Liebe unter Männern noch nicht weit her war. *Victim* heißt das Kriminaldrama von Basil Dearden im Original, denn Opfer sind mehrere der Beteiligten, die sich in dem im deutschen Titel angesprochenen Kreislauf zwischen Beziehungen im Verborgenen und Erpressung, Lüge und der Sehnsucht nach einem freien Leben gefangen sehen. Dies wird besonders in einer kammerspielartigen Szene offensichtlich, die wir mitverfolgen, als befänden wir uns hinter einem Einwegspiegel bei einem Verhör. In Anbetracht der großen Intimität der Szene, die sich auf diese Weise vor unseren Augen abspielt, entsteht dadurch ein fast voyeuristischer Blick, wie wir ihn sonst eher aus Filmen von Alfred Hitchcock kennen. Um ein Verhör der speziellen Art handelt es sich bei diesem Gespräch zwischen Eheleuten ja auch.

Melville Farr, dargestellt von Dirk Bogarde, ist als Protagonist der Handlung ein Anwalt mit vielversprechender Karriere; doch er befindet sich in einem schwarzen Loch. Er hat von der Selbsttötung eines jungen Bauarbeiters namens Barrett (Peter McEnery) erfahren und ist sich bewusst, dass Barrett erpresst wurde und sich das Leben genommen hat, um ihn zu schützen. Nun ist es später Abend, Melville kehrt, sichtlich erschöpft, in sein schönes Londoner Stadthaus zurück. Er legt im Vorzimmer den Mantel ab und betritt das Wohnzimmer. Überrascht stellt er fest, dass dort seine Frau (Sylvia Syms) auf ihn wartet. Eine Zeitung in Händen, spricht sie ihn auf den Bericht über einen jungen Mann an, der sich in seiner Zelle erhängt habe. Die polizeiliche Vernehmung ihres Mannes ist ihr nicht verborgen geblieben. Melville bestätigt ihre Vermutung und gibt als Grund ein Album mit Zeitungsausschnitten über ihn an, das bei Barrett gefunden worden sei. Dabei geht er langsam im Raum umher und schaltet eine Lampe nach der anderen ein – es scheint klar, dass dieses Gespräch Licht ins Dunkel vieler Fragen und im Besonderen dieser Ehe bringen wird. Die Kamera bleibt dabei recht statisch, es sind die beiden Figuren, die sich während des Dialogs von ihr weg- oder auf sie zubewegen. Die Ehefrau, Laura, schlägt den selbstgerechten Ton eines Verhörs an; dann aber brechen auch immer wieder die Unsicherheit und Verzweiflung einer Frau durch, die von einem Moment auf den anderen ihr bisheriges Eheleben infrage gestellt sieht.

Bezüglich der Motivation, ein solches Album anzulegen, meint Melville: „Hero worship." Er rückt nach und nach mit Einzelheiten zu seiner Beziehung zu Barrett heraus, etwa, dass er ihn zuweilen mit dem Auto mitgenommen, ihm aber jüngst mitgeteilt habe, ihn nicht mehr sehen zu wollen, und scheint angesichts von Lauras Beharrlichkeit in der Defensive: „Can't we discuss this without turning the whole place into a battleground?", ruft er und greift sich, wie um seine Sinne gegen eine feindliche Umgebung abzuschirmen, mit den Händen an den Kopf. „You stopped seeing him and he killed himself", fasst Laura pointiert zusammen: Was sei Barrett denn für ihn wirklich gewesen?

Da geht in Melville eine Veränderung vor, sein Körper strafft sich und er tritt Laura entgegen. „When we were married", sagt er, „we had no secrets from each other." Damit spielt er auf eine homosexuelle Beziehung vor ihrer Ehe an, von der Laura offenbar weiß. Melville bekräftigt, das Versprechen von damals niemals gebrochen zu haben. Ein Stakkato an Sätzen, die genau den Punkt treffen. „Why did you stop seeing him?" – „He was getting too fond of me." Laura begehrt auf: „Are you sure you weren't getting too fond of him? I want to know the truth." Ihre Pein berührt uns ebenso wie die Qualen in Melvilles Gesicht, als er ihr von der Erpressung erzählt; dass wir die Argumente beider Beteiligten dieser, sich in ihrer Intensität stetig steigernder Auseinandersetzung gleichermaßen nachvollziehen können, unterstreicht die Qualität der Szene. „It takes two to make a reason for blackmail", stellt Laura fest und zieht die Schlussfolgerung: „Were you the other man?" Melville zögert noch mit einer Antwort, sie dringt weiter in ihn: „I'd rather know than guess." Da gibt sich Melville offenbar einen Ruck, sich nicht mehr aus der Wahrheit winden zu wollen. Er zieht ein Foto aus der Innentasche seines Sakkos. Es zeigt Barrett und ihn in dem Moment, als gerade ausgesprochen war, dass sie sich nicht mehr sehen könnten. Barrett hat Tränen in den Augen, doch Laura entdeckt in den Zügen ihres Mannes denselben Schmerz. In ihrer Reaktion würdigt sie ihn zu etwas anderem als einem echten Mann herab: „You were attracted to that boy as a man would be to a girl." Dass sie damit aufhören solle, herrscht Melville sie an. Ihre Antwort, die auf einer anderen emotionalen Ebene als Wut und Hass angesiedelt ist: „I can't stop! I ... I love you too much to stop."

Nun ist es Melville, dessen Gefühle in Richtung Empörung gehen. Ob sie sich nicht zufriedengeben könne, bevor sie alle Einzelheiten der Geschichte aus ihm herausgerissen habe? „I stopped seeing him because I wanted him", gibt er gleich darauf aber zu. – „When did it begin?" – „From the moment I saw him." Was folgt, ist eine Abwägung des Begriffs der Liebe. Für Barrett, schätzt Melville, sei ihre Beziehung als solche einzustufen gewesen – hätte er sich denn sonst für ihn umgebracht? „The only kind of love he could feel." Das klingt aus Melvilles Mund fast abschätzig – wie die Degradierung von Gefühlen, die auch einmal seine eigenen waren, zum Selbstschutz und dem Schutz seiner Ehe. Doch Laura vermag hinter die Fassade seiner Worte zu blicken. Sie legt das Foto weg und verlässt mit der Feststellung, dass es für sie wohl keinen Platz mehr in seinem Leben gebe, das Zimmer. Melville bleibt allein zurück, setzt sich hinter seinen Schreibtisch und verbirgt, wie schon zuvor, den Kopf zwischen seinen Händen – ein kraftvolles, aber kein ermutigendes Bild der inneren Zerrissenheit dieses Mannes.

Der Teufelskreis gilt als der erste britische Film, der sich mit dem Thema der Homosexualität auf verständnisvolle und nicht herabwürdigende Weise auseinandersetzte. Der Hauptdarsteller Dirk Bogarde war zu dieser Zeit allenthalben als Frauenschwarm in beliebten Komödien angesehen – ein Schicksal, das er mit dem ebenfalls ungeouteten Rock Hudson teilte. Im Gegensatz zu Hudson zeigte Bogarde aber auch durchaus Beherztheit bei seiner Entscheidung für kontroversielle und für die Karriere durchaus riskante Rollen. Seine Darstellung des schwulen Anwalts in seinem Ehegefängnis soll von breiten Kreisen als geradezu skandalös angesehen worden sein, war aber auch dazu angetan, Mitgefühl für eine bis dahin nur negativ konnotierte Minderheit zu erzeugen. Zehn Jahre später sollte Bogarde einen weiteren schwulen Charakter verkörpern, nämlich Gustav von Aschenbach in Luchino Viscontis *Tod in Venedig (Morte a Venezia*, 1971), der Adaption der gleichnamigen Novelle von Thomas Mann. Im Anschluss zog er sich mit seinem langjährigen Lebensgefährten bis zu dessen Tod in sein Landhaus in der Provence zurück. Seine schwulen Filmfiguren, Melville ebenso wie von Aschenbach, sind Verdächtige im beengenden Rahmen der vom heteronormativen Mainstream vorgegebenen soziokulturellen Codes ihrer Zeit. Zumindest im Privatleben gelang Bogarde, sich dieser Fesseln zu entledigen.

Der Teufelskreis (*Victim*, GB 1961, Kriminaldrama)
Regie: Basil Dearden
Darsteller: Dirk Bogarde, Sylvia Syms, Dennis Price, Nigel Stock, Peter McEnery, Donald Churchill, Norman Bird

Die Schmerzen des Übergangs

Die Wunde (2017)

Es bedarf nur weniger Einstellungen, um das Lebensumfeld von Xolani (sensibel und mit großer Zurückhaltung: Nakhane Touré) zu umreißen: die Arbeit in einer Lagerhalle, die Fahrt auf der Ladefläche eines Pick-ups von der Großstadt in ländliches Gebiet, die Ankunft im Dorf, wo die Jungen, die zu Männern werden, und die Alten, die ihnen den Weg dorthin weisen sollen, schon versammelt sind. Die Bitte eines Vaters, Xolani solle streng mit seinem Sohn Kwanda (zwischen Verletzlichkeit und Trotz: Niza Jay Ncoyini) sein: „Der Junge ist zu weich." Er bringe immer „diese Freunde" nach Hause und ihm fehle der Respekt vor den Traditionen, die ihm im Leben in Johannesburg mit iPhone und Markenschuhen abhandengekommen seien. Als Kwandas Betreuer begleitet Xolani den Burschen denn auch beim Initiationsritual seiner Beschneidung. Diese findet an einem weit abgelegenen Ort im Busch statt und geht rasch vor sich. Die Burschen sind nackt bis auf Tücher, die sie um die Hüften geschlungen haben. Der Beschneider herrscht sie an, die Beine zu spreizen, dann beißen sie die Zähne zusammen – den Schmerzen nachzugeben, wäre in ihrem sozialen Umfeld unakzeptabel. „Ich bin ein Mann!" – Der Satz klingt vorerst noch eher nach Selbstbeschwichtigung denn nach jenem Triumph, der für sie nach dem Abschluss ihrer Initiation darin mitschwingen wird.

Die Geschichte, die Regisseur und Drehbuchautor John Trengove zwischen diese beiden Pole setzt, befasst sich sehr genau und nahe mit den Figuren, die darin agieren, mit der Vorstellung davon, was Männlichkeit in einem streng patriarchalischen System wie jenem der gezeigten afrikanischen Gesellschaft bedeutet. Sein Film mit dem Originaltitel *Inxeba* rührt in mehrerlei Hinsicht in offenen Wunden. Die Initiationsrituale des Volks der Xhosa und damit auch die als Ukwaluka bezeichnete Beschneidung von Jugendlichen stellen immer noch ein Tabu innerhalb der südafrikanischen Bevölkerung dar. Kein Geringerer als Nelson Mandela thematisierte es in seiner Autobiografie *Der lange Weg zur Freiheit (Long Walk to Freedom*, 1994) erstmals. Es ist allenthalben nachzulesen, dass dieses Ritual auch die Idee einer Heilung von Homosexualität beinhalte, würde in dieser traditionellen Gesellschaft doch gleichgeschlechtliches Verhalten zwischen Heranwachsenden, nicht aber unter Erwachsenen toleriert. In intensiven, zugleich malerischen, aber auch sehr realistischen Bildern nähert sich der Film dieser auch heute noch weitgehend unbekannten Thematik an und seziert darin die Widersprüchlichkeiten einer Männergesellschaft, die zutiefst homophob ist, aber im Umgang der Initiierten untereinander und auch in deren Verhältnis zu ihren Betreuern homoerotisch angehauchte Rituale pflegt. „Wir haben uns vorgestellt", so Trengove, „dass ‚Schwulsein' wie eine Art Virus den patriarchalischen Organismus angreift – und uns gefragt, was dann passieren könnte, wie jener Organismus auf diese Art des Eindringens reagiert." Im Sinne der Ablenkung vom diktatorischen Charakter ihrer Regime stellen diverse afrikanische Staatschefs auch heute noch und in letzter Zeit vermehrt wieder Homosexualität als Symptom von „westlicher Dekadenz" dar, das die „traditionelle Kultur" bedrohe. Wenngleich Südafrika als das fortschrittlichste Land auf dem Kontinent gilt, was die Rechte von LGBTs betrifft, erscheint schwule Liebe selbst dort vielerorts als veritable Gefahr. Xolani, der nichts anderes will, als in friedfertiger Zurückgezogenheit mit seiner wahren Identität zu leben, wird – anstatt selbst zu Fall zu kommen – dementsprechend einen Menschen, der für seinen Liebhaber und ihn eine Bedrohung darstellt, eine Klippe hinunterstoßen.

Die Liebe und die Wunden, die sie reißt: Wenn es um das schönste aller Gefühle geht, gibt es kaum einen zeitgenössischen Autor, der treffendere Worte von poetischer Überhöhung und weltlicher Abgeklärtheit verwebt als Bodo Kirchhoff. „Ich denke, dass Liebe zum großen Teil aus der Sehnsucht nach Liebe besteht und aus der Erinnerung an sie", formuliert er und weiß auch über die Verwundungen zu sprechen, die die Liebe im Menschen anzurichten vermag. „Nur die Zeit, sagt man, heile Wunden", heißt es in Kirchhoffs Roman *Parlando* (2001), „doch könnte man auch sagen, sie schafft erst den Abstand, eine Wunde überhaupt zu erkennen, auf sie zu blicken und nicht länger ein Teil zu sein." Mit solchen Verletzungen und dem Blick darauf, der im Abstand der Zeit, die hier den Übergang von der Jugend zum Erwachsenen markiert, Klarheit schafft, beschäftigt sich Trengoves Film; dass diese Klarheit eine zuweilen nur vermeintliche und in Wahrheit von Selbstüberschätzung und Intoleranz vernebelt ist, führt an seinem Ende in die Katastrophe. Je weiter der Heilungsprozess der Wunde zwischen seinen Beinen voranschreitet, desto selbstbewusster wird Kwanda. Bald vermeint er, so viel Abstand zu den anderen Initiierten zu haben, dass er gleichsam von außen die Mechanismen ihres Verhaltens zu durchschauen vermag. Mit dem Hochmut dessen, der glaubt, alles verstanden zu haben, in Wirklichkeit jedoch nichts versteht, setzt Kwanda die Kette der Ereignisse in Gang, die ins Unglück führen. Anfangs ist er noch voll der Unsicherheit und Verzagtheit und angewiesen auf den Schutz seines Betreuers Xolani. Als Junge aus der Stadt ist er Außenseiter im Kreis der Burschen aus dem Dorf. Ihre Männlichkeitsrituale, der raue Umgangston, die Beweise physischer Kraft, die oft auf die Erniedrigung des anderen hinauslaufen – das ist nicht seine Welt. Seine Vorstellung über die Freiheit des Einzelnen wirkt für die anderen Initiierten überheblich; als Reaktion beschimpfen sie ihn als „Schwuchtel". Kwanda umgibt sich mit der Aura eines Abgebrühten, letztlich erweist sich sein Verhalten als Engstirnigkeit, die Xolani, nicht zuletzt aber auch ihn selbst in Gefahr bringt. Schon bald deutet er die Blicke und Gesten zwischen Xolani und einem anderen Betreuer namens Vija (Bongile Mantsai) richtig. Wenn er sich – als Schmuckstück und auch, um sich von den anderen Jungen im Lager abzuheben – einen Nasenring setzt, ist es, als bereite er sich auf eine dunkle Tat, einen persönlichen Feldzug vor. „Er ist ein schlechter Junge", warnt Vija Xolani in einer Art Vorahnung denn auch vor Kwanda. „Klammere dich nicht an ihn. Halte dich fern von ihm."

Vija ist verheiratet, doch einmal im Jahr treffen sich Xolani und er hier „auf dem Berg" – *Brokeback Mountain* lässt grüßen – und können ihr Begehren füreinander ausleben. Der Sex zwischen ihnen ist brutal, es gibt keine Küsse und Zärtlichkeiten. Dennoch wird bald klar, welche Gefühle Xolani für Vija insgeheim hegt – ob es wirklich Liebe ist, die er für ihn empfindet, oder die schiere Sehnsucht nach der Möglichkeit, mit einem anderen Mann eine so starke Emotion zu teilen, ist uns zu diesem Zeitpunkt noch nicht klar. Es ist aber anrührend mitanzusehen, wie Xolani sich Mühe gibt, seine Zuneigung hinter einer unbeteiligten Fassade zu verbergen. „Das freut mich für dich“, gratuliert er Vija, als dieser ihm erzählt, dass seine Frau wieder ein Kind von ihm erwarte – dabei schimmern in seinen Augen die Tränen. Er stellt in Aussicht, sich Arbeit in seiner Nähe zu suchen: „Dann können wir wieder abhängen wie früher.“ Doch von Vija ist darauf keine Reaktion zu erwarten. Xolani steckt ihm Geld für seine Familie zu, darauf scheint sich Vija ihm gegenüber ein wenig zu öffnen. Eine abendliche Stimmung, Wind streicht durch die hohen Gräser der Savanne. Die beiden Männer sitzen beisammen, da legt Vija den Arm um Xolani: „Mein Freund.“ Es kommt sogar zu einem Kuss. Xolani versucht, seine Gefühle in Worte zu fassen. Dass er in der Schule der Schlauste gewesen sei und es ihm möglich gewesen wäre, sich anderswo ein besseres Leben aufzubauen: „Ich hätte abhauen können. Stattdessen arbeite ich. Ich lebe allein. Ich esse allein. Ich komme deinetwegen.“ Vijas Abwehrreaktion folgt prompt: „Ich will dein Geld nicht.“ – „Wovor hast du Angst?“, dringt Xolani in ihn. Vijas Antwort: „Wir können das nicht machen. Wir können einfach nicht.“ Es entbrennt zwischen ihnen eine Art Ringkampf und die Drohung, im nächsten Jahr nicht mehr wiederzukommen, steht im Raum: „Lauf weg, Feigling.“ Wie oft in diesem Film bleibt Xolani zurück, eine Silhouette im Scherenschnitt zur hereinbrechenden Nacht.

In einer früheren Szene fährt Kwanda dem schlafenden Xolani mit der Hand ein paar Zentimeter über der Haut die Konturen seines Gesichts nach – als würde er ihn streicheln. Xolani schreckt hoch und stößt ihn zurück. Kwanda bezieht sich mit der Verletztheit eines verschmähten Liebhabers auf Vija: „Was siehst du nur in ihm?“ – „Wovon redest du?“ – „Denkst du wirklich, du bist ihm wichtig? Glaubst du, er denkt an dich?“ Von diesem Moment an stehen Kwandas Worte zwischen Xolani und ihm – die doch so vieles gemeinsam hätten. Mit der Überheblichkeit der Jugend bohrt Kwanda weiter: „Ich sehe, was du bist, aber du kannst es dir nicht eingestehen. Ich soll ein Mann sein, an mich glauben? Du kannst es ja selbst nicht. Bist du es nicht leid? So zu tun, als seist du jemand, der du nicht bist?“

Dennoch erfüllt Xolani seine Rolle, wenn es gilt, Kwanda gegen die anderen Jungen in Schutz zu nehmen. Als Kwanda sich weigert, in ihr Selbstlob des Glücks einzustimmen, nun echte Männer zu sein und mit ihrer Fruchtbarkeit den Fortbestand ihrer Familien sicherzustellen, verteidigt Xolani ihn: „Er wird sprechen, wenn er so weit ist."

Vijas Unsicherheit Xolani gegenüber zeigt sich in dem provokanten Verhalten, das er nach ihrem Streit an den Tag legt. Er führt alle Burschen auf eine Wanderung zu einem Wasserfall, ohne ihre Betreuer davon zu informieren, er macht sich lustig über Xolani, welches Mädchen denn jemanden wie ihn heiraten solle, er stiehlt eine Ziege vom Pick-up von weißen Rangern und drückt Xolanis Kopf bei einer Rauferei zu Boden wie ein Junge jenen der Ziege, als er ihr die Kehle durchschneidet. Als später die anderen Alkohol trinken und beim Lagerfeuer tanzen und singen, tritt Kwandas Hochmut abermals zutage. Auf die aufmunternden Worte, dass er schon bald nach Hause fahren könne, kommt die ruppige Antwort, dass er jetzt ein Mann sei und sich nichts mehr gefallen lassen würde. Er greift Xolani direkt an, wenn er unterstreicht, nicht in einem Umfeld leben zu können, in dem er nicht er selbst sein könne. „Sie lassen dich nicht sein, was..." Er beendet den Satz nicht, doch dann bricht es aus ihm heraus: „Du hast Angst vor dem, was du willst. Dumme Schwuchtel." Wie er sich das gedacht habe, fragt ihn Xolani: Dass er mit ihm nach Johannesburg ginge? Und die Einsicht: „Ich habe nur den Berg."

Zwei andere der Initiierten konfrontieren Xolani kurz drauf mit ihrem Wissen, was er und Vija getan hätten. Da kommt dieser dem Freund zu Hilfe. Er zwingt den Burschen, sich zu entschuldigen, und schlägt ihn dann brutal nieder. Die entscheidende Sequenz spielt sich daraufhin am Wasserfall ab. Xolani ist Vija dorthin gefolgt, beide gehen in einem Akt der Reinigung ins Wasser – man könnte dies, so man möchte, auch als Art Taufe ansehen. Hier lassen sie ihren Gefühlen endlich freien Lauf, hier umarmen sie sich, sie klammern sich aneinander, voller Gier, voller Verzweiflung, ihre Hände sind dabei zu Fäusten geballt. Im Schutz eines Gebüsches unweit des Wasserfalls lassen sie sich endlich gehen – zum ersten Mal kann man das, was zwischen ihnen abläuft, ein Liebesspiel nennen.

Kwanda findet sie schlafend, nackt und eng umschlungen. „Weiß deine Frau, was du auf dem Berg Schmutziges machst?", attackiert er Vija verbal. Dann sucht er sein Heil vor seinem Verfolger in der Flucht. Xolani folgt Kwandas Spuren und findet ihn am nächsten Morgen: Er würde ihn auf einem sicheren Weg zu einer Straße bringen. Doch Kwanda kann den Mund nicht halten: „Denkst du, er liebt dich wirklich? Bist du nicht wütend? Bringt er dich nicht in Weißglut?“ Und glaube Xolani wirklich, dass Vija ihm treu sei, dass er nicht auch mit anderen Männern Sex habe? Seine Schlussfolgerung: Vija sollte bloßgestellt werden. Darauf drängt Xolani in ihn: „Du darfst es niemandem erzählen.“ Wie sehr er mit sich hadert, können wir aus seinem Mienenspiel ablesen. Doch das Gift der Selbstgerechtigkeit, vielleicht vernetzt mit jenem der Eifersucht, beherrscht Kwandas Denken längst. Als er keinerlei Einsicht und Mitleid zu zeigen imstande ist, stößt Xolani ihn schließlich, schon in Sichtweit der Straße, einen steilen Abhang hinunter.

„Ihr habt den ersten von vielen Flüssen des Mannesalters überquert“, hat in der Zeremonie, in der die Initiation ihren Abschluss findet und die Hütten, in denen die Burschen in der Zeit des Übergangs von Jungen zu Erwachsenen gehaust haben, in Brand gesteckt werden, einer der Alten gesprochen – und das Leben in der Stadt mit den „weißen Teufeln“, die dort wohnen, als Menetekel an die Wand gemalt. Solche Flüsse haben auch Kwanda und Xolani überquert. Der eine, dem die Fähigkeit fehlte, sich in die inneren Zwänge eines anderen Menschen hineinzufühlen und Verständnis für seine Motivationen aufzubringen, jenen Fluss, der die Welt der Lebenden von jener der Toten trennt. Der andere die Grenze zu einem Schritt, der ihn wohl den Rest seines Lebens prägen wird – und der doch bloß ein Akt der Liebe war. Die letzten Bilder des Films zeigen uns Xolani wieder auf der Ladefläche eines Pick-ups, diesmal in Richtung Stadt zurück. Auf eine sehr schmerzhafte Weise hat auch er seinen ganz persönlichen Übergang durchgemacht, ist auch er in diesen dramatischen Tagen im Busch ein anderer geworden. Doch ob er die Pein der inneren Krise, die sein Leben schon die längste Zeit umklammert hat, wieder mit sich nimmt oder sie auf dem Berg zurückzulassen vermochte, wissen wir nicht.

Die Wunde (*Inxeba*, Südafrika/Deutschland/Frankreich 2017, Drama)
Regie: John Trengove
Darsteller: Nakhane Touré, Bongile Mantsai, Niza Jay Ncoyini

Vom Aufheben der Grenzen

Die neuen alten Leiden der jungen Männer

Sprache, die aus dem Innersten kommt

Aussicht auf Stille

Der Blick durch den Riss

Des Menschen Würde

Lieb und Leid und Welt und Traum

Das Kind im Spiegel

Von Liebe und Freundschaft

Der Lover im Sarg

Irrfahrt

Die neuen alten Leiden der jungen Männer

Alles wegen Benjamin (2002)
Circus of Books (2019)
Giant Little Ones (2018)
Handsome Devil (2016)
Mit siebzehn (2016)

Die Leiden von Teenagern auf der Suche nach ihrem Platz im Leben, von jungen Männern, die sich auf höchst dramatische Weise mit Themen wie Homophobie und Mobbing konfrontiert sehen – in schwulen Filmen aus früheren Dekaden war ihnen meist ein schlimmes Schicksal vorherbestimmt. Zumindest in Streifen, die in unserem Kulturkreis angesiedelt sind, scheint für sie heutzutage ein Happy End durchaus möglich. Sowohl der französische Film *Alles wegen Benjamin* als auch die kanadische Produktion *Giant Little Ones* arbeiten mit dem Element des Wassers, die beiden Protagonisten sind begeisterte Schwimmer. Ein Schelm, wer dabei vielleicht an den visuellen Wert halb nackter Körper denkt. Jedenfalls ist der siebzehnjährige Vincent im erstgenannten der beiden Filme der Star des Schwimmteams seiner Schule, in diesem Umfeld erhält er auch allenthalben Anerkennung für seine Leistungen. Und doch erfährt Vincent genau in diesem Zusammenhang die herbe Enttäuschung schmerzhafter Zurückweisung. Ganz direkt und unverfälscht vermittelt uns der junge Darsteller Julien Baumgartner die Qualen eines Jugendlichen, der mit den Reaktionen der anderen nicht klarkommt, ja gar nicht klarkommen kann, weil sie so gar nicht mit seinen bisherigen Erfahrungen übereinstimmen. Sein Kontakt zu dem im Titel des Films genannten Benjamin bleibt nicht verborgen, und es kommt zu einem unfreiwilligen Outing – die gesamte Schule weiß über Nacht über Vincents bislang verborgene Homosexualität Bescheid. Dass er sich seinen Freunden und Eltern gegenüber eigentlich längst outen wollte, erklärt Vincent seinem besten Freund Stéphane (François Comar), als dieser in ihn dringt, weshalb er sich ihm denn nie anvertraut habe. Täglich habe er die Lüge leben müssen, räumt Vincent seine Furcht ein, dass sich Stéphane von ihm abgewandt hätte, wäre er ehrlich gewesen. Doch dieser kontert: Sie seien beste Freunde seit ihrer Kindheit, nichts habe sich daran geändert, dass er sein Kumpel sein wolle.

Eine so glatte Lösung vergönnt Regisseur Fabrice Cazeneuve seinem Protagonisten aber nicht – Vincent sieht sich alsbald ärgstem Mobbing ausgesetzt. Die unverhohlene, offen zur Schau gestellte Abneigung der anderen Jungen im Schwimmteam treibt ihn kurz darauf zur Flucht aus dem Becken und dem Bad – es ist geradezu herzzerreißend, ihn leiden zu sehen. Der Text des Liedes „You Will Be Found" aus dem im Jahr 2015 uraufgeführten Musical *Dear Evan Hansen* könnte als Spiegelung von Vincents Gefühlen in diesem Moment dienen: „Have you ever felt like nobody was there?/Have you ever felt forgotten in the middle of nowhere?/Have you ever felt like you could disappear?/Like you could fall, and no one would hear?" Sich so alleingelassen und einsam zu fühlen, dass niemandem sein Verschwinden auch nur auffallen würde – Evan Hansen, der Teenager ohne Freunde und stattdessen mit einem Rucksack an sozialen Ängsten, steht für Vincent und alle anderen jungen Männer am Rande ihrer oft schmerzhaften Selbsterfahrungen.

Den Weg aus Rückzug und Depressionen zu finden, ist nicht leicht, da bedarf es oftmals einer helfenden Hand, die im Fall von Vincent von seinem Schwimmtrainer (Bernard Blancan) ausgestreckt wird. Von einem Moment auf den anderen aus den sozialen Strukturen katapultiert, die ihm bislang Sicherheit gaben, droht Vincent in die Verzweiflung abzugleiten. Der Trainer und er befinden sich in der Turnhalle, Vincent umklammert mit den Händen eine Reckstange – wie sehr er nach Halt sucht, ist offensichtlich. Sein Trainer ist aufgebracht, er wirft Vincent vor, einfach wegzulaufen und alles aufzugeben, wofür er doch so lange Zeit gearbeitet habe: „Du musst Hilfe akzeptieren. Sonst rennst du gegen Wände." Darauf Vincents trotzige Reaktion: „Woher wollen Sie wissen, was ich gerade durchmache?" Da wird der Trainer ruhiger: Sie würden hier nicht über ihr Privatleben sprechen, meint er, dafür seien sie nicht hier – was wisse Vincent denn über ihn? Doch eines sei klar: „Du musst wieder zurückkommen, du musst kämpfen." Die Kamera ist in dieser Szene unruhig wie die Emotionen der beiden Charaktere, wie das Klopfen von Vincents Herz. „Zeig ihnen, dass du der Stärkere bist“, dringt der Trainer in ihn, denn: „Sie würden sich freuen, wenn sie dich scheitern sehen.“ Verunsicherung, Skepsis, immer wieder ein Aufflackern von Hoffnung in Vincents Zügen. „Ist es dir noch nie aufgefallen, dass es keinen interessiert, wenn ihr Friseur schwul ist?“, fragt ihn da der Trainer und stellt den Bezug zu Vincents Situation her: „Sie denken, das ist normal. Nun musst du ihnen zeigen, dass du zwar an Jungs interessiert bist, aber deswegen nicht gleich einen Blumenladen aufmachen wirst und nie mehr schwimmst. Zeig ihnen, dass du es kannst!“ Er hält ihm die Hand hin, Vincent schlägt ein, ein Lächeln, ein befreites Lachen auf seinem Gesicht; er schwingt sich unter dem Reck durch wie ein Kind im unbeschwerten Spiel.

Wenn Vincent später in seinem Zimmer nackt vor dem Spiegel steht, in der Reflexion sein Kopf aber abgeschnitten und deshalb nicht zu sehen ist, und er über seinen Körper streicht, als wäre es der eines anderen, ergibt dies ein sinniges Bild seiner Suche nach sich selbst und seinem Platz im Leben. Seine Eltern jedenfalls versichern Vincent, ihn unterstützen zu wollen, ganz egal, wie sich die Dinge entwickeln würden. Nach anfänglichen peinlichen Momenten betont sein Vater bei einem gemeinsamen Essen seine Liebe. Doch wolle er wirklich einmal mit einem Mann leben und riskieren, dass ihn die Leute anstarren? Dass er keine Ahnung habe, wie sich seine Zukunft gestalten würde, antwortet Vincent, und ob er jemanden finden würde, mit dem er zusammenleben wolle; aber wenn, dann habe er vor, es in vollen Zügen zu genießen: „Ich schäme mich nicht, schwul zu sein, und ich werde deswegen nicht mehr lügen.“

Ein anderer Vater, eine eigentlich unumwunden positive Reaktion, wenngleich mit denkbar problembehafteten Vorzeichen: In der Netflix-Dokumentation *Circus of Books* entwirft die amerikanische Regisseurin Rachel Mason das faszinierende Porträt ihrer Eltern Karen und Barry. Das jüdische und bürgerlich lebende Ehepaar betrieb seit Mitte der 1970er-Jahre bis vor Kurzem den titelgebenden Sexbuchladen in Los Angeles und wurden dadurch auch zu Produzenten von schwulen Pornos. In diesem Zusammenhang standen sie in engem Kontakt mit der queeren Community und waren unverzichtbare Bezugspersonen für schwule Männer. In ihrem Doppelleben gelang es ihnen, den Laden und die Umstände ihres Gelderwerbs von ihren Kindern weitgehend fernzuhalten – ein

Umstand, der durchaus auch schwerwiegende Konsequenzen auf das Familienleben hatte. Dies zeigt sich etwa in dem überaus berührenden Interview der Filmemacherin mit ihrem schwulen Bruder Josh. In diesem Lebensumfeld kaum zu glauben: Sein Outing stellte für Josh lange Zeit eine geradezu unüberwindliche Hürde dar. In der Familie wurde stets übers Heiraten und Kinderkriegen gesprochen, als wäre es einfach selbstverständlich, heterosexuell zu sein: „Nobody sort of questioned it.“ So versuchte Josh seine sexuelle Orientierung geheim zu halten, „’cause being gay was not acceptable.“ Und er fügt hinzu: „I think I was kind of actively ignoring all the gay issues in the world.“ Die Kommunikation zwischen der Schwester, die ihn vor der Kamera interviewt, und dem Bruder, der diese Dinge zum ersten Mal offen auszusprechen scheint, macht beim Zuschauen wirklich betroffen. „I did what I could to keep myself out of the gay category but I wasn’t good enough to be heterosexual“, räumt Josh ein. „So I was just asexual.“ Im Weiteren beschreibt Josh den Druck, den er sich selbst als Teenager auferlegte, auch jenen im Kontakt zu Mädchen. Er wollte ein konventioneller Jugendlicher sein und flüchtete vor der Einsicht in sein wahres Selbst in die Betäubung durch die unablässige Betätigung mit Sport. Auf die Frage seiner lesbischen Schwester, weshalb er sich denn nicht einmal ihr gegenüber geoutet habe, meint er: „Your world was too gay.“ Der psychische Stress, dem sich Josh damals durch die reine Vorstellung eines Outings ausgesetzt sah, ist in einer sehr durchdachten Aussage spürbar: „So it probably wasn’t until after High School that it even started to enter my mind as an option. And it wasn’t really until College that I sort of started transitioning from where I was outwardly towards who I felt I was inwardly.“ Von der Negierung des wahren Selbst zu seiner Akzeptanz, ja Umarmung. Es kam zu dem Abend, an dem Josh sich seinen Eltern gegenüber zu erkennen gab. Er erzählt, dass er den Rückflug zum College bereits fix gebucht hätte, weil er damit geradezu rechnete, von den Eltern aus dem Haus geworfen zu werden. Am Esstisch habe er dann all seinen Mut zusammengenommen. Er habe die Worte auf ein Post-it geschrieben: „I’m gay.“, es auf dem Tisch liegen gelassen und sei in sein Zimmer geflüchtet. Die erste Reaktion seiner Mutter Karen war auch dementsprechend niederschmetternd: „God must be punishing me.“ Im Interview reflektiert Karen ihr damaliges Verhalten: „I was fine with anybody who was gay as far as I was concerned, but I really wasn't prepared to have a gay child." Ganz anders der Vater Barry, der nach eigener Aussage einfach überrascht gewesen sei, dass Josh seine wahre Identität so lange geheim gehalten habe. Er brachte seinen Sohn am nächsten Tag zum Flughafen und gab ihm einen Satz mit, der seine Liebe offenbarte und das, worum es ihm in erster Linie ging: das Wohl seines Kindes. „You know", sagte Barry, „men can take advantage of other men just as much as men can take advantage of women."

Der Dokumentarfilm zieht die Bezugslinie bis heute. Auch Karen ist mit Josh wieder ins Reine gekommen. Sie habe viel gelernt, räumt sie im Interview ein, über ihre Religion, das Judentum, über ihre eigene Weise, die schwule Welt als Teil ihres geschäftlichen Lebens vom privaten Bereich zu trennen, über ihre ganz spezifischen Vorurteile. Karen änderte ihre Haltung und wurde zur Aktivistin einer Gruppe von Eltern von Homosexuellen, mit der sie in einigen Szenen der Dokumentation auf einer Schwulendemonstration in Los Angeles 2016 zu sehen ist.

Wunderbare Momente des Neuanfangs wie diesen hat nicht nur *Circus of Books* für Karen und ihren Sohn Josh bereit; ebensolch berührende Augenblicke des Aufbruchs in ein selbstbestimmtes Leben haben alle hier besprochenen Filme gemein, die von der Überwindung der Leiden ihrer jungen Protagonisten berichten. In seinem Nachwort zu der Sammlung von Kurzgeschichten *Schwule Nachbarn. 22 Erlebnisse* (2007) schreibt der Herausgeber Detlev Grumbach: „Schwule nehmen die sozialen Verhältnisse, in denen sie leben, in besonderer Weise wahr. Sie sind durch die Erfahrung gegangen, dass diese Verhältnisse nicht für sie eingerichtet sind. Ihr Coming-of-Age ist, anders als das Drama jeder Pubertät, auch ein Coming-out: Das macht sensibel für Verhaltensmuster, Rollenerwartungen und Machtstrukturen."

Jemand, der dieses Drama vom Fallenlassen der Masken und der Lügen am eigenen Leib erfahren muss, ist auch Franky (überaus verletzlich und bewundernswert stark zugleich: Josh Wiggins) in Keith Behrmans Film *Giant Little Ones*. Ort der Handlung ist eine kanadische High School, in der es offenbar für junge Schwule wider Erwarten auch nicht angenehmer zugeht als anderswo. Als Grund, den Film zu machen, nennt Regisseur Behrman in der Tat Selbstmorde von queeren Jugendlichen einige

Jahre zuvor – offenbar stellt auch Kanadas prominente Position in sämtlichen Indizes der Akzeptanz von LGBTIQA+-Personen keine Garantie des Schutzes vor negativen Erfahrungen dar. Abermals dient ein Schwimmteam als soziales Umfeld für den Protagonisten des Films, heteronormatives Verhalten ist darin angesagt. Franky hat dementsprechend auch eine Freundin, Priscilla (Hailey Kittle), mit der zu schmusen ihm aber eigentlich nicht viel Spaß macht. Wichtiger sind für ihn die langen Gespräche mit seinem besten Freund Ballas (Darren Mann). Der Wendepunkt in Frankys Leben vom beliebten Jungen zum Außenseiter spielt sich in der Nacht seines siebzehnten Geburtstags ab, als er und Ballas betrunken Oralsex haben. In der Folge meidet ihn Ballas, aus unangenehmen Momenten entstehen unverhohlene Abneigung und blanke Aggression. Es ist eine überaus heftige Szene, in der Franky von den Mitgliedern seines Schwimmteams brutal zusammengeschlagen wird – die Parallelen zu der sehr ähnlichen Szene in *Alles wegen Benjamin* sind offensichtlich. In dieser Situation, in der er nicht nur sprichwörtlich am Boden liegt, erfährt Franky die Unterstützung einer Person, der gegenüber er bislang selbst Ablehnung gezeigt hat. Seit sein Vater Ray (Kyle MacLachlan, der legendäre Agent Cooper in *Twin Peaks*) die Familie nämlich für einen anderen Mann verlassen hat, war es Franky, der die zuweilen hilflosen Versuche seines Vaters, ein Gespräch oder eine gemeinsame Unternehmung anzubahnen, brüsk zurückgewiesen hat. Nun sucht er den Kontakt. „Mut steht am Anfang des Handelns“, hat der griechische Philosph Demokrit vor rund 2400 Jahren geschrieben, „Glück am Ende.“ Der angesprochene Anfang ist gemacht, als sich Franky zum Besuch seines Vaters durchringt. Es ist eine Art des Luftholens, als ihm die Ignoranz und die Aggressivität seiner ehemaligen Freunde fast den Atem abschnüren. Frankys Vater ist erstaunt, seinen Sohn so zu sehen: mit Wunden im Gesicht, den geschorenen Haaren und der langen Naht auf dem Hinterkopf. Franky betritt zum ersten Mal die Wohnung und bewundert mangels anderer Gesprächsthemen die schöne Aussicht. Eine peinliche Situation: Der Vater redet über das Essen, er habe Pasta mit Frankys Lieblingssauce gekocht. Er bietet ihm eine Auswahl an Softdrinks an, Franky aber fragt nach Wein. Der Vater verbirgt sein Erstaunen und schenkt ihm ein – es ist klar, dass hier nicht mehr ein kleines Kind mit seinem Vater spricht.

Dann führt der Vater Franky ins Schlafzimmer, er habe ein Geschenk für ihn. Auf dem Bett liegt ein Anzug. Die Zuneigung vom Vater tut Franky schlicht und einfach gut. Er probiert die Jacke an, der Vater streicht die Schultern glatt – er sei froh, dass er ihn für ihn gekauft habe: „You look sophisticated." Franky betrachtet sich im Spiegel; sein zerschundenes Gesicht schreit geradezu davon, dass hier ein junger Mann ist, der seinen Platz noch nicht gefunden hat. Doch vom Vater wie ein Erwachsener behandelt zu werden, macht Franky stärker und der Knoten, der seine Seele zugeschnürt hat, beginnt sich allmählich zu lösen. Seine Augen suchen nicht länger Halt an Unwichtigem, sondern konzentrieren sich auf den Vater, als er ihn direkt fragt, wie er und sein Freund Brendan sich denn eigentlich kennengelernt hätten. Damit hat Ray merklich nicht gerechnet, doch er beginnt von einer geschäftlichen Beziehung zu erzählen, die Brendan und er gehabt hätten, und dass dieser ihn eines Tages nach einem Meeting zum Kaffee eingeladen habe. Er habe mit der Begründung, eine Frau und Kinder zu haben, abgelehnt. Doch Brendan sei ihm nicht mehr aus dem Kopf gegangen: „I couldn't stop thinking about him." Wann immer er ihn gesehen habe, sei es gewesen „as if I was hit by a giant wave and swept out at sea". Schließlich sei er es gewesen, der eine neuerliche Einladung zum Kaffee ausgesprochen habe. Noch am selben Abend, bekräftigt Ray, habe er seiner Frau von Brendan erzählt.

Wie er all die Jahre nicht wissen konnte, wer er wirklich sei, fragt ihn sein Sohn. Und Ray: Er habe sich in Frankys Mutter verliebt und eine Familie gründen wollen. Er liebe sie immer noch, aber eben auf andere Weise. Darauf Franky: „Then maybe I don't know either." Denn es sei ganz natürlich gewesen, was zwischen Ballas und ihm passiert sei, jetzt hätten sie nur Angst. Dazu der Rat des Vaters, sehr leise, sehr ernst, ohne Schnickschnack in Schuss-Gegenschuss-Aufnahmen aufgelöst und vielleicht gerade deshalb fernab des Verdachts auf Kitsch: Franky solle es einfach zulassen, wenn er sich zu jemandem hingezogen fühle, und nicht weiter darüber nachdenken, wie man dieses Gefühl nenne. Er habe einfach eine sexuelle Erfahrung gemacht „with somebody you really loved. It could be that simple." Noch ist Franky unsicher. „I don't want to make the same mistake you did", ist seine offen ausgesprochene Befürchtung – an einer Weggabelung im Leben die falsche Entscheidung zu treffen. Doch sein Vater beruhigt ihn: „I don't think of it as a mistake, Franky. None of it", und er spricht die Worte aus, die zu hören wohl für jeden jungen Homosexuellen, der sich im Irrgarten seiner Gefühle gefangen sieht, als Erlösung erscheinen würden: „You're a good person, Franky. You're a fine young man and I'm really proud to be your dad."

„Teenage angst" – der Begriff, der das emotionale und psychische Befinden dieser Jugendlichen kennzeichnet, findet eine seiner eindrucksvollsten Ausprägungen in der Figur des Holden Caulfield in J. D. Salingers Roman *Der Fänger im Roggen (The Catcher in the Rye*, 1951). Holdens Hadern mit sich selbst und dem Sinn seines Lebens hat ganze Generationen an orientierungslosen Jugendlichen begleitet. Es ist kurz vor Weihnachten, als Holden wegen schlechter Leistungen einen Verweis erhält und die Schule vorzeitig verlässt. Auf seiner Flucht vor dem oberflächlichen („phoney") Verhalten seiner Kameraden, aber auch der Erwachsenen, streift er drei Tage lang ziellos durch Manhattan. Mögen seine Kommentare über einzelne Menschen oder die Gesellschaft an sich noch so sarkastisch wirken und er sich ruppig und abweisend gerieren – in Wahrheit ist Holden auf der Suche nach menschlicher Nähe und so etwas wie Perspektiven für seine Zukunft. Interessant für unsere Spurensuche nach dem Motivationshintergrund schwuler junger Männer ist dabei der Titel des Romans, der auf das Gedicht „Comin' Thro' the Rye" (1782) des schottischen Lyrikers Robert Burns zurückgeht. Ein Missverständnis des Textes eines Kindesliedes, das auf diesem Poem beruht: In seiner Vorstellung befindet sich Holden in einem Roggenfeld am Rand einer steilen Klippe und versucht, im Feld ahnungslos ob der drohenden Gefahr spielende Kinder vor einem Sturz in den Abgrund zu bewahren. Holden selbst bräuchte jemanden, der für ihn die schützenden Arme ausbreitet, sein ganzes Verhalten ist nichts als ein Schrei nach Zuwendung und Liebe. Eine solche Vertrauensperson ist für Franky in *Giant Little Ones* und für Josh in *Circus of Books* der Vater, für Vincent in *Alles wegen Benjamin* der Schwimmtrainer. In *Handsome Devil*, der irischen Variante dieser alten, aber immer wieder neu erzählten Geschichte, erfüllt ein verständnisvoller, selbst verborgen schwul lebender Lehrer diese Funktion.

Das Setting der Oberstufenschulen erfährt hier die geringfügige Abwandlung eines Internats – nicht erst seit *Harry Potter* die ideale Umgebung zur Erkundung jugendlicher Selbsterfahrungsprozesse. John Butlers *Handsome Devil* ist trotz seiner ernsten Thematik ein Film zum Wohlfühlen, wie er im sprichwörtlichen Lehrbuch von schwuler Romantik steht – was „The Guardian" als „sentimental feelgoodery" bezeichnet hat. Zwei sechzehnjährige Jungen, die auf den ersten Blick so gar nichts gemein haben – außer vielleicht, dass sie beide aus dysfunktionalen Familien stammen. Der eine, Ned, als der archetypische schmächtige Außenseiter mit entzückend abstehenden Ohren und rotgefärbten Haaren, ob seines Desinteresses am Rugbysport, der in dieser Schule zählt wie sonst nichts, ohnehin vom ersten Moment an von den Mitschülern als Schwuler abgestempelt; der andere, Conor, der Rugbystar und somit ganz oben auf der allgemeinen Beliebtheitsskala. Nicht nur sinnbildlich geht mitten durch das Zimmer, das sie sich teilen müssen, eine „Berliner Mauer" – mit der Zeit wird ihr gemeinsames Interesse, die Liebe zur Musik, imstande sein, diese Barriere niederzureißen. Es folgen die ersten Annäherungsversuche und alles geht sehr schüchtern und so behutsam vonstatten, dass kein Heterozuschauer dadurch verschreckt werden könnte – was ich mit durchaus sarkastischem Unterton gesagt haben möchte. Auch abgesehen der beiden Protagonisten ist das Figurenpersonal stereotyp: ein besonders aggressiver Mitschüler, der inspirierende und versteckt schwule Englischlehrer, der homophobe Sportcoach, der auf Conor mit einem besonders vorurteilsbehafteten Vergleich eindringt: „If you lie down with dogs, you get fleas." Er macht seinen Standpunkt sehr klar: „You're spending a lot of time with the wrong kind of people." Auch in die Gegenrichtung, also von der Seite der Toleranz aus, fallen sinnige Sätze wie: „If you spend your whole life being someone else, who is gonna be you?" Und doch weiß uns der Konflikt, der sich für Ned und Conor auftut, als ihnen der Lehrer die Teilnahme an einem Talentwettbewerb in einer benachbarten Mädchenschule vorschlägt, durchaus zu unterhalten. So verfolgen wir die Höhen und Tiefen der Geschichte mit einem Lächeln im Gesicht und haben sogar ein wenig Herzklopfen, wenn sie unweigerlich auf ein entscheidendes Spiel und dabei auf ein Tor zusteuern, mit dem Conor seine Mannschaft auf die Gewinnerseite schießt – und in der Offenbarung mündet, wie tolerant im Grunde genommen alle doch eigentlich sind. Alles wie gehabt – und doch sehr nett zu verfolgen, was der anmutigflotten Inszenierung und den überaus sympathischen Darstellern Fionn O'Shea (Ned) und Nicholas Galitzine (Conor) sowie ihrem liebenswerten Zusammenspiel zuzuschreiben ist – und so manch wirklich witzigen Dialogen, wie etwa jenem, wenn Conor und der Englischlehrer (Andrew Scott, der Moriarty aus der brillanten *Sherlock*-Serie), die in einem Schwulenclub zufällig aufeinandergetroffen sind, einander im letzten Zug zur Schule in einem herrlich gezwungen ungezwungenen Gespräch einander „a certain degree of discretion" versichern. Das sind Szenen, die wirklich Spaß machen.

Das hilfreiche Gespräch mit einem Erwachsenen, wie wir es auch in den anderen Filmen verfolgen konnten, findet in *Handsome Devil* auf dem nächtlichen Rugbyfeld statt – in diesem Fall jedoch mit umgekehrten Vorzeichen: Dem Lehrer vertrauen zu können, tut Ned im Herzen gut, doch in Wahrheit ist hier der Jüngere Vorbild für den Älteren. Neds Englischlehrer hat den Schritt aus dem Schrank noch nicht gewagt, wohingegen Ned selbst immer schon sehr offen mit seiner Homosexualität umgegangen ist. Dass es sich doch nicht um Lügen handle, wenn man gewisse Dinge einfach für sich behalte, meint der Lehrer, und es hat den Anschein, als würde er seine Worte selbst nicht glauben. Es sei doch nicht klug, alles über sich preiszugeben – „to protect yourself". Darauf Neds ungläubige Reaktion: „How on earth can I begin to believe you?"

Später begegnet Ned Conor mit ähnlicher Offenheit. „You don't have to pick a side, Conor", versichert er ihm. „You can be everything." Er gibt ihm den ultimativen Ratschlag: „Reveal to them who you are. If you dare." Als dann beim großen und alles entscheidenden Rugbyspiel die Mannschaft zu verlieren droht und sich der Trainer gegen Conor stellt – er gehöre nicht ins Team, wäre einfach untragbar –, da wird *Handsome Devil* zum wunderbaren Märchen: Einer nach dem anderen treten die Mannschaftskollegen auf Conors Seite. Dass er in seiner alten Schule jeden verprügelt habe, der etwas über seine Homosexualität herausfand, meint Conor, dass er letztlich aber nicht jeden verprügeln konnte und die Schule deshalb verlassen habe. Wegzulaufen: „I'm done with that."

Am Schluss des Films findet auch der Englischlehrer den Mut, zu sich selbst zu stehen, und wir sehen Ned beim Schreiben eines Essays über seine Erlebnisse – die Voiceover schwankt zwischen Ironie und Verletzlichkeit. Den Moment, in dem er sich selbst verleugnet habe, formuliert er, habe wohl schon jeder einmal erlebt. Dennoch sei es möglich, mit der eigenen Stimme statt mit einer anderen zu sprechen.

Eine Erkenntnis, die auch Damien und Tom in André Téchinés Film *Mit siebzehn* machen müssen – und bis es so weit ist, beschimpfen und prügeln sie sich, weil die Angst, einander zu umarmen, zu groß ist. Sie werden von Kacey Mottet Klein (Damien) und Corentin Fila (Tom) ohne Angst vor großer Emotionalität und ebensolcher physischer und psychischer Präsenz verkörpert. Eine kleine Stadt in den französischen Pyrenäen, typische Schulszenen und darin die beiden Burschen, die mit der „Zumutung des Erwachsenwerdens" (Kerstin Decker) nicht zurechtkommen. Zwei sehr unterschiedliche Lebenssituationen: Damiens Mutter ist Ärztin, sein Vater als Soldat im Einsatz in Afghanistan, Tom seinerseits wohnt mit seinen Adoptiveltern auf einem Hof in den Bergen. Die sehr direkte Weise, in der Téchiné seine Geschichte erzählt, hängt mit der Art und Weise zusammen, auf die die Burschen ihre verunsichernden Gefühle zu kompensieren versuchen: zwei, die sich – dieser Eindruck muss für ihre Umwelt unweigerlich entstehen – partout nicht riechen können. Die irritierend aggressive Spannung zwischen ihnen ist geradezu elektrisch geladen – es bedarf des geringsten oder ab und an auch gar keines Anlasses, und schon fallen sie mit Fäusten übereinander her. Später werden sie wieder übereinander herfallen, aber nicht, um zu kämpfen; sie werden miteinander eine Nacht verbringen, in der die aufgestaute und fast berstende Begierde ihrer Körper und Sinne im jeweils anderen einen Katalysator findet.

Bis zu dieser Szene hält Tom für Damien aber ein wahres Wechselbad an Anreizen und Zurückweisung parat. Toms Mutter muss wegen Problemen mit ihrer Schwangerschaft einige Zeit im Krankenhaus verbringen, und Damiens Mutter lädt ihn ein, bei ihnen zu wohnen – Gelegenheit für die Jungen, einander näherzukommen. Sie verabreden sich zu einem Kampf in den Bergen und finden dort, als es zu regnen beginnt, Unterschlupf in einer Höhle. Ein sehr zarter Moment, als sie sich einen Joint teilen und sich dabei ihre Finger berühren. Schließlich ist es Damien, der die Maske zuerst fallen lässt. Er bittet Tom, ihn zu einem Haus zu fahren, wo er ein Date mit einem älteren Mann vereinbart hat und rechtfertigt sich vor ihm mit dem vielsagenden Satz: „Ich musste wissen, ob ich nur auf dich stehe."

Damit ist eigentlich alles gesagt und doch nichts im Klaren. Tom stößt Damien mit Aussagen wie „Niemand schläft mit mir. Merk dir das“ sowie mit physischer Gewalt zurück. Damien stürzt dabei einen Abhang hinunter und bricht sich die Hand. Als es schließlich im Schulklo zu einem heftigen Kuss kommt, schlägt ihn Tom abermals zusammen.

So einfühlsam, wie man es sich als schwuler Junge nur wünschen kann, ist seine Mutter in dem folgenden Dialog. Warum Tom so fest zugeschlagen habe, dringt sie in Damien. Weil er ihn küssen wollte, erwidert dieser – und gleich seine Frage: „Du sagst nichts?“ – „Nein“, antwortet sie und streichelt ihren Sohn zärtlich am Kinn, „ich höre zu.“

Später, als sie allein sind, spricht Damien seine Gefühle Tom gegenüber aus: Er müsse weggehen, denn er liebe ihn, erfahre von Tom aber nur Abneigung. Und: „Ich will kein Mitleid.“ Darauf Tom: „Du nervst. Du redest zu viel. Du kapierst nicht mal, dass ich Angst hatte.“ Womit der Bann gebrochen ist, es zu einem wilden Kuss kommt und zu Sex, der für einen ab zwölf Jahren freigegebenen Film ziemlich intensiv dargestellt wird.

Es gibt auch diesen Waldsee, in dem Tom selbst im Winter nackt schwimmen geht. Wir frieren schon beim Zuschauen, doch Tom findet in dem eiskalten Wasser wohl jenen Abstand und jene innere Ruhe, die er angesichts seiner aufgewühlten Gefühle so bitter nötig hat. Denn das müssen sie alle lernen, diese jungen Männer mit ihren Leiden, die ihnen frisch und neu vorkommen, obwohl sie doch so alt sind: auf ihre ganz persönliche Art und Weise mit ihren Gefühlen zurechtzukommen und den Rhythmus ihres Lebens zu finden und selbst zu bestimmen.

Alles wegen Benjamin (*À cause d'un garçon*, Frankreich 2002, Drama/Liebesfilm)

Regie: Fabrice Cazeneuve

Darsteller: Julien Baumgartner, Julia Maraval, Jérémie Elkaïm, François Comar, Patrick Bonnel

Circus of Books (USA 2019, Dokumentarfilm)

Drehbuch: Rachel Mason

Darsteller: Karen Mason, Barry Mason, Rachel Mason, Josh Mason, Micah Mason

Giant Little Ones (Kanada 2018, Drama/Liebesfilm)
Regie: Keith Behrman
Darsteller: Josh Wiggins, Maria Bello, Kyle MacLachlan, Darren Mann

Handsome Devil (Irland 2016, Drama/Sportfilm)
Drehbuch: John Butler
Darsteller: Fionn O'Shea, Nicholas Galitzine, Andrew Scott, Moe Dunford, Michael McElhatton

Mit siebzehn (*Quand on a 17 ans*, Frankreich 2016, Drama/Liebesfilm)
Drehbuch: André Téchiné
Darsteller: Sandrine Kiberlain, Kacey Mottet Klein, Corentin Fila, Alexis Loret

Sprache, die aus dem Innersten kommt

Als wir tanzten (2019)

In *Als wir tanzten*, dem betörenden Filmpoem des schwedischen Regisseurs georgischer Herkunft Levan Akin, dreht sich alles um den traditionellen georgischen Tanz mit seinen streng festgelegten Regeln, was die Abläufe von Bewegungen betrifft, und dem, was der hinreißende Tänzer und Schauspieler Levan Gelbakhianiin in seiner ganz individuellen Spielart daraus macht. Gelbakhianis Wandlungsfähigkeit bewegt sich zwischen der fast naiven Unschuld und introvertierten Ernsthaftigkeit eines Menschen, der reinen Herzens ist, über ausgelassene Glückseligkeit in Situationen, in denen ihm dieses Herz übergeht, bis hin zu großer physischer Sinnlichkeit, wenn er sich mit nacktem Oberköper im Tanz wiegt. Es ist verblüffend, dass er in einem Moment sehr jung und knabenhaft wirkt, und im nächsten desillusioniert von den Erfahrungen, die das Leben schon für ihn bereitgehalten hat. Auf ungemein authentische Weise verkörpert dieser wunderbare Darsteller einen jungen Mann namens Merab, für den das Tanzen das Leben und die Welt bedeutet, der aber an den Gegebenheiten der staatlichen Ausbildungsstätte, an der er täglich bis zur Erschöpfung trainiert, dem Korsett, das ihm die Luft zum Atmen raubt, zu scheitern droht.

Dass der georgische Tanz den Geist der Nation ausdrücke, formuliert es der gestrenge Ausbildner nicht nur einmal, der Ausdruck des Maskulinen ohne Raum für Schwächen, und dass die Tänzer dabei steif wie Nägel sein müssten; sein Ton ist barsch, seine Anweisungen hören sich an wie militärischer Drill. Harte Trommelschläge bilden den musikalischen Hintergrund zu den ruckartigen Bewegungen der Arme und dem Aufstampfen der Beine; alles mutet wie martialisches Marschieren an, kein Fließen, keine Weichheit, keine tieferen Gefühle sind zugelassen. Es ist genau dieser Aspekt, der Merab zu schaffen macht und weswegen er vom Ausbildner beim Training immer wieder gemaßregelt und bloßgestellt wird. Die patriarchalischen Strukturen der georgischen Gesellschaft – anderenorts würde man sie wohl toxische Männlichkeit nennen – werden in diesem Umfeld nicht reflektiert, sie scheinen unweigerlich festgeschrieben.

Auch Mary (Ana Javakishvili), Merabs Tanzpartnerin und beste Freundin, sowie die Partnerinnen der anderen Tänzer müssen sich dieser Art von roboterhaft-ritualisierten Künstlichkeit unterordnen, sie hätten, wird ihnen eingeschärft, jungfräuliche Unschuld auszustrahlen. Die Konsequenz des Abpralls von solchen Erwartungen an der Realität schildert ein Handlungszweig um Merabs Bruder David (Giorgi Tsereteli) und eine junge Frau aus der Clique und ihre ungewollte Schwangerschaft als Folge einer durchfeierten Nacht. Dass geheiratet wird, stellen nicht einmal die Brautleute, die im Grunde genommen nichts miteinander im Sinn haben, infrage. Ihre Gesichter bei der Trauung sprechen jedoch Bände.

Merabs dramatisches Aufbegehren gegen diese eine Seite der zweischneidigen Medaille, die das Tanzen für ihn bedeutet, seinen Ausbruch aus dem Gefängnis, zu dem sein Leben in immer unerträglicherer Weise wird, zelebriert Regisseur Akin als Hohelied der Eigenart und Einzigartigkeit, der Vielfalt und der Selbstbestimmung des menschlichen Individuums – und auch als jenes der schwulen Liebe. Die Produktion und Realisierung des Films mit den ungeheuren Schwierigkeiten, mit denen das Team beim Dreh in Tiflis zu kämpfen hatte, spiegeln auch außerhalb der filmischen Erzählung genau diese Aspekte des Kampfes gegen die Windmühlen gesellschaftspolitischen Unbills wider. Zur Ruhigstellung der Behörden wurde die Geschichte eines Franzosen vorgelegt, der sich in die georgische Kultur verliebt hätte. Doch trotz der Ablenkung vom wahren Inhalt des Films sei es zu massiven Bedrohungen und dadurch zu ständigen Verschiebungen der Drehorte gekommen, man kann darüber und auch über die beschränkten Budgetmittel, die zur Verfügung standen, in diversen medialen Berichten und Interviews des Regisseurs nachlesen. Nicht zuletzt kam es im Umfeld von Kinovorführungen des Films in Georgien zu tumultartigen Ausschreitungen, und der Name des Choreographen der brillanten finalen Tanzszene des Films wird im Abspann nicht genannt – dieser müsste laut Regisseur Akin sonst um seinen Job bangen.

In Tomasz Jedrowskis Roman *Swimming in the Dark* (2020) heißt es über die Beziehung der beiden Protagonisten Ludwik und Janusz im Polen der Zeit des Kriegsrechts: „And the odds have been stacked against us from the start: we had no manual, no one to show us the way. Not one example of a happy couple made up of boys. How were we supposed to know what to do? Did we even believe that we deserved to get away with happiness?“ Vor diese Frage gestellt, ob und auf welche Weise so etwas wie Liebe und eine Beziehung zwischen zwei schwulen Männern im homophoben Umfeld eines Großteils der georgischen Gesellschaft denn überhaupt möglich ist, sieht sich Merab, als einer der Tänzer aufgrund von Gerüchten über seine Homosexualität aus der Truppe verbannt wird und in der Person von Irakli (Bachi Valishvili) Ersatz zu ihnen stößt. Irakli ist anfangs Merabs Rivale, wird aber alsbald zum Objekt seiner sehnsüchtigen Blicke und seines Sehnens nach Nähe. Es genügt, mit Irakli in dessen Zimmer zu sein, ohne dass mehr als Reden zwischen ihnen passiert, und in Merab geht eine merkliche Veränderung vor sich. Wir sehen den zuvor stets ernsten jungen Mann auf einmal lächeln, ja strahlen. Merab hat in seinem Leben eine Situation erreicht, die der französische Philosoph und Schriftsteller Roland Barthes in seiner Theorie der Fotografie mit dem Ausdruck „punctum“ bezeichnet. Es ist etwas Verstörendes, mit dem ein Kunstwerk den Betrachter besticht, etwas, das ihm ins Auge springt und – wenngleich an ihr verhaftet – die Oberfläche aufreißt. Dieses verstörende Element wird für Merab durch Irakli verkörpert. Allein seine Existenz und im weiteren Verlauf des Narrativs seine menschliche Zuneigung sprengen für Merab jene Grenzen in dem – um Barthes Terminologie zu verwenden – Kunstwerk, das sein Leben darstellt, die Merab bislang für bedrückend, dennoch aber für unabänderlich gehalten hat. Akin inszeniert zwei Szenen des nächtlichen Treffens von Merab und Irakli hinter einem Felsen, als hätten die beiden als Figuren in Shakespeares Zauberwald vom Baum der Erkenntnis genascht und, in einer Umkehrung der Paradieserzählung, dadurch ihren ganz persönlichen Garten Eden entdeckt. Sie verbringen mit der Clique ihrer Tanztruppe ein Wochenende in einer Datscha auf dem Lande und treffen bei besagtem Stein nachts aufeinander. Aus der spielerischen Rangelei um eine Zigarette entsteht ein wesentliches Mehr: Sie befriedigen sich gegenseitig mit der Hand, worauf Irakli die Flucht ergreift und Merab nichts bleibt, als an seinen Fingern dem Geruch des anderen nachzuspüren. Tags darauf wird, sobald die Jugendlichen unter sich sind, traditionelles Tanzen von ABBA und anderer moderner Popmusik abgelöst, und es kommt, wie es kommen muss: In der Nacht treffen sich Merab und Irakli wieder bei dem Felsen. Sie sitzen beisammen, Merab legt den Kopf auf Iraklis Schulter, es folgt ein Kuss, es folgt Sex in einer Leidenschaft, die die beiden wohl noch nie erlebt haben. Zumindest Merab, soviel ist klar, hat jenen Punkt der Erkenntnis über sich selbst und sein wahres Ich erreicht, an dem es für ihn kein Zurück mehr gibt. Wie er damit leben kann und ob Irakli dabei eine Rolle spielen wird, ist das große Fragezeichen, das ab nun den Verlauf der Handlung bestimmt.

Der amerikanische Autor Edmund White erzählt in seiner Kurzgeschichte „Watermarked", veröffentlicht in der Sammlung *Skinned Alive* (1995), von einem Professor eines Seminars für zukünftige Theaterautoren an der University of Michigan und dessen Theorie der perfekten Konstruktion eines Stücks. Es geht um die Aufstellung einer von ihm als MDQ benannten dominierenden dramatischen Frage („a major dramatic question") und alsbald um eine Auswahl an Lösungsmöglichkeiten und Zweifeln („a flirt with possible solutions and doubts in the development"), denen sich die Figuren des Stücks im zweiten Akt ausgesetzt sehen.

Als hätte Regisseur Akin sein Drehbuch zu *Als wir tanzten* im Sinne dieser Strukturvorgabe einer theatralischen Entwicklung konzipiert, steht Merab nach den beiden Nächten am Felsen genau an diesem Punkt der Zweifel. Besonders, als Irakli auf seine Anrufe und Nachrichten nicht mehr antwortet, überstürzen sich für Merab die offenen Fragen, wie es in und mit seinem Leben weitergehen könne. Es ist, als bewege sich die Atmosphäre des Films im Auf und Ab der Emotionen im Credo von Edmund Whites Professor: „Throughout, the action must advance and retreat in a ‚Wave-like motion' as it phrases and revises the MDQ." Es ist genau diese geschmeidige, wellenartige Bewegung, in der es kein Stampfen und Rucken gibt, die Merab in der Liebe zu Irakli für sich und sein Leben entdeckt hat – und dann sogleich wieder zu verlieren droht. Die Intensität, mit der er dabei mit seinen oft widersprüchlichen Gefühlen ringt, ist herzzerreißend anzusehen in Levan Gelbakhianis schmerzhaft direktem, ungeschminkt-ehrlichem Spiel. Als Irakli verstummt, stürzt Merab ins Bodenlose. Ihm macht die Wut, auf eine solche Art tief in seiner Seele verletzt worden zu sein, so sehr zu schaffen, dass er sich beim Training auch körperlich verletzt. Mary versorgt seinen Knöchel gerade mit kaltem Wasser, als sich Irakli meldet: Er sei bei seinem kranken Vater und habe kein Guthaben für sein Handy mehr gehabt. Merabs Erleichterung lässt ihn strahlen und offenbart seine Sehnsucht, als Liebender leben zu können und seinerseits geliebt zu werden; für einen Moment sind sogar die Schmerzen vergessen.

Merab setzt sein Training in den folgenden Tagen trotz seines verletzten Fußes fort, sein Ziel ist das Vortanzen um eine Stelle im Nationalensemble, das auch Tourneen im Ausland absolviert; nicht klein beizugeben, scheint für ihn wie der Kampf ums Überleben zu sein, er findet darin aber keinen inneren Frieden. Nur mit dem Ohrring, den Irakli einmal verloren und den er an sich genommen hat, in seiner Faust, gelingt es Merab, ein wenig Ruhe und Schlaf zu finden.

Regisseur Akin gestaltet den endgültigen Bruch zwischen den beiden Männern in einer penibel durchdachten und fließend-elegant inszenierten Plansequenz. Merab bewegt sich darin zweimal durch die Wohnung, in der die den Brautleuten aufgezwungene Hochzeit seines Bruders gefeiert wird. Es ist ein Weg hin zu Irakli mit all den Hoffnungen, die Merab dabei noch in sich trägt, und es ist dann der Weg fort von ihm, der ihn zu einer folgenschweren Entscheidung treibt. Die traditionellen Speisen, die Musik – ein Mikrokosmos des Landes. Die verschiedenen Räume der Wohnung beherbergen die unterschiedlichen Gruppen, die die Bevölkerung Georgiens wohl ausmachen, die Alten und die Jungen, die Mittellosen wie Merabs Mutter und Großmutter ebenso wie den wohlhabenden Teil der Bevölkerung, repräsentiert durch die Familie der Braut, die Konservativen und jene, die insgeheim Geschmack an westlicher Lebensart gefunden haben. In einem Raum, dessen Tür er schließen kann und in dem Irakli und er doch nicht sicher vor einer Beobachtung sein können, entdeckt Merab schließlich den Geliebten am Telefon. Sie stehen einander gegenüber, als wäre der eine das Spiegelbild des anderen, und doch ist es ihnen unmöglich, noch weiter aufeinander zuzugehen. Es ist, ganz im Gegenteil, eine Szene der endgültigen Trennung. Dass sein Vater im Sterben liege und er wieder zu seiner Mutter ziehen würde, berichtet Irakli und rückt dann mit dem Eigentlichen heraus: Er sei verlobt und würde heiraten. Sicherheit für den Preis von Selbstverleugnung und Anpassung – Merab bleibt allein zurück, wir betrachten ihn von hinten, schluchzend sitzt er auf dem Bett, seine Schultern beben, er droht zusammenzubrechen. Doch dann geht eine Änderung in ihm vor. Er rafft sich auf, er zieht sein Sakko wieder an, er tritt aus dem eher düsteren Raum ins grelle Licht. Er lockert beim Gehen die Krawatte, sie scheint ihn zu ersticken wie vieles in diesem Umfeld. Die Kamera durchquert mit ihm abermals die Wohnung, es ist ein Abschied ohne Worte, Merab fühlt Blicke auf sich, ist in die Unterhaltungen der anderen aber bereits nicht mehr involviert, er hat nichts mehr mit ihnen gemein. Die Kamera bleibt zurück, als Merab die Wohnung verlässt. Sie streift die Frauen am Buffet, die tanzende Braut und gelangt zu einem offenen Fenster. Unten im Hof sehen wir Merab ins Freie treten. Es ist offensichtlich, dass er auf eine Entscheidung zustrebt.

Davor schiebt Regisseur Akin noch eine wunderbar zarte Szene ein, in der zwei Brüder, die bislang so manches Problem miteinander hatten, einander ihre Liebe zeigen. Zu Hause schläft Merab in seinem Bett und wird durch leises Singen geweckt. Sein Bruder liegt ganz nah bei ihm, ihre beiden Köpfe, die Gesichter einander zugewandt, füllen das Bild. Der Bruder hat frische Wunden im Gesicht. Er habe sich um Merabs Ehre geschlagen, erzählt er, dieser sei von Hochzeitsgästen als Schwuler beschimpft worden – und die leise Frage: „Did I take a beating in vain?“ Die Augen der Brüder hängen aneinander, da ist ein festes Band zwischen ihnen. Merab vergräbt sein Gesicht an dem des Bruders, dieser streichelt seine Haare: Dass er als fetter, betrunkener georgischer Mann enden würde, der für seinen Schwiegervater arbeite, meint der Bruder, und dass er keine Probleme damit habe. Aber Merab, darauf pocht er, müsse das Land verlassen: „You have no future here.“

Im Tanz, der eine ganz andere Sprache sein kann als jene des Machismo und der Härte, findet Merab in der finalen, grandios choreografierten Szene des Films Worte, die ihm nicht mehr von einer Kultur oder Gesellschaft vorgegeben werden, sondern die seine ganz eigenen sind – sie kommen aus seinem Innersten in dieser Szene für die Ewigkeit. In diesem Sinne werden Merabs Bewegungen vor der Kommission, die über seine Aufnahme in die Nationaltruppe entscheiden soll, zum Akt der Selbstbehauptung.

Gekleidet in einem traditionellen dunkelroten Gewand, beginnt er mit den einstudierten Schritten, doch schon nach kurzer Zeit dringt Blut durch den Verband an seinem Fuß. Ihm wird geheißen, das Vortanzen zu beenden, man habe genug gesehen. Doch es ist Merab selbst, der über den Zeitpunkt seines Abgangs entscheidet. So wie Billy Elliot im gleichnamigen Film und Musical nicht den klassischen *Schwanensee* tanzt, sondern jene Interpretation, die seiner wilden, aufgerührten Seele entspricht, wird Merabs Geschmeidigkeit, mit der er die Schritte und Sprünge zu seinen eigenen verbiegt und sie als Sprache seiner Seele aus dem Regelwerk des Tanzes schält, zu seiner Stärke. Merab drückt den Traditionen, nach deren Vorgaben er sein bisheriges Leben lang getanzt und auch gelebt hat, seinen eigenen Stempel auf. Seine weichen Gesten und modernen Moves brechen die vorgegebenen Figuren auf, sie sprengen sie ab wie eine Puppenhaut und hervor tritt Merab, der Schmetterling, der ein Liebesspiel mit dem eigenen Ich vollführt und einen Tanz mit der Strahlkraft der Sonne heraufbeschwört, deren Gegenlicht durch die großen Fenster dringt und sich in den Spiegeln bricht. Merab hebt ab wie einst Gene Kelly in *Singin' in the Rain* und treibt dieses Gefühl der Losgelöstheit von irdischer Schwere sogar noch weiter – zu einem wahren Rausch der Sinne, einer Katharsis, der Reinigung von allem, was ihn beengt, was seinen Rücken gekrümmt und ihn auf den Boden gedrückt hat, zu seiner Erlösung. Wenn er neckisch die Schöße des Gewandes lüftet, das er beim Vortanzen getragen hat, wenn er es beim Verlassen des Raumes auszieht und achtlos zu Boden fallen lässt, ist das der Abgang eines jungen Mannes, der zu neuen Ufern aufbricht, um den Platz und die ihm eigene Rolle, die er darin spielt, zu entdecken.

Als wir tanzten (*And Then We Danced*, Schweden/Georgien 2019, Drama/Liebesfilm)
Drehbuch: Levan Akin
Darsteller: Levan Gelbakhiani, Bachi Valishvili, Ana Javakishvili, Giorgi Tsereteli

Aussicht auf Stille

A Bigger Splash (1973)

In *A Bigger Splash*, Jack Hazans halbdokumentarischer Annäherung an den Menschen und Künstler David Hockney, gibt es diese wunderbare Szene, in der Peter Schlesinger, lange Jahre Hockneys Partner und auch darüber hinaus Modell und Muse, wie in einem Traum die Wirklichkeit einiger dieser Bilder entdeckt, in sie eintaucht, um letztlich doch nur allein vor ihnen zu stehen wie der Besucher eines Museums vor einem ihm unverständlichen Mysterium. Es ist früher Abend, das Zirpen von Grillen bildet den Hintergrund zu Bildern, in denen keiner der Beteiligten aus seiner Rolle fällt. Peter schwimmt unter Wasser; auf der Oberfläche, die er mit weiten, langsamen Tempi durchtaucht, sind die letzten Reflexionen der späten Sonnenstrahlen zu erkennen. Peter gelangt an den Rand des Beckens und steigt an der Leiter heraus. Er ist nackt und kümmert sich nicht darum, als er sich, gleich Adam in seinem biblischen Garten, in dem hofartigen Areal rund um den Pool bewegt. Seine Füße hinterlassen nasse Spuren auf den Fliesen am Boden, er streicht sich das lange Haar zurück; seine schlanke Gestalt, die großen grünen Augen und die vollen Lippen machen ihn zu einem fast unwirklich schönen Wesen, das ganz für sich zu existieren und für das Raum und Zeit keine Rolle zu spielen scheint. Peter schaut in die toten Augen der Tiere, die als Trophäen an den Wänden der Veranda des Bungalows am Pool hängen. Er streicht über die Schnauze eines kapitalen Hirsches, als gäbe es eine unausgesprochene Verbindung zwischen ihm und diesem Objekt seltsamer Jagdbegierden. Dann geht er auf eine ältere blonde Dame zu, die auf der Terrasse im rosa Kleid die Köpfe von Gazellen abstaubt. Er steht vor ihr, lange Blicke, keine Worte; die Frau versucht zu lächeln, doch Peter bleibt ernst. So wie viele Bestandteile dieser stillen Szenerie findet sich auch die Liege mit einem Zebrabezug auf dem großformatigen Gemälde an einer Wand im Inneren des Hauses wieder: die Terrasse, ein Gazellenkopf, die rosagewandete Dame. Das Bild, „Beverly Hills Housewife“ (1966), befindet sich in dem Raum, in den Peter als stummer Gast durch die Glastür blickt. „You have a blue guitar/ You do not play things as they are“, heißt es in einem Gedicht von Wallace Stevens, zu dem er sich von Picassos Gemälden inspiriert sah. „I cannot bring a world quite round/Although I patch it as I can.“ In ihrer romanhaften Biografie *Hockneys Leben (Vie de David Hockney*, 2018) wendet die Autorin Catherine Cusset diese Verse auf das Talent eines Künstlers an, der „die Dinge“ nicht spielen könne, „wie sie sind“, denn sie würden nicht als solche existieren, sondern immer nur in der Darstellung. Die in dem Gedicht genannte „blaue Gitarre“ interpretiert sie als die Fähigkeit, Vorstellungen von der Welt zu entwickeln und sie zu einem neuen Gesamteindruck zusammenzusetzen. Es ist ein solches Spiegelbild seiner individuellen Wahrnehmung, ein solches Mosaik der Welt, wie sie David Hockney umgab, die er in Gemälde wie das Bild mit der blonden Dame und der Gazelle an der Wand übertrug, das Peter Schlesingers staunender Blick in der brillanten Filmszene wahrnimmt. Und eben dieser Peter, der zumindest in den späteren Jahren seiner Beziehung zum weltberühmten Künstler Hockney darunter litt, stets nur als Objekt in seinen Bildern vorzukommen, wird zum Betrachter von außen, selbst Künstler, nämlich Maler und Fotograf, in dessen Augen etwas ganz Neues geschaffen wird. Peter tritt aus seiner Rolle und betrachtet das gemalte Motiv inmitten der filmisch kreierten „realen“ Umgebung, die genau dieses Sujet zu Leben erweckt. Doch die Welt, die sich vor ihm auftut, öffnet sich ihm nicht wirklich. Der Mann mit den langen schwarzen Haaren, der sich ihm von hinten nähert, tastet ihn zwar mit Blicken ab, aber es kommt zu keiner echten Berührung. Auch die beiden Männer, die Peter beim Abendessen beobachtet und dabei die Handflächen an die Scheibe drückt und seinen noch immer nackten Körper fast dagegenpresst, nehmen keine Notiz von ihm. Hinter Peters Gestalt befindet sich der nun von Unterwasserscheinwerfern erleuchtete Pool, rundum herrscht schon dunkle Nacht. Da dreht sich Peter um, steigt ins Wasser und taucht wieder unter – kehrt in jene Welt zurück, aus der er sich für diesen kurzen Besuch in der Wirklichkeit oder in dem, was er unter Umständen dafür hielt, erhoben hat.

„In der magischen Stille der Formen ruht unsere Betrachtung; die Ekstase wächst und löst sich allmählich im geklärten Gefühl“, schrieb der italienische

Futurist Carlo Carrà über den Renaissancekünstler Giotto. *A Bigger Splash* hat seinen Titel von einem von David Hockneys berühmtesten Gemälden aus dem Jahr 1967 geliehen; die von Carrà als solche bezeichnete „magische Stille" und das „geklärte Gefühl", genau diese Stimmung ist es, die das Bild vermittelt, die sie atmet und gleichsam den Atem anhält wie ohne Davor und Danach, dieses Ereignis des Aufspritzen des Wassers nach dem Eintauchen eines Körpers, „das zwei Sekunden lang" andauere, wie Hockney selbst es einmal formulierte: Er jedoch habe zwei Wochen daran gearbeitet, um es zu malen. Bei der ersten Ansicht des Films verstörte die Intimität, mit der er seinen seelischen Zustand nach der Trennung von Peter Schlesinger offenbarte, aber auch eine Szene, in der Peter Sex mit einem anderen Mann hat, Hockney so sehr, dass er dem Regisseur angeblich die Summe von 20.000 Pfund bot, falls er den Streifen zerstören würde. Wir wissen, dass es nicht dazu kam, der Film seine Premiere beim Festival in Cannes hatte und auf großes internationales Interesse stieß. So wird etwa Martin Scorsese mit dem lobenden Urteil zitiert: „Einer der besten Filme über einen Künstler und sein Werk, die ich je gesehen habe."

Die Arbeit an einem ganz bestimmten Gemälde – ein oft verzweifeltes Hadern mit der perfekten Komposition – durchzieht Hazans Film als roter Faden: „Portrait of an Artist (Pool with Two Figures)" aus dem Jahr 1972. Hockney, damals bereits von Peter verlassen, lebte und arbeitete als Leidender ob der Qualen verschmähter Liebe. In einem roten Sakko steht Peter am Rand eines Pools und blickt nach unten auf einen Schwimmer unter der lichtumspielten Wasseroberfläche, wie er selbst einer in früheren Bildern Hockneys war. Aus dem Objekt des Interesses des Künstlers ist Peter zum aktiven Subjekt geworden, dem Künstler mit dem Blick auf sein Motiv – den Schwimmer, den Peter selbst in älteren Bildern darstellte. Peter, der frühere Liebhaber und Partner, musste für David Hockney unerreichbar werden, um jene Rolle zugesprochen zu bekommen, die ihm bislang versagt geblieben war.

Ein knappes Jahrzehnt vor der Premiere von *A Bigger Splash* kam der junge Maler aus dem ständig verregneten Yorkshire zum ersten Mal nach Kalifornien; wie vor den Kopf gestoßen muss er gewesen sein ob der Fülle an Farben und Sonne: Direkt in die Augen und weiter ins Hirn müssen ihm diese schreiend bunten, dann wieder pastelligen Töne und dieses gleißende Licht gefahren sein. Damals malte David Hockney seine ersten Duschbilder, angeregt durch seine Beobachtung, wie geradezu versessen die Amerikaner aufs Duschen waren. Als er kurz darauf nach Los Angeles zog, begann er mit jenen Swimmingpools und Villen, die ihn weltberühmt machen sollten. David Hockney malte diese jungen Männer erstmals 1963 und dann immer wieder. Der Jüngling ohne Namen, der in Wahrheit so oft eben Peter oder einer der vielen anderen jungen Männer war, die Peter glichen, ist unter der Dusche zu sehen. Er beugt sich vornüber in die Kabine, das Wasser trifft auf seinen Nacken, seine Schultern. Im ersten Moment war das kalte Nass ein Schock, dann ist es nur noch wohltuend. Der junge Mann hat den Nachmittag am Pool verbracht. Der Pool, die Terrasse, die schlanken Palmen dahinter und der Bungalow selbst mit seinen hohen Glastüren sollten die Motive für spätere Bilder werden, Kulissen für zwanglos elegante Inszenierungen von stilisiertem Realismus, Sinnbilder kalifornischen Lebensstils von kühler Künstlichkeit und gelassener Leuchtkraft, gleichsam die Zurückweisung einer unvollkommenen Alltagswelt – und mittendrin der junge Mann oder zumindest Erinnerungen an ihn: leere Sessel, ein halb ausgepackter Koffer auf dem Bett. Aber sonst: der nackte Körper in der Sonne, noch nicht sehr gebräunt, kurzes Haar, ein Gesicht ohne klar definierte Züge, vielleicht ein Badetuch, einmal, wie schon beschrieben, das hinter dem gerade in den Pool Gesprungenen hochspritzende Wasser.

„And his arm lay lightly around my breast – and that night I was happy", schrieb Walt Whitman in einem seiner Gedichte, die keinen Zweifel an seiner gleichgeschlechtlichen Neigung lassen. In David Hockneys Bildern gibt es diese Zweisamkeit nicht. Als der Jüngling so daliegt, ganz für sich, spürt er eine Stimmung traumhafter Ruhe und Unwirklichkeit. Es ist völlig windstill; an manchen Tagen kommt ein etwas kühlerer Wind vom Meer her, heute aber nicht. Stattdessen hängt ein leichter Geruch nach Chlor in der stehenden Luft. Obwohl der junge Mann doch schwitzen müsste, ist davon nichts zu sehen. Er ist nackt, doch alles Fleischliche ist aus den Bildern, die ihn zeigen, verbannt; Hockney geht es um die Idee von Nacktheit. Auch unter Wasser bleibt der junge Mann in seinem schönen, fremden Reich, der einsamen Lichtwelt einer Amöbe gleich, abgeschnitten von der

Welt außerhalb seines Mediums. Eine Fantasie, die sich aus der Betrachtung dieser Gemälde entspinnt: Der Jüngling hat vor der Dusche ein wenig im Haus geruht. Er hat im blauen Bademantel auf einem Sofa neben einer Vase mit roten Tulpen geschlafen. Das Hemd, das er sich nun nach dem Duschen anzieht, ist frisch gewaschen und gebügelt, die enge, schwarze Hose glänzt im Licht des späten Nachmittags so wie der Lack des roten Sportwagens, in dem er langsam aus der Garage fährt. Damals gab es in Los Angeles noch Tage, an denen der Verkehr flüssig über den Highway glitt. Der junge Mann lenkt den Wagen vom Meer weg ins Hinterland. Zuvor hat er noch die Rasensprenger um das Haus angestellt: Sie verrichten die Arbeit von Natur und Gärtner. Er fährt den Mulholland Drive hinauf, vorbei an Villen mit Tennisplätzen und angelegtem Grün. Er fährt nicht bis zum Atelier, zu dem die Straße führt, sondern biegt bei einem riesigen Strommasten ab. Nach einiger Zeit kommt er zu einer Tankstelle. Der Tankwart ist ein hünenhafter Schwarzer im schmutzigen Overall. Der junge Mann holt sich aus der Snackbar einen Becher Kaffee. Dort sitzt an der Theke eine dieser einsamen Wasserstoffblondinen. Aus der Jukebox singt eine melancholische Stimme. Die Blondine weint, deshalb nimmt der Jüngling sie mit. Sie versucht, sich im Innenspiegel des Wagens ihr Make-up zu richten. Doch weil der Wind weht und sie nicht zu weinen aufhören kann, verwischt sie die Farben noch mehr. Das kann der junge Mann nicht aushalten, er lässt sie bei der nächsten Abfahrt wieder aussteigen. Sie passt nicht ganz zu ihm, ähnelt ohnehin eher einem Modell von Edward Hopper.

Dann fährt der junge Mann vom Highway ab; nach einigen weiteren Minuten kommt er zur Abzweigung in die Nichols Canyon Road. Er hält vor einem anderen Haus, und als er den Zündschlüssel aus dem Schloss zieht, ist es mit einem Mal wieder ganz still. Es ist so still wie zuvor am Pool. Die Stille lastet aber nicht auf dem Körper des Jünglings. Sie zieht die Straße entlang bis über die Hügel in den Canyon. Freilich ist es in den Farben dieses Nachmittags immer noch sehr warm. Der junge Mann sieht sich um; die selbstvergessene Gelassenheit der Szenerie ohne Zeitgefühl überträgt sich auf ihn. Die Landschaft mit ihren kleinen weißen Häusern, den Palmen und Zypressen, den Gästen und Feldern und im Hintergrund die Gegend aus Felsen und Halbwüste steht für sich allein. Sie stellt sich dar wie auch der junge Mann: in splendid isolation. Der Jüngling fühlt sich gerufen, in dieses Haus in den Bergen von Hollywood, in dem ein Fernsehapparat neben dem offenen Kamin steht und ein Bild von Laurel und Hardy an der Wand hängt, ähnlich jenem mit dem Kopf der Gazelle und der Liege mit dem Bezug aus einem Zebrafell. So wie Peter Schlesinger in den magischen Bildern in *A Bigger Splash* weiß er aber auch, dass für ihn jede Zweisamkeit eine allzu große Anstrengung wäre, zudem eine mit ungewissem Ausgang. So wird keine dralle, grell geschminkte Witwe mit fleischlichen Genüssen auf ihn warten. Eher ein Adonis wie er selbst, in einer verhaltenen Bewegung vor dem Spiegel der Eigenliebe in sich gekehrt und erstarrt. Denn alles ist offen und doch alles schon gesagt.

A Bigger Splash (GB 1973, Dokumentarfilm/Drama)
Regie: Jack Hazan
Darsteller: David Hockney, Peter Schlesinger, Celia Birtwell, Henry Geldzahler, Ossie Clark, John Kasmin

Der Blick durch den Riss

Flesh (1968)

Hanna Sukares vielfach ausgezeichneter Roman *Schwedenreiter* (2018) ist mit dem Nachnamen seines Protagonisten Paul betitelt. Dieser übt einen Beruf aus, von dem man nur selten liest oder hört, er ist Brückenmeister. In dieser Funktion untersucht er in den „schachtstillen Gängen unter der Stadt“ den Beton und das Ziegelwerk von Brücken, Tunnels und Viadukten der Stadtbahn nach Rissen. „Wo der Riss verläuft, war vorher ungetrennte verbundene Fläche. Der Riss ist eine bleibende örtliche Trennung.“ Sukare lädt Pauls Beruf von Anfang ihrer Geschichte an metaphorisch auf, und so stößt er im primären Handlungsstrang des Buches auch auf Risse zwischen Menschen und historischen Zeitebenen und dem Heute. Es geht um eine fiktive Salzburger Gemeinde mit dem bezeichnenden Namen Stumpf und die Ignoranz der dortigen Ortsgemeinschaft bezüglich der Rehabilitierung von Deserteuren aus der Zeit des Zweiten Weltkriegs. Pauls Großvater war solch ein Wehrdienstverweigerer und seine Urgroßmutter kam deshalb ins Konzentrationslager. Der reale „Sturm“ auf die Deserteure des Ortes Goldegg spiegelt die Romanhandlung, in der Chronik der Gemeinde wurden sie etwa auch noch im Jahr 2009 als „gefährliche Landplage“ bezeichnet.

Zwei Jahre nach dem Tod seiner innig geliebten Meret kehrt Paul nach Stumpf und in sein Elternhaus zurück und sieht sich dort von den Geistern der Vergangenheit eingeholt. In ihrer das motivische Gewebe kunstvoll verbindenden Textarbeit seziert Sukare Pauls hartnäckige Nachforschungen über die damaligen Opfer und Täter und damit über die Risse in den Mauern aus Selbstbetrug und Täuschung, die diese Gesellschaft um sich errichtet hat. Sie sind wie offene Wunden, in die die Autorin den Finger legt. „Da war mehr als ein Haarriss zwischen uns entstanden, wir trafen einander danach lange nicht mehr“, charakterisiert Paul etwa ein missglücktes Gespräch. „Und so durchziehen die Risse [...] etliche hiesige Familien.“

Womit wir den Schwenk zu einer positiven Konnotation des Begriffs „Riss" vornehmen wollen. „There is a crack, a crack in everything/That's how the light gets in", heißt es in Leonard Cohens Lied „Anthem" (1992). „Von Rissen, die nicht Fehlstellen, sondern Lichtfugen sind, singt die Stimme", werden in *Schwedenreiter* an einer Stelle Pauls Gefühle für Meret beschrieben – und in einer anderen Passage: „Alle sechs bis acht Meter hat die Tunnelwand einen Längsriss, harmlose Zwangsrisse, die der Beton zu seiner Ausdehnung braucht, weil hier Fugen fehlen." In eben diese Richtung verläuft mein Gedankengang, dass Gesellschaften für den Gewinn von Erkenntnis über tiefere inhärente Zusammenhänge auf solche Risse angewiesen sind; nur durch Risse in der Oberfläche, unter der wir uns alle tagtäglich verbergen, gelingt es uns, ins Herz und die Seele anderer Menschen zu blicken. Paul Schwedenreiter entdeckt dabei etwa das individuelle Leid hinter historischen Fakten. Und wir im Underground-Klassiker *Flesh* die Schwulenikone Joe Dallesandro beim väterlichen Spielen mit einem kleinen Kind.

Die vierte Strophe von Lou Reeds legendärem Song „Walk on the Wild Side" aus 1972 ist Joe Dallesandro gewidmet. „Little Joe never once gave it away/ Everybody had to pay and pay/A hustle here and a hustle there" heißt es darin in Anspielung auf seine Rolle in *Flesh*. Das Musikstück erzählt die Geschichte von fünf Protagonisten aus dem Umkreis von Andy Warhols „Factory", von Homosexuellen, Transvestiten oder eben Strichern wie „Little Joe": „New York City's the place where they said/‚Hey babe, take a walk on the wild side'".

In *Flesh* soll Joe möglichst rasch Geld für die Abtreibung einer Freundin seiner Frau beschaffen. Bei seiner Suche nach Freiern trifft er auf sehr unterschiedliche Typen wie einen Kunden, der ihm mehrmals versichert, wie gut es zwischen ihnen geklappt hätte und dass er ihn unbedingt wiedersehen wolle, einen älteren Herren, der ihn in Referenz zur Idee der Antike über die Schönheit des männlichen Körpers dazu auffordert, auf einem gelbbezogenen Bett vor gelbgestreifter Tapete die Posen griechischer Statuen nachzustellen, oder einen Veteranen aus dem Koreakrieg, der zu keiner Erektion mehr fähig ist und ihm aus einem Sexheftchen vorliest. Der Tag vergeht mit Ratschlägen für einen Nachwuchsstricher – er solle sich nicht darum kümmern, was andere von ihm denken: „You just do what you have to do!" – und einem Blowjob einer Stripteasetänzerin. Bevor sie einschlafen, liegt Joe nackt und ganz entspannt neben seiner Frau und ihrer Freundin im Bett, die nun doch keine Abtreibung mehr möchte.

Die Großaufnahme von Joe, wie er nach diesem – wie man es eben nimmt – ereignisreichen oder auch nicht ereignisreichen Tag einschläft, greift die erste Einstellung von *Flesh* wieder auf. In dieser beobachten wir ihn minutenlang in Großaufnahme und dann nackt auf dem Bauch liegend beim Schlafen; dazu Musik wie aus einem Trichtergrammofon. Seine Frau reißt ihn aus den Träumen: Er solle seine Zeit nicht abwechselnd mit Fernsehen und Schlafen vergeuden und zur Arbeit gehen. Die beiden nennen einander neckisch „insane“ und „fucking nuts“, schmusen danach aber miteinander, und Joes Penis wird von seiner Frau in einen Schal verpackt – was er nicht so spaßig findet wie sie. Darauf kümmert sich der junge Vater um seinen kleinen Sohn, während seine Frau die Wäsche bügelt. Joe ist zwar die ganze Szene über nackt, anders als auf dem berühmten Filmplakat trägt das Kind im Krabbelalter aber eine Windelhose und ein weißes Leibchen. Der Vater füttert den Kleinen mit einem Muffin, er kniet, kauert oder liegt bei ihm auf einem Teppich und beobachtet ihn liebevoll. Immer wieder sind zwischen die Bilder, die die beiden miteinander zeigen, Großaufnahmen von Joes Gesicht, von seiner Achsel, seinen Muskeln und der Tätowierung geschnitten, aber auch solche des pausbäckigen, glücklichen und zufriedenen Kindes, das seine Finger in den Muffin bohrt oder nach Stückchen greift, die Joe ihm hinhält. Im Kontrast der Erforschung der Geografie des Körpers von Joe Dallesandro, auf den sich die Sehnsucht so vieler Zuschauer richtet, und der völligen Natürlichkeit des kleinen Kindes, liegt das große Faszinosum dieser Szene. Es sind ruhige, stille, ganz und gar unaufgeregte und sehr konzentrierte Momente; es gibt kaum Hintergrundgeräusche, und Joes Züge wirken viel weicher und er wesentlich jünger als noch kurz zuvor. Diese Minuten der Darstellung der Unschuld von Alltagsnormalität sind für mich die „Lichtfugen“ des Films.

Andy Warhol fungierte bei *Flesh* nur als Produzent, denn nach dem Schussattentat durch die radikal-feministische Schriftstellerin Valerie Solanas hatte er sich an diesem Punkt seines künstlerischen Schaffens von einer Reihe seiner Projekte zurückgezogen; er soll sich vom Dreh völlig ferngehalten haben. Geschrieben und inszeniert von Paul Morrissey, wurde der Streifen dennoch unter Warhols zugkräftigem Namen vermarktet und fand gemeinsam mit seinen Nachfolgern *Trash* (1970) und *Heat* (1972), in denen Joe Dallesandro ebenfalls die Hauptrollen spielte, als Undergroundfilm kommerzielle Verleiher. Mehr als die schon marktgerecht-glatteren späteren Teile der losen Trilogie reüssiert *Flesh* in der radikalen Absage auf das normative Erzählen seiner Zeit und durch seine scheinbar laienhafte, in Wahrheit jedoch bewusst konzipierte Machart, durch eine verwackelte Kamera sowie Ton- und Bildsprünge mit zuweilen abruptem Ende, die ein Gefühl abseits des filmischen Mainstreams erzeugen sollten. Was natürlich auch den Inhalt spiegelte, weil sich die Figuren und Geschichten, die Morrissey entwirft, als krasses Gegenteil zu dem gerieren, worauf Hollywood allenthalben innerhalb der gesellschaftlichen Konventionen als familiäre Konstellationen im typisch amerikanischen Mittelstandsspektrum bestand. Diese Normen brechen *Flesh* und die anderen Filme der „Factory" auf – eine Art Anti-Disney, dessen Darstellung von Nacktheit und dem ungezwungenen Umgang mit unterschiedlichen Formen der Sexualität seiner Zeit weit voraus war. Wenn wir durch die Risse spähen, die dabei entstehen, gewinnen wir Einblicke in ein ganz anderes Lebensgefühl und die Verhältnisse einer Subkultur fernab sexueller Tabus und Repressionen. Einem Großteil des damaligen Publikums musste dies wohl als provokant, ja anarchistisch vorkommen, keine Frage. „Kunstmethodologisch interessant wegen seiner neuen Inhalts- und Formimpulse", nannte das immerhin sogar der „Evangelische Filmbeobachter" von 1970.

„Wer alles über Andy Warhol wissen will", wird der Künstler von Stefana Sabin in einer Biografie zitiert, „braucht nur die Oberfläche anzusehen, die meiner Bilder und Filme und von mir, und das bin ich." Er bekräftigt seine Worte mit dem Nachsatz: „Da ist nichts dahinter." Das mag in unterschiedlicher Weise zutreffen oder auch nicht, zumindest die Analyse der Szene aus *Flesh* hat uns gezeigt, dass in ihr und hinter ihr wesentlich mehr steckt. „Sie weisen, was selten ist in den Romanen unserer Zeit, eine warme Zuneigung innerhalb der Familie auf, eine Liebe unter Brüdern und Schwestern, des Vaters zu seinen Kindern – eine Liebe, so warm und stolz, dass sie versucht, den Rest der Welt auszuschließen", schrieb Malcolm Cowley 1945 in seinem bedeutenden Essay über

William Faulkner. Als handelte es sich dabei um ein Beispiel für genau diese Interpretation, heißt es in Faulkners Erzählung „Der Bär" („The Bear", erschienen in der Sammlung *Go Down, Moses: Chronik einer Familie*, 1954): „Er redete von der Wahrheit. Die Wahrheit ist einzig. Sie ändert sich nicht. Sie bezieht sich auf alle Dinge, die das Herz angehen – Ehre und Stolz und Mitleid und Gerechtigkeit und Mut und Liebe." Als solchen Moment der Wahrheit empfinde ich die Szene mit dem jungen Vater und seinem Kind in *Flesh*. Durch die Risse der Oberfläche des Konventionellen gewähren Filme wie dieser eine Ahnung von einer jener Kulturen, die eher im Verborgenen gedeihen, die aber lebendig sind und deren Mitglieder sich voller Stolz bewusst sind, dass jede und jeder selbst entscheiden können sollte, welche Art von Leben für sie und ihn die richtige ist. Durch einen weiteren Riss in diesem Riss gibt es dann sogar Augenblicke wie jene Lichtfuge, in der ein Vater und sein Sohn ganz einfach Zeit miteinander verbringen; also etwas, worauf es – jenseits der Frage nach herkömmlicher oder alternativer Lebenswelt – wirklich ankommt; was man sogar als eine Art von Brückenbau verstehen kann.

Flesh (USA 1968, Independentfilm)
Regie: Paul Morrissey
Darsteller: Joe Dallesandro, Geraldine Smith, Patti D'Arbanville, Candy Darling, Jackie Curtis

Des Menschen Würde

Four Moons (2014)

Ein Mann ist auf der Flucht. Verfolgt von Straßenjungen, stolpert die vermummte Gestalt die Stufen eines Bahnsteigs hinunter und stößt dabei unabsichtlich ein kleines Mädchen zu Boden, hetzt durch die engen Gänge der Londoner U-Bahn, den lüsternen Mob schon auf den Fersen, für den es sich bei diesem Mann weniger um einen Menschen als um ein Ungeheuer handelt. In einer öffentlichen Toilette sieht sich der Flüchtende in die Enge getrieben, hier gibt es kein Ein und Aus mehr. Wie ein verwundetes Tier kauert er zwischen den Urinalen am Boden, zitternd vor Angst um das blanke Leben. Dann brechen aus ihm die Worte, die den Mob zum Verstummen bringen: „I am not an animal! I am a human being!“

Dieser Mann, dem viele das Menschsein absprechen wollen, hieß John Merrick und wurde im viktorianischen England aufgrund der tumorartigen Verwachsungen auf Gesicht und Körper als *Der Elefantenmensch* apostrophiert. David Lynchs betörende Schwarzweiß-Studie aus dem Jahr 1980 zeichnet diesen Unglücklichen als sanfte Seele, die nur eines möchte: abseits der Jahrmarktsattraktion, als die er sich verdingte, als menschliches Wesen mit seiner Individualität und all seinen Gefühlen wahrgenommen und akzeptiert zu werden und auf diese Weise seine Würde zu bewahren.

Fast wie ein Monster mag sich auch Joaquín angesichts der abwertenden, ja zuweilen angewiderten Blicke der jüngeren Männer in der Schwulensauna vorkommen. Alonso Echánove verkörpert ihn mit den großen verwundeten Augen eines alten Poeten, der an der Sehnsucht, die in seinem Herzen brennt, zu zerbrechen droht. Sergio Tovar Velardes Episodenfilm *Four Moons* ist eine Studie des Begehrens und der Einsamkeit. Velardes bespielt das Terrain der Geschichte mit einem narrativen Vokabular aus unterschiedlichen Stadien der Entwicklung seiner Charaktere. Der kleine Junge, der Gefühle für seinen Cousin hegt, die beiden Freunde aus Kindheitstagen, die einander am College wiederbegegnen, die Gier nach sexuellen Abenteuern in einer an und für sich funktionierenden langjährigen Beziehung – und eben auch Joaquín, der zeitlebens als Dichter verkannt wurde und nun eine späte Ehrung in Form der Auszeichnung durch eine Universität erfahren soll. Seine Frau, die Töchter, die Enkelkinder sind stolz auf ihn, allein die Beziehungsmuster in der Gegenwelt der schwulen Sauna laufen nach anderen Regeln ab. Joaquíns Begehren richtet sich auf den Stricher Gilberto (Alejandro Belmonte), dessen Namen er erst am Ende der filmischen Ereignisse erfahren soll. Zu Beginn steht die Abscheu des jungen Mannes diesem alten Niemand gegenüber, wenn er auf der Bank in der Sauna von ihm abrückt und das Gesicht verzieht. „Rede nicht so mit mir“, versucht Joaquín aufzubegehren, doch je öfter er nach dem Preis für Sex fragt, desto höher schraubt Gilberto seine Forderungen. „Du behandelst mich wie den letzten Dreck“, ereifert sich Joaquín. „Dabei weißt du gar nicht, wer ich bin. Ich bin jemand Wichtiges.“

Schließlich verwendet der alte Mann das Geld, das er eigentlich für die Weihnachtsgeschenke seiner Enkelkinder gespart hat, um Gilberto für seine Dienste bezahlen zu können. Ein Spiel um Macht und Erniedrigung: Gilberto verschiebt das Treffen auf den nächsten Tag und lässt Joaquín auch dann noch zwei Stunden warten. Als ihn der alte Mann dann beim Sex zu küssen versucht, legt er seine Hand zwischen ihre Lippen. „Es war wunderschön“, meint Joaquín anschließend trotzdem. Was diese filmische Erzählung so besonders macht, ist der Umstand, dass die Geschichte hier nicht endet, sondern einen Wendepunkt einleitet. Sie erzählt davon, was passiert, wenn die zuvor geschilderte Distanz endlich doch durchbrochen wird. In dem Gespräch, das dem Sex folgt, treten Gemeinsamkeiten zutage. Auch Gilberto ist verheiratet, seine Frau und das Kind warten bereits jenseits der Grenze auf ihn. Wie viel es denn kosten würde, wenn Gilberto zu seiner Ehrung erscheinen würde, fragt Joaquín schüchtern. Die beiden Männer kommen zu einer Vereinbarung. Eine zarte und berührende Szene: Es ist nur ein sehr kleiner Kreis, in dessen Rahmen die Laudatio über den Dichter Joaquín gehalten wird. Auch ein neues Gedicht wird dabei vorgetragen, es handelt von den winzigen Fleckchen von Sonne, die im Herzen leben, von goldenen Feldern und einem Flug nach Norden oder Süden, von einem Gefühl nahe der Freiheit. Währenddessen betritt auch Gilberto den Saal, und in Joaquíns Augen tut sich Freude auf, die über den Moment des Vortrags hinausgeht. Später trifft er Gilberto auf der Toilette. Der junge Mann hat ein Buch gekauft und bittet Joaquín um eine persönliche Widmung. Die Erkenntnis: „Ich kenne deinen Namen nicht." Und dann stehen einander auf einmal nicht mehr Freier und Stricher gegenüber; die Distanz zwischen ihnen ist überbrückt, indem zwei Menschen einander einfach die Hand reichen. Joaquín möchte Gilberto die vereinbarte Summe zustecken, doch dieser nimmt das Geld nicht an. Stattdessen küsst er ihn auf den Mund. Was bleibt, als er gegangen ist, ist in den Augen des alten Mannes die Sonne, von der er in seinem Gedicht geschrieben hat – die Würde, schlicht und einfach als der akzeptiert worden zu sein, der er ist.

Four Moons (*Cuatro lunas*, Mexiko 2014, Drama/Episodenfilm)
Regie: Sergio Tovar Velardes
Darsteller: Antonio Velázquez, Alejandro de la Madrid, César Ramos, Gustavo Egelhaaf, Alonso Echánove, Alejandro Belmonte, Karina Gidi, Juan Manuel Bernal

Lieb und Leid und Welt und Traum

Leid und Herrlichkeit (2019)

Der amerikanische Schriftsteller und Philosoph Henry David Thoreau hat einmal gesagt: „Auf lange Sicht trifft man nur, worauf man zielt." Genau darum dreht sich *Dolor y gloria* von Pedro Almodóvar – sich einen Fokus zu suchen und sein Leben darauf auszurichten; und, falls man dieses Ziel je aus den Augen verlieren sollte, alles zu tun, um es wieder einzufangen.

Von einem Heimatlosen in diesem Sinne erzählt dieser Film, der als teils melancholischer, teils ironischer Blick des spanischen Meisterregisseurs auf sein eigenes Leben und Schaffen verstanden werden kann und doch viel mehr ist als Reminiszenz oder Revisionismus im Umfeld eines Künstlerlebens. „Wir erinnern uns nicht an den Tag, wir erinnern uns an Augenblicke", lautet einer der so brillant auf den Punkt gebrachten Gedanken des italienischen Autors Cesare Pavese.

Um solche markanten Momente kreisen die Erinnerungen von Salvador Mallo, dem Protagonisten des Films und Alter Ego Almodóvars, wenn er sich in schlaflosen Nächten im Bett herumwälzt oder im Rausch einer Mischung aus einer Vielzahl von Medikamenten oder Heroin all den Schmerzen zu entkommen versucht, die seinen Körper und seine Seele martern. Gespielt wird Salvador von Antonio Banderas, der einst von Almodóvar ebenso für die Leinwand entdeckt wurde wie Penélope Cruz. Sie verkörpert in *Leid und Herrlichkeit* in Rückblenden die Mutter des Kindes Salvador, dem in der unschuldigen Beziehung zu einem schönen jungen Arbeiter eines Tages die Erkenntnis seines Selbst offenbart wird – eine jener in geradezu überirdischer Vollendung komponierten Gänsehautszenen, mit denen sich Almodóvar in Filmen wie *Alles über meine Mutter (Todo sobre mi madre*, 1999) oder *La mala educación* (2004) in den ewigen Kanon des Kinos eingetragen hat. In der für ihn gewohnt kunstvoll verschachtelten Weise erzählt Almodóvar von Salvador als einem Menschen, der als Filmkünstler Großes geschaffen und breite Anerkennung erfahren hat und dennoch an seinem Werk und sich selbst bis zur Selbstzerstörung hadert, einem Schmerzensmann im wahrsten Sinne des Wortes. Leicht gebückt geht er durch sein Leben, Antonio Banderas macht für uns nachvollziehbar, dass ihm jeder Schritt, aber auch jeder Gedanke Pein bereitet. Obwohl er doch eigentlich genießen könnte, was er im Leben erreicht hat, ist er so ganz und gar nicht mit sich selbst im Reinen. In einem Buch streicht Salvador die Zeilen an: „Das Leben schmeckt mir so wenig, wie eine wirkungslose Arznei. Ich sehe klar vor mir, wie leicht ich mich von diesem Leid erlösen könnte." Die Selbstzweifel, die Salvador keine Ruhe lassen, sind mit drei Menschen verbunden, mit Versäumnissen aus der gemeinsamen Vergangenheit. Wir lernen diese im Verlauf der Handlung allmählich kennen. Mehr als drei Jahrzehnte zuvor entzweite ein Zwist Salvador und Alberto (Asier Etxeandia), den Hauptdarsteller eines Films, der jetzt restauriert und wieder aufgeführt wird. „Dein Blickwinkel hat sich verändert", meint Alberto, als ihn Salvador nach langer Zeit wieder aufsucht. „Der Film ist immer noch derselbe." Darauf antwortet Salvador, er habe sich mit dem Film versöhnt. Der Weg zu dieser Versöhnung, mit konkreten Menschen, mit Ereignissen und Entscheidungen, die nicht mehr rückgängig gemacht werden können, kurz mit seiner Vergangenheit, ist es, auf dem wir Salvador in *Leid und Herrlichkeit* begleiten.

Die zweite Person, die zumindest für eine Nacht wieder in sein Leben tritt, ist Federico (Leonardo Sbaraglia), seine einzige große Liebe. Auf Drängen Albertos hat Salvador seine Kurzgeschichte „Die Sucht" zu einem Bühnenstück verarbeitet. Darin geht es um seine Leidenschaft für den Film und für einen ganz bestimmten Menschen. In den Filmen, deren Projektion er als kleiner Junge in seinem Dorf mit großem Staunen beiwohnte, erzählt Salvador, sei immer viel Wasser vorgekommen: der Grund, weshalb die Kinder ständig pinkeln mussten – was sie gleich neben der Leinwand erledigt hätten. Die kurzen Sätze, mit denen er diese Stimmung wiedergibt, charakterisieren die ganz spezielle Poesie des Textes: „Im Kino meiner Kindheit riecht es immer nach Pisse. Und Jasmin. Und Sommerwind."

Das Einpersonenstück, das Alberto ohne Kulissen und Effekte auf eine kleine Bühne in Madrid bringt, führt von der einen Liebe zu einer anderen. Federico, dessen Heroinsucht die Beziehung zu

Salvador damals zerstörte und der jetzt eigentlich in Buenos Aires lebt, befindet sich im Publikum. Er hält sich aufgrund von Erbschaftsangelegenheiten in Madrid auf und sucht nach der Aufführung Kontakt zu Salvador. Die zwei Männer verbringen eine Nacht der Reminiszenzen, und trotz der vielen Jahre, die verstrichen sind, wird spürbar, wie nahe sie einander noch sind. „Liebe reicht nicht aus, um die Person zu retten, die man liebt", hat Federico als Erklärung für ihre Trennung gefunden. Und Salvador gesteht ihm: „Du hast mein Leben erfüllt, wie es bis heute niemand sonst konnte." Im gegenseitigen Verstehen und schließlich einem langen Kuss löst sich jedes Unbehagen über die Vorkommnisse in der Vergangenheit auf – ein berührender Moment des liebevollen Umgangs von zwei Menschen, die in ihrer Freundschaft vielleicht tatsächlich eine neue Möglichkeit des Umgangs miteinander gefunden haben.

Virginia Woolf, James Joyce oder auch Arthur Schnitzler haben in ihrem Werk den „Stream of Consciousness" entwickelt, eine Erzähltechnik der assoziativen Folge von Vorstellungen, die sich aus dem Anlass von äußerem Geschehen entwickeln. In dem fließenden Strom von Salvadors Erinnerungen tauchen immer wieder Motive aus Almodóvars Filmen auf. Die Schaffenskrise eines Künstlers, Leidenschaft und Begehren und die Verzweiflung, die damit mitunter einhergeht, die komplizierten Verhältnisse in Beziehungen der unterschiedlichsten Formen, nicht zuletzt die Rolle der Mutter sind rote Fäden, die auch den Handlungsverlauf von *Dolor y gloria* bestimmen. Die Mutter aus Salvadors Kindheit wäscht wie auch andere Frauen in einem Fluss die Wäsche, sie singt mit ihnen, wenn sie die nassen Tücher und Kleidungsstücke am Ufer auf Büschen zum Trocknen auflegt, und Salvador, der kleine Junge, ist unter ihnen, unbeschwert und in ihrer Gemeinschaft geborgen. Diese Mutter ist es auch, die ihm in einer anderen Szene ein Abendessen aus einem Stück Schokolade zwischen Weißbrotscheiben bereitet. Zu diesem Zeitpunkt sitzen sie im Laufe ihrer Reise zum Vater, der in einem Dorf bereits ihr neues Zuhause eingerichtet hat, aufgrund eines Feiertages ohne Zugverkehr in einem Bahnhof fest. Ganz ernsthaft diskutiert die Mutter mit ihrem kleinen Sohn die Frage, ob Liz und Robert Taylor, deren Klebebilder Salvador in der Verpackung der Schokolade findet, denn Geschwister wären. Sie ist es auch, die nicht einmal angesichts ihrer neuen Behausung in einer armseligen Höhlenwohnung den Mut verliert, sondern sich anschickt, daraus ein lebenswertes Umfeld zu gestalten.

Näher am Jetzt sind Salvadors Erinnerungen an die Gespräche mit seiner Mutter (Julieta Serrano), als sie, trotz ihres Alters und beeinträchtigten Gesundheitszustandes resolut wie eh und je, ihm genaue Anweisungen für die Zeit nach ihrem Tod gibt. Dass es ihm leidtue, nicht der Sohn gewesen zu sein, den sie sich wohl gewünscht habe, meint Salvador – dass er einfach so sei, wie er sei, und sie enttäuscht habe. Sie habe ihn zur Welt gebracht und für ihn geschuftet, damit er es besser habe als sein Vater und sie, wischt die Mutter seine Bedenken weg und äußert ihren letzten Wunsch: Salvador solle sie zum Sterben zurück ins Dorf bringen. Dass es nicht mehr dazu kam, er diesem Wunsch nicht entsprechen konnte, weil die Mutter am nächsten Tag auf der Intensivstation des Krankenhauses starb, ist einer jener Gedanken, die Salvador immer noch heimsuchen.

Doch Almodóvar führt seinen filmischen Protagonisten auf seinem Weg der Versöhnung mit den Drachen seiner Vergangenheit in die richtige Richtung. Die sonnendurchfluteten Eindrücke aus der Kindheit, mit allen Sinnen und aller Intensität wahrgenommen, und was sie unser Leben lang mit uns anstellen, ist ein weiteres von Almodóvars primären Motiven. „Da seine gesamte Gedankenwelt sich in nichts als einem tiefen Seufzer zusammenfassen hätte lassen, blieb ihm nur die Alternative des Schweigens.“ Dieser Satz aus dem Roman *Die Tour* (2019) des österreichischen Schriftstellers Stefan Soder passt auf Salvador bei der Unternehmung seiner inneren Rückschau – bevor die Erinnerung an jenen Moment, der sein Leben verändern sollte, ihm eine neue Stimme gibt: eine Stimme, die mit einem schönen jungen Mann namens Eduardo (César Vicente) zusammenhängt. Der Kinderdarsteller Asier Flores verkörpert den jungen Salvador wunderbar zwischen Unschuld und dem ersten Aufflackern von gleichgeschlechtlichem Begehren.

Schon bei der Ankunft in dem Dorf mit den weiß gestrichenen Hauswänden und den Höhlenwohnungen für die Ärmsten der Familien streift der Blick des kleinen Salvador jenen Eduardos; und hier beginnt die Weltenverzauberung, beginnt das Märchen, das Almodóvar aus Salvadors Kindheit spinnt. Die Räume der Höhlenwohnung öffnen sich zu einem Innenhof mit Blick direkt in den Himmel. Alles ist desolat, Salvadors Mutter heuert Eduardo an, die unterirdischen Zimmer mit frischer weißer Farbe und Fliesen in ein echtes Zuhause zu verwandeln. Im Gegenzug, so wird vereinbart, soll der talentierte Salvador dem Analphabeten Eduardo Lesen, Schreiben und Rechnen beibringen. Die abendlichen Stunden des Lernens, angefangen von den Buchstaben des Alphabets, machen Eduardo zu schaffen, doch Salvador ist ihm ein geduldiger Lehrer. Die Tipps, wie Eduardo den Bleistift halten soll, die Kinderhand, die die Hand des jungen Mannes führt – das Idyll des gemeinsamen Weges zu einem gefassten Ziel.

Und dann dieser Moment, an den sich Salvador fünf Jahrzehnte später erinnert, als er in einer Galerie auf ein Aquarell stößt, das ihn selbst als Kind, auf einem Stuhl in der Mitte des Höhlenhofes lesend, zeigt. Es ist ein heißer Tag, Eduardo klebt gerade die letzte der Fliesen über der Kochstelle an die Wand, da lässt ihn dieser Anblick nicht los. Salvador solle sich nicht bewegen, drängt er ihn, und fertigt auf einem Stück eines Papiersacks mit getrockneter weißer Farbe eine Skizze an. Er würde die Zeichnung daheim fertig machen, verspricht Eduardo. Salvador, dem die Hitze beim langen ruhigen Sitzen zu schaffen machte, legt sich auf sein Bett, seine Wangen sind rot und fiebrig heiß, und wie im Halbschlaf oder einem Traum sieht er, wie sich Eduardo auszieht und an einem Blechbottich zu waschen beginnt. Die Kamera badet in Salvadors großen dunklen Augen, und dann in dem Bild, das diese Augen sehen, ohne es wirklich zu verstehen; die langsamen Bewegungen der geschmeidigen Glieder, das leise Plätschern des Wassers und wie es den Rücken hinabläuft und über die Beine, einen Körper, der dem einer griechischen Statue gleicht. Das Spiel der Muskeln unter der gleißenden Sonne, in die Salvador aus dem Halbdunkel seines Schlafraumes schaut – Eduardos Gebaren ist völlig unschuldig und ohne Hintergedanken; doch als er Salvador bittet, ihm ein Handtuch zu holen, wendet er sich, nackt wie er ist, dem Jungen frontal zu. Als Salvador auf einmal direkt vor ihm steht, verblüfft und mit halb offenem Mund, ist sein Blick nicht mehr der eines Kindes, sondern der eines Menschen, der sich von einem Augenblick auf den anderen selbst erkennt: ein Blitzschlag, eine Offenbarung im lauten Geschrei der Grillen, die dem Jungen den Boden unter den Füßen entzieht. Das Handtuch entgleitet seinen Händen, Salvador strauchelt, seine Knie knicken ein und er verliert das Bewusstsein.

Salvador kauft das Aquarell, das an diesem bedeutsamen Tag skizziert wurde, in der Galerie und entdeckt auf der Rückseite einen aufgeklebten Brief von Eduardo. Er wurde fünfzig Jahre zuvor verfasst und ist an ihn gerichtet, so wie das Bild erreichte er ihn damals aber nicht. Eduardo schreibt, dass er ihm das fertige Bild schicke, er gibt auch seine Adresse an und hofft auf einen Besuch. Dass er diesen Brief überhaupt schreiben könne, drückt Eduardo aus, habe er allein Salvador und seinem Unterricht zu verdanken, und er erinnert sich, wie seine Hand bei seinen ersten ungeschickten Schreibbemühungen auf der seinen gelegen sei. Ob er Nachforschungen über Eduardo anstellen und ihn vielleicht wiedersehen wolle, möchte Salvadors Sekretärin wissen. Doch dieser verneint – es sei einfach zu viel Zeit verstrichen; und die Hauptsache: Das Bild habe seinen Empfänger gefunden.

Der Knoten, der Salvadors Versöhnung mit seiner Vergangenheit all die Jahre hindurch blockiert hat, wird durch diese Entdeckung gelöst. Er beginnt wieder zu schreiben: „Die erste Begierde“ ist der Text betitelt und so etwas wie frischer Lebensmut in diesem Neuanfang zu spüren. Parallel dazu werden eine Diagnose und die Linderung von belastenden Beschwerden durch eine Operation in Aussicht gestellt. Salvador erzählt dem Arzt von seinem Projekt. Ob es sich um ein Drama oder eine Komödie handle, wird er gefragt. „Das weiß man erst…“, setzt Salvador zu sprechen an, bevor die Narkose ihre Wirkung entfaltet.

Die österreichische Radiojournalistin Mirjam Jessa erzählt in einer Sendung zum 160. Geburtstag des Komponisten Gustav Mahler von dem Neunzehnjährigen, dem Liebeskummer zu schaffen macht, in dieser Lebenskrise aber im Wipfel eines Lindenbaumes Trost und Geborgenheit findet: „Überall Ruhe! Heiligste Ruhe“ Fünf Jahre später verfasste Mahler nach neuerlichem Liebesschmerz seine „Lieder eines fahrenden Gesellen“. Auch im letzten Lied, „in dem ihn zunächst die blauen Augen der Geliebten in die weite leere feindliche Welt verbannen, wie Schuberts Müllersburschen, wie den Wanderer der Winterreise“, sucht er Rettung unter einem Lindenbaum: „Da hab' ich zum ersten Mal im Schlaf geruht!/Unter dem Lindenbaum,/Der hat seine Blüten über mich geschneit,/Da wusst' ich nicht, wie das Leben tut,/ War alles, alles wieder gut!“ Mahler, der Komponist der Spätromantik, und Almodóvar, das Enfant terrible der spanischen Filmkunst – die Sehnsucht nach der Süße der Leichtigkeit des Seins, dem Verschwinden der Probleme und des Leids des Herzens und der Seele, dem Einswerden mit der Welt verbindet sie über die Jahrhunderte hinweg. Von „Lieb und Leid und Welt und Traum" sinniert Mahler am Schluss seines Liedes, wenn, wie es Mirjam Jessa formuliert, „alles nach dem Moment der Versöhnung der Gegensätze strebt, eben nach Erlösung".

Diese Erlösung hat auch Salvador gefunden. Das Ende von *Leid und Herrlichkeit* führt uns in die kleine Bahnstation zurück, wo sich der Junge und seine Mutter auf einer über eine Bank gebreitete Decke und auf dem Boden zu deren Füßen zur Nachtruhe betten. Die Kamera weicht langsam von dieser Szenerie zurück, und auf einmal werden wir gewahr, dass es sich um ein Filmset handelt. Salvador in seiner Funktion als Regisseur ruft „Cut!" und schließt die Dreharbeiten zu seinem neuen Film ab – wie jemand, der in sein Leben zurückgeschaut und es für gut befunden hat.

Leid und Herrlichkeit (*Dolor y gloria*, Spanien 2019, Drama)
Regie: Pedro Almodóvar
Darsteller: Penélope Cruz, Antonio Banderas, Asier Etxeandia, Leonardo Sbaraglia, Julieta Serrano, Nora Navas

Das Kind im Spiegel

Marvin (2017)

Der kleine rothaarige Junge steht auf den Bahngleisen und blickt – konzentriert und entschlossen – dem Zug entgegen. Langsam schält sich dieser aus der Unschärfe der ersten Bilder, gemächlich schrumpft die Entfernung zwischen der Maschine und dem Kind. Schon wähnen wir den Jungen unter den Rädern, da schwenkt die Lok zur Seite und passiert ihn auf einem Nebengleis. Dass wir in diesem Augenblick mit dem Schlimmsten gerechnet haben, ist in den Schikanen begründet, denen sich Marvin, der den im wahrsten Sinne des Wortes schillernden Nachnamen Bijoux, Schmuck, trägt, allerorts ausgesetzt sieht. In der Schule sind es ältere Jungen, die ihn als Schwuchtel beschimpfen, ihn bespucken und ihm die Lippen rot bemalen. In seiner Familie hat er keinen Rückhalt. Seine überforderte Mutter schwelgt in Fantasien, sie hätte ihre Kinder abtreiben sollen, der Vater ist ein Prolet, Alkoholiker und Kettenraucher, auch der ältere Bruder hat nur rüden Spott für Marvin über. Später, als junger Student in Paris, wird er einen anderen Namen annehmen – mit so etwas wie Glänzen und Glitzern hatte seine Kindheit ohnehin nichts gemein. Doch trotz dieses äußeren Zeichens des Bruchs mit der Vergangenheit und der Distanz zu seinem neuen Leben als Teil des intellektuellen Theatermilieus, fühlt sich Marvin deplaziert – allzu unwirklich, geradezu surreal erscheint ihm das Hier und Jetzt aufgrund seiner Herkunft.

Marvins Geschichte, wie sie die französische Regisseurin Anne Fontaine als lose Adaption des grandiosen Romans *Das Ende von Eddy (En finir avec Eddy Bellegueule*, 2014) von Édouard Louis erzählt und wohl auch durch Didier Eribons Sozialstudie *Rückkehr nach Reims (Retour à Reims*, 2009) inspiriert wurde, beginnt mit dem Geräusch von nervösem Keuchen – der erwachsene Marvin schminkt sich, er dehnt seinen Körper und versucht, sich in den letzten Momenten vor Beginn seines autobiografischen Bühnenprogramms zu sammeln. Wir hören das Läuten, das den Beginn der Vorstellung einleitet und daraufhin in das Klingeln der Schulglocke und in eine erste Szene der Demütigung mündet, die Marvin, das Kind, von älteren Jungen erleiden muss. Damit ist die Struktur des Films vorgegeben – die Klammer der Theateraufführung, die Marvins Leidensweg, seine Passion, zum Inhalt hat, lässt Szenen seiner Erinnerung vor unseren Augen lebendig werden. „Ich glaube ganz sicher, dass wir alle auf die eine oder andere Art Schaden erleiden", heißt es in Julian Barnes' mit dem renommierten Man Booker Prize ausgezeichneten Roman *Vom Ende einer Geschichte (The Sense of an Ending*, 2011). Die zentrale Metapher in der Erforschung des Schadens, den Marvin aus seiner Kindheit mit in sein Leben als junger Erwachsener nimmt, ist jene des Spiegels. Wann immer er sich in einem Bus oder Zug von einem Ort zum anderen bewegt, sehen wir sein Bild in der Scheibe – jede Reise stellt für ihn den Versuch des Ausbruchs aus der Enge des proletarischen und homophoben Gefängnisses dieser Kindheit in der französischen Provinz dar. Marvin ist darin jemand, der beobachtet, der die Welt um sich herum ablaufen sieht, der in diese Abläufe aber kaum eingreift und nirgendwo so richtig dazuzugehören scheint. Die Eltern und Geschwister, die am Esstisch keinen Blick füreinander haben, sondern stumpf in den Fernseher starren, die Körper der anderen Jungen im Schwimmbad, die Spiele der Kinder im Schulhof – Marvin versucht, die Zeichen in dieser Welt zu deuten, von der er nur eines versteht: dass sie nicht die seine ist. „Tod den Schwuchteln!" steht an der Busstation geschrieben. Als Marvin seinen Vater fragt, was das Wort „schwul" denn eigentlich bedeute, hört er von abnormem Verhalten und einer Geisteskrankheit. Insofern ist Marvin ein sehr leiser, fast stummer Bub. In den Augen des hinreißenden Kinderdarstellers Jules Porier spiegelt sich seine große Traurigkeit, aus der nur ab und zu ein Funke von Trotz und Widerstand aufblitzt.

Allein bei den Theaterproben in der Schule geht Marvin aus sich heraus. Dann schlüpft er in die unterschiedlichsten Rollen, lässt die Mitglieder der Familie aus seinem Mund sprechen. Was in diesen Szenen fehlt, sind seine eigenen Worte; diese wird er erst beim Verfassen seines Stücks Jahre später finden. Finnegan Oldfield gibt diesem jungen Mann und seinen mitunter verzweifelten Versuchen, seine Gefühle in Worte zu fassen, ein blasses, nachdenkliches, ernstes Gesicht; scheu, verwirrt und verloren steht er in seinem Leben, nur in ganz seltenen Momenten wirken seine Züge gelöst. Die Kamera ist dabei meist nah bei ihm – auch wenn er das nicht ist, sich noch nicht selbst gefunden hat.

„Alles steckt in einem, was man sieht und fühlt", heißt es einmal im Film und an anderer Stelle fällt der Satz: „Der Unterdrücker gibt dem Unterdrückten eine Identität." Es ist für Marvin ein langer schmerzhafter Prozess, die Identität, die ihm als Kind von seiner Umgebung aufgezwungen wurde, allmählich wieder abzulegen.

In ihrer Analyse der Methapher des Spiegels bei Hermann Hesse schreibt die Literaturwissenschaftlerin Helga Esselborn-Krumbiegel von der „gebrochenen Identität" und meint damit „die Desintegration des Individuums" in der schwierigen Phase von Selbstbegegnung und Selbsterkenntnis. Wie Alice in Lewis Carrolls Fortsetzung ihrer Reise ins Wunderland aus 1871 hinter dem Spiegel über dem Kaminsims eine Parallelwelt entdeckt, stellt sich Marvins Selbstreflexion beim Schreiben und der Aufführung seines Stücks als Hinabsteigen in den Spiegel der eigenen Seele dar. „Jeder Mensch ist aber nicht nur er selber, er ist auch der einmalige, ganz besondere, in jedem Fall wichtige und merkwürdige Punkt, wo die Erscheinungen der Welt sich kreuzen, nur einmal so und nie wieder", heißt es in Hesses Roman *Demian* (1919). Der Lebensrückblick des Protagonisten namens Sinclair ist darin eben jene Suche nach Ich-Gewissheit, die auch Marvin anstrebt.

„In der Auseinandersetzung mit den Werten und Normen des Elternhauses, der Autorität, ja ‚Heiligkeit' des Vaters", schreibt Helga Esselborn-Krumbiegel, „wird der Heranwachsende sich selber fremd, erfaßt [sic!] ihn die Angst vor den eigenen ungebändigten Wünschen, Trieben und Phantasien. Höhepunkt seiner zunächst nur phantasierten Auflehnung gegen die Autorität ist der geträumte Vatermord." Marvin sieht sich eben in dieser Auseinandersetzung mit der Figur des Vaters als Versinnbildlichung seiner Herkunft aus der Unterschicht gefangen. Sie bestimmt sein Denken, sein Grübeln, sie treibt seine Verunsicherung dermaßen voran, dass sie zu Beginn seiner Zeit in Paris, als er seine neu gefundene Freiheit doch eigentlich genießen sollte, nichts damit anzufangen weiß und diese Ziellosigkeit seine ganze Handlungsfähigkeit zu lähmen scheint. Die Lösung, die der Film anbietet, ist jedoch das Gegenteil des tatsächlichen oder auch nur angedachten Vatermordes. Was Marvin am Schluss des Films erreicht, ist – in Grenzen – die Versöhnung mit dem Vater und der eigenen Vergangenheit; auch in der 2018 erschienenen und höchst umstrittenen Streitschrift *Wer hat meinen Vater umgebracht (Qui a tué mon père)* war Édouard Louis dies ein zentrales Anliegen.

Marvin wird durch einen älteren Liebhaber in die Pariser Theaterszene eingeführt; im Verhältnis zu ihm wirkt er paralysiert, unfähig, Entscheidungen zu treffen und wie in Trance – einmal mehr driftet er ohne Sinn und Halt durchs Leben. Erst der Unfalltod des Ersatzvaters und die damit einhergehende zwangsläufige Loslösung befähigen ihn zu autonom bestimmtem Handeln. Marvin hat dabei, wie jeder junge Held in Märchen und Sagen, Mentor:innen zur Seite, die ihm helfen, den rechten Weg zu gehen. Durch den Liebhaber hat er Isabelle Huppert kennengelernt, die ihn zur Realisierung seines Theaterstücks ermutigt und darin die Rolle seiner Mutter spielt – natürlich ein Glücksfall für den aufstrebenden Autor und Darsteller. Eines Nachts läuft er betrunken vor das Auto seiner ehemaligen Direktorin, Madame Clément, die ihn einst ermuntert hat, doch der Schauspielgruppe der Schule beizutreten. Als er nach Paris kam und seinen Namen ablegte, nahm er den ihren an. „Es spielt keine Rolle, was man ist", meint sie. Man sei nur Staub, seinen Frieden mit dem Gedanken zu schließen, nichts zu sein, sei möglich; und sie macht ihm klar: „Was zählt, ist das, was tief in unserem Innersten ist, unser Unbekanntes."

Ein Moment, der in Marvin den Beginn einer Art von Wandlung auslöst, ist die Antwort eines Theaterdirektors, der später zu seinem Vertrauten wird, auf die Frage eines Journalisten, aus welchem Grund er das Thema der Homosexualität zum zentralen seines Spielplans gemacht habe. Als „Neger" beschimpft, so seine Erklärung, würde ein Kind nach Hause gehen und von seinen Eltern Trost im Gefühl empfangen, dass da jemand ganz einfach für ihn da sei. Ein Kind, das die anderen als „Schwuler" bezeichnen würden, habe niemanden – eine „radikale Form des Exils", so die Bezeichnung des Direktors und weiter: „Dieses arme, traurige und homosexuelle Kind, das ich war, fühlt sich nirgendwo zu Hause. Es ist ein Fremder in seinem eigenen Haus, in seiner eigenen Familie." – „Ich bin wie Sie", bricht es aus Marvin daraufhin unter Tränen hervor. Er erhält den Anstoß, seine Erfahrungen in seine Kunst einfließen zu lassen: „Weil Sie so wie ich sind, machen Sie was aus Ihrem Anderssein.“ Als „Spiegelstadium“, erstmals 1936 vorgestellt, bezeichnete der französische Psychiater und Psychoanalytiker Jacques Lacans eine Entwicklungsphase des Kindes. Zwischen dem 6. und 18. Lebensmonat, so Lacan, würden Kleinkinder erstmals ihr eigenes Bild im Spiegel erkennen und sich vollständig, die Gliedmaßen zusammen mit dem eigenen Gesicht, wahrnehmen. In diesem Sinne sucht Marvin, herausgefallen, eigentlich geflüchtet aus seiner Kinderwelt, inmitten des Kaleidoskops seiner Erinnerungen seine wahre Identität – ein Bild seines Selbst, das nicht von den Wertungen der Umwelt geprägt ist, sondern von seiner eigenen Ich-Erfahrung. Dies ist verbunden mit dem Zusammenbruch seiner bisher – wenngleich als Martyrium empfundenen – gelebten Identität. Der Blick in den Spiegel, als den man die Erarbeitung seines Theaterstücks und dann auch die Aufführung in einem reflektierenden Wasserbecken sehen kann, wirft ihn auf sich selbst zurück. Das Doppelgängermotiv von Dorian Gray und seinem Bildnis ist evident. Was im Raum stehen bleibt, ist die Frage, ob es Marvin gelingen wird, die verlorene Einheit mit seinem alten Ich zu finden, oder ob er Zeit seines Lebens ein unglücklich Streunender, ein Getriebener, ein Heimatloser, was den Ort betrifft, aber auch im Geiste, bleiben wird.

Eine weitere Erinnerung: Der hilflose Versuch des Vaters, Nähe zu dem Sohn zu schaffen, der ihm so fremd ist, dass ihm die Worte fehlen. Als Marvin, das Kind, in eine Theaterschule aufgenommen wird, besteht der Vater darauf, ihn zum Zug zu bringen. Er steckt ihm Geld zu und warnt ihn vor Schwarzen und Arabern: Er solle sich vor ihnen in Acht nehmen, denn sie wären allesamt Verbrecher – vor Kurzem noch hätte er Schwule in diese Liste aufgenommen. Auf sehr ernsthafte, sehr intime und aufrechte Weise kümmert sich der Film um sein Thema und seine Figuren. „Ich will nicht gehen“, meint Marvin nach dem Erfolg seines Stücks in einem Interview. „Ich will zurückkommen. Das ist alles, was ich will.“ Als seine Kindheit angesprochen wird, erzählt er von Momenten der Freude, sogar des Glücks – mit dem Zusatz: „Aber das Leid ist wie ein Scheinwerfer, der einen nachts anstrahlt. Dadurch verschwindet alles andere.“ Abermals sehen wir Marvins Spiegelbild, als er im Zug wieder in den Ort fährt, der einmal sein Zuhause war. In einem früheren Gespräch hat sich sein Vater nach dem Buch erkundigt, das nach dem Bühnenstück erschienen ist. Marvin hat ein Exemplar mitgebracht und macht sich daran, es für den Vater zu signieren. Doch dann zögert er; dem Vater, der nun bei der Müllabfuhr arbeitet, wird er sagen, er habe es im Zug liegen lassen. Der Vater jedoch hat ein Geschenk für ihn, seinen Ehering, mit der berührenden Erklärung: „Ihr dürft ja heute heiraten."

Ein wunderschöner Moment der Reinigung, der Versöhnung mit dem Damals und dem Heute und dem eigenen Ich spielt sich am Schluss des Films ab. Marvin steigt auf einen Hügel über dem Dorf und blickt von dort in den Sonnenuntergang. Er sieht sich selbst als Kind, abgewandt und an eine Steinmauer gelehnt. Doch auf einmal schaut Marvin, das Kind, Marvin, den jungen Mann direkt an – und lächelt. Beide, die jetzt eins sind, haben die Antwort auf ihre Fragen gefunden: Diese Antwort sind sie selbst.

Marvin (*Marvin ou la Belle Éducation*, Frankreich 2017, Drama)
Regie: Anne Fontaine
Darsteller: Finnegan Oldfield, Grégory Gadebois, Vincent Macaigne, Catherine Salée, Jules Porier, Catherine Mouchet, Charles Berling

Von Liebe und Freundschaft

Mein bester Freund (2017)

Von J. M. Barrie, dem viktorianischen Autor und Schöpfer der Figur des Peter Pan, wird eine Geschichte vom Begräbnis seines älteren Bruders David erzählt, der beim Schlittschuhlaufen im Eis einbrach. James glaubte, seine Eltern sagen gehört zu haben, dass besser er an Stelle des Bruders gestorben wäre. Er zog sich sogar Davids Kleider an, um auf diese Weise die Liebe seiner Mutter zu erobern. Der Schock über das unerbittliche Ticken der Zeit, das für jeden von uns unweigerlich zum Tod führt, inspirierte ihn Jahre später zu seinem Theaterstück über den Jungen aus Neverland, der nicht erwachsen werden will.

Eine ähnliche Szene spielt sich auch in *Stand By Me* (1986) ab, Rob Reiners atmosphärisch dichter, wunderbar sensibler sommerlicher Freundschaftsidylle nach einer Novelle von Stephen King. Am Grab seines Bruders bildet sich der zwölfjährige Gordie (Wil Wheaton) ein, sein Vater hätte seinen Tod dem des Bruders vorgezogen. Zwei Tage lang sind Gordie und seine drei besten Freunde daraufhin in den Wäldern rund um ihre Heimatstadt Castle Rock unterwegs: Chris (River Phoenix), der beschuldigt wird, in der Schule das Milchgeld gestohlen zu haben, Teddy (Corey Feldman), der von den Heldentaten seines Vaters in der Normandie prahlt, und der dicke Vern (Jerry O'Connell), dem das Gerücht von einem vermissten Jungen unterkommt, der angeblich unter einen Zug geraten sein soll. Die Freunde machen sich auf die Suche nach dem Leichnam und durchleben dabei eine Zeitspanne, in denen ihnen das Kindsein entgleitet und sie die ersten Schritte zum Erwachsenwerden machen. Als sie die Leiche endlich im Gebüsch abseits der Bahngleise gefunden haben, bricht Gordie zusammen. „Why did he have to die?“, stößt er hervor und meint nicht den Jungen, den sie gar nicht kannten, sondern den kürzlich verstorbenen Bruder. Was ihn so quält, ist der Gedanke, für seine Eltern nicht gut genug zu sein: „My dad hates me!“ – „He just doesn't know you“, widerspricht ihm sein bester Freund Chris und nimmt den Schluchzenden in die Arme.

Die Nähe zu einem Menschen, zu einem Kameraden, dem man vertraut wie sonst keinem – der Grat zwischen rein platonischer Freundschaft und Gefühlen, die man auch Liebe nennen kann, mag mitunter ein sehr schmaler sein. Dass offenbar nur einer der beiden Freunde schwul ist, ergibt die reizvolle Ausgangssituation für *Mi mejor amigo*, den ersten Langfilm des argentinischen Regisseurs Martin Deus. In der Szenerie einer kleinen Stadt und der umliegenden wilden Natur Patagoniens findet eine Geschichte der Selbsterkenntnis von universeller Richtigkeit statt. Auf den sensiblen und eher musisch interessierten Lorenzo übt Caíto, ein Jahr älter, nach außen hin härter als Lorenzo, muskulös und tätowiert, von Anfang an eine geradezu unwiderstehliche Faszination aus. Caíto ist der Sohn eines Jugendfreundes von Lorenzos Vater, die Familie bietet ihm Quartier, während sich Caítos Vater nach einem vorgeblichen Unfall im Krankenhaus befindet. Obwohl sich Lorenzo nach außen sehr ruhig, fast reserviert gibt, toben in ihm Gefühle, deren Einordnung ihm große Schwierigkeiten bereiten. In Angelo Mutti Spinetta hat Regisseur Deus dafür einen idealen Darsteller gefunden; seinem Gesicht, seinen Gesten, seinem ganzen Körper ist anzumerken, wie sehr ihm das, was er um sich herum und in sich drinnen wahrnimmt, zu schaffen macht. Aus seiner Beherrschtheit brechen zuweilen seine fahrigen, eckigen Bewegungen und seine Verzweiflung – die Weise, wie er sich durch die Haare fährt und daran festkrallt oder wie er die Hände vor die Augen legt, um nicht sehen zu müssen, was zu sehen ihm zu große Schmerzen bereitet.

So wie nach dem Sport, als sich im Umkleideraum die nackten Jungen um Lorenzo wie in Zeitlupe herumbewegen – er ist keiner von ihnen und lebt wie in einer eigenen Welt. Bald darauf lässt er eine Freundin beim Sex gewähren, sie ist die Aktive und Lorenzo nachher eher verzweifelt und orientierungslos. Als ihn das Mädchen anruft und meint, sie würde ihn bereits vermissen, wehrt er sie brüsk ab: „Du bist ja verrückt." Lorenzo und Caíto hingegen verbringen mehr und mehr Zeit zusammen. Wenn Caíto die Nacht auf einer Matratze in Lorenzos Zimmer liegt, beim gemeinsamen Radfahren und Fußballspielen und wenn sich der ältere Bursche am Strand das Shirt auszieht – sosehr Lorenzo die Zeit mit dem Freund genießt, so perplex macht ihn die Unbekümmertheit, in der sich dieser ihm gegenüber verhält. Einmal bewahrt Lorenzo Caíto vor einer Prügelei wegen eines Mädchens, er bringt ihn ins Bett und wischt ihm behutsam mit dem Ärmel seines Pullis die Tränen ab, als Caíto seine Gefühle nicht länger zurückzuhalten vermag; hier genügen ein paar Gitarrenakkorde, um eine wunderschöne zärtliche Stimmung zu erzeugen. Tatsächlich ist Lautaro Rodríguez als Caíto viel zu sehr mit seinen eigenen Problemen beschäftigt, um mitzukriegen, was in Lorenzo vorgeht. Er kann nachts nicht einmal schlafen und hat einen Vorrat an Pillen bei sich – für den Notfall, falls es ihm einmal wirklich sehr schlecht gehen sollte. An einer späteren Stelle des Films werden wir gemeinsam mit Lorenzo erfahren, welcher Art das Geheimnis ist, das Caíto martert, welche Dämonen ihn tatsächlich plagen: Er ist es, der für den Krankenhausaufenthalt seines Vaters verantwortlich ist – und letztlich für seinen Tod.

In seinem einzigartigen Roman mit dem aus Shakespeares *Macbeth* entlehnten Titel *Das Böse kommt auf leisen Sohlen (Something Wicked This Way Comes*, 1962), der wohl ins Horrorgenre fällt, entwirft Ray Bradbury die Geschichte von zwei Freunden, Jim und Will, denen die Sehnsucht, älter zu werden, im Nacken sitzt, und von Wills Vater, der sich nichts so sehr wünscht, als wieder jung zu sein. Eines Nachts zieht das Böse in Form eines Jahrmarkts der falschen Versprechungen und unwiderstehlichen Verheißungen in die kleine Stadt ein. Auf einem Karussell kann man in der Zeit vor- oder zurückfahren, kann älter oder jünger werden, vergisst dabei aber, wer man wirklich ist. Die Erzählungen von Ray Bradbury, des Träumers der amerikanischen Literatur, haben uns immer wieder zu Jungen gemacht, die mit leuchtenden Augen und roten Wangen durch geheimnisvolle Sommernächte streifen, denen der Wind durchs Haar fährt wie Geisterfinger, die über ein abgemähtes Feld laufen, dabei die Arme ausstrecken und sich frei wie Vögel fühlen, zu Kindern, die die Welt um sich herum mit allen Sinnen erleben, so intensiv wie später nie wieder – in dem Bewusstsein, dass schlichtweg alles möglich ist und sich sämtliche Schrecken und Wunder aus ihrer Vorstellung auch tatsächlich zutragen könnten. Das sind Jungen, denen es den Atem verschlägt ob der unendlichen Möglichkeiten unserer Welt und jener, die eigentlich nur in der Fantasie existiert und doch ab und zu Wirklichkeit wird. „Das war jene Woche im Oktober, in der sie über Nacht erwachsen wurden“, heißt es im Prolog von *Das Böse kommt auf leisen Sohlen* über Jim und Will, „in der ihnen das Jungsein entglitt.“

Einen solchen magischen Moment führt *Mein bester Freund* des Nachts in einem Pinienwald herbei. Trotz der Sorgen von Lorenzos Mutter fahren die Burschen mit dem Rad zum Strand und zelten im nahen Wald – eine Art Ausbruch aus dem Alltag, der Lorenzo mutig macht. Dass er einmal mit einem Psychologen reden wolle, erzählt Lorenzo und gibt auf Caítos Frage als Grund an, dass die Dinge in seinem Leben besser laufen sollten: Obwohl immer Leute um ihn herum wären, fühle er sich doch manchmal allein. „Wie schwul!“, ist Caítos harscher Kommentar, eine atmosphärische Vorahnung des nächsten Morgens. Da kommt es nämlich zu einer handfesten Auseinandersetzung zwischen den beiden Jungen. Caíto simuliert einen Krampf im kalten Wasser, Lorenzo taucht nach ihm, doch natürlich war alles nur Spaß. Lorenzo ist wütend: Auch sein Handy, gekauft von selbst verdientem Geld, ist kaputt. Er rempelt den anderen an und steigert sich in Rage; es wirkt fast hilflos, als er auf Caíto einzuschlagen beginnt. Dessen ironischer Kommentar: „Du hast Kraft!“, und dann der in Hinblick auf seinen Vater im Krankenhaus vielsagende Zusatz: Man solle nie die Fassung verlieren, nicht jemandem mit einer Eisenstange über den Kopf schlagen.

Die zwei Jungen beschließen, eine weitere Nacht zu bleiben. Ein Lagerfeuer am Strand, sie kiffen, Lorenzo verfällt in haltlose Albernheit. Dann starren sie in die Flammen, jeder in seinen eigenen Gedanken gefangen. Er solle die Augen schließen, bittet Lorenzo schließlich Caíto, beugt sich dann schüchtern zu ihm und gibt ihm einen Kuss auf die Wange. Caíto regiert anders als von Lorenzo insgeheim erhofft und von uns vielleicht erwartet – nicht heftig, sondern ganz ruhig und unaufgeregt kommt es zu einer freundschaftlichen Umarmung: „Ich hab’ dich gern, Mann.“

Schwule erste Liebe oder doch „nur“ Freundschaft – dieser schöne Film macht kein großes Aufheben darum, sondern nimmt die Dinge einfach, wie sie sind. In John Boynes Kurzgeschichte „Haystack Girl“, erschienen in der Sammlung *Beneath the Earth* (2015), outet sich der jugendliche Protagonist Danny seiner Zwillingsschwester gegenüber als homosexuell. Boyne beschreibt die Emotionen, die ihm dabei durch den Kopf gehen: „For all the tears, I felt a sudden rush of relief at saying the words out loud. I'd said them to myself hundreds of times over the last few years, almost always in disbelief, but there they were now, out in the world, setting off their own adventures." Die Reaktion der Schwester ist eine denkbar unangenehme, sie informiert sogleich ihre Freundin und diese alsbald die gesamte Schule. Als ungleich einfühlsamer erweist sich Lorenzos Mutter (Mariana Anghileri) in einem behutsam-intimen Gespräch mit ihrem Sohn. Dass sie Caíto gernhabe, versichert sie ihm, nachdem die Wahrheit über den sogenannten Unfall ans Tageslicht gekommen ist. Lorenzo widerspricht ihr: Sie gebe sich bloß Mühe, sie sei großherzig, sich jedoch stets bewusst, dass Caíto der Sohn jenes Freundes des Vaters sei, der den Grund dargestellt habe, dass die Familie vor Jahren in den Süden des Landes gezogen sei – damit der Vater Abstand zu den Drogen fände. Ob sich Lorenzo vorstellen könne, was es für sie bedeutet habe, alles aufzugeben, meint die Mutter, ob er sich in ihre Lage versetzen könne? Dann spricht sie den Kern des Themas an: „Hast du irgendwelche besonderen Gefühle für ihn?" – „Was für Gefühle?" – „Da ist nichts dabei", betont die Mutter und nennt Lorenzo mit seinem Kosenamen Lolo. Dieser wehrt sie ab, er wolle über diese Sache nicht reden, doch die Mutter lässt nicht locker: Sie habe schon mit seinem Vater darüber gesprochen: „Es ist nichts dabei." Ob er denn kein Vertrauen zu ihr habe, sie würde ihm zuhören. „Bist du in Caíto verliebt?" Lorenzo ist schockiert, er wolle jetzt nicht darüber reden, wiederholt er immer wieder, windet sich und hält sich die Hand vor die Augen und dann die Hände vors ganze Gesicht. Das alles im Esszimmer des Elternhauses, in einem halben Morgenlicht, in dem alles möglich ist und nichts möglich sein muss, und die Mutter, nicht weniger nervös als ihr Sohn, an ihrer Zigarette zieht. „Ich bin nicht verliebt", verbarrikadiert sich Lorenzo. „Er tut mir einfach total leid. Das ist alles." Doch er kann seiner Mutter dabei nicht in die Augen schauen; sie schickt sich an zu gehen. Da springt Lorenzo auf: „Warte!" Er umarmt sie. „Ich hab' dich lieb!"

Mein bester Freund lässt sich auf den überaus verwirrenden Moment des unausgesprochenen Begehrens mit Ernsthaftigkeit, großer Einfühlsamkeit und feinem Scharfsinn ein, was die Zusammenhänge menschlicher Emotionen betrifft.

Nachdem er vom Tod seines Vaters erfahren hat, dreht Caíto durch. Er nimmt seine Pillen, die ihn eine Zeit lang außer Gefecht setzen, anschließend überrascht ihn Lorenzo dabei, wie er das Schlafzimmer seiner Eltern durchstöbert. Er glaubt nicht seiner Beteuerung, nur nach Aspirin gesucht zu haben, es kommt, wie schon im Pinienwald, zu einem heftigen, auch körperlichen Streit. Caíto stürmt davon, Lorenzo bleibt in seiner Wut, die auch Trauer ist, allein. Er kauert auf dem Boden, er umarmt einen Polster, er weint. Da kommt Caíto zurück. Er habe nur das Geld gesucht, das er in den letzten Monaten bei der Arbeit in einem Sägewerk verdient habe, erklärt er, und dass er Lorenzos Eltern nicht weiter zur Last fallen wolle. Verzweiflung, Tränen, er streckt Lorenzo die Hand hin, dieser zieht ihn in einer Umarmung ganz fest an sich. Lorenzos Augen sind geschlossen, dann folgt ein langer Blick in jene seines Freundes. Schließlich bleibt er abermals allein zurück. Er kauert auf dem Boden, er geht auf die Straße, er räumt die Wohnung zusammen, er schlägt mit der Faust gegen die Wand und sinkt wieder in die Knie. Dann holt er ein zerknülltes Shirt von Caíto unter dem Bett hervor und drückt sein Gesicht hinein. Der Abschied von der ersten Liebe tut weh, auch wenn das Objekt dieser Liebe die Art seiner Gefühle nicht zu teilen vermochte. So ist Lorenzo allein in der Schule und in dem Burgerlokal, wo er einmal mit Caíto dessen Geburtstag gefeiert hat, und bleibt auch allein im Wald und am Strand, wo ihm der Wind durchs Haar fährt. Und doch hat er einen wichtigen Schritt aus dem „Nimmerland“ seiner Kindheit zur Erkenntnis über sich selbst bereits getan. „Die Flucht vor Gefühlen verbiegt die Menschen nur“, hat der deutsche Filmemacher Joseph Vilsmaier 2014 in einem Interview gesagt. Lorenzo, so viel dürfen wir spekulieren, wird wohl geradlinig durch sein erwachsenes Leben gehen.

Mein bester Freund (*Mi mejor amigo*, Argentinien 2018, Drama/Liebesfilm)
Regie: Martín Deus
Darsteller: Angelo Mutti Spinetta, Lautaro Rodríguez, Guillermo Pfening, Mariana Anghileri, Benicio Mutti Spinetta, Romana Aleksandra Gulich

Der Lover im Sarg

Sterben für Anfänger (2007)

Alles beginnt unter denkbar schlechten Vorzeichen. Wir verfolgen die Fahrt des Wagens des Bestattungsunternehmens auf diversen Umwegen auf einem Stadtplan den gesamten kurzweiligen Vorspann lang, doch als Daniel einen letzten Blick auf seinen Vater im Sarg werfen möchte, muss er feststellen, dass der Leichnam vertauscht wurde. Also alles wieder retour; und als der richtige Verstorbene im efeuumrankten englischen Landhaus aufgebahrt ist, nehmen die Dinge erst ihren wirklich katastrophalen Lauf.

Macht man sich auf die Suche nach Definitionen für den sogenannten typisch englischen Humor, stößt man auf Qualitätsmerkmale wie die Trockenheit des Witzes, unverblümte Direktheit, Understatement und Selbstironie. Die Charakterisierung von Ungeheuerlichem als recht alltägliche Vorkommnisse – all diese Kriterien zeichnen auch jene Variante aus, die man als schwarzen Humor bezeichnet. Der Surrealist André Breton formulierte den Begriff erstmals in seiner Schrift *Anthologie de l'humour noir* (1940). Er schreckt vor Tabus wie Verbrechen, Behinderung und Tod nicht zurück, verhandelt Absurdes und Morbides auf sarkastische Weise und benutzt sexuelle Anzüglichkeiten oftmals als Methode zur Überschreitung von gesellschaftlich aufgestellten Grenzen. In diesem Sinne ist *Death at a Funderal*, wie die Filmkomödie *Sterben für Anfänger* des Muppets-Schöpfers Franz Oz so schön wortspielerisch im Original betitelt ist, britisch-schwarzer Humor at its very best.

Die Ausgangssituation der Geschichte ist so simpel, wie sie Möglichkeiten für die irrwitzigsten Situationen bietet. Eine Trauerfeier, die versammelte Familie und der Freundeskreis, wobei sich unter den Mitgliedern dieser beiden Gruppen so manch seltsame Gestalt befindet. Onkel Alfie (Peter Vaughan) in seinem Rollstuhl auf der Suche nach einer Toilette, Daniels Bruder, der versnobte Romanautor Robert (Rupert Graves), der dem finanziellen Ruin nahe steht, der Nebenerwerbsdealer Troy (Kris Marshall), der nervöse Simon (Alan Tudyk), der statt einer beruhigenden Valiumtablette eine von Troys Drogenmischungen schluckt, mit dem Effekt, dass er splitterfasernackt auf das Dach des Hauses klettert, der Hypochonder Howard (Andy Nyman), der sich immer neuen besorgniserregenden Situationen ausgesetzt sieht, der liebestolle Justin (Ewen Bremner), der Simons Verlobte Martha (Daisy Donovan) auf Schritt und Tritt verfolgt – sie alle und andere mehr stellen für den schüchternen Daniel (Matthew Macfadyen), der die unliebsame Aufgabe hat, die Totenrede auf seinen Vater zu halten, vor immer neue Herausforderungen. Das Darstellerensemble ist bestens gelaunt, ein Gustostückerl an Witz und Komik jagt das nächste, die Pointen werden mit lockerer Verve platziert und dabei so manche Grenze des sogenannten guten Geschmacks aufs Köstlichste umschifft bis weit unterschritten. Und dann ist da noch ein kleinwüchsiger Gast, den niemand kennt. Peter (dargestellt von *Game of Thrones*-Tyrion Peter Dinklage) entpuppt sich als heimlicher Geliebter des Verstorbenen und kann dem perplexen Daniel zum Beweis auch entsprechendes Fotomaterial vorlegen. Die Szene, in der sich Daniel erstmals so richtig im Arbeitszimmer seines Vaters umzusehen beginnt – und ihm dabei angesichts der homoerotischen Bilder und Statuen geradezu die Augen übergehen, ist nur einer von vielen herrlich komischen Momenten dieses Films. Sie laufen darauf hinaus, dass Daniel zusammen mit seinem Bruder, Howard und Troy Peter kurzerhand fesselt und knebelt – und nachdem sich dieser durch allerlei Herumgespringe in diesem Zustand selbst k. o. geschlagen hat, davon überzeugt sind, ihn umgebracht zu haben. Welch besseres Versteck gibt es bei einer Trauerfeier als den Sarg, in dem, so schmiedet das verzweifelte Quartett seinen perfiden Plan, außer dem Verstorbenen doch auch noch des Vaters Lover Platz habe – sozusagen im Tode vereint, was im Leben verheimlicht werden musste.

Die Gäste haben sich mittlerweile im Garten versammelt und den nackten Simon im Blick. Die Szene, in der die gar nicht fantastischen Vier versuchen, den bewusstlosen Peter in den Sarg zu bugsieren, ohne dass die Gäste etwas davon mitkriegen, und jene, in der Daniel während seiner Totenrede immer wieder durch Klopfzeichen aus dem Sarg unterbrochen wird und schließlich der Deckel auffliegt und Peter daraus hervorspringt – unübertrefflicher Klamauk tiefschwärzester Art, perfekt getimt und choreografiert. Der herrliche Tumult, der daraufhin losbricht, gipfelt darin, dass der Witwe Peters diskriminierende Fotos zu Augen kommen und sie sich mit Geschrei auf den ehemaligen Liebhaber ihres Mannes stürzt.

Besonders schön finde ich die Auflösung dieses Chaos. Daniel erhebt seine Stimme und hält eine berührende Rede auf seinen Vater, der wie sie alle kein fehlerloser Mensch gewesen sei – „but he was a good man and he loved us." Das Leben, meint Daniel stockend, aber aus tiefstem Herzen, sei nicht einfach. Sie seien alle in eine Welt voller Verwirrungen geworfen: „A world full of questions and no answers, death always lingering round the corner." Es gehe darum, sein Bestes zu geben: „And my dad did his best." Das Wichtigste, so zitiert Daniel seinen Vater, sei es, im Leben alles versucht zu haben, egal ob mit Erfolg oder ohne. Daniels Resümee: „When you all leave here today, I'd like you to remember my father for who he really was: a decent, loving man. If only we could be as giving and as generous and as understanding as my father was, the world would be a far better place." In diesem Sinne bewahrt der Film trotz all seiner Tabubrüche die Würde des Verstorbenen und dadurch auch seine eigene.

Sterben für Anfänger (*Death at a Funeral*, GB/Deutschland/USA 2007, Komödie)

Regie: Frank Oz

Darsteller: Matthew Macfadyen, Andy Nyman, Ewen Bremner, Daisy Donovan, Alan Tudyk, Rupert Graves, Peter Vaughan, Peter Dinklage, Jane Asher, Keeley Hawes, Kris Marshall

Irrfahrt

Xenia – Eine neue griechische Odyssee (2014)

Wann immer der sechzehnjährige Danny seinen älteren Bruder mit dem Kosenamen Ody ruft, verwehrt sich dieser dagegen und besteht auf der korrekten Version seines Namens: Odysseus. Womit die Art ihrer Reise von Athen nach Thessaloniki vorgegeben ist. Denn für die beiden Brüder, halbe Albaner ohne griechische Pässe, ist es eine wahre Irrfahrt, die sie zu bestehen haben. Sie müssen sich gegenüber homophoben und fremdenfeindlichen Anfeindungen behaupten, wobei man nicht sagen könnte, dass die Polizei auf ihrer Seite wäre – in einer Gesellschaft also, die mit ihnen nichts anzufangen weiß. Ihr Ziel ist es, den Vater aufzuspüren, der sich einst aus dem Staub machte, als Danny zwei Jahre alt war. Quasi zum Drüberstreuen möchte Ody im Angedenken an ihre verstorbene Mutter, eine Schlagersängerin, auch noch den Gesangswettbewerb „Superstar" gewinnen. Sie auf diesem Weg mit seinen Höhen und Tiefen und den humoristischen und dramatischen Momenten zu begleiten, macht ziemlich viel Freude.

„[...] Er nemlich in dieſe Welt kommen/was er darinn geſehen/gelernet/erfahren und außgeſtanden [...]", heißt es im ausführlichen Zusatztitel von Grimmelshausens Barockroman *Der abenteuerliche Simplicissimus* (1668/69). Danny, sehr süß und sehr offensichtlich schwul, sprunghaft, berstend vor jugendlicher Energie und dann wieder so naiv wie ein kleines Kind, ist eine moderne Version eines solchen Schelms. An seiner Seite fällt dem besonnenen Ody, dessen achtzehnten Geburtstag die beiden in einer Szene des Films feiern, die Rolle des Erwachsenen zu, der anstelle der abwesenden Eltern die Verantwortung auf sich nimmt, den jüngeren Bruder vor der Unbill zu beschützen, auf die er in seinem unbedarften Übermut ständig zuzusteuern scheint. Zwischen Kostas Nikouli und Nikos Gelia stimmt die Chemie aufs Vortrefflichste, sie geben das Brüderpaar in Panos H. Koutras' von liebevollen Nuancen durchzogener Filmkomödie über ihre moderne Odyssee mit großer Natürlichkeit und Authentizität.

Wenn sie etwa zu einer Gesangsnummer gemeinsam mit ihrem Ersatzvater Tasso (Aggelos Papadimitriou), der geradewegs dem Käfig voller Narren entstiegen sein könnte, in dessen Wohnung mit wackelnden Hüften und „gebrochenen" Handgelenken herumspringen, greift ihre überbordende Spielfreude auf uns über. Und in der Szene, in der Ody sein Casting mit einem Lieblingslied der Mutter absolviert und Danny mit vorgehaltener Pistole ihren (vermeintlichen oder tatsächlichen, das wird nie völlig geklärt) biologischen Vater dazu zwingt, ihm dabei durchs Handy zuzuhören, entsteht echte Rührung.

Als Gänsehautmoment des Streifens habe ich aber jene Sequenz empfunden, in der Danny Abschied von seiner Kindheit nehmen muss. Die ganze Zeit hat er in seiner Umhängetasche seinen weißen Hasen Dido mit sich getragen, immer wieder hat er sein Gesicht in dessen weichem Fell vergraben und sich dabei an die behaarte Brust des Vaters erinnert, an die er sich als kleines Kind beim Einschlafen geschmiegt hat. Jetzt hat Danny in Verteidigung seines Bruders vor faschistischen Schlägertypen seine Waffe abgefeuert. Die Polizei hetzt Ody und ihn durch einen Wald, da holt Danny auf einmal Dido aus der Tasche. Sein Hase sei verletzt, schluchzt er, er leide Schmerzen; er hält ihn Ody hin: Der Bruder solle ihn von seinen Qualen erlösen. Genau in diesem Augenblick erkennen wir gemeinsam mit Danny die Wahrheit: dass uns der Film die ganze Zeit genarrt hat und wir die Szenen mit Dido als echtem Hasen aus Dannys Blickwinkel miterlebt haben. Dido ist ein Stofftier, die Füllung fliegt nach allen Seiten, als Ody an seinen Gliedern reißt. Dass der Schock für Danny entsetzlich ist, glauben wir ihm gern.

Coming-of-Age in luftig-leichtem und auch verträumtem Gewand: Wenn Danny und Ody später in einem Boot, das einen Fluss hinuntertreibt, eingeschlafen sind, sehen wir die Welt so wie in Dannys Traum. Eine unwirklich-schöne nächtliche Landschaft, der Mond steht am Himmel, sein Schein glitzert auf dem stillen Wasser, ein Hirsch und ein Reh und allerlei anderes Waldgetier stehen am Fluss und blicken dem Boot nach – eine märchenhafte Szenerie. Und Dido, der Stoffhase, ist wieder lebendig geworden und folgt seinem Freund, obwohl stark mitgenommen, am Ufer entlang. Diese Nische des Kindseins wird sich Dannys Denkweise wohl immer bewahren, auch wenn er sich bei der Suche nach dem Vater am nächsten Tag wieder als junger Erwachsener beweisen muss.

„Xenia“ nennt sich ein verlassenes, verwahrlostes Hotel, in dem die Brüder für einige Zeit auf ihrer Reise Unterschlupf finden und Atem schöpfen können. Übersetzt heißt es „die Gastfreundliche“, aber auch „die Fremde“ – das sind die beiden Pole, zwischen denen sich die Brüder, die sich nirgends wirklich zugehörig fühlen können, bewegen. Eines Nachts, nach der Geburtstagsfeier seines Bruders, als sie zu viel getrunken haben, taucht Dido nochmals auf. Der Hase ist jetzt fast zu einem Riesen angewachsen und es ist ein Abschiedsbesuch, den er Danny abstattet. Ihre Träume, die Sehnsucht nach einem Vater und griechischen Pässen – nach Anerkennung und dem Gefühl, einen Ort gefunden zu haben, an dem sie ihren Platz haben, eine Art von Heimat eben, und nach der Gewissheit des Selbstwertes, der ihnen gebührt – werden Danny und Ody wohl weiterhin verfolgen. Und eines Tages, das hoffen wir alle nach diesem Feel-Good-Movie, wohl an ihrem ganz persönlichen Ithaka an Land gehen.

Xenia – Eine neue griechische Odyssee (*Xenia*, Frankreich/Belgien/Griechenland 2014, Komödie)

Regie: Panos H. Koutras

Darsteller: Kostas Nikouli, Nikos Gelia, Yannis Stankoglou, Marissa Triandafyllidou, Aggelos Papadimitrou, Romanna Lobats, Patty Pravo, Kostis Rampavilas, Electra Leda Loputra, Dinos Psychogios, Dimitris Rakos

Abblende: Stolz

In seinem autobiografischen Roman *Selamlik* (2020) trifft der syrische Autor Khaled Alesmael in Asylunterkünften in Schweden auf andere Migranten, denen der Gedanke von der Normalität des Zusammenlebens mit queeren Menschen völlig fremd ist: „Lauter junge Männer Anfang zwanzig, was wussten sie vom Leben der Schwulen in Syrien?" Als einzige Quelle zum Thema Homosexualität für diese Männer nennt Alesmael Sendungen im Fernsehen: „[...] die Comedy-Serien, die während des Arabischen Frühlings auf den syrischen oder anderen arabischen Sendern liefen oder in den Social Media geteilt wurden und in denen man sich über Schwule lustig machte. Oder die Drama-Serien, in denen Schwule als Sünder und eine Schande für Familie und Gesellschaft hingestellt würden."

Homosexuelle als „Leute der Schande", wie es Alesmael ausdrückt, sind in westlichen Medien keine vorherrschende Kategorie mehr; doch pseudo-witzige Klamotten, in denen die „Tunten vom Dienst" für schenkelklopfendes Gelächter sorgen, und andererseits der tragische Homosexuelle, der als Außenseiter dessen, was an normativen Elementen die Gesellschaft zusammenzuhalten vorgibt, zum Scheitern verurteilt ist und bestenfalls auf einen reißerisch inszenierten Filmtod, ob von fremder oder eigener Hand, zusteuert – das kommt uns doch auch hierzulande angesichts einiger erfolgreicher Spielfilme dieser Art und oberflächlich gezeichneter Opferfiguren in diversen Fernsehkrimis nicht unbekannt vor. Tatsächlich stehen die Chancen für schwule Charaktere nicht schlecht, in als Komödien apostrophierten Machwerken dem vorgeblichen Mainstream der Lächerlichkeit preisgegeben zu werden. „1933 verließ der deutsche Filmkomödienhumor das Land und er kam auch eigentlich nicht wieder", charakterisiert der Kritiker Wolfgang M. Schmitt in gewohnt pointierter Weise auf seinem Youtube-Kanal „Filmanalyse" die Situation. In einem Beitrag über die schlechtesten Filme des Jahres 2019 und darin im Speziellen über den Streifen *Das perfekte Geheimnis* stellt er den Vergleich mit Hollywoodfilmen an: Während diese in der Tradition von Buster Keaton und Charlie Chaplin gemeinsam mit dem Publikum „über die ominöse Mitte der Gesellschaft lachen, verspotten deutsche Komödien aus der Mitte heraus die Außenseiter." Schmitt zieht den

Schluss: „Die Stimmungskanonen schießen auf jene, die nicht schnell genug laufen können. Gelacht wird zur Selbstbestätigung über die eigene Beschränktheit, unter der gefälligst andere zu leiden haben."

Dennoch hat sich hierzulande und auch international gesehen in den letzten Jahren viel getan, was die Sichtbarkeit von Diversität betrifft, und Filme und Serien haben dabei eine nicht zu unterschätzende Rolle gespielt. Schwule Filme aus aller Welt erreichen uns und bieten faszinierende Möglichkeiten der Erkundung der Lebenswelten von Männern, die so sind wie wir, in einem Umfeld, das dem unseren wenig bis gar nicht gleicht. Zudem gibt es in gefühlt der Hälfte aller Serien, die auf Streamingplattformen wie Netflix herauskommen, queere und in diesem Rahmen natürlich auch schwule Charaktere, die nicht als bunter oder eben auch tragischer Aufputz in Nebenrollen fungieren, sondern denen anzumerken ist, dass ihre Zeichnung und Positionierung den Autor:innen der Stoffe ein echtes Anliegen waren.

Eine Vorreiterrolle spielte und spielt dabei zweifellos der amerikanische Produzent, Regisseur und Autor Ryan Murphy, auf dessen Konto Serien mit queeren Bezügen und Charakteren wie *Glee, The Politician, Ratched, Pose* und das in diesem Buch besprochene *The Assassination of Gianni Versace* gehen. Das Mastermind Murphy steht auch hinter der Netflix-Serie *Hollywood* (2020), die historischen Revisionismus par excellence betreibt. Was wäre, so die Grundidee der sieben Folgen umfassenden Geschichte, wenn es bereits kurz nach Ende des Zweiten Weltkriegs gelungen wäre, Rassismus und Homophobie den Kampf in einer Weise anzusagen, die zentrale Schritte in Richtung Gleichberechtigung zu beschreiten möglich gemacht hätte? Die Serie beschreibt den Aufstieg einiger junger kreativer Köpfe in der kalifornischen Filmmetropole und ihren Kampf gegen die Borniertheit, der damals unterlag, was eine Mehrheit der Bevölkerung als notwendige gesellschaftspolitische Regulative ansah.

What if ... Was wäre, wenn tatsächlich ein Film nach dem Drehbuch eines schwarzen Autors und mit einer schwarzen Hauptdarstellerin bereits im Jahr 1947 produziert worden wäre und dieser als großer Oscar-Gewinner triumphiert hätte? Wenn die ehemalige First Lady Eleanor Roosevelt eine flammende Ansprache über ein diskriminiertes Mädchen in einer kleinen Stadt gehalten hätte und darüber, was es für diese Jugendliche bedeuten würde, auf der großen Leinwand das Gesicht einer schwarzen Leading Lady zu sehen? Und wenn Rock Hudson, damals ein aufstrebender Jungdarsteller, seine Beziehung zu dem bereits erwähnten schwarzen Drehbuchautor nicht hätte geheim halten müssen, wenn die beiden ihre schwule Liebe offen gezeigt hätten und es sogar zur Produktion des ersten Hollywoodfilms über ein gleichgeschlechtliches Paar gekommen wäre?

Ryan Murphys Gedankenexperiment, das gleichzeitig trotz aller offenen Kritik auch eine Hommage an das klassische Hollywoodkino darstellt, ist geprägt von pointiertem Wortwitz und einer Vielzahl an entlarvenden Anspielungen; gegen Ende wird es zur berührenden – und für manche Zuschauer:innen zugegebenermaßen vielleicht allzu rührenden – Utopie, die zwar in der Vergangenheit angesiedelt ist, uns aber auch sehr viel über unsere konkrete Gegenwart und die zukünftige Entwicklung der Repräsentation von Diversität in Massenmedien und im Leben ganz allgemein erzählt.

Im Nachwort zur Neuausgabe von James Baldwins Roman *Giovannis Zimmer (Giovanni's Room*, 1956), einem der prägendsten Einträge in den Kanon schwuler Literatur überhaupt, erzählt Sasha Marianna Salzmann von einem der letzten von Baldwins Fernsehinterviews aus den 1980er-Jahren. Darin sei er gefragt worden, ob er sehr erschrocken gewesen sei, als er realisiert habe, dass er „schwarz, arm und homosexuell" sei. Er habe „breit grinsend und mit wässrigen Augen" geantwortet: „Aber nein, ich dachte: Jackpot!" Salzmann resümiert: „In dieser schalkhaften Entgegnung steckt die Essenz dessen, was die Schwarze und die Queere Community als PRIDE! bezeichnen – das Gegenstück zu der teils oktroyierten, teils selbst auferlegten Scham."

Die Idee, aufgrund ihrer Homosexualität Stolz empfinden zu dürfen, haben viele Schwule, verunsichert, unverstanden und eingeschüchtert von einem Umfeld mitunter ständig präsenter Diskriminierungen, vielleicht zum ersten Mal beim Betrachten eines Films in sich gespürt: in einem dieser wunderbaren Momente, in denen die große Nähe zu einem der Charaktere, der Stimmung und der Gefühle uns Gänsehaut erzeugten und den Funken eines neuen, sichtbaren, ganz und gar selbstverständlichen und selbstbewussten Ich-Seins zum Glühen brachte. Vielleicht lässt sich bei der Lektüre der beiden Bände, die sich mit einigen der stärksten Momente aus schwulen Filmen und Serien befassen, auf eben solche Funken stoßen – und unter Umständen werden sie sogar Feuer fangen und lichterloh brennen.

Register

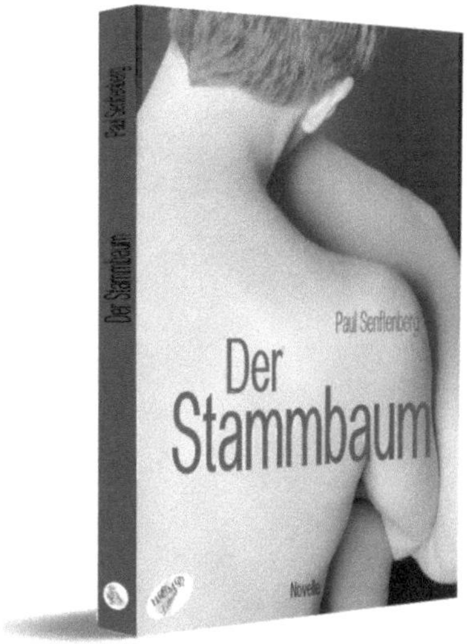

DER STAMMBAUM
Paul Senftenberg

ISBN Print: 978-3-902885-58-6
ISBN PDF: 978-3-902885-59-3
ISBN EPUB: 978-3-902885-60-9
ISBN PRC/Mobi: 978-3-902885-61-6

Zwei Männer, zwei Frauen, zwei Familien. Dazwischen schwule Begierde, Leidenschaft und Gefühle, die zu sprengen drohen, was Bestand hatte ...

Paul und Stefan sind beide mit einer Frau verheiratet. Alle zwei Wochen treffen sie sich in Wien, um ihr Verlangen nach einem Mann zu stillen. Im Gegensatz zu Stefans Gattin ahnt Pauls Ehefrau Edith nichts davon. Als Edith bei einem Autounfall ums Leben kommt, bricht für Paul eine Welt zusammen. Vermehrt versucht er sich an Stefan zu klammern. Um Ediths Verlust zu verkraften, machen sich Paul und seine Kinder ans Säubern und Entrümpeln des Hauses. Pauls Sohn Philipp findet dabei im Keller einen Stammbaum aus Messing. Der unbenutzte Familienbaum lässt in Paul einen Plan keimen, der fatale Folgen hat.

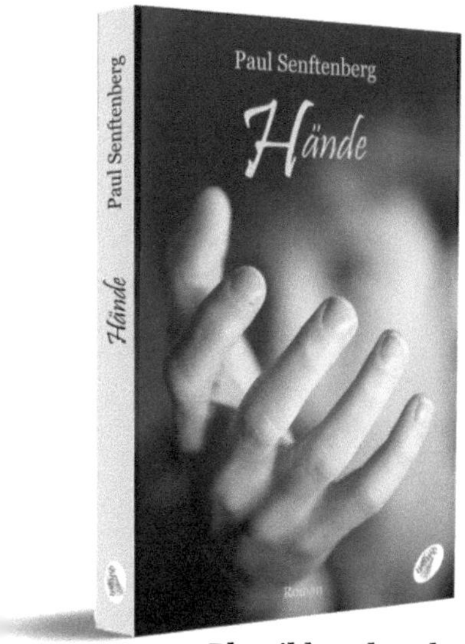

HÄNDE
Paul Senftenberg

ISBN Print: 978-3-902885-78-4
ISBN PDF: 978-3-902885-79-1
ISBN EPUB: 978-3-902885-80-7
ISBN PRC/Mobi: 978-3-902885-81-4

Schon als Kind erfährt Paul von seinem Vater nur Abneigung und Aggressivität. Deshalb empfindet er Männerhände als etwas Gefährliches. Einzig die Hände seiner Mutter spenden ihm Trost und Zärtlichkeit. Als der Vater eine Hand verliert, kann er ihn zwar nicht mehr schlagen, doch Zuneigung oder ein nettes Wort erhält Paul trotzdem nicht. So setzt der mittlerweile erwachsene Paul sein Augenmerk auf Männer, die eine Handprothese tragen. Er ist überzeugt, dass ihm eine Plastikhand mehr Liebe schenken kann als eine echte. Als Paul auf Alexander trifft, kommen seine Vorstellungen jedoch ins Wanken. Denn Alexander trägt keine Handprothese ...

1. Auflage

www.HOMOLittera.com
E-Mail: office@HOMOLittera.com

Printed in Germany

ISBN Print: 978-3-99144-004-8
ISBN PDF: 978-3-99144-005-5
ISBN EPUB: 978-3-99144-006-2
ISBN PRC: 978-3-99144-007-9